水利水电工程施工企业安全生产管理三类人员继续教育用书

水利水电工程安全生产法规与管理知识

主　　编　王东升　王海洋

副 主 编　王龙言　周洪建　杨松森

参编人员　孙　燕　任英伟　李尚秦

邢庆如　林　浩　李茂彤

谭春玲　邵　辉　王志超

中国矿业大学出版社

内 容 提 要

本书结合最新标准和规范，介绍了水利水电工程安全生产规范与管理知识，内容包括：水利工程建设安全生产概述、法学的基本知识、水利工程建设安全生产法律法规、水利工程建设安全生产法律责任、施工企业安全生产管理、施工现场安全管理、典型案例分析及附录。

本书是水利水电工程施工企业安全生产管理三类人员继续教育用书之一，既可作为施工企业安全生产管理人员继续教育用书，也可作为建设单位、施工单位和水利水电工程建设类大中专院校的教学及参考用书。

图书在版编目(CIP)数据

水利水电工程安全生产法规与管理知识 / 王东升，王海洋主编. —徐州：中国矿业大学出版社，2018.4

ISBN 978-7-5646-3928-0

Ⅰ.①水… Ⅱ.①王… ②王… Ⅲ.①水利水电工程—安全生产—安全法规—中国—技术培训—教材②水利水电工程—安全生产—生产管理—技术培训—教材 Ⅳ.①D922.54 ②TV513

中国版本图书馆 CIP 数据核字(2018)第 053065 号

书　　名　水利水电工程安全生产法规与管理知识
主　　编　王东升　王海洋
责任编辑　周　丽
出版发行　中国矿业大学出版社有限责任公司
　　　　　　(江苏省徐州市解放南路　邮编 221008)
营销热线　(0516)83885307　83884995
出版服务　(0516)83885767　83884920
网　　址　http://www.cumtp.com　**E-mail**：cumtpvip@cumtp.com
印　　刷　日照报业印刷有限公司
开　　本　787×1092　1/16　**印张** 22　**字数** 522 千字
版次印次　2018 年 4 月第 1 版　2018 年 4 月第 1 次印刷
定　　价　56.00 元
(图书出现印装质量问题，本社负责调换)

出版说明

随着我国经济快速发展、科学技术不断进步，水利水电工程的市场需求发生了巨大变化，对安全生产提出了更多、更新、更高的挑战，加之近年来国家不断加大了对安全生产法规的建设力度，新颁布和修订了一系列法律法规和技术标准，建立了一系列安全生产管理制度。为使教育考核工作与现行法律法规和技术标准进行有机接轨，督促水利水电工程施工企业主要负责人、项目负责人和专职安全生产管理人员及时更新安全生产知识，提高安全生产管理能力，依据《中华人民共和国安全生产法》《建设工程安全生产管理条例》《水利工程建设安全生产管理规定》《国务院安委会关于进一步加强安全培训工作的决定》(安委〔2012〕10 号)、《关于印发〈水利水电工程施工企业主要负责人、项目负责人和专职安全生产管理人员安全生产考核管理办法〉的通知》(水安监〔2011〕374 号)、《水利部办公厅关于进一步加强水利水电工程施工企业主要负责人、项目负责人和专职安全生产管理人员安全生产培训工作的通知》(办安监函〔2015〕1516 号)和《山东省水利厅关于进一步加强安全生产培训工作的通知》(鲁水政安字〔2017〕1 号)及其他现行法律法规和行业标准规范，我们组织编写了这套"水利水电工程施工企业安全生产管理三类人员继续教育用书"。

本套教材由《水利水电工程安全生产法规与管理知识》《水利水电工程施工安全生产技术》和《水利水电工程机械安全生产技术》三册组成。在编纂过程中，我们依据《水利水电工程施工企业安全生产管理三类人员考核大纲》，坚持以人为本与可持续发展的原则，突出系统性、针对性、实践性和前瞻性，体现水利水电工程行业发展的新常态、新法规、新技术、新工艺、新材料等内容，使水利水电工程施工企业安全生产管理人员能够比较系统、便捷地掌握安全生产知识和安全生产管理能力。本套教材既可作为施工企业安全生产管理人员继续教育用书，也可作为建设单位、监理单位和水利水电工程建设类大中专院校的教学及参考用书。

本套教材的编写得到了山东省水利厅、中国水利企业协会、清华大学、山东大学、中国海洋大学、青岛理工大学、山东农业大学、山东鲁润职业培训学校、山东海大工程咨询有限公司、山东水安注册安全工程师事务所、山东中英国际工程图书有限公司、中国矿业大学出版社有限责任公司等单位的大力支持，在此表示衷心的感谢。本套教材虽经反复推敲核证，仍难免有不妥甚至疏漏之处，恳请广大读者提出宝贵意见。

编　者

2018年4月

前　言

本书主要依据《关于印发〈水利水电工程施工企业主要负责人、项目负责人和专职安全生产管理人员安全生产考核管理办法〉的通知》(水安监〔2011〕374 号)、《水利部办公厅关于进一步加强水利水电工程施工企业主要负责人、项目负责人和专职安全生产管理人员安全生产培训工作的通知》(办安监函〔2015〕1516 号)和《山东省水利厅关于进一步加强安全生产培训工作的通知》(鲁水政安字〔2017〕1 号)等文件规定进行编写。

本书按照《水利水电工程施工企业安全生产管理三类人员考核大纲》的考核要求,充分参考了中国水利水电出版社的《水利水电工程建设安全生产管理》,认真研究水利水电工程施工安全生产管理人员岗位责任、知识结构、文化程度,针对我国水利水电工程施工现状特点确定编写纲要,在具体阐述上尽最大可能符合国家现行法律法规和规范标准。本书内容包括水利工程建设安全生产法律法规、安全生产法律责任和管理知识等主要内容,着重介绍了安全生产法律责任、施工企业的各项管理制度、管理措施以及施工现场安全文明施工等方面的知识。本书重点突出了专业性、针对性、时效性、实用性和知识性。这些知识,对于强化安全生产管理人员的安全生产意识、增强安全生产责任、制定和完善企业安全管理制度、提高施工现场安全文明施工管理水平能够起到必要的指导作用。只有企业安全管理人员掌握相关知识,才能更好地执行法律法规和规范标准,落实安全生产责任,制定并实施各项管理制度,促进企业安全生产进步。

本书的编写广泛征求了水利水电行业的主管部门、高等院校和企业等有关专家的意见,并经过多次研讨和修改。山东省水利厅、中国水利企业协会、中国海洋大学、青岛理工大学、山东农业大学、山东鲁润职业培训学校、山东海大工程咨询有限公司、山东水安注册安全工程师事务所等单位对本书的编写工作给予了大力支持。本书在编写过程中参考了大量的教材、专著和相关资料,在此谨向有关作者致以衷心感谢!

限于我们水平和经验,书中难免疏漏和错误,诚挚希望读者提出宝贵意见,以便完善。

编 者

2018 年 4 月

目 录

第1章　水利水电工程建设安全生产概述

1.1　安全生产基本概念

1.1.1　危险与安全

1. 危险

危险是指系统中存在导致发生不期望后果的可能性超过了人们的承受程度，一般用风险度表示危险的程度。风险度用事故发生的可能性和严重性来衡量。

从广义上来说，风险可分为自然风险、社会风险、经济风险、技术风险和健康风险等五类。而对于安全生产的日常管理，可分为人、机、环境、管理等四类风险。

2. 危险源

危险源是指可能导致人身伤害和(或)健康损害的根源、状态或行为，或其组合。

具体而言，危险源是指一个系统中具有潜在能量和物质释放危险的、可造成人员伤害、在一定的触发因素作用下可转化为事故的部位、区域、场所、空间、岗位、设备及其位置。危险源存在于确定的系统中，不同的系统范围的危险源的区域也不同。另外，危险源可能存在事故隐患，也可能不存在事故隐患。对于存在事故隐患的危险源一定要及时加以整改，否则随时都可能导致事故。

根据事故致因理论，危险源可分为两类：系统中存在的、可能发生意外释放的能量或危险物质被称作第一类危险源；导致屏蔽措施失效或破坏的各种不安全因素称作第二类危险源。第一类危险源涉及潜在危险性、存在条件和触发因素三个要素；第二类危险源包括人、物、环境三方面。

3. 安全

安全，顾名思义，“无危则安，无缺则全”，即安全意味着没有危险且尽善尽美，这是与人们传统的安全观念相吻合的。随着对安全问题的深入研究，安全有狭义安全和广义安全之分。狭义安全是指某一领域或系统中的安全，如生命安全、财产安全、食品安全、社会安全等；广义安全即大安全，是以某一领域或系统为主的安全扩展到生活安全与生存安全领域，形成生产、生活、生存领域的大安全。在安全学科中的“安全”有诸多含义：其一，安全是指客观事物的危险程度能够为人们普遍接受的状态；其二，安全是指没有引起死亡、伤害、职业病或财产、设备的损坏或损失或环境危害的条件；其三，安全是指生产系统中人员免遭不可承受危险的伤害。

安全与危险构成一对矛盾体，它们相伴存在。在社会实践中，安全是相对的，危险是绝对的，它们具有矛盾的所有特性。一方面双方相互反对、相互排斥、相互否定，安全度越高危险就越小，安全度越小危险就越大；另一方面安全与危险两者相互依存，共同处于一个统一体中，存在着向对方转化的趋势。安全与危险体现了人们对生产、生活中可能遭受健康损害、人身伤亡、财产损失、环境破坏等的综合认识；也正是这对矛盾体的运动、变化和发展推动着安全科学的发展和人类安全意识的提高。

1.1.2 事故与事故隐患

1. 事故

事故是指人们在进行有目的的活动过程中突然发生的、违背人的意志的意外事件，该事件的发生可能会造成人的有目的活动暂时或永远终止，或造成人员死亡、疾病、伤害，财产或其他损失。事故包括两个方面，即非正常发生的事件以及由此而导致的后果。

2. 生产安全事故

生产安全事故是指在生产经营活动中发生的事故。

依据《企业职工伤亡事故分类》(GB6441—1986)，按事故致害原因，可分为物体打击、机械伤害、起重伤害、触电、高处坠落、坍塌、中毒和窒息等 20 个类别。依据《生产安全事故报告和调查处理条例》(国务院令〔2007〕第 493 号)的规定，按生产安全事故造成的人员伤亡或者直接经济损失，将事故分为特别重大事故、重大事故、较大事故、一般事故等四个等级。

3. 事故隐患

生产安全事故隐患，简称事故隐患，是指生产经营单位违反安全生产法律、法规、规章、标准、规程和安全生产管理制度的规定，或者因其他因素在生产经营活动中存在可能导致事故发生的物的危险状态、人的不安全行为和管理上的缺陷。

事故隐患分为一般事故隐患和重大事故隐患。一般事故隐患是指危害和整改难度较小，发现后能够立即整改排除的隐患。重大事故隐患是指危害和整改难度较大，应当全部或者局部停产停业，并经过一定时间整改治理方能排除的隐患，或者因外部因素影响致使生产经营单位自身难以排除的隐患。

1.1.3 安全生产

1. 安全生产

安全生产是指在生产经营活动中，为避免发生造成人员伤害和财产损失的事故，有效消除或控制危险和有害因素而采取一系列措施，使生产过程在符合规定的条件下进行，以保证从业人员的人身安全与健康、设备和设施免受损坏、环境免遭破坏，保证生产经营活动得以顺利进行的相关活动。“安全生产”一词中所讲的“生产”，是广义的概念，不仅包括各种产品的生产活动，也包括各类工程建设和商业、娱乐业以及其他服务业的经营活动。

2. 安全生产管理

安全生产管理是指运用人力、物力和财力等有效资源，利用计划、组织、指挥、协调、控制等措施，控制物的不安全因素和人的不安全行为，实现安全生产的活动。

安全生产管理的最终目的是为了减少和控制危害和事故，尽量避免生产过程中发生人身伤害、财产损失、环境污染以及其他损失。安全生产管理包括对人的安全管理和对物的安全管理两个主要方面。具体而言，即包括安全生产法制管理、行政管理、工艺技术管理、设备设施管理、作业环境和作业条件管理等。

3．安全生产要素

安全生产是一个系统工程，抓好安全生产涉及政治、文化、经济、技术以及企业管理、人员素质等多个方面。就当前我国的安全生产发展形势，应重视以下五项安全生产要素：

(1) 安全法规。安全法规反映了保护生产正常进行、保护劳动者安全健康所必须遵循的客观规律。它是一种法律规范，具有法律约束力，要求人人都要遵守，对整个安全生产工作的开展具有国家强制力推行的作用。安全法规以搞好安全生产、职业卫生为前提，不仅从管理上规定了人们的安全行为规范，也从生产技术上、设备上规定了实现安全生产和保障职工安全健康所需的物质条件。

(2) 安全责任。安全责任是安全生产的灵魂。安全责任的落实需要建立安全生产责任制。安全生产责任制是经长期的安全生产、劳动保护管理实践证明的成功制度与措施，是安全生产制度体系中最基础、最重要的制度，其实质是“安全生产，人人有责”。在安全责任体系中，政府领导有了责任心，就能科学处理安全和经济发展的关系，使社会发展与安全生产协调发展；经营者有了责任心，就能保证安全投入，制订安全措施，事故预防和安全生产的目标就能够实现；员工有了责任心，就能执行安全作业程序，事故就可能避免，生命安全才会得到保障。

(3) 安全文化。安全文化是人类文化的组成部分，既是社会文化的一部分，也是企业文化的一部分，属于观念、知识及软件建设的范畴。安全文化是持续实现安全生产的不可或缺的软支撑。安全文化是事故预防的一种“软”力量，是一种人性化的管理手段。安全文化建设通过创造一种良好的安全人文氛围和协调的人机环境，对人的观念、意识、态度、行为等形成从无形到有形的影响，从而对人的不安全行为产生控制作用，以达到减少人为事故的效果。

企业安全文化是企业在长期安全生产和经营活动中逐步培育形成的、具有本企业特点的、为全体员工认可遵循并不断创新的观念、行为、环境、物态条件的总和。加强企业安全文化建设要做好以下工作：通过宣传活动，提高各层次人员的安全意识；通过教育培训，提高职工的安全素质；通过制度建设，统一职工的安全行为；通过全员参与，营造安全文化氛围。

(4) 安全科技。安全科技是实现安全生产的重要手段。它不仅是一种不可缺少的生产力，更是一种社会和生产发展的动力和基本保障条件。安全科技的不断发展是防止生产过程中各种事故的发生，为职工提供安全、良好的劳动条件的必然要求。通过改进安全设备、作业环境或操作方法，将危险作业改进为安全作业、将笨重劳动改进为轻便劳动、将手工操作改进为机械操作，能够有效地提高安全生产的水平。

(5) 安全投入。安全投入是指安全生产活动中一切人力、物力和财力的总和。从经济学的角度，安全投入一是人力资源的投入，即专业人员的配置；二是资金的投入，用于安全技术、管理和教育措施的费用。从安全活动和实践的角度，安全文化建设、安全法制建设和安全监管活动，以及安全科学技术的研究与开发都需要安全投入来保障。安全投入保障是安全生产的水平和能力提高不可或缺的基础。

1.2 我国安全生产管理体制

1.2.1 安全生产理念

现阶段安全生产工作的理念是以人为本，安全发展，科技兴安，任何工作都要始终把保障安全放在首位。

以人为本，是一种价值取向，强调尊重人、解放人、依靠人和为了人；它是一种思维方式，就是在分析和解决一切问题时，既要坚持历史的尺度，也要坚持人的尺度。在安全生产工作中，就是要以尊重职工群众，爱护职工群众，维护职工群众的人身安全为根本出发点，以消灭生产过程中潜在的安全隐患为主要目的。在一个企业内，只有人的智慧、力量得到了充分发挥，企业才能生存并发展壮大。职工是企业效益的创造者，企业是职工获取人生财富、实现人生价值的场所和舞台。作为生产经营单位，企业在生产经营活动中，要做到以人为本，就要以尊重职工、爱护职工、维护职工的人身安全为出发点，以消灭生产过程中的潜在隐患为主要目的。关心职工人身安全和身体健康，不断改善劳动环境和工作条件，真正做到干工作为了人，干工作依靠人，绝不能为了发展经济而以牺牲人的生命为代价，这就是以人为本。具体来讲，即当人的生命健康和财产面临冲突时，首先应当考虑人的生命健康，而不是考虑和维护财产利益。

安全发展，是指国民经济和区域经济、各个行业和领域、各类生产经营单位的发展，以及社会的进步和发展，必须把安全作为基础前提和保障，绝不能以牺牲人的生命健康换取一时的发展。从“安全生产”到“安全发展”，绝不只是概念的变化，它体现的是科学发展观以人为本的要义。安全发展，就是要坚持重在预防，落实责任，加大安全投入，严格安全准入，深化隐患排查治理，筑牢安全生产基础，全面落实企业安全生产主体责任、政府及部门监管责任和属地管理责任。同时，坚持依法依规、综合治理，严格安全生产执法，严厉打击非法违法行为，综合运用法律、行政、经济等手段，推动安全生产工作规范、有序、高效地开展。

科技兴安，就是要加大安全科技投入，运用先进的科技手段来监控安全生产全过程，把现代化、自动化、信息化应用到安全生产管理中。科技兴安是现代社会工业化生产的要求，是实现安全生产的最基本出路。企业应当采用先进实用的生产技术，推行现代安全技术，选用高标准的安全装备，追求生产过程的本质安全化。同时，还要积极组织安全生产技术研究，开发新技术，自觉引进国际先进的安全生产科技。每一个企业家都要树立“依靠安全科技进步，提高事故防范能力”的观念，充分依靠科学技术的手段，从而能根本上保障生产过程的安全。

1.2.2 安全生产原则

我国《宪法》第四十二条提出的“加强劳动保护，改善劳动条件”，是国家和企业安全生产所必须遵循的基本原则。同时，还应遵循以下原则：

1. “管生产必须管安全”原则

“管生产必须管安全”是企业各级领导在生产过程中必须坚持的原则。企业主要负责人是企业经营管理的领导，在抓经营管理的同时必须抓安全生产。企业要全面落实安全工作领导责任制，形成纵向到底、横向到边的严密的责任网络。企业主要负责人是企业安全生产的第一责任人，对安全生产负有主要责任。同时，企业还应与所属各部门和各单位层层签订安全工作责任状，把安全工作责任一直落实到基层单位和生产经营的各个环节。同样，企业内部各部门、各单位主要负责人也是部门、单位安全工作的第一责任人，对分管工作的安全生产也应负有重要领导责任。

2. “三同步”原则

“三同步”原则是指企业在规划和实施自身发展时，安全生产要与之同步规划，同步组织实施，同步运作投产。

3. “三不伤害”原则

“三不伤害”原则是指在生产过程中，为保证安全生产减少人为事故，而采取的一种自律和互相监督的原则，即“不伤害自己、不伤害他人、不被他人伤害”。

4. “四不放过”原则

“四不放过”原则是指在对生产安全事故调查处理过程中，应当坚持的重要原则，即“事故原因没有查清不放过；责任人员没有受到处理不放过；职工群众没有受到教育不放过；防范措施没有落实不放过”。

5. “五同时”原则

“五同时”原则是指企业的生产组织领导者必须在计划、布置、检查、总结、评比生产工作的同时进行计划、布置、检查、总结、评比安全工作的原则。它要求把安全工作落实到每一个生产组织管理环节中。这是解决生产管理中安全与生产统一的一项重要原则。

1.2.3 安全生产方针

安全生产方针是指政府对安全生产工作总的要求，它是安全生产工作的方向。当前，我国安全生产方针是“安全第一，预防为主，综合治理”，这一方针是在总结安全工作的基础上逐步形成的。

1. 历史沿革

我国安全生产方针大致经历了三次变化，即“生产必须安全、安全为了生产”“安全第一，预防为主”“安全第一，预防为主，综合治理”。从我国安全生产方针的演变，也可以看出我国安全生产工作在不同时期的工作目标和工作原则。

中华人民共和国成立以来，党和国家十分重视安全生产工作。1952年，毛泽东主席指出：在实施增产节约的同时，必须注意职工的安全健康和必不可少的福利事业。同年，第二次全国劳动保护工作会议提出了“生产必须安全、安全为了生产”的安全生产工作方针，会议还提出了“要从思想上、设备上、制度上和组织上加强劳动保护工作，达到劳动保护工作的计划化、制度化、群众化和纪律化”的目标。1983年，《国务院批转劳动人事部、国家经委、全国总工会关于加强安全生产和劳动安全监察工作报告的通知》(国发〔1983〕85号文)中提出：“在安全第一、预防为主的思想指导下，搞好安全生产，是经济管理、生产管理部门和企业领导的本职工作，也是不可推卸的责任。”1987年，在全国劳动安全监察会议上，进一步明确提出“安全第一、预防为主”的方针。2002年颁布实施的《中华人民共和国安全生产法》(以下简称《安全生产法》)首次以法律条文的形式，将“安全第一、预防为主”确定为我国安全生产工作的基本方针。

2005年，中共中央第十六届五中全会通过的《中共中央关于制定十一五规划的建议》指出：“坚持安全第一、预防为主、综合治理，落实安全生产责任制，强化企业安全生产责任，健全安全生产监管体制，严格安全执法，加强安全生产设施建设。”把“综合治理”列入安全生产方针。2014年，修订颁布的《安全生产法》第三条规定“安全生产工作应当以人为本，坚持安全发展，坚持安全第一、预防为主、综合治理的方针，强化和落实生产经营单位的主体责任，建立生产经营单位负责、职工参与、政府监管、行业自律和社会监督的机制”，又以法律条文的形式，将“安全第一、预防为主、综合治理”确定为我国安全生产工作新的基本方针。

2. 内涵

(1) 安全第一

安全第一是指在生产经营活动中，在处理保证安全与实现生产经营活动的其他各项目标的关系上，要始终把安全特别是从业人员和其他人员的人身安全放在首要位置，实行“安全优先”的原则。在确保安全的前提下，努力实现生产经营的其他目标。当安全工作与其他活动发生冲突与矛盾时，其他活动要服从安全，绝不能以牺牲人的生命、健康、财产损失为代价换取发展和效益。安全第一，体现了以人为本的思想，是预防为主、综合治理的统帅；没有安全第一的思想，预防为主就失去了思想支撑，综合治理就失去了整治依据。

(2) 预防为主

预防为主就是把预防生产安全事故的发生放在安全生产工作的首位。预防为主是安全生产的方针的核心和具体体现，是实施安全生产的根本途径，也是实现安全第一的根本途径。只有把安全生产的重点放在建立事故隐患预防体系上，超前防范，才能有效避免和减少事故，实现安全第一。对于安全生产管理，主要不是在发生事故后去组织抢救，进行事故调查，找原因、追责任、堵漏洞，而是要谋事在先，尊重科学，探索规律，采取有效的事前控制措施，千方百计预防事故的发生，做到防患于未然，将事故消灭在萌芽状态。虽然人类在生产活动中还不可能完全杜绝安全事故的发生，但只要思想重视，预防措施得当，绝大部分事故特别是重大事故是可以避免的。

(3) 综合治理

综合治理就是综合运用法律、经济、行政手段，从发展规划、行业管理、安全投入、科技进步、经济政策、教育培训、安全文化以及责任追究等方面着手，建立安全生产长效机制。综合治理，秉承“安全发展”的理念，从遵循和适应安全生产的规律出发，运用法律、经济、行政等手段，多管齐下，并充分发挥社会、职工、舆论的监督作用，形成标本兼治、齐抓共管的格局。作为一种新的安全管理模式，综合治理是保证“安全第一，预防为主”的安全管理目标实现的重要手段和方法。只有不断健全和完善综合治理工作机制，才能有效贯彻安全生产方针。将“综合治理”纳入安全生产方针，标志着对安全生产的认识上升到一个新的高度，是贯彻落实科学发展观的具体体现。

1.2.4 安全生产工作机制

《安全生产法》第三条规定，安全生产工作要建立“生产经营单位负责、职工参与、政府监管、行业自律和社会监督”的机制。建立这一工作机制，目的是形成安全生产齐抓共管的合力。

1. 生产经营单位负责

生产经营单位是生产经营活动的主体，必然是安全生产工作的实施者、落实者和承担者。因此，要抓好安全生产工作就必须落实生产经营单位的安全生产主体责任。具体来讲，生产经营单位应当依照法律、法规规定履行安全生产法定职责和义务，依法依规加强安全生产，加大安全投入，健全安全管理机构，加强对从业人员的培训，保持安全设施设备的完好有效。

2. 职工参与

职工参与是通过安全生产教育提高广大职工的自我保护意识和安全生产意识，有权对本单位的安全生产工作提出建议；对本单位安全生产工作中存在的问题，有权提出批评、检举和控告，有权拒绝违章指挥和强令冒险作业。应充分发挥工会、共青团、妇联组织的作用，依法维护和落实生产经营单位职工对安全生产的参与权与监督权，鼓励职工监督举报各类安全隐患，对举报者予以奖励。

3. 政府监管

政府监管就是要切实履行政府监管部门安全生产管理和监督职责，健全完善安全生产综合监管与行业监管相结合的工作机制，强化安全生产监管部门对安全生产的综合监管，全面落实行业主管部门的专业监管、行业管理和指导职责。各部门要加强协作，形成监管合力，在各级政府统一领导下，严厉打击违法生产、经营等影响安全生产的行为，对拒不执行监管监察指令的生产经营单位，要依法依规从重处罚。

4. 行业自律

行业自律主要是指行业协会等行业组织要自我约束，一方面各个行业要遵守国家法律、法规和政策，另一方面行业组织要通过行规行约制约本行业生产经营单位的行为。通过行业自律，促使相当一部分生产经营单位能从自身安全生产的需要和保护从业人员生命健康的角度出发，自觉开展安全生产工作，切实履行生产经营单位的法定职责和社会责任。

5. 社会监督

社会监督就是要充分发挥社会监督的作用，任何单位和个人有权对违反安全生产的行为进行检举和控告。发挥新闻媒体的舆论监督作用。有关部门和地方要进一步畅通安全生产的社会监督渠道，设立举报电话，接受人民群众的公开监督。

1.3 我国水利水电工程建设安全生产状况

1.3.1 水利水电工程建设安全生产的特点和难点

1. 水利水电工程建设安全生产的特点

水利水电工程建设是水利安全监督管理的重点，也是水利安全生产事故的高发领域。水利水电工程建设一般具有工程量大、投资大、工期长、技术紧密等特点。由于水利水电工程建设施工中存在的危险有害因素较多,其安全管理主要呈现以下几方面的特点。

(1) 自然环境复杂、恶劣,潜在的安全风险大

水利水电工程建设选址一般是交通不便的乡镇山区,施工环境受气象、地形等自然条件影响。大多是露天作业,大约50%工作量属高处作业,易发生高空坠落等伤亡事故。在地处山区的水利水电工程建设中,还会受到滑坡、坍塌等事故的威胁,现场安全控制难度很大。

(2) 施工作业分散,工作强度大

水利水电工程建设地域分布面广、线路长,人员流动和施工场地变化频繁。在施工过程中,机械设备还不能完全代替人工,现场工人手工操作较多,体能消耗很大,劳动时间和劳动强度都相对较高,容易发生生产安全事故。

(3) 施工现场多工种同时作业,作业交叉频繁

在水利水电工程建设期,需在有效的场地和空间上集中大量的人力、物资、机具,涉及多工种同时间、同地点、多水平、立体交叉作业,且多种施工机械或设备同时运行,极易发生生产安全事故。

(4) 存在项目分包、转包现象,安全生产管理难度大大增加

在目前的水利水电工程建设中,存在大量工程分包、转包现象。分(转)包单位施工人员的安全生产管理水平参差不齐,容易出现违章作业和冒险盲干。如何加强对分包单位及作业人员的安全管理,保证安全生产是当前水利水电工程建设安全管理面临的难点之一。

由于水利水电工程建设施工危险区域及危险因素较多,水利水电工程建设项目安全管理工作也呈现出点多面广、头绪多、任务重的特点。除了常规性的安全管理工作为水利水电工程建设营造一个安全的工作环境之外,还应针对工程建设项目的具体特点加强和改善安全管理,避免事故以及由此引起的人员伤亡和经济损失。

2. 水利水电工程安全生产的难点

水利水电工程施工管理系统组成十分复杂,影响因素多变。工程施工管理主要难点如下:

(1) 涉及面广

水利水电工程施工管理工作涉及工业、水利、电力、交通、建设、环保等诸多领域。

(2) 涉及学科广

水利水电工程施工管理工作涉及地质、气象、园林、经济、法律、管理等学科。

(3) 涉及法律、法规多

水利水电工程施工管理涉及《中华人民共和国合同法》等,同时涉及水利、电力、交通、土地、矿山、建设等相关部门的法律法规。

(4) 地区差异大

全国各地存在不同的社会经济环境,甚至一个市、一个乡都存在不同的社会经济环境。不同地区水利水电工程建设施工环境因管理体系完善程度不同、管理水平不同、人员素质不同等 诸多因素而存在较大差异。

(5) 缺少统一的量化标准

由于水利水电工程施工管理表现形式不一样,人们难以准确判定施工管理过程是否符合相关法规要求和施工现场安全目标需求,给施工管理工作带来一定的难度。

(6) 水利水电工程施工点多、面广、线长

水利水电工程施工具有点多、面广、线长、工期长,大量使用非专业化劳务队伍,而且施工场地复杂,施工条件较差等特点。因此,在水利水电工程建设施工过程中必须坚持“安全第一,预防为主,综合治理”,坚持安全管理的主动性、防护针对性的原则。水利水电工程的安全生产是一项系统工程,我们更应该紧紧依靠科技进步,提升安全管理水平,实施长效管理。

1.3.2 水利水电工程建设安全生产发展情况

一个时期以来,党中央、国务院高度重视安全生产工作,对存在的主要矛盾和突出问题,从法制建设、管理体制、财政投入等方面相继采取了一系列措施。近年来,习近平总书记等中央领导同志针对安全生产作出了一系列重要指示,要求“要始终把人民生命安全放在首位”,“发展决不能以牺牲人的生命为代价。这必须作为一条不可逾越的红线”;要深刻汲取用生命和鲜血换来的教训,筑牢科学管理的安全防线,要坚持预防为主、标本兼治,健全制度,落实责任,对安全隐患实行“零容忍”,切实维护人民群众的生命安全等,这些充分体现了党和政府对安全生产的高度重视。

1. 健全安全生产监督管理组织机构

国家在面对压缩编制、减少行政开支等诸多挑战的同时,为了加强安全生产监督管理队伍建设,克服困难成立了国家安全生产监督总局,形成了国家、省市、地市、县和乡镇安全生产监督管理网络。2018 年 3 月将国家安全生产监督管理总局等的职责整合,组建应急管理部,作为国务院组成部门。组织建设是安全生产双基工作的重点,是安全生产“三项建设”的主要内容。国家水利部已于 2010 年成立“安全监督司”,负责全国水利行业的安全生产监督管理工作。2016 年 12 月份,山东省水利厅成立了“水政与安全监督处”,指导全省水利行业安全生产工作,负责水利水电安全生产综合监督管理,承担重点水利水电工程安全生产监督管理工作;组织实施水利水电工程项目与安全设施同步落实制度,开展水利水电工程项目安全标准化建设;组织或参与重大水利水电安全事故的调查处理;组织开展水利水电工程稽查。

2. 完善安全生产法律法规体系

2001 年 4 月国务院颁布了《国务院关于特大安全生产事故行政责任追究的规定》;2002 年 6 月颁布了《安全生产法》,2014 年 8 月通过了《安全生产法修订案》;2003 年 2 月颁布了《特种设备安全监察条例》,2009 年进行了修订,2013 年上升为《特种设备安全法》;2003 年 4 月颁布了《工伤保险条例》(国务院令〔2003〕第 375 号),2010 年 12 月进行了修订;2003 年 11 月颁布了《建设工程安全生产管理条例》(国务院令〔2003〕第 393 号);2004 年 1 月颁布了《关于进一步加强安全生产工作的决定》(国发〔2004〕2 号);2005 年 6 月,颁布了《水利工程建设安全生产管理规定》(水利部令〔2003〕第 26 号),2014 年、2017 年分别进行了修订、修改(水利部令〔2014〕第 46 号修订、水利部令〔2017〕第 49 号修改);2007 年 4 月颁布了《生产安全事故报告和调查处理条例》(国务院令〔2007〕第 493 号);2010 年 7 月颁布了《国务院关于进一步加强企业安全生产工作的通知》(国发〔2010〕23 号)、2011 年 11 月颁布了《国务院关于坚持科学发展安全发展促进安全生产形势持续稳定好转的意见》(国发〔2011〕40 号);2011 年 12 月颁布了《国务院关于加强和改进消防工作的意见》

(国发〔2011〕46号)。

3. 水利施工安全技术标准得到丰富

近年来,国家行业编制、修订和颁布实施了一大批安全生产技术规范标准。水利部根据《关于下达2003年第四批中央水利基建前期工作投资计划的通知》(水规计〔2003〕第540号)的安排,按照《水利技术标准编写》(SL 1—2002)的要求,对原能源部、水利部于1988年7月1日颁布的《水利水电建筑安装安全技术工作规程》(SD267—88)进行了修订。原标准经过修订后,分为以下四个标准,即:《水利水电工程施工通用安全技术规程》(SL 398—2007)、《水利水电工程土建施工安全技术规程》(SL 399—2007)、《水利水电工程金属结构与机电设备安装安全技术规程》(SL 400—2017)、《水利水电工程施工作业人员安全操作规程》(SL 401—2007)。

这四个标准在内容上各有侧重、互为补充,形成一个相对完整的水利水电工程建筑安全技术标准体系,在处理解决实际问题时,四个标准应相互配套使用。2015年5月,水利部颁发了《水利水电工程施工安全防护技术规范》(SL 714—2015);2015年7月水利部颁发了《水利水电工程施工安全管理导则》(SL 721—2015);2016年12月,水利部发布《水利水电工程机电设备安装安全技术规程》(SL 400—2016),替代《水利水电工程金属结构与机电设备安装安全技术规程》(SL 400—2007)。

4. 加大了安全生产违法违规行为的处罚力度

每逢重大特大事故,国务院领导亲赴现场指挥救援,或作出重要指示,对安全生产的处罚力度不断加大。

(1) 加大了处罚力度。2006年6月国家对《刑法》进行修正,形成《刑法修正案》,进一步调整和明确了因“安全生产设施或者安全生产条件不符合国家规定”“在生产、作业中违反有关安全管理的规定”和“强令他人违章冒险作业”而发生重大伤亡事故或者造成其他严重后果等安全生产典型违法行为,并新增设了对于不报或者谎报事故行为的刑罚规定,同时加大了对强令他人违章冒险作业情节等特别恶劣行为的处罚力度,由“处3年以上7年以下有期徒刑”调整为“处5年以上有期徒刑”。《安全生产法》进一步加大了对安全生产违法行为的责任追究力度,例如大幅提高对事故责任单位的罚款金额:一般事故罚款20万元至50万元,较大事故50万元至100万元,重大事故100万元至500万元,特别重大事故500万元至1 000万元;特别重大事故的情节特别严重的,罚款1 000万元至2 000万元。

(2) 规范了惩罚制度。例如,印发颁布了《安全生产违法行为行政处罚办法》(安监总局令〔2007〕第15号)、《安全生产领域违法违纪行为政纪处分暂行规定》(监察部、安监总局令〔2006〕第11号)、《安全生产行政处罚自由裁量适用规则(试行)》(安监总局令〔2010〕第31号)、《安全生产监管监察职责和行政执法责任追究的暂行规定》(安监总局令〔2009〕第24号)、《〈生产安全事故报告和调查处理条例〉罚款处罚暂行规定》(安监总局令〔2011〕第42号)和《关于进一步加强危害生产安全刑事案件审判工作的意见》(法发〔2011〕20号)。

(3) 落实了严厉制裁。自2008年,国内连续发生几起恶性生产和食品安全责任事故,在国内外造成了特别恶劣的影响,一大批高官和管理人员被问责、免职或引咎辞职。2008年9月8日,山西省临汾市襄汾县新塔矿业有限公司尾矿库发生特别重大溃坝事故，共造成276人死亡，共有51人被移送司法机关，追究刑事责任，62人受到党纪政纪处理。2008年，三鹿集团前董事长田文华以生产、销售伪劣产品罪，被石家庄市中院一审判处无期徒刑，有的涉案人付出了生命的代价。因青岛市"11·22"中石化东黄输油管道泄漏爆炸特别重大事故，15人被移交司法机关追究刑事责任，48名党政企事业单位官员受到党纪、政纪处分。

(4) 加大死亡人员的经济赔偿额度。根据《关于进一步加强企业安全生产工作的通知》(国发〔2010〕23号)，对因生产安全事故造成的职工死亡，其一次性工亡补助金标准调整为按全国上一年度城镇居民人均可支配收入的20倍计算，发放给工亡职工近亲属。目前，每伤亡一名员工将造成90万元到200万元不等的直接损失。

(5) 实行安全生产资格否决制度。实行严格的企业负责人职业资格否决制度，根据《安全生产法》规定，对重大、特别重大事故负有主要责任的企业主要负责人，5年内不得担任本行业企业的厂长、经理、矿长，情节严重的终身不得担任。对重大、特别重大事故负有主要责任的单位负责人、项目负责人、总监理工程师、专职安全员，终身不得担任本行业的相应职务；对较大事故负有主要责任的，5年内不得担任本行业的相应职务。

1.3.3　水利水电工程建设安全生产事故情况

1. 近年来水利行业安全生产事故统计情况

水利正处在黄金发展期，同时也是事故易发期，水利水电工程建设、农村水电和勘测设计领域的坍塌、淹溺、高处坠落、机械伤害等事故时有发生。经统计，全国水利行业事故情况如下：2008年发生死亡事故20起、死亡26人；2009年发生死亡事故32起、死亡43人；2010年发生死亡事故31起、死亡42人；2011年发生死亡事故14起、死亡26人；2012年发生死亡事故15起、死亡22人；2013年发生死亡事故15起、死亡24人；2014年发生死亡事故15起、死亡22人；2015年发生死亡事故6起、死亡10人；2016年发生死亡事故10起、死亡17人；2017年发生死亡事故11起、死亡15人。如图1-1所示。

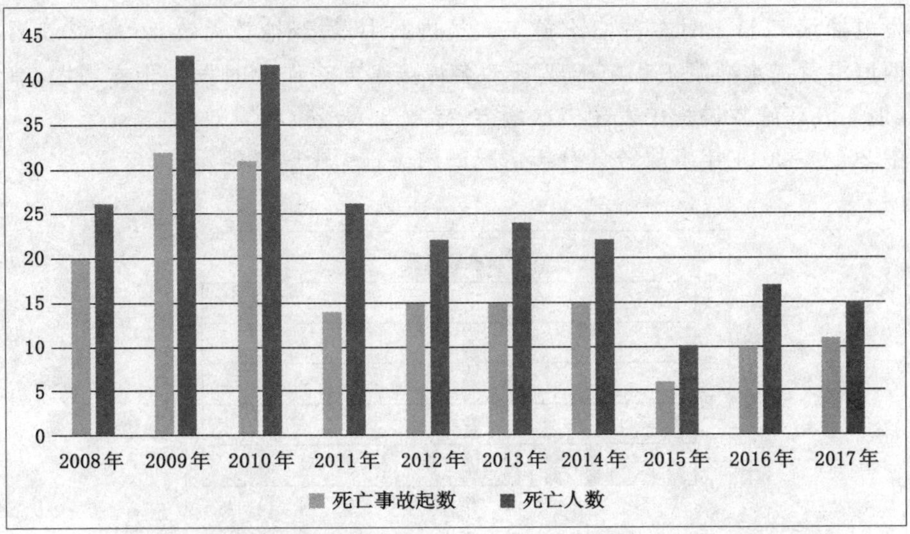

图1-1　2008～2017年全国水利安全事故起数统计示意图

其中，2009 年发生了 3 起较大事故，分别是湖北恩施州建始县野三河水电站“2·16”瓦斯爆炸事故，江西上饶县大碑水电站“4·16”淹溺事故和湖南浏阳市杨家潭水电站“7·11”淹溺事故，分别造成了不同程度的人员伤亡，给人民群众的生产生活和生命财产安全造成严重威胁。2 起重大涉险事故，分别是江西吉安县功阁水电站闸门漫顶事故以及海南省万宁市博冯水库溃坝事故。2010 年，发生 4 起较大事故，分别是贵州织金县自强水电站坍塌事故、广东清远市连南县大麦山丰水坑水电站火药爆炸事故、陕西安塞县集雨窖试点工程坍塌事故，以及西藏桑日县巴玉水电站淹溺事故。2011 年，发生 3 起较大事故，分别是广东云安县水圳坍塌事故、湖南慈利县兴达水电站塌方事故，以及河南信阳市出山店勘探作业触电事故。2012 年，发生 2 起较大事故：8 月 25 日，湖北建始县红瓦屋电站七里扁引水隧洞施工过程中发生瓦斯爆炸事故，造成 3 人死亡。9 月 22 日，在新疆库尔勒市一处输水工程施工中，竖井电梯钢绳断裂掉至井下 103 m 处，造成 3 人当场死亡，1 人受重伤。2013 年，发生 6 起较大事故：① 2 月 15 日 7 时许，山西临汾市洪洞县曲亭水库左岸灌溉洞出现大流量漏水，16 日 10 时许，水库坝体塌陷贯通过水，造成直接经济损失 4 763.45 万元。② 6 月 8 日，江西赣州市会昌县禾坑口水电站第一孔泄洪闸门启闭排架横梁施工浇筑时脚手架发生坍塌，导致现场施工人员 4 人死亡，3 人受伤。③ 8 月 13 日，江西遂川县高倚四级水电站在施工过程中发生隧洞塌方事故，造成 4 人死亡，1 人受伤。④ 10 月 15 日，青海湟水北干渠 2 分干 8 号隧洞工程进行验收前准备工作，在使用柴油发电机清理隧洞积水时，发生人员中毒窒息死亡事故，造成 4 人死亡。⑤ 11 月 17 日，新疆吉勒布拉克水电站导流洞封堵闸门发生失稳事故，水库蓄水经导流洞迅速下泄，造成哈巴河县 3 个乡居民的房屋、牲畜等财产以及水利、交通等设施损失，1 978 户、7 954 人受灾。⑥ 11 月 29 日上午约 9 时 20 分，广东化州市长湾河坝后电站 1# 水轮机例行检修过程中，发生 4 名检修人员沼气中毒，其中 1 名检修人员当场死亡，另外 3 名检修人员经抢救无效死亡。2014 年，发生 2 起较大事故：① 6 月 4 日，广西贺州市大田水电站施工区域遇大暴雨天气，发电引水隧道 1 号支洞洞外雨水向洞内倒灌，采取搬运柴油发电机到隧洞中发电抽水，5 日 7 时左右，3 名施工人员进洞中毒，经抢救无效死亡。② 7 月 24 日，山西阁西垣沿黄提水灌溉工程施工现场，5 名焊接工人在作业时发生土方坍塌，造成 1 人被埋，其他 4 人在施救过程中发生二次塌方，导致 3 人经抢救无效死亡。

其中 2011～2014 年事故统计分析情况如图 1-2～图 1-13 所示。

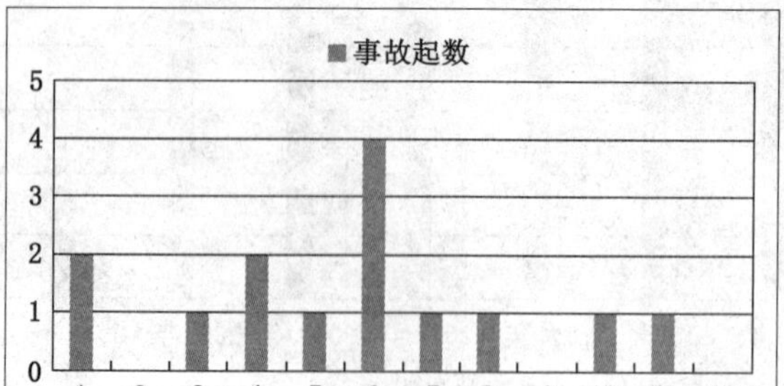

图 1-2　2011 年每月发生水利生产安全事故起数示意图

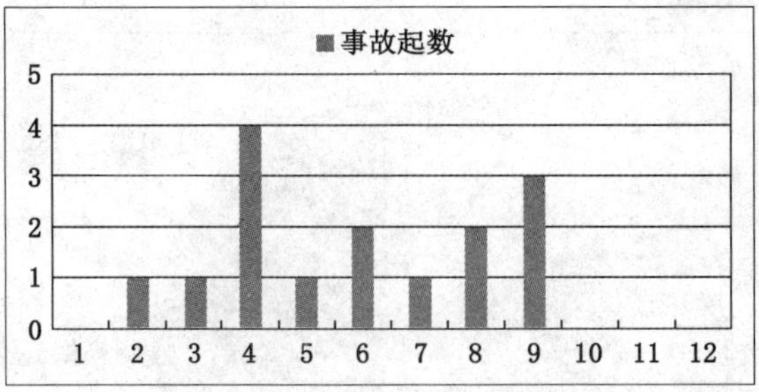

图 1-3　2012 年每月发生水利生产安全事故起数示意图

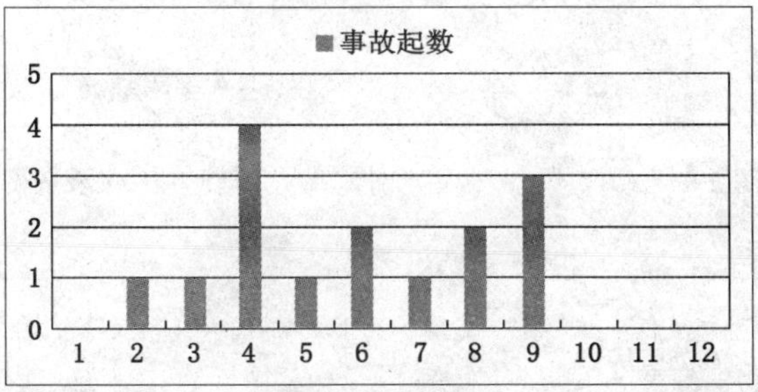

图 1-4　2013 年每月发生水利生产安全事故起数示意图

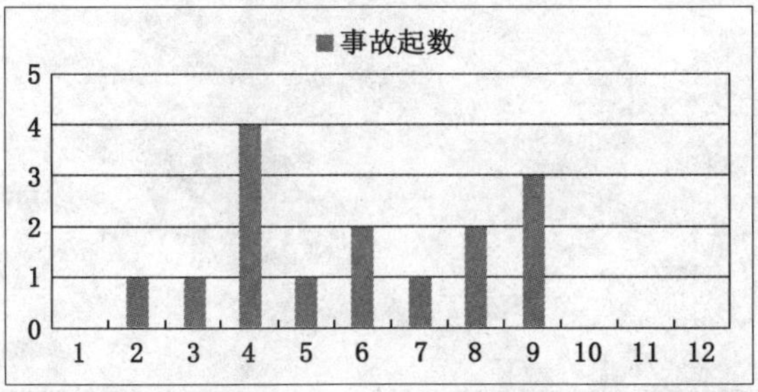

图 1-5　2014 年每月发生水利生产安全事故起数示意图

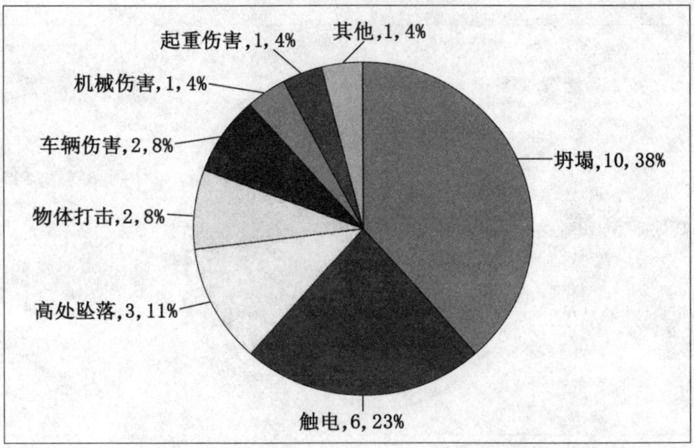

图 1-6　2011 年各事故类别死亡人数所占比例示意图

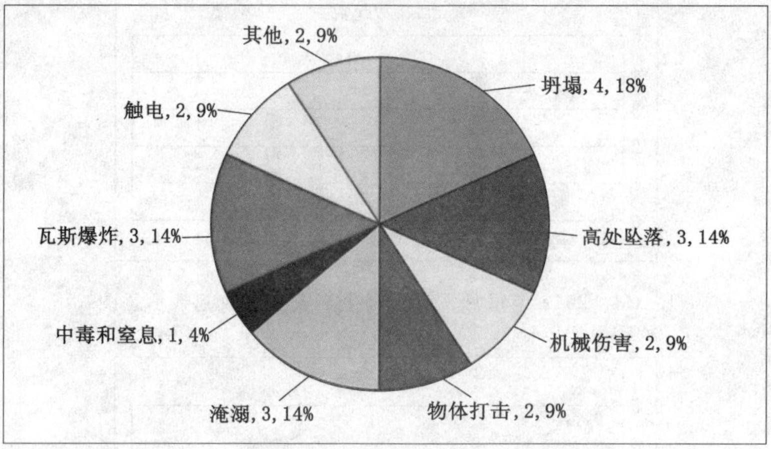

图 1-7　2012 年各事故类别死亡人数所占比例示意图

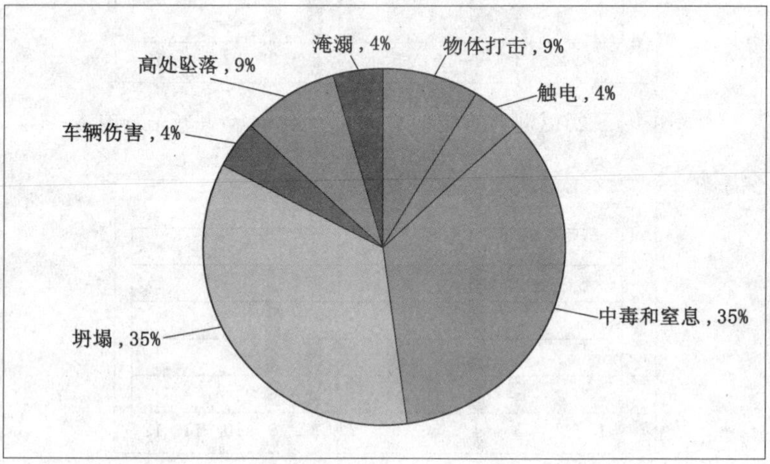

图 1-8　2013 年各事故类别死亡人数所占比例示意图

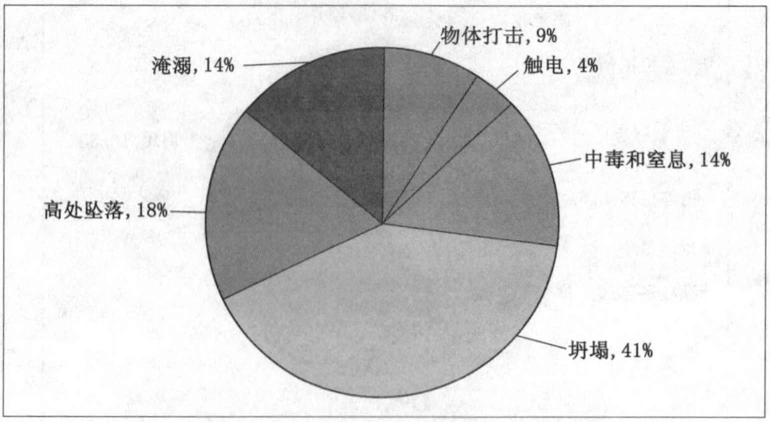

图 1-9　2014 年各事故类别死亡人数所占比例示意图

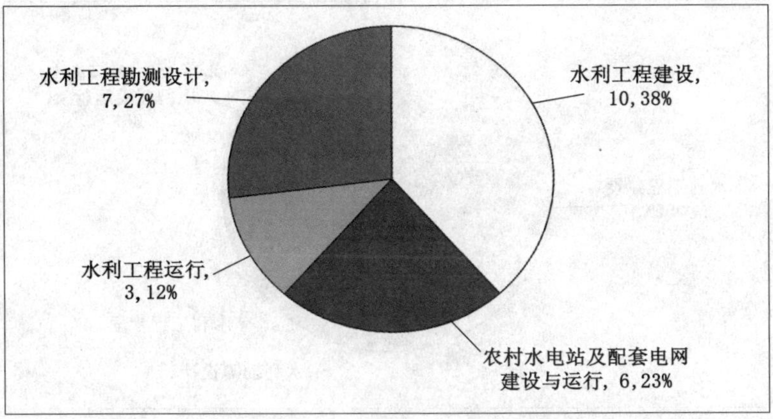

图 1-10　2011 年水利各领域死亡人数所占比例示意图

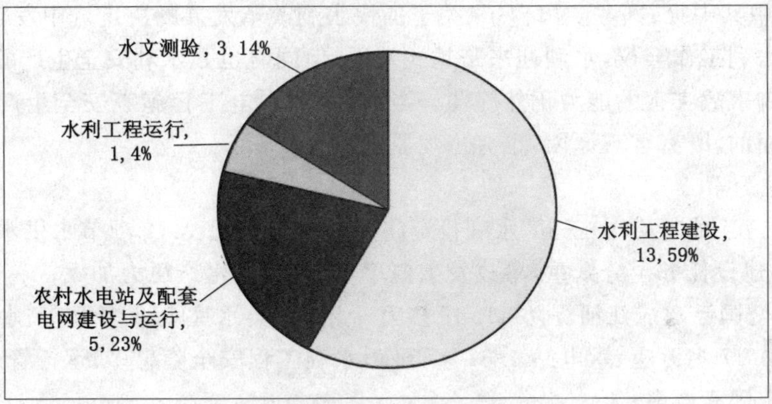

图 1-11　2012 年水利各领域死亡人数所占比例示意图

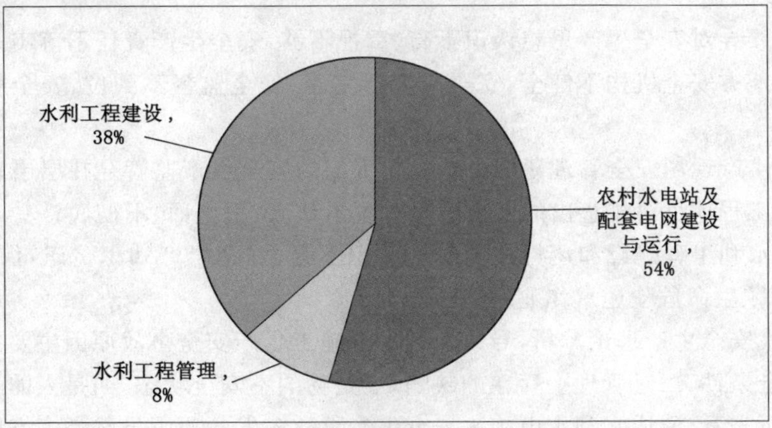

图 1-12　2013 年水利各领域死亡人数所占比例示意图

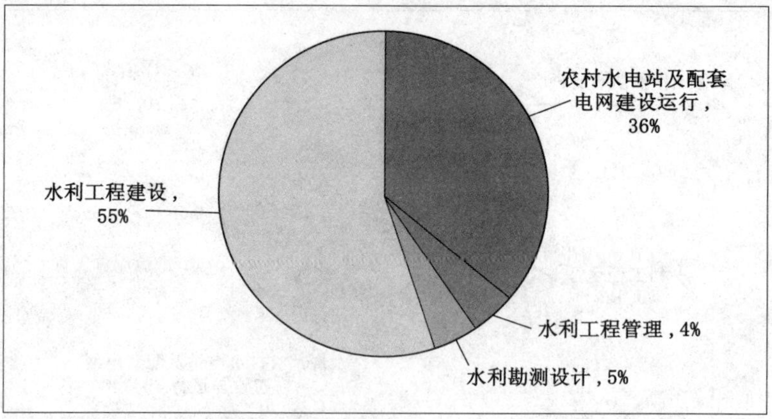

图 1-13　2014 年水利各领域死亡人数所占比例示意图

2. 水利行业安全生产事故原因分析

2011 年中共中央、国务院出台了《关于加快水利改革发展的决定》(中发〔2011〕1 号)，召开了中央水利工作会议，水利迎来跨越式发展，但同时也是水利安全生产的新挑战。而水利防范抵御事故灾害的能力仍然脆弱。当前，水利水电工程施工安全生产事故多发的原因是多方面的，既有客观原因，也有主观原因。

(1) 客观因素

① "十二五"时期及"十三五"水利投资将超过 4 万亿元，172 项节水供水重大水利项目实施，水利建设任务十分繁重，事故发生概率增加，安全生产压力加大；

② 目前全国已建成江河堤防 41.37 多万千米，各类水库 9.8 多万座、水闸 26.84 多万座、泵站 42.47 多万座、水电站 4.67 多万座，水利工程安全隐患多，运行管理风险大，安全生产不稳定因素增多；

③ 极端天气和气象灾害频发，水利保障能力不足，因自然灾害引发事故的灾难风险加大。

(2) 主观因素

① 部分领导对安全生产思想认识不高、重视不够，安全生产责任不落实；

② 有些地方安全机构不健全、安全制度不完善、安全监督不到位、安全教育不深入、不普及；

③ 施工生产现场安全管理薄弱，对基层、现场的安全生产监管存在层层衰减现象；

④ 一些工程项目对排查出的安全隐患整改不认真、不全面、不彻底；

⑤ 有的水利工程建设和运行人员安全意识不强，安全生产知识贫乏，保护生命意识薄弱，甚至不顾生命危险违章作业，冒险蛮干。

按照现代安全生产理论分析，导致水利水电施工生产安全事故原因主要有四个：一是环境的不安全条件，二是管理上存在的缺陷，三是物的不安全状态，四是人的不安全行为。结合前述分析来看，造成水利水电施工安全生产事故多发的原因虽然是多方面的，既有客观原因，也有主观原因，但是主要是主观原因，即管理上的缺陷和人的不安全行为。从近年事故案例分析看，99%的事故是责任事故，每起事故都有人被追究责任甚至是刑事责任，首先追究的是事故直接责任人责任，其次是项目负责人的责任，再其次是企业领导责任、专职安全员责任和监理人员责任。例如上海静安区胶州路“11·15”火灾事故，54 名事故责任人被严肃处理，其中 26 名责任人被移送司法机关依法追究刑事责任，28 名责任人受到党纪、政纪处分。

被追究事故责任人，普遍存在安全认识不足、安全知识匮乏、法律意识淡薄的问题，导致企业和建筑施工现场安全生产管理不到位，使得工程项目安全生产问题突出、事故隐患较多，最终爆发事故。企业负责人、项目负责人的安全责任尤其重大，必须熟悉和了解国家有关安全生产的法律、法规、规章以及方针、政策，项目负责人在组织施工过程中，还要具有一定组织协调管理能力，掌握必要安全管理知识、熟悉安全技术标准，才能较好地组织、领导、检查施工现场的安全生产工作，及时消除安全隐患，防止事故发生。

1.3.4　全国水利安全生产面临的形势

1. 国民经济持续较快发展，同时也出现了生产安全事故多发的情况

(1) 国民经济持续较快发展，国家经济实力、综合国力和国际地位显著提高。

(2) 全国安全生产形势比较严峻，煤矿、交通运输、火灾、危险化学品、烟花爆竹、建筑施工等恶性事故时有发生。

2. 国家和水利部对安全生产高度重视，采取一系列举措加强安全生产工作

(1) 中央领导同志多次对安全生产工作作出重要指示、批示。

① 习近平总书记关于安全生产的重要指示：

人命关天，发展决不能以牺牲人的生命为代价。这必须作为一条不可逾越的红线。要始终把人民生命安全放在首位。坚决落实安全生产责任制，切实做到党政同责、一岗双责、失职追责。

② 李克强总理关于安全生产的批示：

安全生产是人命关天的大事，是不能踩的“红线”。安全生产既是攻坚战也是持久战，要树立以人为本、安全发展理念，创新安全管理模式，落实企业主体责任，提升监管执法和应急处置能力。要坚持预防为主、标本兼治，经常性开展安全检查，搞好预案演练，建立健全长效机制。

(2) 2013 年 11 月，十八届三中全会《关于全面深化改革若干重大问题的决定》提出：深化安全生产管理体制改革，建立隐患排查治理体系和安全预防控制体系，遏制重特大安全事故。2014 年 8 月 31 日，全国人民代表大会常务委员会审议通过了修改后的《安全生产法》，并于 12 月 1 日起施行。2015 年 3 月 5 日第 12 届全国人民代表大会 3 次会议上，政府工作报告指出：人的生命最为宝贵，要采取更坚决措施，全方位强化安全生产。

国务院每年召开会议研究部署安全生产工作，专门下发《关于进一步加强企业安全生产工作的通知》《关于坚持科学发展安全发展促进安全生产形势持续稳定好转的意见》《安全生产十二五规划》等多个文件，提出了新形势下加强安全生产的一系列政策措施和安全生产奋斗目标。

(3) 水利安全生产监管职责和要求进一步明确。

行业主管部门直接监管，安全监管部门综合监管，地方政府属地监管。坚持管行业必须管安全，管业务必须管安全，管生产经营必须管安全。

(4) 水利安全生产监管工作力度不断加大。

2015年，企业安全保障能力和政府安全监管能力明显提升，各行业（领域）安全生产状况全面改善，安全监管监察体系更加完善，各类事故死亡总人数下降10%以上，较大和重大事故起数下降15%以上，特别重大事故起数下降50%以上，全国安全生产保持稳定好转态势。2020年，我国安全生产状况实现根本性好转，亿元国内生产总值死亡率、十万人死亡率等指标达到或者接近世界中等发达国家水平。

3. 全国安全生产总体稳定、持续好转的发展态势与依然严峻的现状并存

(1) 全国的安全生产保持总体稳定，持续好转的发展态势，实现四个显著下降：

① 事故总量显著下降。

② 事故死亡人数显著下降。

③ 重特大事故显著下降。

④ 反映安全发展状况的主要相对指标显著下降。

(2) 近年全国事故总量偏大，较大和重特大安全事故仍然多发、频发，安全生产形势依然严峻。

2014年，虽然各类事故起数和死亡人数继续保持下降趋势，同比分别下降3.5%和4.9%。但是全国仍发生各类事故29.8万起，有6.6万人失去了生命，总量仍然很大。特别是火灾、油气、交通运输等重特大事故造成人民群众生命财产重大损失和不良社会影响，给我们敲响了警钟。

背景资料

关于印发《水利水电工程施工企业主要负责人、项目负责人和专职安全生产管理人员安全生产考核管理办法》的通知

（水安监〔2011〕374号）

部直属各单位，各省、自治区、直辖市水利（水务）厅（局），各计划单列市水利（水务）局，新疆生产建设兵团水利局，各有关单位：

为进一步规范水利水电工程施工企业主要负责人、项目负责人和专职安全生产管理人员安全生产考核管理工作，提高水利水电工程施工安全生产管理水平，结合近年来对水利水电工程施工企业主要负责人、项目负责人和专职安全生产管理人员考核工作实际情况，我部组织对《水利水电工程施工企业主要负责人、项目负责人和专职安全生产管理人员安全生产考核管理暂行规定》（水建管〔2004〕168号）进行了修订，提出了《水利水电工程施工企业主要负责人、项目负责人和专职安全生产管理人员安全生产考核管理办法》，现印发给你们，请结合实际，认真贯彻执行。

中华人民共和国水利部

二〇一一年七月十五日

附件：

水利水电工程施工企业主要负责人、项目负责人和专职安全生产管理人员安全生产考核管理办法

第一章　总　　则

第一条　为规范水利水电工程施工企业主要负责人、项目负责人和专职安全生产管理人员的安全生产考核管理，保障水利水电工程施工安全，根据《中华人民共和国安全生产法》《安全生产许可证条例》《水利工程建设安全生产管理规定》，制定本办法。

第二条　在中华人民共和国境内从事水利水电工程施工活动的施工企业管理人员以及实施水利水电工程施工企业管理人员安全生产考核管理的，必须遵守本规定。

第三条　本办法所称企业主要负责人，是指对本企业日常生产经营活动和安全生产工作全面负责、有生产经营决策权的人员，包括企业法定代表人、经理、企业分管安全生产工作副经理等。

项目负责人，是指由企业法定代表人授权，负责水利水电工程项目施工管理的负责专职安全生产管理人员，是指在企业专职从事安全生产管理工作的人员，包括企业安全生产管理机构的负责人及其工作人员和施工现场专职安全员。

企业主要负责人、项目负责人和专职安全生产管理人员以下统称为“安全生产管理三类人员”。

第四条　安全生产管理三类人员安全生产考核实行分类考核。

企业主要负责人、项目负责人不得同时参加专职安全生产管理人员安全生产考核。

第五条　考核分为安全管理能力考核（以下简称“能力考核”）和安全生产知识考试（以下简称“知识考试”）两部分。

能力考核是对申请人与所从事水利水电工程活动相应的文化程度、工作经历、业绩等资格的审核。

知识考试是对申请人具备法律法规、安全生产管理、安全生产技术知识情况的测试。

第六条　安全生产管理三类人员必须经过水行政主管部门组织的能力考核和知识考试，考核合格后，取得《安全生产考核合格证书》（以下简称“考核合格证书”），方可参与水利水电工程投标，从事施工活动。

考核合格证书在全国水利水电工程建设领域适用。

第二章　考 核 管 理

第七条　安全生产管理三类人员考核按照统一规划、分级管理的原则实施。

水利部负责全国水利水电工程施工企业管理人员的安全生产考核工作的统一管理，并负责全国水利水电工程施工总承包一级（含一级）以上资质、专业承包一级资质施工企业以及水利部直属施工企业的安全生产管理三类人员的考核。

省级水行政主管部门负责本行政区域内水利水电工程施工总承包二级（含二级）以下资质以及专业承包二级（含二级）以下资质施工企业的安全生产管理三类人员的考核。

第八条　水利部和省级水行政主管部门应建立水利水电工程施工企业安全生产管理

三类人员安全生产考核管理制度，并向社会公布安全生产管理三类人员的考核情况。

水利部建立“水利水电工程施工企业安全生产管理人员信息管理系统”（以下简称“管理系统”），用于水利部负责考核的安全生产管理三类人员的申请受理、培训考试、岗位登记、考核审查、信息查询和系统管理等。水利部负责考核的企业须登录“管理系统”，在线填报相关信息。

各省（自治区、直辖市）可参照水利部安全生产管理三类人员“管理系统”，建立本行政区域的安全生产管理三类人员安全生产考核管理系统。

第九条 安全生产管理三类人员考核申请、证书延期与变更等事项由施工企业统一组织申报，具有管辖权限的水行政主管部门不接受个人申请。施工企业对申请材料的真实性负责。

第十条 施工企业申请考核，应向水行政主管部门提交以下信息材料：

（一）企业出具的申请函；

（二）企业施工资质证书复印件；

（三）个人考核申请表及考核申请汇总表；

（四）企业聘用劳动合同复印件或劳动人事部门出具的劳动人事关系证明；

（五）申请人的有效身份证件及学历证书或职称证书等复印件，并附申请人1寸免冠彩色正面照片1张。

第十一条 能力考核应包括以下内容：

（一）具有完全民事行为能力，身体健康。

（二）与申报企业有正式劳动关系。

（三）项目负责人，年龄不超过65周岁；专职安全生产管理人员，年龄不超过60周岁。

（四）申请人的学历、职称和工作经历应分别满足以下要求：

1. 企业主要负责人：法定代表人应满足水利水电工程承包企业资质等级标准的要求。除法定代表人之外的其他企业主要负责人，应具有大专及以上学历或中级及以上技术职称，且具有3年及以上的水利水电工程建设经历。

2. 项目负责人，应具有大专及以上学历或中级及以上技术职称，且具有3年及以上的水利水电工程建设经历。

3. 专职安全生产管理人员，应具有中专或同等学力且具有3年及以上的水利水电工程建设经历，或大专及以上学历且具有2年及以上的水利水电工程建设经历。

（五）在申请考核之日前1年内，申请人没有在一般及以上等级安全责任事故中负有责任的记录。

（六）符合国家有关法律法规规定的要求。

能力考核通过后，方可参加知识考试。

第十二条 对于申请材料不齐或者不符合申报要求的，水行政主管部门应告知申报企业予以补充。未补充或补充后仍不符合要求的，将不予受理。

第十三条 知识考试由有考核管辖权的水行政主管部门或其委托的有关机构具体组织。知识考试采取闭卷形式，考试时间180分钟。

第十四条　申请人知识考试合格，经公示后无异议的，由相应水行政主管部门(以下简称“发证机关”)按照考核管理权限在20日内核发考核合格证书。考核合格证书有效期为3年。

第十五条　考核合格证书有效期满后，可申请2次延期，每次延期期限为3年。施工企业应于有效期截止日前5个月内，向原发证机关提出延期申请。有效期满而未申请延期的考核合格证书自动失效。

考核合格证书失效或已经过2次延期的，需重新参加原发证机关组织的考核。

第十六条　安全生产管理三类人员在考核合格证书的每一个有效期内，应当至少参加一次由原发证机关组织的、不低于8个学时的安全生产继续教育。发证机关应及时对安全生产继续教育情况进行建档、备案。

第十七条　申请考核合格证书延期的，由施工企业向发证机关提交以下材料：

(一) 企业出具的延期申请函；

(二) 个人延期申请表及延期申请汇总表；

(三) 个人参加企业组织的年度安全生产教育培训证明和发证机关组织的安全生产继续教育证明；

(四) 原考核合格证书；

(五) 考核合格证书有效期内，企业如发生过生产安全责任事故，提供有关部门出具的事故认定报告或者处罚、通报文件等。

第十八条　在考核合格证书有效期内，安全生产管理三类人员有下列情况之一的，不予延期：

(一) 本人受到水利部或省级水行政主管部门及各级安全监管行政主管部门处罚或者通报批评的；

(二) 未参加本企业组织的年度安全生产教育培训或未参加原发证机关组织的安全生产继续教育的；

(三) 项目负责人年满65周岁的，专职安全生产管理人员年满60周岁的。

第十九条　安全生产管理三类人员因所在施工企业名称、施工企业资质、个人信息改变等原因需要更换证书或补办证书的，应由所在企业向发证机关提出考核合格证书变更申请。

(一) 施工企业名称变更

因施工企业名称变更需要更换证书的，应向发证机关提交以下材料：

1. 企业出具的变更申请函和变更申请表；

2. 企业上级主管部门关于企业名称变更的批复文件或者工商行政管理部门出具的变更核准通知书等相关证明材料复印件；

3. 企业新的施工资质证书复印件。

4. 原考核合格证书。

(二) 施工企业资质变更

施工企业资质等级变更需要更换证书的，应向发证机关提交以下材料：

1. 企业出具的变更申请函和变更申请表；

2. 施工企业资质变更的有效证明文件复印件；

3. 原考核合格证书。

（三）个人信息变更

个人信息变更需要更换证书的，应向发证机关提交以下材料：

1. 企业出具的变更申请函和变更申请表；

2. 变更信息的有效证明文件复印件；

3. 原考核合格证书。

（四）个人工作单位调动

个人工作单位调动需要更换证书的，应向发证机关提交以下材料：

1. 新企业出具的变更申请函和变更申请表；

2. 原企业解聘证明文件、新企业聘用或者任用证明文件等复印件。

3. 原考核合格证书。

（五）考核合格证书污损

考核合格证书污损需要更换证书的，应向发证机关提交以下材料：

1. 企业出具的污损补办申请函和变更申请表；

2. 原考核合格证书。

（六）考核合格证书遗失

考核合格证书遗失需要补办证书的，应向发证机关提交以下材料：

1. 企业出具的遗失补办申请函和变更申请表；

2. 水利部负责考核的安全生产管理三类人员，应由申请人所在企业通过“管理系统”在水利安全监督网上登载遗失作废声明；省级水行政主管部门负责考核的安全生产管理三类人员，申请人应在省级媒体上登载遗失作废声明。

第三章 证书管理

第二十条 考核合格证书采用建设行政主管部门规定的统一样式。考核合格证书加盖发证机关公章及专用钢印。

第二十一条 考核合格证书采用统一的编号规则。

水利部颁发的考核合格证书编号规则为：水安＋管理类别代号＋证书颁发年份＋证书颁发当年5位流水次序号。

省级水行政主管部门颁发的考核合格证书编号规则为：省（自治区、直辖市）简称＋水安＋管理类别代号＋证书颁发年份＋证书颁发当年5位流水次序号。

其中，管理类别代号分为A（企业主要负责人）、B（项目负责人）、C（专职安全生产管理人员）三类。

第二十二条 经审核准予延期的，由原发证机关在考核合格证书上加盖公章。

第二十三条 因信息变更和证书污损换发的考核合格证书，有效期不变，证书编号不变，原证书收回。因遗失补发的考核合格证书编号更新，其他信息不变。

第二十四条 施工企业应当加强项目负责人及专职安全生产管理人员的上岗登记和离岗核销管理。

对由水利部负责考核的施工企业，工程开工前，施工企业应当在“管理系统”中将参与工程建设的项目负责人及专职安全生产管理人员进行上岗登记。工程结束后或上述两类人员离岗时，应在“管理系统”中进行评价并核销。从业记录将作为考核合格证书延期审查的依据。

第二十五条　水利部和省级水行政主管部门应当加强对建设项目安全生产管理三类人员岗位登记情况以及履行安全管理职责情况的监督检查，做好安全生产管理三类人员的违法违规行为或者受到其他处罚的信息管理和公开工作。

任何单位或个人均有权举报安全生产管理三类人员违法违规行为。

第二十六条　有下列情形之一的，发证机关应及时收回证书并重新考核：

（一）企业主要负责人所在企业发生1起及以上重大、特大等级生产安全事故或2起及以上较大生产安全事故，且本人负有责任的；

（二）项目负责人所在工程项目发生过1起及以上一般及以上等级生产安全事故，且本人负有责任的；

（三）专职安全管理人员所在工程项目发生过1起及以上一般及以上等级生产安全事故，且本人负有责任的。

第二十七条　在施工各项活动中伪造、仿冒安全生产合格证书的，发证机关应吊销安全生产合格证书，2年内不得重考，构成犯罪的，依照有关规定追究其法律责任。

第四章　附　　则

第二十八条　各省级水行政主管部门可根据本办法结合本地实际制定实施细则。

第二十九条　各省级水行政主管部门应在每年12月31日前向水利部报告本行政区域内安全生产管理三类人员考核、培训情况，安全生产管理三类人员的违法违规行为或者受到其他处罚的情况等。

第三十条　本办法由水利部负责解释。本办法自发布之日起施行。水利部《关于印发〈水利水电工程施工企业主要负责人、项目负责人和专职安全生产管理人员安全生产考核管理暂行规定〉的通知》（水建管〔2004〕168号）及水利部办公厅《关于做好水利水电工程施工企业主要负责人、项目负责人和专职安全生产管理人员安全生产考核合格证书有效期满延期工作的通知》（办建管〔2007〕77号）同时废止。

考试习题

一、单项选择题（每小题有4个备选答案，其中只有1个是正确选项）

1. 危险是指系统中存在导致发生不期望后果的可能性超过了人们的承受程度，一般用（　　）表示危险的程度。

A. 可能性　　B. 风险度

C. 损害度　　D. 严重性

正确答案：B

2. 危险源是指可能导致（　　）和（或）健康损害的根源、状态或行为，或其组合。

A. 人身伤害　　B. 环境破坏

C. 设备损坏　　D. 事故隐患

正确答案:A

3. 在生产经营活动中存在可能导致事故发生的物的危险状态、人的不安全行为和管理上的缺陷是指(　　)。

A. 危险　　B. 事故隐患

C. 危险因素　　D. 重大危险源

正确答案:B

4. 安全生产责任制度是安全生产制度体系中最基础、最重要的制度,其实质是(　　)。

A. 安全生产重于泰山　　B. 安全生产,人人有责

C. 制定并落实安全管理制度　　D. 管生产必须管安全

正确答案:B

5. 四不伤害原则是不伤害自己、不伤害他人、保护他人不受伤害、(　　)。

A. 不被他人伤害　　B. 不伤害群众

C. 不伤害领导　　D. 不被宠物伤害

正确答案:A

6. 当前,我国安全生产工作的基本方针是(　　)。

A. 安全第一,预防为主,综合治理　　B. 安全第一,预防为主

C. 生产必须安全,安全为了生产　　D. 安全责任重于泰山

正确答案:A

7. 安全生产方针的核心和具体体现是(　　)。

A. 安全第一　　B. 预防为主

C. 综合治理　　D. 科技兴安

正确答案:B

8. 当前,从全国建筑施工生产安全事故统计看,所占比例最高的是(　　)。

A. 高处坠落事故　　B. 各类坍塌事故

C. 物体打击事故　　D. 起重伤害事故

正确答案:A

9. (　　)这是企业各级领导在生产过程中必须坚持的原则。

A. 安全第一　　B. 管生产必须管安全

C. 预防为主　　D. 综合治理

正确答案:B

二、多项选择题(每小题有 5 个备选答案,其中至少有 2 个是正确选项)

1. 安全生产管理就是运用人力、物力和财力等有效资源,利用(　　)等措施,实现安全生产的活动。

A. 计划　　B. 组织

C. 指挥　　D. 协调

E. 控制

正确答案:ABCDE

2. 企业的安全文化建设主要包括(　　)。
A. 通过宣传活动,提高各层次人员的安全意识
B. 通过教育培训,提高职工的安全素质
C. 通过制度建设,统一职工的安全行为
D. 通过全员参与,营造安全文化氛围
E. 通过设备改进,减少生产安全事故发生

正确答案:ABCD

3. 下列属于安全生产基本要素的是(　　)。
A. 安全法规　　B. 安全责任
C. 安全文化　　D. 安全科技
E. 安全投入

正确答案:ABCDE

4. 在生产安全事故调查处理中,坚持的四不放过原则是指(　　)。
A. 事故原因没有查清不放过　　B. 责任人员没有受到处理不放过
C. 职工群众没有受到教育不放过　　D. 防范措施没有落实不放过
E. 事故单位未受到处理不放过

正确答案:ABCD

5. 根据当前我国安全生产工作机制,安全生产工作需要(　　)。
A. 政府监管　　B. 社会监督
C. 生产经营单位负责、职工参与　　D. 国际合作
E. 行业自律

正确答案:ABCE

三、判断题(答案A表示说法正确,答案B表示说法不正确)

1. 安全与危险构成一对矛盾体,它们相伴存在。　(　　)

正确答案:A

2. 按照系统安全工程的观点,安全是指系统中人员免遭不可承受危险的伤害。　(　　)

正确答案:A

3. 安全生产主要包括对人的安全管理、对物的安全管理两个方面。　(　　)

正确答案:B

4. 根据安全发展理念,社会发展必须把安全作为基础前提和保障,绝不能以牺牲人的生命健康换取一时的发展。　(　　)

正确答案:A

5. 三同步原则是指企业在规划和实施自身发展时,安全生产要与之同步规划,同步组织实施,同步运作投产。　(　　)

正确答案:A

6. 五同时原则是解决生产管理中安全与生产统一的一项重要原则。　(　　)

正确答案:A

7. 管生产必须管安全是安全生产工作可以不坚持的原则。（ ）

正确答案：B

8. 生产经营单位是生产经营活动的主体，是安全生产工作的实施者、落实者和承担者。（ ）

正确答案：A

9. 职工对本单位安全生产工作中存在的问题，有权提出批评、检举和控告，有权拒绝违章指挥和强令冒险作业。（ ）

正确答案：A

第 2 章　法学的基本知识

本章要点　本章主要介绍了法学的理论知识，包括法的基本知识、法律关系、法律责任和法律效力等。

2.1　法的基本知识

2.1.1　法的概念

1. 法

法是由国家制定或认可，并由国家强制力保证实施的具有普遍约束力的行为规范的总和，其目的在于维护、巩固和发展一定的社会关系和社会秩序。通俗而言，法是社会生活中判断人们行为是与非的一种界限，是调整人们行为的一种社会规范。

2. 法律

法律有广义和狭义两层含义。在我国现代法律制度中，广义的法律是指包括宪法、法律、行政法规、地方性法规、规章、自治条例、单行条例及有法律效力的解释等在内的一切规范性文件；狭义的法律仅指全国人民代表大会及其常委会制定的法律。

2.1.2　法的本质

法的本质，即法的根本属性，是指国家按照统治阶级的意志制定或认可，并以国家强制力保证其实施的行为规范。

(1) 法是统治阶级基本意志的体现，是由在经济上、政治上居于支配地位的统治阶级制定的，其规定和调整的是有关统治阶级的基本利益、社会基本制度和主要的社会关系。

(2) 法是统治阶级国家意志的体现，是统治阶级通过自己所掌握的国家政权，把自己的意志上升为国家意志，体现了统治阶级的整体意志。

(3) 法所体现的统治阶级意志的内容，是由该阶级的经济基础，即统治阶级所代表的、与一定生产力发展水平相适应的生产关系所决定的。

我国社会主义法的本质是工人阶级领导的全国人民共同意志的体现，表达了全国人民的共同意愿。

2.1.3　法的特征

法的特征是法的本质的外在表现，是区别于其他社会规范的显著特点。法主要有以下特征：

1. 法是一种特殊的社会规范

社会规范是调整人与人之间社会关系的行为规则，包括法律规范、政治规范、道德规范和宗教规范等。法作为一种特殊的社会规范，它规定了人们可以做什么、应该做什么或不应该做什么，从而为人们的行为提供了一个模式、标准或方向。

2. 法是由国家制定或认可的

制定和认可是国家创制法的两种方式。制定是指国家机关在其职权范围内，依照法定程序制定出具有一定法律效力的规范性文件，从而形成成文法；认可是指国家有权机关对社会上已经存在的而且有利于统治阶级的某一行为规则，如习惯、道德等加以确认，使之具有法律效力，从而产生习惯法。

3. 法规定了人们的权利和义务

法的主要内容就是规定人们在法律上的权利和义务。法正是通过规定人们在一定社会关系中的权利和义务从而形成有利于统治阶级的社会关系和社会秩序。

4. 法是由国家强制力保证实施的

国家强制力是指国家的军队、警察、法庭、监狱等国家暴力。如果法律的实施没有国家强制力的保证作后盾，违反法律的行为得不到惩罚，法律所体现的阶级意志也就得不到贯彻和保障。因此，国家强制力是法律与其他社会规范的重要区别。

2.1.4 法的作用

法的作用，又称法的功能，泛指法对个人以及社会发生影响的体现，包括法的规范作用和社会作用两个方面。

1. 法的规范作用

从法调整人们的行为这一特征来分析，法的规范作用表现在以下几个方面：

(1) 指引作用，是指法能够为人们的行为提供一个既定的模式，从而引导人们在法所允许的范围内从事社会活动的作用。法的目的并不在于要制裁违法行为，而在于引导人们正确的行为。

(2) 评价作用，是指法作为一种行为标准或尺度，具有衡量、评价人们行为的作用。

(3) 预测作用，是指法具有使人们根据法律规定，可以预先估计到自己行为的法律后果，从而决定自己行为方向的作用。

(4) 强制作用，是指法具有制裁和惩罚违法犯罪行为的作用。

(5) 教育作用，是指法具有通过其规定和实施，影响人们的思想，培养人们的法律意识，通过对合法行为的肯定和违法犯罪行为的否定、制裁，对社会成员起到教育的作用。

2. 法的社会作用

从法的本质和目的这一角度分析，法的社会作用主要表现在以下两个方面：

(1) 维护统治阶级的阶级统治的作用。这是法的社会作用的核心。国家制定法律的最重要目的，就是通过法律来实现国家的统治职能，维护统治阶级的阶级统治，维护国家政权是法的关键的社会作用。

(2) 执行社会公共事务的作用。法是社会的行为规则，必然要承担一定的社会公共事务的职能。如环境保护、交通、通信和安全生产等方面的法律主要发挥了执行社会公共事务的作用。

2.1.5 法的渊源

法的渊源在法学中是一个非常重要的概念。法学上所说的法的渊源通常是指形式意义上的渊源，即法律规范的效力来源和表现形式。法律规范的产生方式不同，制定机关不同，其表现形式和法律效力的位阶也就不同。

1. 宪法

宪法是国家最根本的法的渊源，其法律地位和效力是最高的，它是国家最高权力的象征和标志。

我国《宪法》规定了当代中国的根本的社会、经济和政治制度，各种基本原则、方针、政策，公民的基本权利和义务，各主要国家机关的组成和职权、职责等，涉及社会生活各个领域的最根本、最重要的方面。《宪法》是由我国最高权力机关——全国人民代表大会制定和修改的，《宪法》的地位决定了其制定和修改的程序极其严格。《宪法》具有最高的法的效力，一切法律、行政法规和地方性法规都不得同宪法相抵触，否则，就会被修改或废止。在我国，全国人民代表大会监督《宪法》的实施，全国人民代表大会常务委员会解释并监督《宪法》的实施，对违反《宪法》的行为予以追究。

2. 法律

狭义上讲，在我国，法律仅指全国人大及其常委会制定的规范性文件，其地位和效力仅次于《宪法》。

法律由于制定机关的不同可分为基本法律和一般法律两大类。基本法律，即由全国人民代表大会制定和修改的刑事、民事、国家机构和其他方面的规范性文件，如《刑法》《刑事诉讼法》等；一般法律为基本法律以外的其他法律，即由全国人民代表大会常务委员会制定和修改的规范性文件，如《文物保护法》《商标法》等。在全国人民代表大会闭会期间，全国人民代表大会常务委员会也有权对全国人民代表大会制定的法律在不同该法律基本原则相抵触的条件下进行部分补充和修改。

全国人民代表大会及其常务委员会作出的具有规范性的决议、决定、规定、办法等，也属于“法律”类的法的渊源。

3. 行政法规

行政法规是指国务院根据《宪法》和法律，按照法定程序制定的有关行使行政权力、履行行政职责的规范性文件的总称，其名称一般为“条例”，也可为“规定”“办法”等，通常以国务院令的形式颁布，其效力次于法律，高于部门规章和地方法规，如《建设工程安全生产管理条例》《国务院关于特大安全事故行政责任追究的规定》等。从法律效力上讲，行政法规的效力仅次于《宪法》和法律。

4. 地方性法规

地方性法规是指一定的地方国家权力机关根据本行政区域的具体情况和实际需要，依法制定的在本行政区域内具有法的效力的规范性文件，地方性法规与行政法规一样，一般采用条例、规定、办法等名称。包括以下两个层次：

(1) 省、自治区、直辖市的人民代表大会及其常务委员会制定的仅适用于本行政区域内的规范性法律文件。

(2) 较大的市(指省、自治区的人民政府所在地的市，经济特区所在地的市和经国务院批准的较大的市)的人民代表大会及其常务委员会制定的仅适用于本行政区域内的规范性法律文件。

省级人民代表大会及其常务委员会制定的地方性法规应报全国人民代表大会常务委员会备案;较大的市制定的,应报省级人民代表大会常务委员会批准后施行,并由省级人民代表大会常务委员会报全国人民代表大会常务委员会和国务院备案。

5. 规章

规章是按照一定程序制定的规范性文件,按制定主体的不同可分为部门规章和地方性规章。

(1) 部门规章,是指国务院组成部门及直属机构根据法律和国务院行政法规、决定、命令,在本部门的权限内,所发布的各种行政性的规范性法律文件。其法律地位和效力低于宪法、法律、行政法规,如住房城乡建设部颁布的《建筑施工企业安全生产许可证管理规定》(建设部令〔2014〕第 128 号)。

(2) 地方性规章,是指省、自治区、直辖市的人民政府和经国务院批准的较大的市的人民政府,根据法律、行政法规和本行政区的地方性法规制定的规范性法律文件,其法律地位和效力低于宪法、法律、行政法规和地方性法规,如山东省人民政府颁布的《山东省建筑安全生产管理规定》(山东省人民政府令〔2002〕第 132 号公布,〔2004〕第 172 号修订,〔2018〕第 311 号修订)。

6. 国际条约、国际惯例

(1) 国际条约,是指两个或者两个以上的国家关于政治、经济、文化、贸易、法律以及军事等方面规定其相互权利和义务的各种协议的总称。在我国,国际条约是指我国与其他国际法主体(国家或政府间国际组织)之间签订的缔结的双边、多边协议和其他具有条约、协定性质的文件,如 2001 年我国加入的 1988 年建筑业安全卫生公约,也称 167 号公约。国际条约属于国际法而不属于国内法的范畴,但是经过法定程序批准生效的国际条例具有同国内法同等的约束力,从这个意义上说国际条约也属于国内法的范畴,是我国法律的重要渊源。

(2) 国际惯例,是指以国际法院等国际裁决机构的判例所体现或确认的国际法规则和国际交往中形成的共同遵守的不成文的习惯,如"菲迪克"国际惯例。

2.2 法律关系

法律关系是指法律规范在调整人们行为过程中形成的权利义务关系,是社会关系的一种形式。它是由主体、客体和内容三要素构成的,是构成法律关系最基本的要件,三者密切相连、缺一不可。

2.2.1 法律关系的主体

法律关系的主体是法律关系的参加者,即在法律关系中一定权利的享有者和一定义务的承担者,是构成法律关系的第一要素。

1. 法律关系主体的类型

法律关系主体的类型包括自然人、法人、非法人组织等。其中法人又包括营利法人、非营利法人和特别法人。营利法人包括有限责任公司、股份有限公司和其他企业法人等。

非营利法人包括事业单位、社会团体、基金会、社会服务机构等。特别法人包括机关法人、农村集体经济组织法人、城镇农村的合作经济组织法人、基层群众性自治组织法人。非法人组织包括个人独资企业、合伙企业、不具备法人资格的专业服务机构等。

2. 法律关系主体应具备的能力

作为法律关系的主体，在法律关系中要享有一定的权利和承担一定的义务，就必须具备一定的能力，包括权利能力和行为能力。

(1) 权利能力，通常指能够享有权利和承担义务的资格。权利能力一般分为自然人的权利能力和法人的权利能力。自然人的权利能力，即一般权利能力，是指能够享有民事权利、承担民事义务的资格，始于出生，终于死亡。法人的权利能力，也称特殊权利能力，即法律赋予法人享有权利和承担义务的资格。

(2) 行为能力，通常指能够以自己的行为依法行使权利和承担义务，从而使法律关系发生、变更或消灭的资格。法律对公民的行为能力分为完全行为能力、限制行为能力和无行为能力三种；法人的行为能力是指法人按照自己的意志参与经济活动，取得经济权利，承担经济义务的能力，同权利能力是一致的。

2.2.2 法律关系的客体

法律关系的客体，是指法律关系的权利和义务共同指向的对象。它是法律关系主体权利行使和义务履行所指向的目标。

法律关系客体的类型包括物、精神产品、行为和人身利益。

2.2.3 法律关系的内容

法律关系的内容，即法律关系主体享有的权利和承担的义务，是法律关系最基本的要素。不同的法律关系主体的权利和义务不同，组成法律关系的内容也不同，法律关系的内容不同，决定了法律关系的类型不同。因此，法律关系的实质就是主体的权利义务关系以及权利和义务的确定与划分。

2.3 法律责任

2.3.1 法律责任的概念

法律责任，又称违法责任，是指法律关系主体由于其行为违法，依照法律、法规规定必须承担的消极法律后果。主要包括以下几层含义：

(1) 承担法律责任的主体既包括公民、法人，也包括机关和其他社会组织，既包括中国人，也包括外国人和无国籍人；

(2) 违法行为的实施是承担法律责任的核心要件，是由法律明确而又具体规定的；

(3) 法律责任是一种消极的法律后果，即是一种法律上的惩戒性负担；

(4) 法律责任只能由有权国家机关依法予以追究。

2.3.2 法律责任的分类

法律责任的分类，即法律责任的表现形式。以引起责任的行为性质为标准，将其划分为违宪责任、刑事责任、民事责任与行政责任。

1. 违宪责任

违宪责任，是指有关国家机关制定的法律、法规、规章等规范性文件的内容与《宪法》的规定相抵触，或者有关国家机关、社会组织或公民的活动违反《宪法》的规定而产生的法律责任。

2. 刑事责任

刑事责任是指法律关系主体违反国家刑事法律，所应承担的应当给予刑罚制裁的法律责任。刑事责任具有以下特点：

(1) 承担刑事责任的行为具有严重的社会危害性；

(2) 刑事责任只能由司法机关追究，并依照刑事诉讼程序实施；

(3) 刑事法律是追究刑事责任的唯一法律依据；

(4) 刑事责任是一种惩罚性责任，是所有法律责任中最严厉的一种；

(5) 刑事责任基本上是一种个人责任。

刑事责任也包括集体责任，即在我国称为“单位犯罪”的责任形式。如《刑法》第三十条规定：“公司、企业、事业单位、机关、团体实施的危害社会的行为，法律规定为单位犯罪的，应当负刑事责任。”第三十一条规定：“单位犯罪的，对单位判处罚金，并对其直接负责的主管人员和其他直接责任人员判处刑罚。”

3. 民事责任

民事责任是指法律关系主体由于违反民事法律、违约或者由于民法规定所应承担的一种法律责任。

4. 行政责任

行政责任是指法律关系主体因违反行政法或因行政法规定而应承担的法律责任。

(1) 承担行政责任的主体是行政主体和行政相对人。行政主体是指拥有行政管理职权的行政机关及其公职人员，行政相对人是指负有遵守行政法义务的公民和法人。

(2) 产生行政责任的原因是行为人的行政违法行为和法律规定的特定情况，一般包括：行政机关的违法行政行为、行政侵权行为、行政不当行为及其公职人员的违法失职行为和普通公民、法人违反行政管理法律、法规的行为。

(3) 行政责任有四种表现形式：行为责任、精神责任、财产责任和人身责任。

2.3.3 法律责任的承担

法律责任的承担是指责任主体依法承受不利的法律后果，可分为主动承担和被动承担两类。

(1) 主动承担法律责任，是指责任主体自觉地承担法律责任，主动支付赔偿、补偿或恢复受损害的利益和权利。

(2) 被动承担法律责任，是指责任主体根据司法机关或行政机关的确认和归结，承担相应的法律责任。

2.3.4 法律责任的免除

法律责任的免除，也称免责，是指法律责任由于出现法定条件被部分或全部地免除。

这里的免责是指法定免责。从我国的法律规定和法律实践看，主要存在以下几种免责形式：

（1）时效免责，即法律责任经过了一定的法定期限而免除。诉讼时效是指民事权利受到侵害的权利人在法定的时效期间内不行使权利，当时效期间届满时，人民法院对权利人的权利不再进行保护的制度。诉讼时效期间经过，权利人的实体权利仍然存在。

时效免责的意义在于：保障当事人的合法权益，督促法律关系的主体及时行使权利，结清权利义务关系，提高司法机关的工作效率，稳定社会生活秩序，促进社会经济的发展。

（2）不诉及协议免责，是指如果受害人或有关当事人不向法院起诉要求追究行为人的法律责任，行为人的法律责任就实际上被免除，或者受害人在法律允许的范围内协商同意的免责。

（3）自首、立功免责，是指对那些违法之后有立功表现的人，免除其部分或全部的法律责任。这是一种将功抵过的免责形式。自首是指犯罪后主动投案，向公安、司法机关或其他有关机关如实供述自己的主要犯罪事实的行为。我国《刑法》规定，自首的可以从轻或减轻处罚。立功，是指犯罪分子揭发他人的犯罪行为，查证属实的，或者提供重要线索，从而得以侦破其他案件的行为，或者协助司法机关抓获其他嫌疑人的行为。

2.3.5　法律制裁

法律制裁是指国家特定机关对违法者依法追究其应承担的法律责任所实施的惩罚性强制措施。

法律制裁是法律责任实现的一种主要方式。法律责任的性质不同，相应的制裁措施也不同。与法律责任的种类相适应，法律制裁分为违宪制裁、刑事制裁、民事制裁和行政制裁。

1. 违宪制裁

违宪制裁是根据《宪法》的特殊规定对违宪行为所实施的一种强制性措施。

违宪制裁实施的机关为全国人民代表大会及其常务委员会，制裁形式主要有撤销或改变同《宪法》相抵触的法律、法规或规章，罢免应承担责任的国家机关领导成员等。

2. 刑事制裁

刑事制裁也称刑罚，是人民法院对犯罪行为实施的惩罚措施。刑罚是最严厉的一种法律制裁。刑罚的种类分为主刑和附加刑，附加刑也可以独立适用。

主刑的种类有：管制、拘役、有期徒刑、无期徒刑、死刑。

附加刑的种类有：罚金、剥夺政治权利、没收财产。

3. 民事制裁

民事制裁是由人民法院对民事违法行为实施的强制性惩罚措施。承担民事责任的方式主要有：停止侵害；排除妨碍；消除危险；返还财产；恢复原状；修理、重作、更换；赔偿损失；支付违约金；消除影响、恢复名誉；赔礼道歉。

人民法院审理民事案件，除适用上述规定外，还可以予以训诫、责令具结悔过、收缴进行非法活动的财物和非法所得，并可以依照法律规定处以罚款、拘留。

4. 行政制裁

行政制裁是指国家行政机关对违法行为所实施的强制性惩罚措施。行政制裁分为行政处罚、行政处分和行政强制措施。

(1) 行政处罚

行政处罚的形式通常有申戒罚、财产罚、行为罚和人身罚等四种。

① 申戒罚,是指对违法单位或个人提出警告,申明其行为违法,警告既适用于公民,也适用于法人和其他组织。

② 财产罚,是指强迫有违法行为的单位或个人缴纳一定数量的罚金或剥夺其一定数量的财产,包括罚款、没收违法所得、没收非法财物。

③ 行为罚,是指限制或剥夺违法单位或个人的部分行为权利,包括责令停产停业、暂扣或者吊销许可证、暂扣或者吊销执照。

④ 人身罚,是指限制或剥夺违法个人的人身自由,即行政拘留,一般为10日内,加重不超过15日。

(2) 行政处分

行政处分是指国家机关、企事业单位根据法律、法规和规章的有关规定,按照管理权限,由所在单位或者其上级主管机关对犯有违法和违纪行为的国家工作人员所给予的一种制裁处理。如根据我国《公务员法》的规定,对于国家公务员和国家机关任命的其他人员的行政处分的形式包括警告、记过、记大过、降级、撤职、开除等。

(3) 行政强制措施

行政强制措施是指为了预防、制止正在发生、可能发生的违法行为、危险状态以及不利后果,或者为了保全证据、确保案件查处工作的顺利进行,行政机关依法采取的对有关对象的人身、财产和行为自由加以暂时限制,使其保持一定状态的一种具体行政行为。如在建筑安全生产执法过程中对存在严重隐患的施工现场作出停工整改的行政处理措施,在法律上属于责令停止违法行为、责令限期改正的行政强制措施。

2.4 法律效力

法的效力,即法律的约束力,指人们应当按照法律规定的内容行为,必须服从。通常,法的效力分为规范性法律文件的效力和非规范性法律文件的效力。规范性法律文件的效力,也叫狭义的法的效力,即指法律的生效范围或适用范围。非规范性法律文件的效力,指判决书、裁定书、逮捕证、许可证、合同等的法律效力。这些文件在经过法定程序之后也具有约束力,任何人不得违反。但是,非规范性法律文件是适用法律的结果而不是法律本身,因此不具有普遍约束力。

2.4.1 法律效力的层次

法的效力层次是指规范性法律文件之间的效力等级关系。根据我国《立法法》的有关规定,我国法的效力层次可以概括为:

(1) 上位法的效力高于下位法,即规范性法律文件的效力层次取决于其制定主体的法律地位，如：行政法规的效力高于地方性法规。

（2）在同一位阶的法律之间，特别法优于一般法，即同一事项，两种法律都有规定的，特别法优先适用于一般法。

（3）在同一位阶的法律之间，新法优于旧法。

在我国对同一事项当法律法规之间规定不一致需要裁决时，通常按照以下原则裁决：

（1）法律之间对同一事项的新的一般规定与旧的特别规定不一致，不能确定如何适用时，由全国人民代表大会常务委员会裁决。

（2）行政法规之间对同一事项的新的一般规定与旧的特别规定不一致，不能确定如何适用时，由国务院裁决。

（3）地方性法规、规章之间不一致时：

① 同一机关制定的新的一般规定与旧的特别规定不一致时，由制定机关裁决。

② 地方性法规与部门规章之间对同一事项的规定不一致，不能确定如何适用时，由国务院提出裁决建议。

③ 部门规章之间、部门规章与地方政府规章之间对同一事项的规定不一致时，由国务院裁决。

（4）部门或地方根据授权制定的法规与法律规定不一致，不能确定如何适用时，由全国人民代表大会常务委员会裁决。

2.4.2　法的效力的范围

通常，法律文件分为规范性法律文件和非规范性法律文件，法的效力相应可以分为规范性法律文件和非规范性法律文件的效力。

规范性法律文件是表现法的内容的形式或者载体，它是普遍、多次和反复适用的法律文件，即通常所谓的法律，有宪法、法律、法规和规章等渊源形式；非规范性法律文件，是指没有普遍约束力，仅针对个别人、具体事所作的有约束力的法律文件，通常指国家机关在适用法的过程中发布的具有法律效力的个别文件。例如民事判决书、裁定书、刑事判决书、委任状、逮捕证、营业执照、结婚证等。

因此，规范性法律文件具有普遍意义；非规范性法律文件针对特定的人，是适用法律的结果。

（1）法律效力对人的效力，指法律对什么人生效，如有的法律适用于全国公民，有的法律只适用于一部分公民。

（2）法律效力对事的效力，指法律对什么样的行为有效力，适用于哪些事项。这种效力范围的意义在于告诉人们什么行为应当做，什么行为不应当做，什么行为可以做；指明法律对什么事项有效，确定不同法律之间调整范围的界限。

（3）法律的空间效力，指法律在哪些地域有效力，适用于哪些地区。

（4）法律的时间效力，指法律何时生效、何时终止效力以及法律对其生效以前的时间和行为有无溯及力。

考试习题

一、单项选择题(每小题有 4 个备选答案,其中只有 1 个是正确选项)

1. 法是体现统治阶级意志,由国家制定或认可,受(　　)保证实施的行为规则的总称。

A. 国家机器　　B. 国家强制力

C. 公民　　D. 社会舆论

正确答案:B

2. 从法学的角度来说,法的本质是统治阶级(　　)的工具。

A. 实现阶级统治　　B. 国家扩张

C. 打击犯罪　　D. 调整社会经济关系

正确答案:A

3. 我国社会主义法的本质在于它的阶级本性,即它是工人阶级领导下的(　　)共同意志的体现。

A. 全体工商业者　　B. 工人和农民

C. 国内外华人　　D. 全国人民

正确答案:D

4. 法的作用,又称法的功能,泛指法对个人以及社会发生影响的体现,包含(　　)和法的社会作用两方面内容。

A. 法的调节作用　　B. 法的人文作用

C. 法的学术作用　　D. 法的规范作用

正确答案:D

5. 法的渊源在法学中是一个非常重要的概念,法学上通常所说的法的渊源是指形式意义上的渊源,即法律规范的(　　)。

A. 立法背景　　B. 效力来源和表现形式

C. 立法依据　　D. 立法程序和依据

正确答案:B

6. 宪法是由(　　)制定和修改的居于最高的、核心的地位的根本大法。

A. 最高国家行政机关　　B. 最高国家司法机关

C. 国务院　　D. 最高国家权力机关

正确答案:D

7. 狭义的法律,是指(　　)按照法定程序制定的规范性文件,是行政法规、地方性法规、行政规章的立法依据或者基础。

A. 全国人民代表大会及其常务委员会

B. 县级以上人民代表大会及其常务委员会

C. 国务院

D. 县级以上人民政府

正确答案:A

8. 法律关系是指法律规范在调整人们行为过程中形成的(　　)关系,是社会关系的一种形式。

A. 债权债务　　B. 职责、权利
C. 权利义务　　D. 民事、经济

正确答案:C

9. 从法律关系主体应具备的能力来讲,限制行为能力,是指行为能力受限制的自然人只有不完全的行为能力的资格,即只有部分的行为能力。我国司法实践中通常以(　　)的人为限制行为能力的人。

A. 未满 18 周岁　　B. 满 10 周岁未满 18 周岁
C. 满 10 周岁未满 16 周岁　　D. 未满 16 周岁

正确答案:B

10. 法律责任,又称违法责任,是指法律关系主体由于其(　　),按照法律、法规规定必须承担的消极法律后果。

A. 存在违法意识　　B. 行为违法
C. 行为违纪　　D. 行为不道德

正确答案:B

11. 违宪责任,是指有关国家机关制定的某种法律和法规、规章,或者有关国家机关、社会组织或公民的活动与(　　)规定相抵触而产生的法律责任。

A. 宪法　　B. 法律
C. 宪法或法律　　D. 法律及行政法规

正确答案:A

12. 刑事责任是指法律关系主体违反(　　),所应承担的应当给予刑罚制裁的法律责任。

A. 行政法规定　　B. 宪法规定
C. 违反民法规定　　D. 国家刑事法律

正确答案:D

13. 承担行政责任的主体是行政主体和行政相对人。行政主体是指拥有行政管理职权的(　　)。

A. 行政机关　　B. 行政机关的工作人员
C. 行政机关及其公职人员　　D. 司法机关及其工作人员

正确答案:C

14. 行政相对人是指负有遵守行政法义务的(　　)。

A. 行政机关的工作人员　　B. 法定代表人
C. 自然人和法定代表人　　D. 公民和法人

正确答案:D

15. 法律责任的免除,也称免责,是指法律责任由于(　　)被部分或全部地免除。

A. 法律修订 B. 出现法定条件

C. 责任人请求 D. 行政领导批复

正确答案:B

16. 法律责任的免除,也称免责,是指法律责任由于出现法定条件被部分或全部地免除。其中,时效免责即法律责任经过了( )而免除。

A. 2 年以上期限 B. 法定期限

C. 一定的期限 D. 10 年以上期限

正确答案:B

17. 法律制裁是指( )对违法者依法追究其应承担的法律责任所实施的惩罚性强制措施。

A. 国家行政机关 B. 国家特定机关

C. 司法机关 D. 公安机关

正确答案:B

18. 违宪制裁实施的机关是( )。

A. 国务院 B. 国家特定机关

C. 最高人民法院 D. 全国人民代表大会及其常务委员会

正确答案:D

19. 刑事制裁,也称刑罚,是( )对犯罪行为实施的惩罚措施。

A. 公安机关 B. 人民法院

C. 人民检察院 D. 国家行政机关

正确答案:B

20. 刑罚的种类分为主刑和附加刑。其中主刑的种类有( )、拘役、有期徒刑、无期徒刑和死刑。

A. 管制 B. 警告

C. 行政拘留 D. 罚金

正确答案:A

二、多项选择题(每小题有 5 个备选答案,其中至少有 2 个是正确选项)

1. 法律有广狭两层含义,广义的法律是指包括( )在内的一切规范性文件。

A. 宪法

B. 全国人民代表大会及其常务委员会制定的法律

C. 国务院制定的行政法规

D. 地方人民代表大会制定的地方性法规

E. 地方行业主管部门出台的规定

正确答案:ABCD

2. 法的特征是法的本质的外在表现,是区别于其他社会规范的显著特点。法的特征主要有( )。

A. 法是一种特殊的社会规范 B. 法是由国家制定或认可的

C. 法是由社会道德规范约束执行的 D. 法规定了人们的权利和义务

E. 法是由国家强制力保证实施的

正确答案:ABDE

3. 法是由国家强制力保证实施的。国家强制力是指国家的(　　)等有组织的国家暴力。

A. 民间组织　　B. 军队、警察

C. 法庭　　D. 社会团体

E. 监狱

正确答案:BCE

4. 从法调整人们的行为这一特征来分析,法的规范作用表现在(　　)等方面。

A. 指引作用　　B. 评价作用

C. 预测作用　　D. 强制作用

E. 教育作用

正确答案:ABCDE

5. 从目前看,我国社会主义法的渊源主要有(　　)。

A. 地方主管部门规定　　B. 宪法、法律

C. 行政法规、地方性法规、规章　　D. 企业规章制度

E. 国际条约、国际惯例和经济协议

正确答案:BCE

6. 下列对我国的宪法的叙述,正确的是(　　)。

A. 体现统治阶级意志

B. 确定国家制度和社会制度的基本原则

C. 规定公民基本权利和义务

D. 在整个国家所有法的渊源中处于核心地位

E. 由最高国家行政机关国务院制定

正确答案:ABCD

7. 行政规章也称部门规章。其法律地位和效力低于(　　)。

A. 宪法　　B. 法律

C. 地方性法规　　D. 行政法规

E. 地方性规章

正确答案:ABD

8. 法律关系是由(　　)三要素构成的,任何法律关系都必须具备这三要素。

A. 行为　　B. 主体

C. 客体　　D. 内容

E. 责任

正确答案:BCD

9. 法律责任的分类,也就是法律责任的各种表现形式。以引起责任的行为性质为标准,可将法律责任划分为(　　)。

A. 经济责任　　B. 民事责任

C. 行政责任　　　　　　　　　　　D. 刑事责任

E. 违宪责任

正确答案:BCDE

10. 行政处罚的形式通常有(　　)。

A. 申戒罚　　　　　　　　　　　B. 财产罚

C. 行为罚　　　　　　　　　　　D. 赔偿罚

E. 人身罚

正确答案:ABCE

三、判断题(答案A表示说法正确,答案B表示说法不正确)

1. 我国现代法律中,狭义的法律仅指全国人民代表大会及其常务委员会制定的法律。(　　)

正确答案:A

2. 法是统治阶级国家意志的体现,即统治阶级主要领导人或部分领导阶层共同意志的体现。(　　)

正确答案:B

3. 我国的法,从宪法到普通法,从行政法规到地方性法规,都是分别由各级人民代表大会及其常设机构、国家行政机关制定和通过的,表达了人民的共同意愿。(　　)

正确答案:A

4. 从法的本质和目的这一角度分析,法的社会作用主要表现在以下两个方面:一是维护统治阶级的阶级统治的作用,二是执行社会公共事务的作用。(　　)

正确答案:A

5. 法的特征是法的本质的外在表现,是区别于其他社会规范的显著特点。(　　)

正确答案:A

6. 宪法具有最高的效力等级,是其他法律的立法依据和基础,其他法律不能违背它的规定或者精神,否则无效。(　　)

正确答案:A

7. 从法律效力上讲,行政法规的效力仅次于宪法而高于法律、地方性法规。(　　)

正确答案:B

8. 国际条约属于国际法而不属于国内法的范畴,但是经过法定程序批准生效的国际条例具有同国内法同等的约束力,从这个意义上来说国际条约也属于国内法的范畴,是我国法律的重要渊源。(　　)

正确答案:A

9. 法律关系的三要素,三者密切相连,但也并不是任何法律关系都必须具备这三要素。(　　)

正确答案:B

10. 从法律关系主体应具备的能力来讲,无行为能力,是指自然人没有依自己的行为享有权利、承担义务的资格。在我国司法实践中,以不满10周岁的未成年人以及依法宣告为无行为能力的人的精神病患者是无行为能力的人,其法律行为由其法定代理人代为

进行。（　　）

正确答案:A

11. 法律关系的实质就是主体的权利和义务的关系以及权利和义务的确定和划分。法律关系的内容也可以说是与主体的权利和义务有关的一切活动。（　　）

正确答案:A

12. 承担法律责任的主体既包括公民、法人,也包括机关和其他社会组织,但不包括外国人和无国籍人。（　　）

正确答案:B

13. 民事责任是指法律关系主体由于违反民事法律、违约或者由于民法规定所应承担的一种法律责任。（　　）

正确答案:A

14. 在各种法律责任中,产生行政责任的原因仅是由于行为人的行政违法行为所致。（　　）

正确答案:B

15. 不诉及协议免责,是指如果受害人或有关当事人不向法院起诉要求追究行为人的法律责任,行为人的法律责任就实际上被免除,或者受害人在法律允许的范围内协商同意的免责。（　　）

正确答案:A

16. 自首是指犯罪后主动投案,向公安、司法机关或其他有关机关供述自己的主要犯罪事实的行为。（　　）

正确答案:B

17. 民事制裁是由各级人民法院和行政机关对民事违法行为实施的强制性惩罚措施。（　　）

正确答案:B

18. 在同一位阶的法律之间,特别法优于一般法,即同一事项,两种法律都有规定的,特别法优先适用于一般法。（　　）

正确答案:A

19. 规范性法律文件和非规范性法律文件具有普遍意义,是针对特定的人。（　　）

正确答案:B

20. 地方性法规与部门规章之间对同一事项的规定不一致,不能确定如何适用时,由全国人民代表大会提出裁决建议。（　　）

正确答案:B

第3章　水利水电工程建设安全生产法律法规

本章要点　本章主要介绍了安全生产法律法规的概念和作用，以及水利水电工程相关安全生产法律法规、规章、规范性文件、技术标准和国际公约的简要内容。

3.1　安全生产法律法规概述

3.1.1　安全生产法律法规的概念

安全生产法律法规是指调整在生产过程中产生的与劳动者的安全与健康，以及生产资料和社会财富安全保障有关的各种社会关系的法律规范的总和。安全生产法律法规是国家法律体系中的重要组成部分。我们通常说的安全生产法律法规是有关安全生产的法律、行政法规、规章的总称。全国人民代表大会和国务院及有关部委、地方人民代表大会和政府颁布的有关安全生产、职业安全卫生、劳动保护等方面的法律、行政法规、地方性法规、决定、规定等，都属于安全生产法律法规范畴。

从广义的角度讲，涉及保障安全生产条件的国家和行业技术标准和工程建设技术标准中有关安全生产的强制性条文也属于安全生产法律法规的范畴。

3.1.2　安全生产法律法规体系

法律体系是指由一国现行的全部法律规范按照不同的法律部门分类组合而形成的一个呈体系化的有机联系的统一整体。我国安全生产法律法规体系是由国家根本法、国家基本法、劳动综合法、安全生产与健康基本法、专门安全法、行政法规及安全标准等组成，如表 3-1 所示。为表述方便，以下法律名多用简称。

表 3-1　　我国安全生产法律法规体系

<table>
<tr><td rowspan="11">我国安全生产法律体系</td><td>根本法</td><td colspan="2">《宪法》</td></tr>
<tr><td rowspan="3">法律</td><td>基础法</td><td>《安全生产法》</td></tr>
<tr><td>专门法</td><td>《消防法》《防洪法》……</td></tr>
<tr><td>相关法</td><td>《劳动法》《水法》……</td></tr>
<tr><td rowspan="2">行政法规</td><td>行政法规</td><td>《中华人民共和国防汛条例》……</td></tr>
<tr><td>地方性法规</td><td>《山东省安全生产条例》……</td></tr>
<tr><td rowspan="2">部门规章</td><td>部门规章</td><td>《水利工程建设安全生产管理规定》……</td></tr>
<tr><td>地方政府规章</td><td>《山东省小型水库管理办法》……</td></tr>
<tr><td rowspan="2">安全标准</td><td>国家标准</td><td>《企业职工伤亡事故分类》……</td></tr>
<tr><td>行业标准</td><td>《水利水电工程施工安全管理导则》……</td></tr>
<tr><td>规范性文件</td><td colspan="2">《国务院关于进一步加强企业安全生产工作的通知》……</td></tr>
</table>

另外，国家、行业主管部门、地方政府以及企事业单位可根据国家有关法律、法规和标准、规范，结合实际情况制定并颁布有关安全生产方面的具体工作制度。

3.1.3 安全生产法律法规的作用

依法治国是我国的基本方略，加强安全生产法制建设是安全生产工作的最基本条件之一。加强安全生产法制建设就是要通过制定法律、法规，来规范企业经营者与政府之间、劳动者与经营者之间、劳动者与劳动者之间、生产过程与自然界之间的关系；把国家保护劳动者的生命安全与健康，生产经营人员的生产利益与效益，以及保障社会资源和财产的方针、政策具体化、条文化，强化企业、从业人员和政府监管部门安全生产责任，做到企业的生产经营行为和过程有法可依、有章可循，使政府安全生产监督管理有法可依。目前，我国安全生产法律法规已初步形成一个以《宪法》为依据，以《安全生产法》为主体的，由有关法律、行政法规、地方性法规和有关行政规章、技术标准所组成的综合体系。安全生产法律法规的作用主要表现在以下几个方面：

(1) 为保护劳动者的安全健康提供法律保障

我国安全生产法律法规是以规范安全生产行为和安全生产条件，保障职工在生产中的安全、健康为前提的。它不仅从管理上规定了人们的安全行为规范，也从生产技术上、设备上规定实现安全生产和保障职工安全健康所需的物质条件。多年安全生产工作实践表明，切实维护劳动者安全健康的合法权益，单靠思想政治教育和行政管理并不能达到目的，不仅要制订各种保证安全生产的法律规范和措施，而且要强制人人都必须遵守法律法规和规章，要用国家强制力来促使人们按照科学办事，尊重自然规律、经济规律和生产规律，尊重群众，保证劳动者得到符合安全卫生要求的劳动条件。

(2) 加强安全生产管理的法制化建设

安全生产法律法规是加强安全生产法制化管理的基础，很多重要的安全生产法律法规都明确规定了各方主体在安全生产和管理上的职责，使安全生产责任法制化，推动了各级管理部门和企业对劳动保护和安全生产工作的重视，把这项工作摆上领导和管理的议事日程，有利于各方主体安全生产责任的落实。

(3) 推动安全生产工作的发展，促进企业安全生产

安全生产法律法规反映了维护生产正常进行、保护劳动者安全健康所必须遵循的客观规律，对企业搞好安全生产工作提出了明确要求。同时，由于它具有法律约束力，要求人人都要遵守，这样，它对整个安全生产工作的开展具有用国家强制力推行的作用。

(4) 进一步提高生产力，保证企业效益的实现和国家经济建设事业的顺利发展

安全生产是关系到企业和劳动者切身利益的大事，通过安全生产立法，使劳动者的安全健康有了保障，职工能够在符合安全健康要求的条件下从事劳动生产，这样必然会激发他们的劳动积极性和创造性，从而促使劳动生产率大大提高。同时，安全生产技术法规和标准的遵守和执行，必然提高生产过程的安全性，使生产的效率得到保障和提高，从而提高企业的生产效率和效益。

安全生产法律法规对生产的安全卫生条件提出与现代化建设相适应的强制性要求，这就促使企业领导在生产经营决策上，以及在技术、装备上采取相应措施，以改善劳动条件、加强安全生产为出发点，加速技术改造的步伐，推动社会生产力的提高。

3.2 水利水电工程建设安全生产法律法规概述

3.2.1 水利水电工程建设安全生产法律法规的立法历程和意义

改革开放以来，水利业持续快速发展，在国民经济中的地位和作用逐渐增强，已经成为我国的支柱产业之一。随着我国国民经济的快速发展，固定资产投资一直保持了较高的增长水平，工程建设规模逐年扩大，为水利业发展带来了千载难逢的机遇。同时，随着我国水利水电施工企业的经济成分多样化，水利水电工程投资来源日趋多元化，水利水电工程的市场化程度大幅度提高，水利水电施工企业的组织结构形式发生了变化，水利水电施工机械设备大量使用，水利规模越来越大，结构形式日益复杂，加之大量新技术、新材料、新工艺的使用，对水利水电施工技术要求越来越高，对水利业的发展和安全生产带来了空前的挑战。

目前我国正在进行历史上规模最大的基本建设，从业人员占全国工业企业总从业人员的三分之一。工程建设的巨大投资和从业人员规模使得安全事故所造成的后果异常严重。因此，了解我国工程项目建设安全管理现状，探究其形成的原因，以求寻找控制之法，是安全管理研究的根本目的。安全管理存在的主要问题包括：一是建设生产责任不明确；二是不按基本建设程序进行的工程建设和政府投资工程、“政绩工程”等占有一定比例；三是管理体制缺乏有效监管和激励机制；四是施工作业的工作人员教育程度和素质参差不齐，自我保护意识差；五是轻视事前管理；六是个人积极性不高；七是没有科学的管理方式。

水利业的上述特点和存在的问题，致使行业生产安全事故一直居高不下，给人民的生命财产安全造成重大损失。因此，社会各界要求规范水利工程安全生产的呼声逐年高涨。制定法律法规，在法律框架下，采取有效措施，加强安全生产管理，是提高水利业生产安全水平、减少伤亡事故的发生、实现安全生产的重要前提条件。20 世纪 90 年代初以来，国家逐步加大对水利工程建设安全生产方面的立法，陆续出台了有关水利工程建设安全生产的法律、法规、规章和大量的规范性文件，水利水电工程建设参建各方主体的安全生产行为正逐步得以规范。

在《安全生产法》出台之前的一段时间内，《建筑法》是规范我国建筑工程安全生产的唯一一部法律。早在 1984 年，原城乡建设环境保护部就着手研究和起草《建筑法》，后经多次修改，于 1994 年形成法律草案并报国务院。1996 年 8 月，国务院第四十九次常务会议讨论通过了《建筑法(草案)》，1997 年 11 月 1 日由第八届全国人民代表大会常务委员会第二十八次会议审议通过，并以中华人民共和国主席令第 91 号发布，自 1998 年 3 月 1 日起正式施行。根据 2011 年 4 月 22 日第十一届全国人民代表大会常务委员会第二十次会议决定进行了修订。《建筑法》的出台，为建筑业发展成为国民经济的支柱产业提供了重要的法律依据，也为推进和完善建筑活动的法制建设提供了重要的法律依据。《建筑法》第五章“建筑安全生产管理”就安全生产的方针、原则，安全技术措施，安全工作职责与分工，安全教育和事故报告等作出了明确的规定，为解决建筑活动中存在的安全生产问题提供了法律武器。

《安全生产法》于 2002 年 6 月 29 日经九届全国人民代表大会常务委员会第二十八次会议审议通过，2014 年 8 月 31 日第十二届第十次会议又通过了《全国人民代表大会常务委员会关于修改〈中华人民共和国安全生产法〉的决定》，自 2014 年 12 月 1 日起施行。《安全生产法》是我国安全生产领域的综合性基本法。它的颁布实施是我国安全生产领域的一件大事，是我国安全生产监督与管理正式纳入法制化管理轨道的重要标志，是以人为本、关爱生命的具体体现，是防止和减少生产安全事故，保障人民群众生命财产安全所采取的一项具有战略意义、标本兼治的重大措施。

1996 年，原建设部起草了《建设工程安全生产管理条例》上报国务院，之后结合《建筑法》《安全生产法》《招标投标法》《建设工程质量管理条例》等法律、法规作了相应修改。《建设工程安全生产管理条例》由 2003 年 11 月 12 日国务院第二十八次常务会议讨论通过，2003 年 11 月 24 日以第 393 号国务院令予以公布，自 2004 年 2 月 1 日起正式施行。该条例确立了有关建设工程安全生产监督管理的基本制度，明确了参与建设活动各方主体的安全责任，确保了施工作业人员安全与健康的合法权益，为维护建筑市场秩序，促进建筑业的健康、快速、持续发展提供了重要的法律依据。

2005 年 6 月 22 日，水利部部务会议通过了《水利工程建设安全生产管理规定》(水利部令〔2005〕第 26 号)。立法目的是为了加强水利工程建设安全监督管理，明确安全生产责任，防止和减少安全生产事故，保障人民群众生命和财产安全。该规定适用于水利工程的新建、扩建、加固和拆除等活动及水利工程建设安全生产的管理。这部行政法规是水利部根据《中华人民共和国安全生产法》《建设工程安全生产管理条例》等法律法规，结合水利工程的特点制定的。

《水利工程建设安全生产管理规定》是我国第一部规范水利工程建设安全生产的行政法规，是在全面总结我国水利工程建设安全管理的实践经验，借鉴发达国家成熟做法的基础上制定的。该条例对水利工程建设中各方主体的安全责任、政府监督管理、生产安全事故的应急救援和调查处理以及相应的法律责任作了明确规定，确立了一系列符合中国国情以及适应社会主义市场经济要求的水利工程建设安全管理制度，是水利工程建设领域贯彻落实《安全生产法》的具体表现，标志着我国水利工程建设安全生产管理进入法制化、规范化发展的新时期。该规定的颁布实施，对于规范和增强水利工程建设各方主体的安全行为和安全责任意识，强化和提高政府安全监管水平和依法行政能力，保障从业人员和广大人民群众的生命财产安全，具有十分深远的意义。

3.2.2　水利水电工程建设安全生产法律法规调整的对象

水利水电工程建设安全生产法律法规调整的对象是指由水利水电工程安全生产法律法规调整的，在水利水电工程建设活动中形成的以权利和义务为核心的各种关系，主要有行政管理关系、经济协作关系和民事关系等。

1. 行政管理关系

水利水电工程建设活动中的行政管理关系，主要是指发生在国家、水利建设主管部门同水利建设单位、勘察设计单位、监理单位、施工单位以及其他有关单位之间的管理与被管理的关系。这种管理与被管理的建设行政法律关系主要有两种类型：一是规划、指导、协调与服务的行政管理关系；二是检查、监督、控制与调节的行政管理关系。

2. 经济协作关系

水利水电工程建设活动中的经济协作关系是指建立在参与建筑活动的各方主体之间的一种平等、自愿、互利、互助的横向经济关系。在这种关系中，参与者的法律地位是平等的。建设、勘察设计、施工、工程监理等单位为了追求一定的经济利益，通过一定程序，签订经济合同，明确参与者的权利和义务。这种关系的建立以经济合同的确立为标志。

3. 民事关系

水利工程建设活动中的民事关系是指发生在建设活动过程中各方参与主体之间、单位和从业人员之间的民事权利义务关系。其主要包括：在建设活动中发生的有关自然人损害、侵权、赔偿关系，从业人员的人身和经济确立保护关系等，既涉及国家社会利益，又关系着企业和个人的权益。

上述三种关系必须按照《宪法》《刑法》《民法》等基本法在建设安全生产法律法规中予以调整。

3.2.3 水利水电工程建设安全生产法律法规的作用

在水利水电工程建设活动中，各方参与主体和从业人员的行为必须遵循一定的准则，这种行为只有在法律规定的范围内进行，才能得到法律的承认与保护，保障行为人实现水利水电建设活动的预期目的。法律法规的制定和实施是国家从法律上对建设活动实施统一的管理，从投资体制、价格政策、市场机制等多方面予以保障，规范指导建设行为，保护合法建设行为，处罚违法建设行为，为水利业深化改革，振兴发展，发挥支柱产业作用创造了良好的法律条件。

水利水电工程建设安全生产法律法规的制定颁布实施有利于加强对建筑活动的管理，促使行政机关依法行政，规范承发包行为，建立健康、效能、有序、统一的市场秩序，保证建设工程的质量和安全，促进国民经济的发展。水利工程建设安全生产法律法规的作用主要体现在规范安全生产行为、保护合法行为和处罚违反建筑安全生产法律法规行为三个方面。水利水电工程建设活动各方参与主体须依照法律规范的规定行使权利、履行义务，当合法权利和利益受到不法侵害时，及时运用法律武器保护自己的合法权利，使违反法律规定的主体承担相应的法律责任。

3.3 安全生产相关法律

水利水电工程建设安全生产相关法律、法规、规章及标准等，是水利水电工程建设安全生产管理的重要依据，我国制定了多部有关安全生产的法律、行政法规。水利水电建设工程有关安全生产的法律主要有《安全生产法》《水法》《防洪法》《建筑法》《职业病防治法》《水污染防治法》《水资源保护法》《行政许可法》和《行政处罚法》等，水利部也根据国家有关法律，制定了水利安全生产相关政策、制度、行业标准。

3.3.1 《安全生产法》

《安全生产法》由全国人民代表大会常务委员会于 2002 年 6 月 29 日颁布施行，于

2014 年 8 月 31 日进行了修改，它是我国第一部全面规范安全生产的专门法律，是我国安全生产的主体法。

如果说 2002 年版《安全生产法》是中国安全生产立法史上的第一座里程碑，那么 2014 年修改施行的《安全生产法》，以党中央倡导“发展决不能以牺牲人的生命为代价”的安全生产治理理念为核心，强化了以人为本、安全发展理念，突出了预防为主、综合治理原则，从加强预防、强化安全生产主体责任、加强隐患排查、完善监管、加大违法惩处力度等方面，进一步明确了企业和政府两个主体的责任，增强了法律的可操作性，则应当誉为是中国安全生产立法史上的第二座里程碑。《安全生产法》着眼于解决安全生产现实问题和发展要求，主要内容有：

(1) 明确了安全生产工作应当以人为本、安全发展。

(2) 明确了“安全第一、预防为主、综合治理”的安全生产方针。

(3) 明确了“生产经营单位负责、职工参与、政府监管、行业自律、社会监督”的工作机制。

(4) 按照安全生产“管行业必须管安全、管业务必须管安全、管生产经营必须管安全”的要求，一是规定国务院和县级以上地方人民政府应当建立健全安全生产工作协调机制，及时协调、解决安全生产监督管理中的重大问题。二是明确各级政府安全生产监督管理部门实施综合监督管理，有关部门在各自职责范围内对有关“行业、领域”的安全生产工作实施监督管理。三是明确各级安全生产监督管理部门和其他负有安全生产监督管理职责的部门作为行政执法部门，特别是强化乡镇人民政府以及街道办事处、开发区管理机构安全生产职责。各级政府和部门必须依法开展安全生产行政执法工作，对生产经营单位执行法律、法规、国家标准或者行业标准的情况进行监督检查。

(5) 确定了安全生产的基本法律制度，主要包括安全生产监督管理制度、生产经营单位安全保障制度、从业人员安全生产权利义务制度、生产经营单位负责人安全责任制度、安全中介服务制度、安全生产责任追究制度以及事故应急救援和调查处理制度、严重危及生产安全的工艺和设备淘汰制度、生产安全事故隐患排查治理制度等。

(6) 明确了对安全生产负有责任的各方主体，包括以下四个负有责任的主体：监管部门、生产经营单位、中介机构和从业人员。

(7) 明确生产经营单位安全生产管理机构、人员的设置、配备标准和工作职责。一是明确建筑施工企业应当设置安全生产管理机构或者配备专职安全生产管理人员，将设置专门机构或者配备专职人员的从业人员下限由 300 人调整为 100 人。二是规定了安全生产管理机构以及管理人员的七项职责，主要包括拟定本单位安全生产规章制度、操作规程、应急救援预案，组织宣传贯彻安全生产法律、法规；组织安全生产教育和培训，制止和纠正违章指挥、强令冒险作业、违反操作规程的行为，督促落实本单位安全生产整改措施等。三是明确生产经营单位作出涉及安全生产的经营决策，应当听取安全生产管理机构以及安全生产管理人员的意见。

(8) 明确了从业人员的权利和义务：

① 明确了从业人员的八种权利：知情权；建议权；批评权和检举、控告权；拒绝权；紧急避险权；要求赔偿的权利；获得劳动防护用品的权利；获得安全生产教育和培训的权利。

② 明确了从业人员的三项义务：自律遵规的义务、自觉学习安全生产知识的义务和危险报告义务。

③ 规定生产经营单位应当将被派遣劳动者纳入本单位从业人员统一管理，对被派遣劳动者进行岗位安全操作规程和安全操作技能的教育和培训。劳务派遣单位应当对被派遣劳动者进行必要的安全生产教育和培训。

(9) 建立事故隐患排查治理制度，把加强事前预防、强化隐患排查治理作为一项重要内容：一是生产经营单位必须建立事故隐患排查治理制度，采取技术、管理措施消除事故隐患。二是政府有关部门要建立健全重大事故隐患治理督办制度，督促生产经营单位消除重大事故隐患。三是对未建立隐患排查治理制度、未采取有效措施消除事故隐患的行为，设定了严格的行政处罚。

(10) 推进安全生产标准化建设。明确生产经营单位应当推进安全生产标准化工作，提高本质安全生产水平。

(11) 推行注册安全工程师制度，并从两个方面加以推进：一是危险物品的生产、储存单位以及矿山、金属冶炼单位应当有注册安全工程师从事安全生产管理工作，鼓励其他单位聘用注册安全工程师。二是建立注册安全工程师按专业分类管理制度，授权国务院人力资源和社会保障部门、安全生产监督管理等部门制定具体实施办法。

(12) 推进安全生产责任保险，国家鼓励生产经营单位投保安全生产责任保险，是为了发挥保险机构作用，增加事故应急救援和事故受害人的赔偿补偿资金来源。

(13) 建立分类分级监管和年度监督检查计划制度，作为安全监管部门的法定执法方式，明确规定：安全生产监督管理部门应当按照分类分级监督管理的要求，制定安全生产年度监督检查计划，并按照年度监督检查计划进行监督检查，发现事故隐患，应当及时处理。

(14) 对存在重大事故隐患的生产经营单位作出停产停业、停止施工、停止使用的决定，生产经营单位拒不执行，有发生生产安全事故的现实危险的，在保证安全的前提下，经本部门主要负责人批准，负有安全生产监督管理职责的部门可以采取通知有关单位停止供电、停止供应民用爆炸物品等措施，强制生产经营单位履行决定。通知应当采用书面形式，有关单位应当予以配合。

(15) 完善了事故应急救援制度，将生产安全事故应急救援工作的基本保障和实践中的有效做法上升为法律规定，一是明确国家加强生产安全事故应急能力建设，在重点行业、领域建立应急救援基地和应急救援队伍，鼓励社会力量建立应急救援队伍。二是国务院安全生产监督管理部门建立全国统一的生产安全事故应急救援信息系统，国务院有关部门建立健全相关行业、领域的生产安全事故应急救援信息系统。三是生产经营单位应当依法制定本单位生产安全事故应急救援预案，与有关人民政府组织制定的生产安全事故应急救援预案相衔接，并定期组织演练。四是参与事故抢救的部门和单位应当服从统一指挥，加强协同联动，采取有效的应急救援措施，并根据事故救援的需要组织采取警戒、疏散等措施，防止事故扩大和次生灾害的发生。

(16) 加大对违法行为和事故责任的追究力度。一是规定了事故行政处罚和终身行业禁入。第一，按照两个责任主体、四个事故等级，规定了对生产经营单位及其主要负责人的八项罚款处罚明文。第二，大幅提高对事故责任单位的罚款金额：一般事故罚款20万元至50万元，较大事故50万元至100万元，重大事故100万元至500万元，特别重大事故500万元至1 000万元；特别重大事故情节特别严重的，罚款1 000万元至2 000万元。第三，进一步明确主要负责人对重大、特别重大事故负有责任的，终身不得担任本行业生产经营单位的主要负责人。二是加大罚款处罚力度。结合各地区经济发展水平、企业规模等实际，新法维持罚款下限基本不变、将罚款上限提高了2至5倍，并且多数罚则不再将责令限期改正作为前置程序；增加了对直接负责的主管人员和其他直接责任人员的处罚规定。

(17) 明确规定了安全生产的四种社会监督方式，即工会监督、社会舆论监督、公众举报监督和城乡基层组织监督。

(18) 明确了政府安全生产监督检查人员职权和义务：

① 明确了政府安全生产监督检查人员的三项职权：现场调查取证权、现场处理权和查封、扣押行政强制措施权。

② 明确了政府安全生产监督检查人员的五项义务：审查、验收不得收取费用；禁止要求被审查、验收的单位购买其指定产品；必须遵循忠于职守、坚持原则、秉公执法的执法原则；监督检查时须出示有效的监督执法证件；对检查单位的技术秘密、业务秘密尽到保密义务。

3.3.2 《建筑法》

《建筑法》由全国人民代表大会常务委员会于1997年11月1日颁布，自1998年3月1日施行，并于2011年4月22日进行了修订。

《建筑法》是我国第一部规范建筑活动的部门法，对影响建筑工程质量和安全的各方面因素作了较为全面的规范，从六个方面对建筑安全生产管理提出了要求：

(1) 建立安全生产责任制度。安全生产责任制度是贯彻落实安全生产方针的具体体现，是建筑安全生产管理的基本制度。在建筑活动中，只有明确安全责任、分工负责，才能形成完整有效的安全管理体系，激发每个人的安全责任感，严格执行建筑工程安全的法律、法规和安全规程、技术规范，防患于未然，减少和杜绝建筑工程事故的发生，为建筑工程的生产创造一个安全的环境。

(2) 建立健全群防群治制度。群防群治制度能够在建筑安全生产中充分发挥广大干部职工的积极性，加强群众性监督检查工作，从而预防和治理建筑生产中的伤亡事故。

(3) 建立健全安全生产教育培训制度。通过各种形式对广大建筑干部职工进行安全教育培训，以提高其安全生产意识和防护技能。安全生产，人人有责，只有通过对广大职工进行安全教育培训，才能使广大职工真正认识到安全生产的重要性、必要性，使广大职工掌握更多的安全生产知识，牢固树立“安全第一”的思想，自觉遵守各项安全生产的规章制度。

(4) 建立健全安全生产检查制度。建设管理主管部门或建筑施工企业应依法对安全生产状况进行定期或不定期检查，发现问题，查出隐患，从而采取有效措施，堵塞漏洞，把事故消灭在萌芽状态，做到防患于未然，是“预防为主”方针的具体体现。

(5) 建立健全安全生产事故报告制度。施工中发生安全事故时，建筑企业应当采取紧急措施减少人员伤亡和事故损失,并按照国家有关规定及时向有关部门报告。

(6) 明确安全生产法律责任制度。在法律责任中明确规定施工企业没有履行安全生产职责及时消除安全隐患的,应承担相应的法律责任。

2011 年 4 月 22 日全国人民代表大会常务委员会通过了修改《建筑法》,将第四十八条修改为:"建筑施工企业应当依法为职工参加工伤保险缴纳工伤保险费。鼓励企业为从事危险作业的职工办理意外伤害保险,支付保险费。"

3.3.3 《水法》

《水法》由第九届全国人民代表大会常务委员会第二十九次会议于 2002 年 8 月 29 日修订通过,自 2002 年 10 月 1 日起施行。2016 年 7 月 2 日第十二届全国人民代表大会常务委员会第二十一次会议修订通过。

1. 总体要求

(1) 立法目的

第一条　为了合理开发、利用、节约和保护水资源,防治水害,实现水资源的可持续利用,适应国民经济和社会发展的需要,制定本法。

(2) 适用范围

第二条　在中华人民共和国领域内开发、利用、节约、保护、管理水资源,防治水害,适用本法。

本法所称水资源,包括地表水和地下水。

2. 主要规定

(1) 水资源管理体制

第十二条　国家对水资源实行流域管理与行政区域管理相结合的管理体制。

国务院水行政主管部门负责全国水资源的统一管理和监督工作。

国务院水行政主管部门在国家确定的重要江河、湖泊设立的流域管理机构(以下简称流域管理机构),在所管辖的范围内行使法律、行政法规规定的和国务院水行政主管部门授予的水资源管理和监督职责。

县级以上地方人民政府水行政主管部门按照规定的权限,负责本行政区城内水资源的统一管理和监督工作。

(2) 饮用水水源保护区制度

第三十三条　国家建立饮用水水源保护区制度。省、自治区、直辖市人民政府应当划定饮用水水源保护区,并采取措施,防止水源枯竭和水体污染,保证城乡居民饮用水安全。

第三十四条　禁止在饮用水水源保护区内设置排污口。

在江河、湖泊新建、改建或者扩大排污口,应当经过有管辖权的水行政主管部门或者流域管理机构同意,由环境保护行政主管部门负责对该建设项目的环境影响报告书进行审批。

(3) 河道管理范围内建设工程规定

第三十七条　禁止在江河、湖泊、水库、运河、渠道内弃置、堆放阻碍行洪的物体和种植阻碍行洪的林木及高秆作物。

禁止在河道管理范围内建设妨碍行洪的建筑物、构筑物以及从事影响河势稳定、危害河岸堤防安全和其他妨碍河道行洪的活动。

第三十八条　在河道管理范围内建设桥梁、码头和其他拦河、跨河、临河建筑物、构筑物，铺设跨河管道、电缆，应当符合国家规定的防洪标准和其他有关的技术要求，工程建设方案应当依照防洪法的有关规定报经有关水行政主管部门审查同意。

因建设前款工程设施，需要扩建、改建、拆除或者损坏原有水工程设施的，建设单位应当负担扩建、改建的费用和损失补偿。但是，原有工程设施属于违法工程的除外。

(4) 河道采砂许可制度

第三十九条　国家实行河道采砂许可制度。河道采砂许可制度实施办法，由国务院规定。

在河道管理范围内采砂，影响河势稳定或者危及堤防安全的，有关县级以上人民政府水行政主管部门应当划定禁采区和规定禁采期，并予以公告。

(5) 水工程保护规定

第四十一条　单位和个人有保护水工程的义务，不得侵占、毁坏堤防、护岸、防汛、水文监测、水文地质监测等工程设施。

第四十二条　县级以地方人民政府应当采取措施，保障本行政区域内水工程，特别是水坝和堤防的安全，限期消除险情。水行政主管部门应当加强对水工程安全的监督管理。

第四十三条　国家对水工程实施保护。国家所有的水工程应当按照国务院的规定划定工程管理和保护范围。

国务院水行政主管部门或者流域管理机构管理的水工程，由主管部门或者流域管理机构商有关省、自治区、直辖市人民政府划定工程管理和保护范围。

前款规定以外的其他水工程，应当按照省、自治区、直辖市人民政府的规定，划定工程保护范围和保护职责。

在水工程保护范围内，禁止从事影响水工程运行和危害水工程安全的爆破、打井、采石、取土等活动。

3.3.4 《环境保护法》

《环境保护法》由全国人民代表大会常务委员会于 1989 年 12 月 26 日颁布，1989 年 12 月 26 日施行，于 2014 年 4 月 14 日进行了修改。

该法是为保护和改善环境，防治污染和其他公害，保障公众健康，推进生态文明建设，促进经济社会可持续发展制定的，有关污染防治的主要内容如下：

(1) 建立环境保护责任制度。产生环境污染和其他公害的单位，必须把环境保护工作纳入计划，建立环境保护责任制度；采取有效措施，防治在生产建设或者其他活动中产生的废气、废水、废渣、粉尘、放射性物质以及噪声、振动、电磁波辐射等对环境的污染和危害。

(2) 加大了惩治力度。企业事业单位和其他生产经营者违法排放污染物，受到罚款处罚，被责令改正，拒不改正的，依法作出处罚决定的行政机关可以自责令更改之日的次日起，按照原处罚数额按日连续处罚。

(3) 建立生态保护区，严禁破坏。国家在重点生态功能区、生态环境敏感区和脆弱区等区域划定生态保护红线，实行严格保护。

3.3.5 《特种设备安全法》

《特种设备安全法》由全国人民代表大会常务委员会于 2013 年 6 月 29 日颁布，自 2014 年 1 月 1 日起施行。

《特种设备安全法》确立了企业承担安全主体责任、政府履行安全监管职责和社会发挥监督作用三位一体的特种设备安全工作新模式。即通过强化企业主体责任，加大对违法行为的处罚力度，督促生产、经营、使用单位及其负责人树立安全意识，切实承担保障特种设备安全的责任。

该法突出了特种设备生产、经营、使用单位的安全主体责任，明确规定：对生产环节，法律对特种设备的设计、制造、安装、改造、修理等活动规定了行政许可制度；对经营环节，法律禁止销售、出租未取得许可生产、未经检验和检验不合格的特种设备或者国家明令淘汰和已经报废的特种设备；对使用环节，法律要求所有特种设备必须向监管部门办理使用登记方可使用，使用单位要落实安全责任，对设备安全运行情况定期开展安全检查，进行经常性维护保养；一旦发现设备出现故障，应当立即停止运行，进行全面检查，消除事故隐患。

特种设备包括锅炉、压力容器、压力管道、电梯、起重机械、客运索道、大型游乐设施、场(厂)内专用机动车辆等。这些设备一般具有在高压、高温、高空、高速条件下运行的特点，易燃、易爆、易发生高空坠落等，对人身和财产安全有较大危险性。其中该法的第一百条规定："房屋建筑工地、市政工程工地用起重机械和场(厂)内专用机动车辆的安装、使用的监督管理，由有关部门依照本法和其他有关法律的规定实施。"

特种设备的生产、经营和使用，涉及行政监管法律关系，在生产、经营、使用等交易活动中也形成民事法律关系。根据《立法法》的有关规定，民事基本制度要由专门法律来规定，行政法规无权对民事活动进行调整。《特种设备安全法》的实施，解决了处理特种设备事故造成的民事赔偿责任的法律依据不足的难题。该法高度重视对违法行为的处罚，对单位的违法行为处罚金额最高达到 200 万元，对发生重大事故的当事人和责任人的处罚达到个人上年收入的 30％～60％。

3.3.6 《职业病防治法》

《职业病防治法》于 2001 年 10 月 27 日由第九届全国人民代表大会常务委员会第二十四次会议通过，根据 2011 年 12 月 31 日第十一届全国人民代表大会常务委员会第二十四次会议《关于修改〈中华人民共和国职业病防治法〉的决定》第一次修正，根据 2016 年 7 月 2 日第十二届全国人民代表大会常务委员会第二十一次会议《关于修改〈中华人民共和国节约能源法〉等六部法律的决定》第二次修正，根据 2017 年 11 月 4 日第十二届全国人民代表大会常务委员会第三十次会议《关于修改〈中华人民共和国会计法〉等十一部法律的决定》第三次修正，自 2017 年 11 月 5 日起施行。

该法分为总则、前期预防、劳动过程中的防护与管理、职业病诊断与职业病病人保障、监督检查、法律责任和附则共 7 章。

1. 总体要求

(1) 立法目的

为了预防、控制和消除职业病危害，防治职业病，保护劳动者健康及其相关权益，促进经济社会发展。

(2) 适用范围

该法适用于中华人民共和国领域内的职业病防治活动。该法所称职业病，是指企业、事业单位和个体经济组织等用人单位的劳动者在职业活动中，因接触粉尘、放射性物质和其他有毒、有害因素而引起的疾病。职业病的分类和目录由国务院卫生行政部门会同国务院安全生产监督管理部门规定、调整并公布。

(3) 职业病危害定义

《职业病防治法》中的职业病危害是指对从事职业活动的劳动者可能导致职业病的各种危害。职业病危害因素包括：职业活动中存在的各种有害的化学、物理、生物因素以及在作业过程中产生的其他职业有害因素。

2. 主要规定

(1) 用人单位在职业病防治方面的职责

① 用人单位应当为劳动者创造符合国家职业卫生标准和卫生要求的工作环境和条件，并采取措施保障劳动者获得职业卫生保护。

② 建立、健全职业病防治责任制。该法第五条规定，用人单位应当建立、健全职业病防治责任制，加强对职业病的管理，提高职业病防治水平，对本单位产生的职业病承担责任。

③ 参加工伤社会保险。该法第七条规定，用人单位必须依法参加工伤社会保险。

(2) 进行职业病前期预防的规定

第十五条　产生职业病危害的用人单位的设立除应当符合法律、行政法规规定的设立条件外，其工作场所还应当符合以下职业卫生要求：

① 职业病危害因素的强度或浓度符合国家职业卫生标准；

② 有与职业病危害防护相适应的设施；

③ 生产布局合理，符合有害与无害作业分开的原则；

④ 有配套的更衣间、洗浴间、孕妇休息间等卫生设施；

⑤ 设备、工具、用具等设施符合保护劳动者生理、心理健康的要求。

⑥ 法律、行政法规和国务院卫生行政部门、安全生产监督管理部门关于保护劳动者健康的其他要求。

(3) 建设项目职业病危害预评价的规定

第十七条　新建、扩建、改建建设项目和技术改造、技术引进项目(以下统称建设项目)可能产生职业病危害的，建设单位在可行性论证阶段应当进行职业病危害预评价。医疗机构建设项目可能产生放射性职业病危害的，建设单位应当向卫生行政部门提交放射性职业病危害预评价报告。卫生行政部门应当自收到预评价报告之日起三十日内，作出审核决定并书面通知建设单位。未提交预评价报告或者预评价报告未经卫生行政部门审核同意的，不得开工建设。职业病危害预评价报告应当对建设项目可能产生的职业病危害因素及其对工作场所和劳动者健康的影响作出评价，确定危害类别和职业病防护措施。建设项目职业病危害分类管理办法由国务院安全生产监督管理部门制定。

(4) 职业病危害防护设施的规定

第十八条　建设项目的职业病防护设施所需费用应当纳入建设项目工程预算，并与主体工程同时设计，同时施工，同时投入生产和使用。

建设项目的职业病防护设施设计应当符合国家职业卫生标准和卫生要求；其中，医疗机构放射性职业病危害严重的建设项目的防护设施设计，应当经卫生行政部门审查同意后，方可施工。

建设项目在竣工验收前，建设单位应当进行职业病危害控制效果评价。

医疗机构可能产生放射性职业病危害的建设项目竣工验收时，其放射性职业病防护设施经卫生行政部门验收合格后，方可投入使用；其他建设项目的职业病防护设施应当由建设单位负责依法组织验收，验收合格后，方可投入生产和使用。安全生产监督管理部门应当加强对建设单位组织的验收活动和验收结果的监督核查。

(5) 采取职业病防治管理措施的规定

第二十条　用人单位应当采取下列职业病防治管理措施：

① 设置或指定职业卫生管理机构或者组织，配备专职或者兼职的职业卫生专业人员，负责本单位的职业病防止管理工作；

② 制定职业病防治计划和实施方案；

③ 建立、健全职业卫生管理制度和操作规程；

④ 建立、健全职业卫生档案和劳动者健康监护档案；

⑤ 建立、健全工作场所职业病危害因素监测及评价制度；

⑥ 建立、健全职业病危害事故应急救援预案。

(6) 提供职业病防护用品的规定

第二十二条　用人单位必须采用有效的职业病防护设施，并为劳动者提供个人使用的职业病防护用品。

用人单位为劳动者个人提供的职业病防护用品必须符合防治职业病的要求；不符合要求的，不得使用。

(7) 配置职业病防护设备、应急设施的规定

第二十五条　对可能发生急性职业损伤的有毒、有害工作场所，用人单位应当设置报警装置，配置现场急救用品、冲洗设备、应急撤离通道和必要的泄险区。对放射工作场所和放射性同位素的运输、贮存，用人单位必须配置防护设备和报警装置，保证接触放射线的工作人员佩戴个人剂量计。

对职业病防护设备、应急救援设施和个人使用的职业病防护用品，用人单位应当进行经常性的维护、检修，定期检测其性能和效果，确保其处于正常状态，不得擅自拆除或者停止使用。

(8) 进行培训和遵守操作规程的规定

《职业病防治法》对用人单位应当对劳动者进行岗前、定期职业卫生培训作了规定，同时也对劳动者应学习掌握职业病相关知识，遵守职业病防治法律法规及规章制度等作了规定。

第三十四条　用人单位的主要负责人和职业卫生管理人员应当接受职业卫生培训，

遵守职业病防治法律、法规，依法组织本单位的职业病防治工作。

用人单位应当对劳动者进行上岗前的职业卫生培训和在岗期间的定期职业卫生培训，普及职业卫生知识，督促劳动者遵守职业病防治法律、法规、规章和操作规程，指导劳动者正确使用职业病防护设备和个人使用的职业病防护用品。

劳动者应当学习和掌握相关的职业卫生知识，增强职业病防范意识，遵守职业病防治法律、法规、规章和操作规程，正确使用、维护职业病防护设备和个人使用的职业病防护用品，发现职业病危害事故隐患应当及时报告。

劳动者不履行前款规定义务的，用人单位应当对其进行教育。

(9) 劳动者职业卫生保护的规定

第三十九条　劳动者享有下列职业卫生保护权利：

① 获得职业卫生教育、培训；

② 获得职业健康检查、职业病诊疗、康复等职业病防治服务；

③ 了解工作场所产生或者可能产生的职业病危害因素、危害后果和应当采取的职业病防护措施；

④ 要求用人单位提供符合防治职业病要求的职业病防护设施和个人使用的职业病防护用品，改善劳动条件；

⑤ 对违反职业病防治法律、法规以及危及生命健康的行为提出批评、检举和控告；

⑥ 拒绝违章指挥和强令进行没有职业病防护措施的作业；

⑦ 参与用人单位职业卫生工作的民主管理，对职业病防治工作提出意见和建议。

用人单位应当保障劳动者行使前款所列权利。因劳动者依法行使正当权利而降低其工资、福利等待遇或者解除、终止与其订立的劳动合同的，其行为无效。

3.3.7　其他法律中有关安全生产的主要内容

1.《宪法》

《宪法》总纲中的第一条明确指出："中华人民共和国是工人阶级领导的，以工农联盟为基础的人民民主专政的社会主义国家。"这一规定就决定了我国的社会主义制度是保护以工人、农民为主体的劳动者的。

《宪法》第四十二条规定："中华人民共和国公民有劳动的权利和义务。国家通过各种途径，创造劳动就业条件，加强劳动保护，改善劳动条件，并在发展生产的基础上，提高劳动报酬和福利待遇。……国家对就业前的公民进行必要的劳动就业训练。"这一规定，是生产经营单位安全生产与劳动者安全与健康各项法规和各项工作的总的原则，总的指导思想和总的要求。我国各级政府管理部门，各类企事业单位机构，都要按照这一规定，确立"安全第一，预防为主，综合治理"的思想，积极采取组织管理措施和安全技术保障措施，不断改善劳动条件，加强安全生产工作，切实保护从业人员的安全和健康。

《宪法》第四十三条规定："中华人民共和国劳动者有休息的权利。国家发展劳动者休息和休养的设施，规定职工的工作时间和休假制度。"这一规定的作用和意义有两个方面：一是劳动者的休息权利不容侵犯；二是通过建立劳动者的工作时间和休息休假制度，既保证劳动者的工作时间，又保证劳动者的休息时间和休假时间，注意劳逸结合，禁止随意加班加点，以保持劳动者有充沛的精力进行劳动和工作，防止因疲劳过度而发生伤亡事故或造成积劳成疾，防止职业病。尤其在生产不均衡状态下，生产经营单位领导在安排加班时要高度重视。因为生产任务紧，需要安排加班加点，如果不注意从业人员的体力恢复，不注重科学合理安排加班，忽视安全，很容易发生事故。生产高峰需要加班之时，通常也是企业安全隐患事故易发高发的时期，一旦发生事故，不仅造成财产损失和人员伤亡，想通过加班加点追求高效益的目标也无法实现。

2.《民法总则》

2017年3月15日，第十二届全国人民代表大会第五次会议通过了《民法总则》，完成了党中央提出的编纂民法典任务的第一步。《民法总则》的第八章关于民事责任的规定主要有：

第一百八十条　因不可抗力不能履行民事义务的，不承担民事责任。法律另有规定的，依照其规定。

不可抗力是指不能预见、不能避免且不能克服的客观情况。

第一百八十六条　因当事人一方的违约行为，损害对方人身权益、财产权益的，受损害方有权选择请求其承担违约责任或者侵权责任。

第一百八十七条　民事主体因同一行为应当承担民事责任、行政责任和刑事责任的，承担行政责任或者刑事责任不影响承担民事责任；民事主体的财产不足以支付的，优先用于承担民事责任。

3.《刑法》

《刑法》对以下有关违反建筑安全生产规定的行为进行处罚，主要有：

第一百三十四条　在生产、作业中违反有关安全管理的规定，因而发生重大伤亡事故或者造成其他严重后果的，处3年以下有期徒刑或者拘役；情节特别恶劣的，处3年以上7年以下有期徒刑。

强令他人违章冒险作业，因而发生重大伤亡事故或者造成其他严重后果的，处5年以下有期徒刑或者拘役；情节特别恶劣的，处5年以上有期徒刑。

第一百三十五条　安全生产设施或者安全生产条件不符合国家规定，因而发生重大伤亡事故或者造成其他严重后果的，对直接负责的主管人员和其他直接责任人员，处3年以下有期徒刑或者拘役；情节特别恶劣的，处3年以上7年以下有期徒刑。

第一百三十六条　违反爆炸性、易燃性、放射性、毒害性、腐蚀性物品的管理规定，在生产、储存、运输、使用中发生重大事故，造成严重后果的，处3年以下有期徒刑或者拘役；后果特别严重的，处3年以上7年以下有期徒刑。

第一百三十七条　建设单位、设计单位、施工单位、工程监理单位违反国家规定，降低工程质量标准，造成重大安全事故的，对直接责任人员，处5年以下有期徒刑或者拘役，并处罚金；后果特别严重的，处5年以上10年以下有期徒刑，并处罚金。

第一百三十九条　违反消防管理法规，经消防监督机构通知采取改正措施而拒绝执行，造成严重后果的，对直接责任人员，处3年以下有期徒刑或者拘役；后果特别严重的，处3年以上7年以下有期徒刑。

在安全事故发生后，负有报告职责的人员不报或者谎报事故情况，贻误事故抢救，情节严重的，处3年以下有期徒刑或者拘役；情节特别严重的，处3年以上7年以下有期徒刑。

另外，根据1989年11月30日最高人民检察院发布的《人民检察院直接受理的侵犯公民民主权利、人身权利和渎职案件立案标准的规定》，对从业人员，由于不服从管理，违反规章制度，或者强令工人违章冒险作业，因而发生重大伤亡事故或者造成重大经济损失，具有下列行为之一的，立案调查追究刑事责任：

① 致人死亡1人以上，或者致人重伤3人以上的；

② 造成直接经济损失5万元以上的；

③ 经济损失虽不足规定数额，但情节严重，使生产、工作受到重大损害的。

国家工作人员由于玩忽职守，致使公共财产、国家和人民利益遭受重大损失，具有下列行为之一的，立案调查追究刑事责任：

① 由于玩忽职守，造成死亡1人以上，或者重伤3人以上的；

② 由于玩忽职守，造成直接经济损失5万元以上的；

③ 玩忽职守造成经济损失虽不足规定数额，但情节恶劣，使工作、生产受到重大损害的；

④ 由于玩忽职守，造成严重政治影响的。

4.《劳动法》

《劳动法》由第八届全国人民代表大会常务委员会于1994年7月5日通过，自1995年1月1日起施行，2009年8月27日由第十一届全国人民代表大会常务委员会第十次会议通过的《全国人民代表大会常务委员会关于修改部分法律的决定》修订。

该法对用人单位、劳动者的权利和义务等方面进行了规范：

① 用人单位必须建立健全劳动安全卫生制度，严格执行国家劳动安全卫生规程和标准，对劳动者进行劳动安全卫生教育，防止劳动过程中的事故，减少职业危害。

② 必须为劳动者提供符合国家规定的劳动安全卫生条件和必要的劳动防护用品，对从事有职业危害作业的劳动者应当定期进行健康检查。

③ 从事特种作业的劳动者必须经过专门培训并取得特种作业资格。

④ 劳动者在劳动过程中必须严格遵守安全操作规程。劳动者对用人单位管理人员违章指挥、强令冒险作业，有权拒绝执行；对危害生命安全和身体健康的行为，有权提出批评、检举和控告。

5.《劳动合同法》

《劳动合同法》由2007年6月29日第十届全国人民代表大会常务委员会第二十八次会议通过，根据2012年12月28日第十一届全国人民代表大会常务委员会第三十次会议《关于修改〈中华人民共和国劳动合同法〉的决定》修正，自2013年7月1日起施行。

《劳动合同法》从多个角度保护劳动者的人身和财产安全，为劳动者合法利益的保护提供更为具体的依据。该法规定：

(1) 劳动者拒绝用人单位管理人员违章指挥、强令冒险作业的，不视为违反劳动合同。

用人单位以暴力、威胁或者非法限制人身自由的手段强迫劳动者劳动的，或者用人单位违章指挥、强令冒险作业危及劳动者人身安全的，劳动者可以立即解除劳动合同，不需事先告知用人单位。

(2) 劳动者对危害生命安全和身体健康的劳动条件,有权对用人单位提出批评、检举和控告。

(3) 用人单位有下列情形之一的,劳动者可以解除劳动合同:

① 未按照劳动合同约定提供劳动保护或者劳动条件的;

② 未及时足额支付劳动报酬的;

③ 未依法为劳动者缴纳社会保险费的;

④ 用人单位的规章制度违反法律、法规的规定,损害劳动者权益的;

⑤ 以欺诈、胁迫的手段或者乘人之危,使对方在违背真实意思的情况下订立或者变更劳动合同的;

⑥ 法律、行政法规规定劳动者可以解除劳动合同的其他情形。

6.《消防法》

《消防法》由第十一届全国人民代表大会常务委员会第五次会议于2008年10月28日修订通过,2008年10月28日中华人民共和国主席令第6号公布,自2009年5月1日起施行。

该法从消防设计、审核、建筑构件和建筑材料的防火性能、消防设施的日常管理到工程建设各方主体应履行的消防责任和义务逐一进行了规范。该法规定:

(1) 建设工程的消防设计、施工必须符合国家工程建设消防技术标准。建设、设计、施工、工程监理等单位依法对建设工程的消防设计、施工质量负责。

依法应当经公安机关消防机构进行消防设计审核的建设工程,未经依法审核或者审核不合格的,负责审批该工程施工许可的部门不得给予施工许可,建设单位、施工单位不得施工;其他建设工程取得施工许可后经依法抽查不合格的,应当停止施工。

(2) 建筑构件和建筑材料的防火性能必须符合国家标准或行业标准。公共场所室内装修、装饰根据国家工程建筑消防技术标准的规定,应当使用不燃、难燃材料的,必须选用依照产品质量法的规定确定的检验机构检验合格的材料。

(3) 机关、团体、企业、事业等单位应当履行下列消防安全职责:

① 落实消防安全责任制,制定本单位的消防安全制度、消防安全操作规程,制定灭火和应急疏散预案;

② 按照国家标准、行业标准配置消防设施、器材,设置消防安全标志,并定期组织检验、维修,确保完好有效;

③ 对建筑消防设施每年至少进行一次全面检测,确保完好有效,检测记录应当完整准确,存档备查;

④ 保障疏散通道、安全出口、消防车通道畅通,保证防火防烟分区、防火间距符合消防技术标准;

⑤ 组织防火检查,及时消除火灾隐患;

⑥ 组织进行有针对性的消防演练;

⑦ 法律、法规规定的其他消防安全职责。

单位的主要负责人是本单位的消防安全责任人。

(4) 禁止在具有火灾、爆炸危险的场所吸烟、使用明火。因施工等特殊情况需要使用明火作业的,应当按照规定事先办理审批手续,采取相应的消防安全措施;作业人员应当遵守消防安全规定。

(5) 进行电焊、气焊等具有火灾危险作业的人员和自动消防系统的操作人员,必须持证上岗,并遵守消防安全操作规程。

(6) 同一建筑物由两个以上单位管理或者使用的,应当明确各方的消防安全责任,并确定责任人对共用的疏散通道、安全出口、建筑消防设施和消防车通道进行统一管理。

7.《环境噪声污染防治法》

《环境噪声污染防治法》由全国人民代表大会常务委员会第 22 次会议于 1996 年 10 月 29 日通过,1996 年 10 月 29 日中华人民共和国主席令第 77 号公布,自 1997 年 3 月 1 日起施行。

该法第 4 章"建筑施工噪声污染防治"规定了施工单位的防治噪声污染的责任:

(1) 在城市市区范围内向周围生活环境排放建筑施工噪声的,应当符合国家规定的建筑施工场界环境噪声排放标准。

(2) 在城市市区范围内,建筑施工过程中使用机械设备,可能产生环境噪声污染的,施工单位必须在工程开工 15 日以前向工程所在地县级以上地方人民政府环境保护行政主管部门申报该工程的项目名称、施工场所和期限、可能产生的环境噪声值以及所采取的环境噪声污染防治措施的情况。

(3) 在城市市区噪声敏感建筑物集中区域内,禁止夜间进行产生环境噪声污染的建筑施工作业,但抢修、抢险作业和因生产工艺上要求或者特殊需要必须连续作业的除外。因特殊需要必须连续作业的,必须有县级以上人民政府或者其有关主管部门的证明。上述规定的夜间作业,必须公告附近居民。

8.《固体废物污染环境防治法》

《固体废物污染环境防治法》由第八届全国人民代表大会常务委员会第 16 次会议于 1995 年 10 月 30 日通过,2004 年 12 月 29 日第十届全国人民代表大会常务委员会第 13 次会议修订,2013 年 6 月 29 日第十二届全国人民代表大会常务委员会第 3 次会议《关于修改〈中华人民共和国文物保护法〉等十二部法律的决定》修订 ,2015 年 4 月 24 日第十二届全国人民代表大会常务委员会第 14 次会议通过全国人民代表大会常务委员会《关于修改〈中华人民共和国港口法〉等七部法律的决定》修订,2016 年 11 月 7 日第十二届全国人民代表大会常务委员会第 24 次会议修改。

该法规定:收集、贮存、运输、利用、处置固体废物的单位和个人,必须采取防扬散、防流失、防渗漏或者其他防止污染环境的措施;不得擅自倾倒、堆放、丢弃、遗撒固体废物。

工程施工单位应当及时清运工程施工过程中产生的固体废物,并按照环境卫生行政主管部门的规定进行利用或者处置。

9.《大气污染防治法》

《大气污染防治法》由中华人民共和国第十二届全国人民代表大会常务委员会第 16 次会议于 2015 年 8 月 29 日修订通过,2015 年 8 月 29 日中华人民共和国主席令第 31 号公布,自 2016 年 1 月 1 日起施行。

该法规定:在城市市区进行建设施工或者从事其他产生扬尘污染活动的单位,必须按照当地环境保护的规定,采取防治扬尘污染的措施。

10.《突发事件应对法》

《突发事件应对法》由全国人民代表大会常务委员会第 29 次会议于 2007 年 8 月 30 日通过,2007 年 8 月 30 日中华人民共和国主席令第 69 号公布,自 2007 年 11 月 1 日起施行。

为了预防和减少突发事件的发生,控制、减轻和消除突发事件引起的严重社会危害,规范突发事件应对活动,保护人民生命财产安全,维护国家安全、公共安全、环境安全和社会秩序,该法对应对原则、管理制度和具体措施作出了规定。该法规定:

(1) 突发事件,是指突然发生,造成或者可能造成严重社会危害,需要采取应急处置措施予以应对的自然灾害、事故灾难、公共卫生事件和社会安全事件。按照社会危害程度、影响范围等因素,自然灾害、事故灾难、公共卫生事件分为特别重大、重大、较大和一般 4 级。法律、行政法规或者国务院另有规定的,从其规定。

(2) 突发事件应对工作实行预防为主、预防与应急相结合的原则。国家建立重大突发事件风险评估体系,对可能发生的突发事件进行综合性评估,减少重大突发事件的发生,最大限度地减轻重大突发事件的影响。

(3) 所有单位应当建立健全安全管理制度,定期检查本单位各项安全防范措施的落实情况,及时消除事故隐患;掌握并及时处理本单位存在的可能引发社会安全事件的问题,防止矛盾激化和事态扩大;对本单位可能发生的突发事件和采取安全防范措施的情况,应当按照规定及时向所在地人民政府或者人民政府有关部门报告。

(4) 矿山、建筑施工单位和易燃易爆物品、危险化学品、放射性物品等危险物品的生产、经营、储运、使用单位,应当制定具体应急预案,并对生产经营场所、有危险物品的建筑物、构筑物及周边环境开展隐患排查,及时采取措施消除隐患,防止发生突发事件。

3.4 水利水电工程建设相关安全生产行政法规

行政法规是由国务院根据宪法和法律制定并批准发布的。在行政法规层面上,《建设工程安全生产管理条例》是主要的行政法规,涉及水利水电工程建设安全生产的行政法规有《安全生产许可证条例》《生产安全事故报告和调查处理条例》和《工伤保险条例》等。

3.4.1 《建设工程安全生产管理条例》

《建设工程安全生产管理条例》由 2003 年 11 月 12 日国务院第 28 次常务会议通过,2003 年 11 月 24 日中华人民共和国国务院令第 393 号公布,自 2004 年 2 月 1 日起施行。

《建设工程安全生产管理条例》是我国第一部有关建筑安全生产管理的行政法规,是《建筑法》《安全生产法》等法律在建设领域的具体实施。该条例的主要内容有:

(1) 制定条例的目的是为了加强建设工程安全生产监督管理,保障人民群众生命和财产安全。

(2) 条例的调整范围是在我国境内从事建设工程的新建、扩建、改建和拆除等有关活动及实施对建设工程安全生产的监督管理活动的主体。

(3) 明确了建设工程的安全生产方针。

(4) 建设工程安全生产责任主体包括建设单位、勘察单位、设计单位、施工单位、工程监理单位以及设备材料供应单位、机械设备租赁单位、起重设备检测单位、起重机械和整体提升脚手架及模板等自升式架设设施的安装和拆卸单位等与建设工程安全生产有关的单位。

(5) 建设工程安全生产各方责任主体的安全生产责任有：

1) 建设单位的安全生产责任：

① 在工程概算中确定并提供安全作业环境和安全施工措施费用；

② 不得要求勘察、设计、工程监理、施工企业违反国家法律、法规和强制性标准规定，不得压缩合同约定的工期；

③ 有义务向施工单位提供工程所需的有关资料，有责任将安全施工措施报送有关主管部门备案；

④ 应当将拆除工程发包给具有相应资质等级的施工单位。

2) 工程监理单位的安全生产责任：

① 审查施工组织设计中的安全技术措施或专项施工方案是否符合工程建设强制性标准；

② 发现存在安全事故隐患时应当要求施工单位整改或暂停施工并及时报告建设单位；

③ 按照法律、法规和工程建设强制性标准实施监理；

④ 对建设工程安全生产承担监理责任。

3) 施工单位的安全责任：

① 明确了施工单位主要负责人、技术负责人、项目负责人、专职安全生产管理人员和作业人员安全生产责任；

② 明确了施工总承包和分包单位的安全生产责任；

③ 规定了施工单位必须建立企业安全生产管理机构和配备专职安全管理人员；

④ 规定了施工单位应当在施工前向作业班组和人员作出安全施工技术要求的详细说明；

⑤ 规定了施工单位应当对因施工可能造成损害的毗邻建筑物、构筑物和地下管线采取专项防护措施；

⑥ 规定了施工单位应当向作业人员提供安全防护用具和安全防护服装并书面告知危险岗位操作规程；

⑦ 对施工现场安全警示标志使用、作业和生活环境标准等作出了规定。

(6) 对政府部门、企业及相关人员的建设工程安全生产和管理行为进行了全面规范，确立了 13 项主要制度：

1) 办理安全生产监督手续制度。建设单位在申请领取施工许可证时，应当向建设行政主管部门提供建设工程有关安全施工措施的资料；依法批准开工报告的建设工程，应当自开工报告批准之日起 15 日内报送。

2）“三类人员”考核任职制度。施工单位的主要负责人、项目负责人、专职安全生产管理人员应当经建设行政主管部门或者其他有关部门考核合格后方可任职。

3）特种作业人员持证上岗制度。垂直运输机械作业人员、起重机械安装拆卸工、爆破作业人员、起重信号工、登高架设作业人员等特种作业人员，必须按照国家有关规定经过专门的安全作业培训，并取得特种作业操作资格证书后，方可上岗作业。

4）施工起重机械使用登记制度。施工单位应当自施工起重机械和整体提升脚手架、模板等自升式架设设施验收合格之日起30日内，向建设行政主管部门或者其他有关部门登记。

5）政府安全监督检查制度。建设行政主管部门在履行安全监督检查职责时，有权纠正施工中违反安全生产要求的行为，责令立即排除检查中发现的安全事故隐患，对重大隐患可以责令暂时停止施工。

6）危及施工安全工艺、设备、材料淘汰制度。国家对严重危及施工安全的工艺、设备、材料实行淘汰制度。

7）生产安全事故报告制度。施工单位发生生产安全事故，要及时、如实向当地安全生产监督部门和建设行政管理部门报告。实行总承包的由总包单位负责上报。

8）企业安全生产责任制度。通过制定安全生产责任制，建立一种分工明确、运行有效、责任落实，能够充分发挥作用的、长效的安全生产机制，把安全生产工作落到实处。

9）企业安全生产教育培训制度。施工单位应当建立健全安全生产教育培训制度，加强对职工安全生产的教育培训管理，从资金、人力、物力和时间等方面给予保障，确保安全教育培训质量和覆盖面。

10）专项施工方案审查与专家论证制度：

① 专项施工方案审查制度。施工单位应当在施工组织设计中编制安全技术措施，对达到一定规模的危险性较大的分部分项工程编制专项施工方案，经施工单位技术负责人、总监理工程师签字后实施，由专职安全生产管理人员进行现场监督执行。

② 专家论证审查制度。施工单位应当对达到一定规模、超过一定危险程度的分部分项工程的专项施工方案，组织专家进行论证、审查。

11）施工现场消防安全责任制度。施工单位应当在施工现场建立消防制度，确定消防安全责任人，设置消防设施和配备灭火器材。

12）意外伤害保险制度。施工单位应当为施工现场从事危险作业的人员办理意外伤害保险，支付保险费用。实行施工总承包的，由总承包单位支付意外伤害保险费。根据现行《建筑法》的规定，目前施行鼓励参保制度。

13）生产安全事故应急救援制度。施工单位应当制订本单位生产安全事故应急救援预案，建立应急救援组织或者配备应急救援人员，配备必要的应急救援器材、设备，并定期组织演练。

3.4.2 《安全生产许可证条例》

1. 总体要求

（1）立法目的

《安全生产许可证条例》由国务院于2004年1月7日通过，自2004年1月13日起施行。2014年7月29日第二次修订。其立法目的是为了严格规范安全生产条件，进一步加强安全生产监督管理，防止和减少生产安全事故。

(2) 许可证范围

国家对矿山企业、建筑施工企业和危险化学品、烟花爆竹、民用爆炸物品生产企业（以下统称企业）实行安全生产许可制度。企业未取得安全生产许可证的，不得从事生产活动。

(3) 许可证管理

国务院安全生产监督管理部门负责中央管理的建筑施工企业安全生产许可证的颁发和管理。

省、自治区、直辖市人民政府安全生产监督管理部门负责前款规定以外的建筑施工企业安全生产许可证的颁发和管理，并接受国务院安全生产监督管理部门的指导和监督。

2. 主要规定

(1) 取得安全生产许可证条件的规定

第六条　企业取得安全生产许可证，应当具备下列安全生产条件：

1) 建立、健全安全生产责任制，制定完备的安全生产规章制度和操作规程；

2) 安全投入符合安全生产要求；

3) 设置安全生产管理机构，配备专职安全生产管理人员；

4) 主要负责人和安全生产管理人员经考核合格；

5) 特种作业人员经有关业务主管部门考核合格，取得特种作业操作资格证书；

6) 从业人员经安全生产教育和培训合格；

7) 依法参加工伤保险，为从业人员缴纳保险费；

8) 厂房、作业场所和安全设施、设备、工艺符合有关安全生产法律、法规、标准和规程的要求；

9) 有职业危害防治措施，并为从业人员配备符合国家标准或者行业标准的劳动防护用品；

10) 依法进行安全评价；

11) 有重大危险源监测、评估、监控措施和应急预案；

12) 有生产安全事故应急救援预案、应急救援组织或者应急救援人员，配备必要的应急救援器材、设备；

13) 法律、法规规定的其他条件。

(2) 取得安全生产许可证时间的规定

第七条第一款　企业进行生产前，应当依照本条例的规定向安全生产许可证颁发管理机关申请领取安全生产许可证，并提供本条例第六条规定的相关文件、资料。安全生产许可证颁发管理机关应当自收到申请之日起45日内审查完毕，经审查符合本条例规定的安全生产条件的，颁发安全生产许可证；不符合本条例规定的安全生产条件的，不予颁发安全生产许可证，书面通知企业并说明理由。

(3) 安全生产许可证有效期的规定

第九条　安全生产许可证的有效期为3年。安全生产许可证有效期满需要延期的，企业应当于期满前3个月向原安全生产许可证颁发管理机关办理延期手续。

企业在安全生产许可证有效期内，严格遵守有关安全生产的法律法规，未发生死亡事故的，安全生产许可证有效期届满时，经原安全生产许可证颁发管理机关同意，不再审查，安全生产许可证有效期延期3年。

(4) 安全生产许可证监督检查的规定

第十四条　企业取得安全生产许可证后，不得降低安全生产条件，并应当加强日常安全生产管理，接受安全生产许可证颁发管理机关的监督检查。

安全生产许可证颁发管理机关应当加强对取得安全生产许可证的企业的监督检查，发现其不再具备本条例规定的安全生产条件的，应当暂扣或者吊销安全生产许可证。

(5) 法律责任

《安全生产许可证条例》关于施工企业安全生产的法律责任有四条。

1) 未取得安全生产许可证进行生产的法律责任

第十九条　违反本条例规定，未取得安全生产许可证擅自进行生产的，责令停止生产，没收违法所得，并处10万元以上50万元以下的罚款；造成重大事故或者其他严重后果，构成犯罪的，依法追究刑事责任。

2) 安全生产许可证失效的法律责任

第二十条　违反本条例规定，安全生产许可证有效期满未办理延期手续，继续进行生产的，责令停止生产，限期补办延期手续，没收违法所得，并处5万元以上10万元以下的罚款；逾期仍不办理延期手续，继续进行生产的，依照本条例第十九条的规定处罚。

3) 转让、冒用安全生产许可证的法律责任

第二十一条第一款　违反本条例规定，转让安全生产许可证的，没收违法所得，处10万元以上50万元以下的罚款，并吊销其安全生产许可证；构成犯罪的，依法追究刑事责任；接受转让的，依照本条例第十九条的规定处罚。

4) 办理安全生产许可证的时间规定

第二十二条　本条例施行前已经进行生产的企业，应当自本条例施行之日起1年内，依照本条例的规定向安全生产许可证颁发管理机关申请办理安全生产许可证；逾期不办理安全生产许可证，或者经审查不符合本条例规定的安全生产条件，未取得安全生产许可证，继续进行生产的，依照本条例第十九条的规定处罚。

3.4.3 《生产安全事故报告和调查处理条例》

《生产安全事故报告和调查处理条例》由国务院于2007年3月28日通过，自2007年6月1日起施行。

该条例就事故报告、调查和处理等三个方面作了明确规定：

(1) 事故报告：事故发生后，事故现场有关人员应当立即向本单位负责人报告；单位负责人接到报告后，应当于1小时内向事故发生地县级以上人民政府安全生产监督管理部门和负有安全生产监督管理职责的有关部门报告。

事故报告应当及时、准确、完整，任何单位和个人对事故不得迟报、漏报、谎报或者瞒报。任何单位和个人不得阻挠和干涉对事故的报告和依法调查处理。

(2) 事故调查：事故调查组由有关人民政府、安全生产监督管理部门、负有安全生产

监督管理职责的有关部门、监察机关、公安机关以及工会派人组成，并应当邀请人民检察院派人参加。事故调查组有权向有关单位和个人了解与事故有关的情况，并要求其提供相关文件、资料，有关单位和个人不得拒绝。

(3) 事故处理：有关机关应当按照人民政府的批复，依照法律、行政法规规定的权限和程序，对事故发生单位和有关人员进行行政处罚，对负有事故责任的国家工作人员进行处分。

3.4.4 《工伤保险条例》

《工伤保险条例》由国务院于2003年4月16日通过，并于2010年12月8日进行了修改，修改后自2011年1月1日起施行。条例主要包括的内容有：

(1) 工伤认定

第十四条　职工有下列情形之一的，应当认定为工伤：

1) 在工作时间和工作场所内，因工作原因受到事故伤害的；

2) 工作时间前后在工作场所内，从事与工作有关的预备性或者收尾性工作受到事故伤害的；

3) 在工作时间和工作场所内，因履行工作职责受到暴力等意外伤害的；

4) 患职业病的；

5) 因工外出期间，由于工作原因受到伤害或者发生事故下落不明的；

6) 在上下班途中，受到非本人主要责任的交通事故或者城市轨道交通、客运轮渡、火车事故伤害的；

7) 法律、行政法规规定应当认定为工伤的其他情形。

(2) 工伤保险待遇

第三十条　职工因工作遭受事故伤害或者患职业病进行治疗，享受工伤医疗待遇。

职工治疗工伤应当在签订服务协议的医疗机构就医，情况紧急时可以先到就近的医疗机构急救。

治疗工伤所需费用符合工伤保险诊疗项目目录、工伤保险药品目录、工伤保险住院服务标准的，从工伤保险基金支付。工伤保险诊疗项目目录、工伤保险药品目录、工伤保险住院服务标准，由国务院社会保险行政部门会同国务院卫生行政部门、食品药品监督管理部门等部门规定。

职工住院治疗工伤的伙食补助费，以及经医疗机构出具证明，报经办机构同意，工伤职工到统筹地区以外就医所需的交通、食宿费用从工伤保险基金支付，基金支付的具体标准由统筹地区人民政府规定。

工伤职工治疗非工伤引发的疾病，不享受工伤医疗待遇，按照基本医疗保险办法处理。

工伤职工到签订服务协议的医疗机构进行工伤康复的费用，符合规定的，从工伤保险基金支付。

3.5 水利水电工程建设相关安全生产规章

水利水电工程建设安全生产部门规章包括水利部、国家安全生产监督管理总局、住房和城乡建设部、卫生部等部门颁发的安全生产、职业健康方面的规章。比如《水利工程建设安全生产管理规定》《建筑工程施工许可管理办法》《建筑施工企业安全生产许可证管理规定》《建筑起重机械安全监督管理规定》等。

3.5.1 《水利工程建设安全生产管理规定》

《水利工程建设安全生产管理规定》根据《中华人民共和国安全生产法》《建设工程安全生产管理条例》等法律、法规，结合水利工程的特点而制定，于2005年6月22日水利部部务会议审议通过，2005年7月22日水利部令第26号公布，自2005年9月1日起施行，2014年8月19日水利部令第46号第一次修改，2017年12月22日水利部令第49号第二次修改。

1. 总体要求

(1) 立法目的

目的是为了加强水利工程建设安全生产监督管理，明确安全生产责任，防止和减少安全生产事故，保障人民群众生命和财产安全。

(2) 适用范围

该规定适用于水利工程的新建、扩建、改建、加固和拆除等活动及水利工程建设安全生产的监督管理。

2. 主要规定

该规定共包括总则(共5条)，项目法人的安全责任(共6条)，勘察(测)、设计、建设监理及其他有关单位的安全责任(共4条)，施工单位的安全责任(共10条)、监督管理(共8条)、生产安全事故的应急救援和调查处理(共6条)、附则(共3条)七部分内容。

该规定第五条对项目法人(或者建设单位，下同)、勘察(测)单位、设计单位、施工单位、建设监理单位及其他与水利工程建设安全生产有关的单位，遵守安全生产法律、法规，保证水利工程建设安全生产，依法承担水利工程建设安全生产责任提出了总的要求。

(1) 对施工单位进行资质审查的规定

第六条　项目法人在对施工投标单位进行资格审查时，应当对投标单位的主要负责人、项目负责人以及专职安全生产管理人员是否经水行政主管部门安全生产考核合格进行审查。有关人员未经考核合格的，不得认定投标单位的投标资格。

(2) 关于安全费用的规定

第八条　项目法人不得调减或挪用批准概算中所确定的水利工程建设有关安全作业环境及安全施工措施等所需费用。工程承包合同中应当明确安全作业环境及安全施工措施所需费用。

第十九条　施工单位在工程报价中应当包含工程施工的安全作业环境及安全施工措施所需费用。对列入建设工程概算的上述费用，应当用于施工安全防护用具及设施的采购和更新、安全施工措施的落实、安全生产条件的改善，不得挪作他用。

(3) 编制安全生产措施方案的规定

第九条　项目法人应当组织编制保证安全生产的措施方案，并自工程开工之日起15个工作日内报有管辖权的水行政主管部门、流域管理机构或者其委托的水利工程建设安全生产监督机构(以下简称安全生产监督机构)备案。建设过程中安全生产的情况发生变化时，应当及时对保证安全生产的措施方案进行调整，并报原备案机关。

保证安全生产的措施方案应当根据有关法律法规、强制性标准和技术规范的要求并结合工程的具体情况编制，应当包括以下内容：

1) 项目概况；

2) 编制依据；

3) 安全生产管理机构及相关负责人；

4) 安全生产的有关规章制度制定情况；

5) 安全生产管理人员及特种作业人员持证上岗情况等；

6) 生产安全事故的应急救援预案；

7) 工程度汛方案、措施；

8) 其他有关事项。

第十条　项目法人在水利工程开工前，应当就落实保证安全生产的措施进行全面系统的布置，明确施工单位的安全生产责任。

(4) 监理职责的规定

第十四条　建设监理单位和监理人员应当按照法律、法规和工程建设强制性标准实施监理，并对水利工程建设安全生产承担监理责任。

建设监理单位应当审查施工组织设计中的安全技术措施或者专项施工方案是否符合工程建设强制性标准。

建设监理单位在实施监理过程中，发现存在生产安全事故隐患的，应当要求施工单位整改；对情况严重的，应当要求施工单位暂时停止施工，并及时向水行政主管部门、流域管理机构或者其委托的安全生产监督机构以及项目法人报告。

(5) 建立安全生产规章制度的规定

第十八条　施工单位主要负责人依法对本单位的安全生产工作全面负责。施工单位应当建立健全安全生产责任制度和安全生产教育培训制度，制定安全生产规章制度和操作规程，保证本单位建立和完善安全生产条件所需资金的投入，对所承担的水利工程进行定期和专项安全检查，并做好安全检查记录。

施工单位的项目负责人应当由取得相应执业资格的人员担任，对水利工程建设项目的安全施工负责，落实安全生产责任制度、安全生产规章制度和操作规程，确保安全生产费用的有效使用，并根据工程的特点组织制定安全施工措施，消除安全事故隐患，及时、如实报告生产安全事故。

(6) 安全考核与特种作业人员培训的规定

第二十五条　施工单位的主要负责人、项目负责人、专职安全生产管理人员应当经水行政主管部门对其安全生产知识和管理能力考核合格。

施工单位应当对管理人员和作业人员每年至少进行一次安全生产教育培训,其教育培训情况记入个人工作档案。安全生产教育培训考核不合格的人员,不得上岗。

施工单位在采用新技术、新工艺、新设备、新材料时,应当对作业人员进行相应的安全生产教育培训。

第二十二条　垂直运输机械作业人员、安装拆卸工、爆破作业人员、起重信号工、登高架设作业人员等特种作业人员,必须按照国家有关规定经过专门的安全作业培训,并取得特种作业操作资格证书后,方可上岗作业。

(7) 编制施工度汛方案的规定

第二十一条　施工单位在建设有度汛要求的水利工程时,应当根据项目法人编制的工程度汛方案、措施制定相应的度汛方案,报项目法人批准;涉及防汛调度或者影响其他工程、设施度汛安全的,由项目法人报有管辖权的防汛指挥机构批准。

(8) 设置安全管理机构的规定

第二十条　施工单位应当设立安全生产管理机构,按照国家有关规定配备专职安全生产管理人员。施工现场必须有专职安全生产管理人员。

专职安全生产管理人员负责对安全生产进行现场监督检查。发现生产安全事故隐患,应当及时向项目负责人和安全生产管理机构报告;对违章指挥、违章操作的,应当立即制止。

(9) 关于监督管理的规定

第二十六条　水行政主管部门和流域管理机构按照分级管理权限,负责水利工程建设安全生产的监督管理。水行政主管部门或者流域管理机构委托的安全生产监督机构,负责水利工程施工现场的具体监督检查工作。

第二十八条　流域管理机构负责所管辖的水利工程建设项目的安全生产监督工作。

第二十九条　省、自治区、直辖市人民政府水行政主管部门负责本行政区域内所管辖的水利工程建设安全生产的监督管理工作。

(10) 应急预案的建立与报备

第三十四条　各级地方人民政府水行政主管部门应当根据本级人民政府的要求,制定本行政区域内水利工程建设特大生产安全事故应急救援预案,并报上一级人民政府水行政主管部门备案。流域管理机构应当编制所管辖的水利工程建设特大生产安全事故应急救援预案,并报水利部备案。

此外,《水利工程建设安全生产管理规定》还对各监管机构的职责、施工单位建立应急预案,开展应急培训、演练,以及事故调查处理等方面的内容进行了规定。

3.5.2 《建筑施工企业安全生产许可证管理规定》

《建筑施工企业安全生产许可证管理规定》由原建设部于 2004 年 6 月 29 日通过,自 2004 年 7 月 5 日起施行。

该规定明确了国家对建筑施工企业实行安全生产许可制度,建筑施工企业未取得安全生产许可证的,不得从事建筑施工活动。建筑施工企业取得安全生产许可证,应当具备下列安全生产条件:

(1) 建立、健全安全生产责任制,制定完备的安全生产规章制度和操作规程;

(2) 保证本单位安全生产条件所需资金的投入；

(3) 设置安全生产管理机构，按照国家有关规定配备专职安全生产管理人员；

(4) 主要负责人、项目负责人、专职安全生产管理人员经住房城乡建设主管部门或者其他有关部门考核合格；

(5) 特种作业人员经有关业务主管部门考核合格，取得特种作业操作资格证书；

(6) 管理人员和作业人员每年至少进行一次安全生产教育培训并考核合格；

(7) 依法参加工伤保险，依法为施工现场从事危险作业的人员办理意外伤害保险，为从业人员交纳保险费；

(8) 施工现场的办公、生活区及作业场所和安全防护用具、机械设备、施工机具及配件符合有关安全生产法律、法规、标准和规程的要求；

(9) 有职业危害防治措施，并为作业人员配备符合国家标准或者行业标准的安全防护用具和安全防护服装；

(10) 有对危险性较大的分部分项工程及施工现场易发生重大事故的部位、环节的预防、监控措施和应急预案；

(11) 有生产安全事故应急救援预案、应急救援组织或者应急救援人员，配备必要的应急救援器材、设备；

(12) 法律、法规规定的其他条件。

3.5.3 《建筑起重机械安全监督管理规定》

《建筑起重机械安全监督管理规定》由原建设部于2008年1月8日通过，自2008年6月1日起施行。

该规定进一步明确了建设主管部门行使建筑起重机械安全监管职责，对遏制国内建筑工程工地起重机械事故频发的势头有着重要作用。

建筑起重机械是工程施工最重要的机械设备，也是专业技术、安全可靠要求高的机械设备。建筑起重机械是施工的常用机械设备，同时它又是事故的高发区。《规定》明确了建筑起重机械安全监督管理的责任主体是建设单位、施工总承包单位、租赁单位、安装单位、使用单位、监理单位以及建设行政主管部门，并且明确具体地规定了各责任主体的安全职责。这样一来，各责任主体的安全职责自然会定位到其内部各安全责任人，形成各负其责、风险共担的局面。另外，《规定》通过起重机械备案、安装拆卸告知、使用登记三项制度把设备产权、设备安拆和设备使用纳入到建设行政主管部门监管体系之内，如果实施动态监管，非法产品、国家明令淘汰或者禁止使用的产品、超过制造厂家规定的使用年限的产品很难流进建筑施工现场，无资质的安装队伍、挂靠的安装队伍、无证的上岗人员也很难流进建筑施工现场，这对于排查施工现场重大危险源有重要意义。

该规定对建筑起重机械的范畴作出了明确的界定，建筑起重机械是指纳入特种设备目录，在房屋建筑工地和市政工程工地安装、拆卸、使用的起重机械。根据国家质检总局《特种设备目录》(2014年第114号公告)的规定，在"起重机械"界定范围内的有：塔式起重机、桥式起重机、门式起重机、流动式起重机、门座式起重机、施工升降机、简易升降机、缆索式起重机、桅杆式起重机、机械式停车设备。

该规定要求，特种作业人员应当经建设主管部门考核，并发证上岗。特种设备作业人员的培训应统一标准、统一培训机构、统一考核发证。除按培训大纲要求理论基础学习，理论联系实际很重要，必须要提供固定时间、固定地点的实际操作培训和实际操作实习，严把实际操作考核关。

3.5.4 《安全生产事故隐患排查治理暂行规定》

1. 总体要求

(1) 立法目的

《安全生产事故隐患排查治理暂行规定》根据安全生产法等法律、行政法规而制定，于2007年12月22日国家安全生产监督管理总局局长办公会议审议通过，2007年12月28日国家安全监督管理总局令第16号公布，自2008年2月1日起施行。其目的是为了建立安全生产事故隐患排查治理长效机制，强化安全生产主体责任，加强事故隐患监督管理，防止和减少事故，保障人民群众生命财产安全。

(2) 适用范围

该规定第二条明确规定，生产经营单位安全生产事故隐患排查治理和安全生产监督管理部门、煤矿安全监察机构(以下统称安全监管监察部门)实施监管监察，适用本规定。有关法律、行政法规对安全生产事故隐患排查治理另有规定的，依照其规定。

(3) 事故隐患定义

该规定所称安全生产事故隐患(以下简称事故隐患)，是指生产经营单位违反安全生产法律、法规、规章、标准、规程和安全生产管理制度的规定，或者因其他因素在生产经营活动中存在可能导致事故发生的物的危险状态、人的不安全行为和管理上的缺陷。

事故隐患分为一般事故隐患和重大事故隐患。一般事故隐患，是指危害和整改难度较小，发现后能够立即整改排除的隐患。重大事故隐患，是指危害和整改难度较大，应当全部或者局部停产停业，并经过一定时间整改治理方能排除的隐患，或者因外部因素影响致使生产经营单位自身难以排除的隐患。

2. 主要规定

(1) 建立隐患排查治理有关制度的规定

第四条　生产经营单位应当建立健全事故隐患排查治理制度。

生产经营单位主要负责人对本单位事故隐患排查治理工作全面负责。

第八条　生产经营单位是事故隐患排查、治理和防控的责任主体。

生产经营单位应当建立健全事故隐患排查治理和建档监控等制度，逐级建立并落实从主要负责人到每个从业人员的隐患排查治理和监控责任制。

第九条　生产经营单位应当保证事故隐患排查治理所需的资金，建立资金使用专项制度。

第十一条　生产经营单位应当建立事故隐患报告和举报奖励制度，鼓励、发动职工发现和排除事故隐患，鼓励社会公众举报。对发现、排除和举报事故隐患的有功人员，应当给予物质奖励和表彰。

(2) 进行隐患登记的规定

第十条　生产经营单位应当定期组织安全生产管理人员、工程技术人员和其他相关人员排查本单位的事故隐患。对排查出的事故隐患，应当按照事故隐患的等级进行登记，建立事故隐患信息档案，并按照职责分工实施监控治理。

(3) 开展隐患统计分析的规定

第十四条　生产经营单位应当每季、每年对本单位事故隐患排查治理情况进行统计分析，并分别于下一季度15日前和下一年1月31日前向安全监管监察部门和有关部门报送书面统计分析表。统计分析表应当由生产经营单位主要负责人签字。

对于重大事故隐患，生产经营单位除依照前款规定报送外，应当及时向安全监管监察部门和有关部门报告。重大事故隐患报告内容应当包括：

1) 隐患的现状及其产生原因；

2) 隐患的危害程度和整改难易程度分析；

3) 隐患的治理方案。

(4) 编制重大隐患治理方案的规定

第十五条　对于一般事故隐患，由生产经营单位(车间、分厂、区队等)负责人或者有关人员立即组织整改。

对于重大事故隐患，由生产经营单位主要负责人组织制定并实施事故隐患治理方案。重大事故隐患治理方案应当包括以下内容：

1) 治理的目标和任务；

2) 采取的方法和措施；

3) 经费和物资的落实；

4) 负责治理的机构和人员；

5) 治理的时限和要求；

6) 安全措施和应急预案。

(5) 采取安全防范措施的规定

第十六条　生产经营单位在事故隐患治理过程中，应当采取相应的安全防范措施，防止事故发生。事故隐患排除前或者排除过程中无法保证安全的，应当从危险区域内撤出作业人员，并疏散可能危及的其他人员，设置警戒标志，暂时停产停业或者停止使用；对暂时难以停产或者停止使用的相关生产储存装置、设施、设备，应当加强维护和保养，防止事故发生。

第十七条　生产经营单位应当加强对自然灾害的预防。对于因自然灾害可能导致事故灾难的隐患，应当按照有关法律、法规、标准和本规定的要求排查治理，采取可靠的预防措施，制定应急预案。在接到有关自然灾害预报时，应当及时向下属单位发出预警通知；发生自然灾害可能危及生产经营单位和人员安全的情况时，应当采取撤离人员、停止作业、加强监测等安全措施，并及时向当地人民政府及其有关部门报告。

3.6　水利水电工程建设安全生产规范性文件及其他文件

从严格意义上讲，规范性文件不属于法的范畴，它是由国务院各部委制定，或由各省、自治区、直辖市政府以及各厅(局)、委员会等政府管理部门制定，常以“通知”“规定”“决定”等文件形式出现，是安全生产法律体系的重要补充。在实践中，规范性文件往往对立法有一定的指导和引领作用。因为立法有严格的程序，对一类社会关系或问题纳入法律管理需要一个过程，而规范性文件由于形式灵活，制定的程序简便，所以在行政管理实践中被大量采用。一般情况下，规范性文件是针对某个问题制定的，内容较单一，对所规范的问题有的在文件中明确了制裁措施，有的没有在文件中明确制裁措施。

3.6.1 国务院安全生产规范性文件

(1)《国务院关于进一步加强企业安全生产工作的通知》

该通知由国务院于2010年7月19日以国发〔2010〕23号文件下发。

这是继2004年国务院《关于进一步加强安全生产工作的决定》、2005年国务院第116次常务会议提出的安全生产12项治本之策之后，国务院出台的又一个安全生产的重要文件。

该通知明确了以下十项制度：

1）重大隐患治理和重大事故查处督办制度。对重大安全隐患治理实行逐级挂牌督办、公告制度，国家相关部门加强督促检查；对事故查处实行层层挂牌督办，重大事故查处由国务院安委会挂牌督办。

2）领导干部轮流现场带班制度。要求企业负责人和领导班子成员要轮流现场带班，其中煤矿和非煤矿山要有矿领导带班并与工人同时下井、升井。对发生事故而没有领导干部现场带班的，要严肃处理。

3）先进适用技术装备强制推行制度。对安全生产起到重要支撑和促进作用的安全生产技术装备，规定推广应用到位的时限要求，其中煤矿“六大系统”要在3年之内完成。逾期未安装的，要依法暂扣安全生产许可证和生产许可证。

4）安全生产长期投入制度。规定企业在制定财务预算中必须确定必要的安全投入，落实地方和企业对国家投入的配套资金，研究高危行业安全生产费用提取下限标准并适当扩大范围，加强道路交通事故社会求助基金制度建设，积极稳妥推行安全生产责任保险制度等。

5）企业安全生产信用挂钩联动制度。规定要将安全生产标准化分级评价结果，作为信用评级的重要考核依据；对发生重特大事故或一年内发生2次以上较大事故的，一年内严格限制新增项目核准、用地审批、证券融资等，并作为银行贷款的重要参考依据。

6）应急救援基地建设制度。规定先期建设7个国家矿山救援队，配备性能先进、机动性强的装备和设备；明确进一步推进6个行业领域的国家救援基地和队伍建设。

7）现场紧急撤人避险制度。赋予企业生产现场带班人员、班组长和调度人员在遇到险情第一时间下达停产撤人命令的直接决策权和指挥权。

8）高危企业安全生产标准核准制度和高危行业从业人员资格标准。要把符合安全生产标准要求作为高危行业企业准入的前置条件，严把安全准入关。

9）工伤事故死亡职工一次性赔偿制度。规定提高赔偿标准，对因生产安全事故造成的职工死亡，其一次工亡补助标准调整为按全国上一年度城镇居民人均可支配收入的20倍计算。

经测算，按2013年度全国平均城镇居民人均可支配收入26 955元的水平，全国平均一次性工伤死亡补助金为53.91万元，加上同时实行的丧葬补助金和供养亲属抚恤金(按供养2位亲属测算)，三项合计约为87.60万元。其中前两项为一次性支出，后一项按工亡职工供养人口长期、按月发放。并且《工伤保险条例》将依据不同地区和企业单位的安全生产状况，实行浮动费用率和差别费率，对发生重特大事故或事故多发的企业单位，通过调整缴费比例，促进加强安全生产工作。

10）企业负责人职业资格否决制度。规定对重大、特别重大事故负有主要责任的企业，其主要负责人，终身不得担任本行业企业的矿长(厂长、经理)。

(2)《国务院关于坚持科学发展安全发展促进安全生产形势持续稳定好转的意见》

该意见由国务院于2011年11月26日以国发〔2011〕40号文印发，明确指出要充分认识坚持科学发展、安全发展的重大意义，提出了坚持科学发展、安全发展，促进全国安全生产形势持续稳定好转的指导思想和基本原则，要求进一步加强安全生产法制建设，就安全生产形势的稳定好转提出以下意见：

1）全面落实安全生产责任。认真落实企业安全生产主体责任，强化地方人民政府安全监管责任，切实履行部门安全生产管理和监督职责。

2）着力强化安全生产基础。严格安全生产准入条件，加强安全生产风险监控管理和职业病危害防治工作，推进安全生产标准化建设。

3）深化重点行业领域安全专项整治。按照“谁发证、谁审批、谁负责”的原则，进一步落实建筑工程招投标、资质审批、施工许可、现场作业等各环节安全监管责任。严厉打击超越资质范围承揽工程、违法分包转包工程等不法行为。

4）大力加强安全保障能力建设。通过持续加大安全生产投入，建设更加高效的应急救援体系，积极推进安全文化建设和普及安全知识，提高从业人员职业技能素质。

5）切实加强组织领导和监督。在健全完善安全生产工作格局的基础上，发挥社会公众的参与监督作用，完善安全生产奖惩制度。

(3)《中共中央国务院关于推进安全生产领域改革发展的意见》

该意见于2016年12月9日印发，分总体要求、健全落实安全生产责任制、改革安全监管监察体制、大力推进依法治理、建立安全预防控制体系、加强安全基础保障能力建设6部分30条。

1）总体要求

指导思想：全面贯彻党的十八大和十八届三中、四中、五中、六中全会精神，以邓小平理论、“三个代表”重要思想、科学发展观为指导，深入贯彻习近平总书记系列重要讲话精神和治国理政新理念新思想新战略，进一步增强“四个意识”，紧紧围绕统筹推进“五位一体”总体布局和协调推进“四个全面”战略布局，牢固树立新发展理念，坚持安全发展，坚守发展决不能以牺牲安全为代价这条不可逾越的红线，以防范遏制重特大生产安全事故为重点，坚持安全第一、预防为主、综合治理的方针，加强领导、改革创新，协调联动、齐抓共管，着力强化企业安全生产主体责任，着力堵塞监督管理漏洞，着力解决不遵守法律法规的问题，依靠严密的责任体系、严格的法治措施、有效的体制机制、有力的基础保障和完善的系统治理，切实增强安全防范治理能力，大力提升我国安全生产整体水平，确保人民群众安康幸福、共享改革发展和社会文明进步成果。

基本原则：坚持安全发展、坚持改革创新、坚持依法监管、坚持源头防范、坚持系统治理。

目标任务：到2020年，安全生产监管体制机制基本成熟，法律制度基本完善，全国生产安全事故总量明显减少，职业病危害防治取得积极进展，重特大生产安全事故频发势头得到有效遏制，安全生产整体水平与全面建成小康社会目标相适应。到2030年，实现安全生产治理体系和治理能力现代化，全民安全文明素质全面提升，安全生产保障能力显著增强，为实现中华民族伟大复兴的中国梦奠定稳固可靠的安全生产基础。

2）健全落实安全生产责任制

明确地方党委和政府领导责任、明确部门监管责任、严格落实企业主体责任、健全责任考核机制、严格责任追究制度。

3）改革安全监管监察体制

完善监督管理体制、改革重点行业领域安全监管监察体制、进一步完善地方监管执法体制、健全应急救援管理体制。

4）大力推进依法治理

健全法律法规体系、完善标准体系、严格安全准入制度、规范监管执法行为、完善执法监督机制、健全监管执法保障体系、完善事故调查处理机制。

5）建立安全预防控制体系

加强安全风险管控、强化企业预防措施、建立隐患治理监督机制、强化城市运行安全保障、加强重点领域工程治理、建立完善职业病防治体系。

6）加强安全基础保障能力建设

完善安全投入长效机制、建立安全科技支撑体系、健全社会化服务体系、发挥市场机制推动作用、健全安全宣传教育体系。

(4)《国务院安委会关于进一步加强安全培训工作的决定》

该决定由国务院安委会于2012年11月21日以安委〔2012〕10号文印发。

该决定可以说是在系统总结以往安全培训方面的方针政策、法规规范及经验教训的基础上，对国务院国发〔2010〕23号、国发〔2011〕40号文件在安全培训工作方面的规定和要求进行了深化和细化，进一步明确了现阶段安全培训工作的总体思路和工作目标，提出了进一步加强安全培训工作的一系列政策措施。其坚持以科学发展观为统领，以落实“以人为本、关注民生”的执政理念和“安全第一、预防为主、综合治理”的方针为基础，对于强化企业安全生产基础建设、遏制重特大安全事故，实施“人才强安”战略，开创安全培训工作的新局面，具有十分重要的意义。

其主要内容可以概括为“一个树立”“两个坚持”“三个细化”“五个落实”。具体来说就是，树立一个工作意识，即“培训不到位是重大安全隐患”；坚持两个工作理念，即依法培训、按需施教；完善细化三个责任体系，即企业安全培训主体责任，政府及有关部门安全培训监管和安全监管监察人员培训职责，安全培训和考试的机构培训质量保障责任；落实五项法律制度，即高危企业从业人员准入制度、“三项岗位”人员（高危行业企业主要负责人、安全生产管理人员和生产经营单位特种作业人员）持证上岗制度、企业职工先培训后上岗制度、师傅带徒弟制度、安全监管监察人员持证上岗和继续教育制度。

其要求强化安全培训责任追究，明确提出实行更加严格的“三个一律”。一是对应持证未持证或者未经培训就上岗的人员，一律先离岗、培训持证后再上岗，并依法对企业按规定上限处罚，直至停产整顿和关闭。二是对存在不按大纲教学、不按题库考试、教考不分、乱办班等行为的安全培训和考试机构，一律依法严肃处罚。三是对各类生产安全责任事故，一律倒查培训、考试、发证不到位的责任。对因未培训、假培训或者未持证上岗人员的直接责任引发重特大事故的，所在企业主要负责人依法终身不得担任本行业企业矿长(厂长、经理)，实际控制人依法承担相应责任。

3.6.2 水利部及其他部委安全生产规范性文件

［文件一］ 关于贯彻落实《中共中央国务院关于加快水利改革发展的决定》加强水利安全生产工作的实施意见(水安监〔2011〕175号)

为贯彻落实《中共中央国务院关于加快水利改革发展的决定》(中发〔2011〕1号，以下简称中央一号文件)、《国务院办公厅关于继续深化"安全生产年"活动的通知》(国办发〔2011〕11号)和全国安全生产电视电话会议精神，根据《水利部关于落实〈中共中央国务院关于加快水利改革发展的决定〉分工的通知》要求，进一步加强水利安全生产工作，结合水利实际，提出以下实施意见。

一、总体要求

以邓小平理论和"三个代表"重要思想为指导，深入贯彻落实科学发展观，牢固树立以人为本、安全发展的理念，坚持"安全第一、预防为主、综合治理"的方针，根据中央一号文件精神，紧紧围绕水利中心工作，以深入贯彻落实国务院《关于进一步加强企业安全生产工作的通知》(以下简称《通知》)为核心，以深化安全生产执法、治理、宣教"三项行动"和法制体制机制、保障能力、监管队伍"三项建设"为重点，把事故预防作为促进安全生产的主攻方向，把规范生产行为作为促进安全生产的重要保障，把科技进步作为促进安全生产的重要支撑，继续深入开展"安全生产年"活动，促进水利安全生产形势持续稳定向好，坚决杜绝重特大生产安全事故，最大限度减少较大和一般生产安全事故，确保国家和人民群众生命财产安全，为"十二五"时期水利又好又快发展提供坚实的安全生产保障。

二、主要任务

"十二五"期间，水利安全生产工作以中小河流重要河段治理、病险水库(闸)除险加固、枢纽工程、水源工程、农村水电建设、大中型灌区续建配套和节水改造、淤地坝建设、农田水利建设等为重点，通过全面落实安全生产主体责任、强化安全生产监管、严厉打击非法违法行为、促进隐患排查治理、加强安全教育培训、推进安全生产标准化和法制体制机制建设等措施，建立和完善水利生产经营单位安全保障体系、行业监管和群众监督体系、安全管理和科技支撑体系、安全生产法规标准体系、应急救援体系、宣传教育培训体系等"六大体系"，着力提高水利生产经营单位本质安全水平和事故防范能力、监督执法和群防群治能力、技术装备的安全保障能力、依法依规安全生产能力、事故救援和应急处置能力、职工安全素质和自救互救能力等"六个能力"，有效防范各类生产安全事故，为水利又好又快发展营造良好的安全生产环境。

三、重点内容

(一) 加强责任落实，建立水利生产经营单位安全保障体系，提高本质安全和事故防范能力

1. 全面落实安全生产责任制。切实落实各级水行政主管部门安全生产监管责任，强化水利生产经营单位安全生产主体责任，落实主要负责人"一岗双责"和强化职工岗位安全责任，逐级、逐岗、逐人签订安全生产责任状，把各项安全生产工作落到实处。进一步落实水库大坝、淤地坝、农村水电的地方政府、主管部门安全生产监督管理责任制以及病险水库除险加固责任制，落实大规模水利建设政府安全生产监管职责。进一步强化水利工程建设项目法人、勘测设计、施工、监理等单位和水利工程管理单位的安全生产主体责任落实，健全安全管理机构，完善安全管理制度，确保安全投入、安全管理、安全装备、教育培训等措施落实到位。（安监司牵头，有关专业主管司局分别负责）

2. 严格安全生产目标责任考核。制定水利安全生产年度目标计划，建立健全各单位安全生产控制指标考核体系，将水利安全生产工作纳入领导干部政绩业绩和单位评选先进的重要考核内容，增加安全生产考核权重，严格目标责任考核，落实完成安全生产重要指标和主要任务的保障措施。（安监司、人事司负责，有关专业主管司局配合）

3. 加大安全生产事故责任追究力度。按照"四不放过"和依法依规、实事求是、注重实效的原则，严格事故调查和责任追究。对隐患整改不力造成事故的，以及瞒报、谎报、迟报、漏报事故的，严肃行政问责和追究相关有关领导及责任人的责任。对典型生产安全事故进行通报、约谈和召开现场分析会，加大警示问责和督导整改力度。（安监司、人事司、驻部监察局负责，有关专业主管司局配合）

（二）强化安全监管，建立行业监管和群众监督体系，提高监督执法和群防群治能力

4. 严厉打击水利非法违法生产经营建设行为。结合水利工程建设领域突出问题专项治理和集中严厉打击非法违法生产经营建设行为专项行动等工作，加大水利工程项目违规建设和违章行为执法检查力度，依法严厉打击和整治水利工程建设中违背安全生产市场准入条件、违反安全设施"三同时"规定和水利技术标准强制性条文等非法违法行为。严格执行水利工程建设安全生产许可制度及水利施工企业安全生产退出机制，严把工程建设的安全准入关，坚决杜绝未取得安全生产许可证的施工及制造企业参与水利工程建设。坚持特种作业和重要岗位人员持证上岗制度。深入开展打击河道非法采砂活动，加强河道采砂监管，完善河道采砂管理制度，严厉打击河道采砂非法违法行为，确保河势稳定以及防洪、航运、涉河建筑物和重要基础设施安全。严格设立水利旅游项目审批管理，坚决取缔严重影响水工程安全、水质及水生态环境，造成不良社会影响的水利旅游项目。（安监司牵头，有关专业主管司局和单位分别负责）

5. 切实加强水利工程建设安全生产监管工作。以中小河流重要河段治理、病险水库（闸）除险加固、枢纽工程、水源工程、农村水电建设、大中型灌区续建配套和节水改造、淤地坝建设、主要河道整治和堤防建设、城市防洪排涝工程建设、农田水利建设等为重点，开展以防坍塌、高处坠落等为主要内容的安全生产专项整治，严格制订高危作业专项施工方案，加强现场作业人员的安全教育培训，落实各项安全技术措施，对施工现场实施全时段、全过程和全员安全监管，确保施工安全。（安监司牵头，会同建管司、水保司、农水司、水电局等负责）

6. 切实做好水利工程运行安全管理。建立健全大中型水库运行管理机构，明确安全管理部门，完善水库安全运行管理机制，加强水库大坝安全监测和分析，严格按照调度运

用方案运行，确保安全。按照《小型水库安全管理办法》规定，建立小型水库地方政府和水行政主管部门安全责任制，落实小型水库管理和看护人员，加强小型水库安全管理，制订小型水库出险应急预案，开展事故转移避险和救援演练。加强淤地坝安全管理，落实淤地坝管护经费，建立淤地坝良性运行机制，开展坝体和防水、排洪工程运行情况检查，及时进行养护维修，消除安全隐患。加强农田水利工程安全管理，加大灌区内水闸、泵站等取(提)水工程的安全管理力度，强化灌区渠道管护，按要求设置警示标志和防护设施，加强农村饮水安全工程运行管理，确保供水安全。加强水工金属结构安全监管，建立水工金属结构安全监督管理制度体系，组织开展定期检测，加强水工金属结构安装、使用的安全监督管理，确保运行安全。(建管司、水保司、农水司、综合事业局分别负责)

7. 加强农村水电安全管理。巩固违规水电站清查整改成果，认真落实农村水电安全监管职责，加强与安监、电监、工商等部门配合，进一步加强农村水电建设和运行安全监管。严格农村水电工程审批(核准)环节管理，未经水行政主管部门技术审查的项目，不得审批或核准。坚持基本建设“三项制度”，严格初设审批制度、开工报告制度和工程验收制度。对违反规定擅自审批(核准)、开工、建设或投运发电造成安全事故的，要严格追究业主和有关各方的责任。加强农村水电运营企业的安全监督检查，定期组织隐患排查和治理。加强运行人员上岗培训，规范操作程序。开展农村水电安全生产达标和评价制度研究，逐步建立农村水电站安全检测和评价的服务体系。全面开展农村水电站安全管理分类及年检，消除安全隐患。(水电局负责)

8. 加强水文测验、勘测设计、危险化学品和人员密集场所等安全管理。加强水文监测安全管理，做好水文作业安全防护，水上作业人员要穿戴救生器具，水文测船要配备消防、救生设备和堵漏器材。加强野外勘察、测量作业的安全管理和防护，加强山地灾害和有毒气体防范，制订预防和应急避险方案，确保安全。落实水利试验室和大型实验设备使用以及有毒化学危险品的安全管理和防护措施。完善水利旅游安全防护设施、安全警示牌设置、游人疏导和安全事故应急救援预案。加强油库、锅炉、压力容器、仓库等危险源或区域以及宾馆、培训中心、职工医院、办公场所、集体宿舍、学校、幼儿园等人员聚集场所的安全监管，检查消防设施、电器设备，严防火灾等事故。(国科司、水文局、综合事业局、水规总院、机关服务局及有关专业主管司局分别负责)

9. 加强汛期、重大活动和节假日等重要时段水利安全生产监督检查。结合汛期、重大活动和节假日重要时段安全生产工作的特点和要求，做好安全隐患排查工作，严防各类生产安全事故，做好因自然灾害引发生产安全事故的防范工作。(安监司牵头，有关专业主管司局配合)

10. 加强水利安全监督队伍建设。进一步建立健全各级水行政主管部门安全监管机构，明确监管职责，充实监管人员，落实工作经费，为做好水利安全生产工作提供强有力的组织保障。没有成立专门安监机构的省份和地县，要把安全监管职责明确到有关部门，落实人员和工作经费，确保安全生产工作有机构负责、有人员管理、有经费保障。各水利生产经营单位和项目法人要落实安全生产管理机构和配备专职安全生产管理人员，确保安全管理工作正常开展。(安监司、人事司、财务司负责)

11. 完善水利安全生产监管协作联动机制，加强安全生产群众监督。充分发挥部安全生产领导小组各成员单位作用，全面落实综合监督与专业管理相结合的安全生产工作机制，形成监管合力。加强与安监、电监、交通、工商、审计、监察等相关部门的沟通协作，建立联合检查执法机制，提高工作效能。落实职工群众对安全生产的参与权和监督权，充分调动职工安全生产工作的积极性，鼓励职工群众提出加强安全生产的合理化建议，支持职工群众反映和举报各类安全生产违规违章行为，形成职工群众积极关心、支持安全生产的良好氛围。（安监司牵头，会同驻部监察局和有关专业主管司局负责）

（三）加大安全投入，建立安全管理和科技支撑体系，提高安全保障能力

12. 加强安全隐患排查治理。将隐患排查治理纳入安全监管和水利生产经营单位日常安全管理的重要内容。已建项目要着重解决安全设施的历史欠账，消除水利设施设备的安全隐患；对存在安全隐患的水利管理设施、监测设施和安全设备，要加大更新改造力度，尽早消除隐患。（安监司牵头，各专业主管司局分别负责）

13. 落实水利安全设施“三同时”制度。新建水利项目要做到安全设施与主体工程“三同时”，大型水利枢纽项目试行开展安全评价。水利工程建设项目要对安全生产条件及安全设施进行综合分析论证，编制安全专篇，防止出现安全设施先天不足。从事水利建设的施工企业，要按照国家有关规定，足额提取安全生产费用，落实施工各项安全措施，改善作业环境和施工条件，提高安全保障能力。（安监司牵头，会同规计司、财务司、建管司、水规总院负责）

14. 加快病险工程除险加固。巩固大中型病险水库除险加固成果，加大小型病险水库除险加固力度，推进大中型病险水闸除险加固，尽快消除安全隐患。督促各地开展病险淤地坝除险加固工作，完善淤地坝排险避险方案，确保运行安全。（建管司、水保司、规计司负责）

15. 加大水利安全生产技术改造升级力度。鼓励和引导研发、采用先进适用的安全技术和产品，鼓励安全生产适用技术和新装备、新工艺、新标准的推广应用，努力提高水利生产经营单位安全生产水平，改善职工劳动条件。开展老旧农村水电站增效扩容改造，提高设备的完好率和效能水平。加强水利安全生产监督管理信息化建设，逐步实现安全监管信息化、科学化。（国科司、水电局、安监司分别负责）

16. 建立和完善安全生产咨询服务体系。注重安全评价、检测等中介机构和社团组织的建设和管理，规范安全评价、检测机构和人员的职业行为和资质资格管理，发挥其在安全技术咨询和教育培训等方面的服务功能。（有关专业主管司局分别负责）

（四）加强制度建设，建立安全生产法规标准体系，提高依法依规安全生产能力

17. 加强大型水库、水电站大坝安全监管，开展《水库大坝安全管理条例》修订工作。组织开展水库大坝安全检查调研和安全风险管理研究，分析安全管理存在的潜在风险，提出加强大型水库、水电站大坝安全监督管理的对策建议。按照新形势对水库大坝安全管理的要求，从明晰和落实主体责任、规范建设行为、实现科学管理和运用、维护资源安全、推进安全隐患排查治理等方面开展《水库大坝安全管理条例》的修订工作。（安监司负责，政法司、建管司、国家防办等配合）

18. 完善水利安全生产规章制度。制定出台《水利安全生产监督管理规定》《水利工程建设项目安全评价管理办法（试行）》《水利工程建设项目安全生产监督指导意见》《水利

工程建设项目安全评价导则》《水利工程建设项目安全评价报告编制规定》，研究制定《水利工程建设项目安全评价机构和人员资质资格管理规定》《水利安全隐患分类和管理办法》《水利工程重大生产安全事故应急预案管理规定》《水工金属结构安全监督管理办法》《水利风景区安全监督管理办法》等相关规章制度。逐步形成包括安全监督、隐患排查治理、事故查处、应急管理和教育培训等主要内容的水利安全生产规章制度体系。（安监司、规计司、综合事业局分别负责）

19. 加强水利安全生产标准化建设。以《水利技术标准体系表》为基础，对涉及安全生产的标准进行梳理归类，建立水利安全类技术标准体系。推动水利工程施工和运行的安全管理规范化建设。研究制定和补充完善水利施工现场安全管理和安全防护、水利工程建设和运行安全检查等安全生产标准，加快安全标准制修订和实施，进一步规范水利安全生产工作，开展以岗位达标、专业达标和企业达标为主要内容的水利安全生产标准化建设。（安监司、建管司、国科司负责）

（五）完善应急预案，建立应急管理体系，提高事故救援和应急处置能力

20. 加强对安全生产应急管理工作的领导。各级水行政主管部门和流域机构要明确应急管理指挥机构、工作机构及其职责，分类指导水利生产经营单位的应急管理工作。要加大应急管理宣传和培训力度，开展应急预案制订和落实情况检查，建立信息报告制度，提高应急管理、救援和处置能力。（安监司、国家防办、办公厅负责）

21. 完善水利生产安全事故应急预案体系。水利生产经营单位要建立包括基层单位和关键岗位的生产安全事故应急预案体系，完善水库水闸、在建水利工程、农村水电、淤地坝等生产安全事故预案和应急响应机制，开展应急救援演练。发生生产安全事故要依照预案规定及时采取相关应急响应措施，快速反应控制险情，组织抢险救援，减少人员伤亡和财产损失。（安监司牵头，有关专业主管司局分别负责）

（六）加大宣教力度，建立宣传教育培训体系，提高职工安全素质和自救互救能力

22. 广泛开展安全宣传教育。结合水利实际，开展形式多样的水利安全生产宣教活动，组织开展水利“安全生产月”等专题宣传活动，深入基层，广泛宣传安全生产，普及安全知识，传播安全文化，努力营造“以人为本、关注安全、关爱生命”的良好氛围，树立全行业安全生产意识。（安监司牵头，各专业主管司局分别负责）

23. 加大安全培训工作力度。制定安全培训计划，加大安全培训力度。加强对安全监督管理人员、施工生产人员，特别是一线作业人员的安全培训，做到安全培训经常化、制度化。建立健全职工安全培训档案，特种作业人员和重要岗位操作人员必须经培训和考核合格后，才能上岗作业。加强对作业人员岗位培训情况的监督检查，规范培训内容，提高培训质量，严格执行岗前培训、持证上岗制度，促进全员安全素质的全面提高。（安监司、人事司牵头，各专业主管司局分别负责）

24. 做好水利水电工程施工企业“三类人员”安全生产培训考核管理工作。出台《水利水电工程施工企业主要负责人、项目负责人和专职安全生产管理人员安全生产考核管理办法》，修订“三类人员”考核大纲、编写培训教材和建立试题库，进一步完善和规范水利水电工程施工企业“三类人员”的考核管理，加强对培训考核情况的监督检查，保证安全培训考核效果，切实提高“三类人员”安全素质和水利施工企业安全生产管理水平。（安监司

负责）

四、工作要求

（一）加强领导，落实责任。做好水利安全生产工作是全面贯彻落实中央一号文件，实现水利科学发展的重要保障。各地各单位要将安全生产作为一项重要的政治任务和关系全局的重大责任，把开展水利安全生产各项工作列入重要议事日程，以高度的责任心和紧迫感，切实加强组织领导，健全保障机制，狠抓贯彻落实。单位负责人要亲自研究部署，明确目标，落实责任；分管领导要切实履行职责，加强督促检查，及时解决落实中遇到的问题，逐级分解目标，一级抓一级，层层抓落实，确保各项工作扎实开展。

（二）周密部署，务求实效。各单位要根据本实施意见，结合实际，制定实施办法，明确重点、步骤和具体要求，周密部署，精心组织，做好贯彻落实工作，并将具体实施办法于2011年5月30日前报部。要及时对各项工作开展情况进行监督检查，做好阶段总结，并做好信息的宣传和报送工作。

（三）统筹兼顾，突出重点。要把加快水利改革发展和做好水利安全生产紧密结合，做到统筹兼顾、点面结合。切实抓好水利安全生产重点领域、关键环节、重要时段、要害部位等的安全防范，全面推进安全生产各项工作。既要突出安全度汛、中小河流重要河段治理、病险水库（闸）除险加固、重点水源工程建设、主要河道整治和堤防建设、农村水电、河道采砂等重点领域和事故多发、隐患突出、安全生产形势严峻的地区和单位，同时要加强水文测验、水利工程勘测设计、水利科学研究实验与检验、化学危险品管理、人员密集场所、水利旅游和后勤服务等方面的安全生产。既要突出重点时段以及重点部位、重要设施和重大危险源，也要注意日常检查和其他作业场所和部位，做到不留死角，全面覆盖，切实把隐患治理和事故防范工作抓好抓实。

（四）统筹协调，形成合力。各单位、各部门要按照本意见要求，增强全局意识，加强协调联动，密切沟通配合，形成工作合力。与防汛抗旱检查、水利工程建设领域突出问题专项治理等紧密结合，加强安全生产各项工作的组织实施和落实。加强舆论宣传工作，充分利用各种宣传媒体，及时反映水利安全生产工作开展情况和取得的成效，大力宣传安全生产先进典型，总结推广好经验、好做法，加大舆论监督和群众监督力度，批评曝光安全管理薄弱，隐患事故突出，督促检查不力的单位和部门，形成安全生产的良好舆论氛围。

［文件二］《关于完善水利行业生产安全事故统计快报和月报制度的通知》

1. 制定依据

为加强水利安全生产体制机制建设，做好水利生产安全事故统计分析和预防应对工作，水利部办公厅依据《生产安全事故报告和调查处理条例》（国务院令〔2007〕第493号），制定《关于完善水利行业生安全事故统计快报和月报制度的通知》（办安监〔2009〕112号）。

2. 主要规定

（1）事故统计报告范围

1）事故快报范围

各级水行政主管部门、水利企事业单位在生产经营活动中以及其负责安全生产监管的水利水电在建、已建工程等生产经营活动中发生的特别重大、重大、较大和造成人员死亡的一般事故以及非超标准洪水溃坝等严重危及公共安全、社会影响重大的涉险事故。

2）事故月报范围

各级水行政主管部门，水利企事业单位在生产经营活动中以及其负责安全生产监管的水利水电在建、已建工程等生产经营活动中发生的造成人员死亡、重伤（包括急性工业中毒）或者直接经济损失在 100 万元以上的生产安全事故。

(2) 事故统计报告内容

1）事故快报内容

① 事故发生的时间（年、月、日、时、分）、地点［省（自治区、直辖市）、市（地）、县（市）、乡（镇）］；

② 发生事故单位的名称、主管部门和参建单位资质等级情况；

③ 事故的简要经过及原因初步分析；

④ 事故已经造成和可能造成的伤亡人数（死亡、失踪、被困、轻伤、重伤、急性工业中毒等），初步估计事故造成的直接经济损失；

⑤ 事故抢救进展情况和采取的措施；

⑥ 其他应报告的有关情况。

2）事故月报内容

按照《水利行业生产安全事故月报表》的内容填写水利生产安全事故基本情况，包括事故发生的时间和单位名称、单位类型、事故死亡和重伤人数（包括急性工业中毒）、事故类别、事故原因、直接经济损失和事故简要情况等。

(3) 事故统计报告时限

1）事故快报时限

发生快报范围内的事故后，事故现场有关人员应立即报告本单位负责人。事故单位负责人接到事故报告后，应在 1 小时之内向上级主管单位以及事故多发地县级以上水行政主管部门报告。有关水行政主管部门接到报告后，立即报告上级水行政主管部门，每级上报的时间不得超过 2 小时。情况紧急时，事故现场有关人员可以直接向事故发生地县级以上水行政主管部门报告。有关单位和水行政主管部门也可以越级上报。

部直属单位和各省（自治区、直辖市）水行政主管部门接到事故报告后，要在 2 小时内报送至水利部安全监督司（非工作时间报水利部总值班室）。对事故情况暂时不清的，可先报送事故概况，及时跟踪并将新情况续报。自事故发生之日起 30 日内（道路交通事故、火灾事故自发生之日起 7 日内），事故造成的伤亡人数发生变化或直接经济损失发生变动，应当重新确定事故等级并及时补报。

2）事放月报时限和方式

部直属单位，各省（自治区、直辖市）和计划单列市水行政主管部门于每月 6 日前，将上月本地区、本单位《水利行业生产安全事故月报表》以传真和电子邮件的方式报送水利部安全监督司。事故月报实行零报告制度，当月无生产安全事故也要按时报告。

［文件三］《企业安全生产费用提取和使用管理办法》

2012 年 2 月 14 日，财政部、安监总局以财企〔2012〕16 号文印发，该办法规定主要内容：

1）适用范围：在中华人民共和国境内直接从事煤炭生产、非煤矿山开采、建设工程施工、危险品生产与储存、交通运输、烟花爆竹生产、冶金、机械制造、武器装备研制生产与试验(含民用航空及核燃料)的企业以及其他经济组织(以下简称企业)适用本办法。

2) 安全费用含义和管理原则:本办法所称安全生产费用(以下简称安全费用)是指企业按照规定标准提取在成本中列支,专门用于完善和改进企业或者项目安全生产条件的资金。

安全费用按照“企业提取、政府监管、确保需要、规范使用”的原则进行管理。

3) 安全费用的提取标准:建设工程施工企业以建筑安装工程造价为计提依据。各建设工程类别安全费用提取标准如下:

① 矿山工程为2.5%;

② 房屋建筑工程、水利水电工程、电力工程、铁路工程、城市轨道交通工程为2.0%;

③ 市政公用工程、冶炼工程、机电安装工程、化工石油工程、港口与航道工程、公路工程、通信工程为1.5%。

建设工程施工企业提取的安全费用列入工程造价,在竞标时,不得删减,列入标外管理。国家对基本建设投资概算另有规定的,从其规定。

总包单位应当将安全费用按比例直接支付分包单位并监督使用,分包单位不再重复提取。

4) 安全费用的使用:建设工程施工企业安全费用应当按照以下范围使用:

① 完善、改造和维护安全防护设施设备支出(不含“三同时”要求初期投入的安全设施),包括施工现场临时用电系统、洞口、临边、机械设备、高处作业防护、交叉作业防护、防火、防爆、防尘、防毒、防雷、防台风、防地质灾害、地下工程有害气体监测、通风、临时安全防护等设施设备支出;

② 配备、维护、保养应急救援器材、设备支出和应急演练支出;

③ 开展重大危险源和事故隐患评估、监控和整改支出;

④ 安全生产检查、评价(不包括新建、改建、扩建项目安全评价)、咨询和标准化建设支出;

⑤ 配备和更新现场作业人员安全防护用品支出;

⑥ 安全生产宣传、教育、培训支出;

⑦ 安全生产适用的新技术、新标准、新工艺、新装备的推广应用支出;

⑧ 安全设施及特种设备检测检验支出;

⑨ 其他与安全生产直接相关的支出。

3.7 山东省安全生产相关法规及规范性文件

3.7.1 山东省委省政府《关于深入推进安全生产领域改革发展的实施意见》

近日,山东省委省政府出台《关于深入推进安全生产领域改革发展的实施意见》,明确安全生产各级各部门党政同责,明确安全生产行政执法职能;要求:强化安全生产风险管控和隐患排查治理,建立岗前强制性安全培训制度,完善安全生产应急救援体系,健全社会化安全服务体系，加强宣传教育和社会化监督；同时要严格考核和责任追究、严格安全生产惩戒和激励制度。

为深入贯彻落实《中共中央、国务院关于推进安全生产领域改革发展的意见》（中发〔2016〕32 号）精神，现结合我省实际，提出如下实施意见。

一、总体要求

（一）指导思想。坚持以习近平新时代中国特色社会主义思想为指导，全面贯彻落实党的十九大精神，进一步增强“四个意识”，紧紧围绕统筹推进“五位一体”总体布局和协调推进“四个全面”战略布局，弘扬生命至上、安全第一的思想，坚守发展决不能以牺牲安全为代价这条不可逾越的红线，坚持安全发展、改革创新、依法监管、源头防范、风险管控、系统治理原则，依靠严密的责任体系、严格的法治措施、有效的体制机制、有力的基础保障、科学的风险管控和完善的系统治理，深入推进我省安全生产领域改革发展。强化企业安全生产主体责任，增强安全防范治理能力，为建设经济文化强省提供坚实的安全生产保障。

（二）总体目标。到 2020 年，达到与全面建成小康社会目标相适应的安全保障水平。

——生产安全事故得到有效控制。以 2015 年为基数，全省生产安全事故死亡人数下降 10%，较大事故起数下降 40%，有效遏制重特大事故；亿元国内生产总值生产安全事故死亡率下降 30%；千人就业人员死亡率下降 15%；道路交通万车死亡率下降 7%；煤矿百万吨死亡率控制在 0.3 以下；职业病危害防治取得积极进展。

——安全发展水平明显提高。安全生产责任体系更加严密，安全监管体制机制更加完善，安全生产法规标准体系更加健全，安全意识和法治观念明显增强，企业安全生产主体责任全面落实，风险分级管控与隐患排查治理体系建立完成，重点行业领域安全生产转型升级取得重大成效，全省安全生产整体水平明显提升。

到 2030 年，实现安全生产治理体系和治理能力现代化，全民安全文明素质全面提升，安全生产保障能力显著增强。

二、进一步健全完善安全生产责任体系

（三）落实党委和政府领导责任。制定党政领导干部安全生产责任制规定。党政主要负责人同为本地安全生产第一责任人，班子其他成员对分管范围内的安全生产工作负领导责任。各级党委每年召开常委会会议听取安全生产工作汇报，定期研究决定安全生产重大问题。把安全生产纳入经济社会发展综合考核评价体系，严格安全生产履职绩效考核。发挥人大对安全生产工作的监督促进作用、政协对安全生产工作的民主监督作用。动员工会、共青团、妇联等群团组织和社会各界积极参与、支持、监督安全生产工作。

各级政府要把安全生产工作纳入本地国民经济和社会发展规划。每季度至少召开一次政府常务会议，分析研判安全生产形势，研究部署安全生产工作，落实属地管理责任。各级安全生产委员会主任由政府主要负责人担任，党委、政府班子相关成员担任副主任，成员由党委、政府相关部门主要负责人组成。

（四）明确属地管理责任。安全生产监督管理实行市、县两级政府属地管理和部门监管相结合，以属地管理为主。实行“网格化、实名制”管理，对辖区内所有生产经营单位都要明确和落实属地管理及部门监管责任。中央驻鲁和省管企业按照分级、属地管理原则，由省、市、县(市、区)负有安全生产监督管理职责的部门、相关国有资产监管部门和市、县(市、区)政府共同监管。中央驻鲁煤矿企业由市级以上煤矿安全监管部门负责监管。

(五) 明确部门监管责任。严格落实管行业必须管安全、管业务必须管安全、管生产经营必须管安全的原则。机构编制、法制、安全生产监督管理等部门负责厘清和明确省政府组成部门、直属特设机构、直属机构和部门管理机构的安全生产与职业健康工作职责,并落实到部门工作职责规定中。

(六) 严格落实企业主体责任。企业必须严格履行安全生产法定责任,实行企业全员安全生产责任制度,建立健全自我约束、持续改进的内生机制。法定代表人和实际控制人同为安全生产第一责任人。按照规定设立企业安全总监,行使企业副职职权管理安全生产。按照公司章程,落实混合所有制企业及跨地、多层级和境外中资企业投资主体的安全生产责任。建立企业安全生产考核结果与薪酬挂钩制度。国有企业要发挥安全生产工作示范带头作用,自觉接受属地管理。

三、改革安全监管监察体制

(七) 完善监督管理体制。加强安全生产委员会办公室建设,各级安全生产委员会办公室设在安全生产监督管理部门,履行综合监督管理职责。加强安全生产监督管理部门建设,强化安全生产综合监管力量。健全安全生产监管体制,负有安全生产监督管理和行业安全管理职责的部门应当明确监管机构,配备专业监管人员,依法承担安全生产与职业健康监督管理职责。

(八) 改革重点行业领域安全监管监察体制。依托国家煤矿安全监察体制,加强非煤矿山安全生产监管监察。承接做好国家煤矿安全监察机构移交的煤矿安全生产行政许可事项。山东海事局、民航山东监管局、济南铁路局集团公司与相关铁路管理部门、山东能源监管办、省通信管理局、省邮政管理局等部门要按照法定职责履行沿海 7 市水上交通、航空运输及机场、铁路交通、电力、电信、邮政等领域的专项安全监管职责。经济和信息化部门指导电力企业安全生产工作,交通运输部门做好省辖内河通航水域安全监管工作,地方政府履行属地安全管理责任。

(九) 进一步完善监管执法机构。省、市、县(市、区)党委、政府要将安全生产监督管理机构作为政府工作部门和行政执法机构。其他负有安全生产监督管理职责的部门加强本行业安全行政执法工作。各类开发区、工业园区、港区、风景区等功能区应按照规定要求设置安全生产监管机构,委托开展安全生产执法,或由安全生产监督管理部门派驻监管执法。乡镇(街道)设立安全生产监督管理办公室,负责开展和配合做好监督检查和专项整治等工作。村(社区)设立安全生产检查员,发挥日常检查、宣传、报告等作用。

四、大力推进依法治理

(十) 健全法规和标准体系。各设区的市要根据立法法的精神,加强安全生产地方性法规建设。加强安全生产和职业健康法规规章衔接融合。制定完善高危行业领域安全规程和强制性标准。省安全生产监督管理部门、省级煤矿安全监察机构负责生产经营单位职业病危害预防治理地方标准的制定工作,统筹提出安全生产地方标准立项计划;有关部门按照职责分工组织起草、审查、实施和监督执行;省标准化行政主管部门及时立项、编号、对外通报、批准并发布。

（十一）加大监管执法力度和执法监督。加强事中事后安全监管和执法。依法运用停产停业、停止使用、暂扣或者吊销安全生产许可证和有关经营许可证、罚款、查封或扣押等行政措施，严格查处各类安全生产违法违规行为，涉嫌犯罪的移送司法机关依法处理。建立行政执法和刑事司法衔接制度，负有安全生产监督管理职责的部门要加强与公安、法院、检察院等协调配合，完善安全生产违法线索通报、案件移送与协查机制。各级人大常委会加强对安全生产法律法规实施情况监督，适时开展执法检查、专题询问。各级政协围绕安全生产突出问题开展民主监督和协商调研。实行执法处罚结果向社会公开制度。健全领导干部非法干预安全生产监管执法的记录、通报和责任追究制度。各级党委、政府及有关部门要支持和保护安全生产监管执法人员履行监管执法职责。

（十二）加强监管执法力量建设。统筹加强安全监管力量，重点充实市、县两级安全生产监管执法人员，制定《基层安全生产监管执法管理规范》。保持乡镇（街道）监管执法干部相对稳定，合理调配行政、事业领导职数；落实乡镇（街道）安全监管事业人员岗位聘用、职级晋升和职称评审政策，吸引和鼓励更多的优秀人员从事安全监管工作。

（十三）健全监管执法装备保障体系。制定安全生产监管执法能力建设规划，明确监管执法装备及现场执法和应急救援用车配备标准。建立完善负有安全生产监督管理职责的部门监管执法经费保障机制，将监管执法经费纳入同级财政全额保障范围。各级安全生产监管机关中符合条件人员按国家规定享受岗位津贴。按照国家规定的样式和标准，统一配发安全生产执法标志标识和制式服装。

五、建立安全生产预防控制体系

（十四）强化源头预防控制。各级政府要建立完善安全风险评估与论证机制，高危项目审批必须把安全生产作为前置条件，城乡规划布局、设计、建设、管理等各项工作必须以安全为前提，实行重大安全风险“一票否决”。严格落实部门安全生产行政许可责任，谁审批、谁负责，谁发证、谁负责，对不符合法定条件的许可事项准予许可的，依法严肃追究有关人员责任。紧密结合供给侧结构性改革，综合运用安全、环保、节约、质量等手段，倒逼化工、矿山等企业提升安全生产水平。制定高危行业从业人员准入标准，特别是对危险化学品生产企业主要负责人、分管安全负责人、分管技术负责人的从业条件进行规范，建立准入制度。建立岗前强制性安全培训制度。强化农民工安全培训教育。

（十五）强化安全风险管控。制定各行业安全风险分级管控地方标准。督促企业严格落实安全风险管控主体责任，对排查确认的风险点，要逐一明确管控层级（公司、车间、班组、岗位）和管控责任、管控措施。鼓励安全风险管控标杆企业建立市场化运作的风险管控推广服务机构。利用风险分级管控和隐患排查治理网上巡察平台，对重大风险点实施动态监控和事故预警。

（十六）强化隐患排查治理。树立“隐患就是事故”的观念，对于隐患整改不到位的单位和相关责任人通报批评，公开曝光，严肃问责。建立重大隐患清单管理和挂牌督办制度，对重大隐患整改不到位的企业，依法采取停产停业、停止施工、停止供电和查封扣押等强制措施，按规定给予经济处罚，对涉嫌犯罪的移送司法机关依法处理。落实事故隐患举报奖励制度，奖励经费列入部门财政预算。

（十七）加强城市运行安全保障和重点领域工程治理。各级政府组织住房城乡建设、规划、公安消防和交通管理、气象、地震、人防、水利、供电、热力和燃气等管理部门，加强城市规划安全风险的前期分析，建立合理规划、有序实施、协调管理、预防治本的城市安全体系。提高基础设施安全配置标准，重点加强城市高层建筑、大型综合体、隧道桥梁、管线管廊、轨道交通、燃气、电力设施及电梯、游乐设施、大型户外广告、玻璃幕墙等的安全检测和维护。加强高速铁路、跨海大桥、海底隧道、铁路浮桥、航运枢纽、港口等防灾监测、安全检测和防护系统建设。严格执行长途客运车辆、旅游客车、危险物品运输车辆、校车和船舶生产制造标准，提高安全性能，强制安装智能视频监控报警、防碰撞和整车整船安全运行监管技术装备，对已运行的要加快安全技术装备改造升级。

（十八）完善安全生产应急救援管理体系。明确各级安全生产应急救援行政管理机构，强化安全生产应急救援指导协调、综合管理、执法检查等工作。健全完善专项应急救援预案和现场处置方案。定期组织开展政企联合、社企联动、多部门协作的应急救援演练。建立矿山钻探、危险化学品泄漏处置等专业抢险工程队伍。配备和储备大型先进救援装备、应急物资、紧急运输和应急通信设备。加强应急救援队伍标准化建设。建立救援队伍社会化服务补偿机制，鼓励专业救援队伍与相关企业签订服务协议。

（十九）建立完善职业病防治体系。坚持管安全生产必须管职业健康原则，建立安全生产和职业健康一体化监管执法体制。各级安全生产监督管理部门建立职业健康监管机构，配备职业健康专业人员。加强职业病诊断鉴定、职业健康体检机构建设，建立完善职业病临床质控网络、职业病信息监测报告网络。建立部门间职业病防治数据共享机制。用人单位要积极采用有利于保护劳动者生命健康的新技术、新工艺、新材料和新设备。鼓励用人单位与职业健康技术服务机构和相关专业医师签约，提供职业健康服务。做好依法取得职业病诊断证明书或者职业病诊断鉴定书职工的工伤认定，按规定落实工伤职工待遇。扩大职业病患者救治范围，将职业病失能人员纳入社会保障范围，对符合条件的职业病患者落实医疗与生活保障及救助措施。

六、加强安全基础保障能力建设

（二十）完善安全投入机制。加强省、市、县（市、区）财政安全生产预防及应急相关资金使用管理，加大安全生产与职业健康投入，强化审计监督，积极支持安全生产工作。按照规定落实安全生产专用设备企业所得税优惠政策。严格执行企业安全生产费用提取管理使用制度。健全投融资服务体系，促进安全产业发展。建立完善安全生产责任保险制度，加强安全生产责任保险市场监管，切实发挥保险机构参与风险评估管控和事故预防能力。完善工伤保险制度，积极开展工伤预防。

（二十一）建立科技支撑体系。依托高等院校、科研院所、大型企业等，加快重点行业领域事故防范技术研究中心和安全生产装备研发基地及博士后科研工作站等安全科技支撑体系建设，推动工业机器人、智能装备在危险工序和环节广泛应用。加强省、市、县三级安全生产与职业健康技术服务机构等支撑体系建设。提升现代信息技术与安全生产融合度，统一标准规范，推进安全生产风险分级管控和隐患排查治理信息系统等信息化建设。

（二十二）健全社会化服务体系。建立政府购买安全生产服务制度，将安全生产社会化服务列入鼓励创业的指导性目录。发挥科研院校、中介机构和工程技术人员作用，对工艺复杂、专业性强的企业进行安全检查。鼓励企业购买安全生产管理和技术服务。探索建立安全生产社会化服务信息平台，推动服务需求和供给资源的共享对接。支持相关机构开展安全生产和职业健康一体化评价等技术服务。

（二十三）加强宣传教育和社会化监督。将安全生产监督管理专题培训纳入各级党政领导干部教育培训计划。把安全知识普及纳入国民教育。推动高等院校开展安全复合型人才培养工作。加强安全生产公益宣传。建立安全生产警示教育基地，开展安全生产科技、知识、应急避险体验活动。深化安全文化建设。健全新闻媒体和社会公众参与的安全生产监督机制。鼓励开展安全生产与职业健康志愿服务和慈善事业。

七、健全完善安全生产问责与激励机制

（二十四）严格事故报告和调查处理。严格事故直报制度，各有关部门在接到有关事故报告后，应及时向同级安全生产委员会办公室报告，对瞒报、谎报、漏报、迟报事故的单位和个人依法依规追责。制定失职追责实施办法，明确追责边界。事故调查组组长由政府负责人或有关部门主要负责人担任。所有事故调查报告要设立技术和管理问题专篇，详细分析原因，并全文公布。监察机关和司法机关要根据技术和管理问题专篇追究企业主体责任及相关单位责任人员的责任。充分发挥事故查处对加强和改进安全生产工作的促进作用，建立事故暴露问题整改和责任追究执行情况跟踪督办制度。

（二十五）严格考核和责任追究。加大安全生产在社会治安综合治理、精神文明建设等考核中的权重。实行党政领导干部任期安全生产责任制，建立健全安全生产绩效考核结果与履职评定、职务晋升、奖励惩处挂钩制度，加强履职过程考核监督。制定安全生产权力清单、责任清单。对安全生产年度目标责任考核不合格的地方和单位，在评先评优中“一票否决”。发生特大生产安全事故的市、发生重大生产安全事故的县（市、区）、发生较大及以上生产安全事故的乡镇（街道）年度内不能参加评先树优活动，党委、政府主要负责人1年内不予提拔重用。发生较大及以上生产安全事故或连续发生生产安全死亡事故的国有（控股）企业领导班子不能享受年终考核奖励，主要负责人不能参加当年评先树优活动。

（二十六）严格安全生产惩戒和激励制度。建立企业安全生产不良记录“黑名单”制度和失信行为惩戒机制，加大对失信企业的联合惩治力度。对事故处理中被追究刑事责任的生产经营人员实施相应的职业禁入，对发生事故负有重大责任的社会服务机构和人员依法严肃追究法律责任，并实施相应的行业禁入。在安全生产领域改革创新、防止事故、事故抢险、监管执法、风险管控和隐患排查治理等工作中成绩突出的，应按照有关规定给予表彰奖励。要从政治、生活上关心安全生产监管执法人员，为担当者担当，为负责者负责。

本实施意见自2018年1月23日起施行。此前发布的有关文件规定，凡与本实施意见不一致的，按照本实施意见执行。

3.7.2 《山东省安全生产条例》

《山东省安全生产条例》2017年1月18日山东省第十二届人民代表大会常务委员会第二十五次会议通过，自2017年5月1日起施行。内容如下：

第一章　总　　则

第一条　为了加强安全生产工作，防止和减少生产安全事故，保障人民群众生命和财产安全，促进经济社会持续健康发展，根据《中华人民共和国安全生产法》等法律、行政法规，结合本省实际，制定本条例。

第二条　在本省行政区域内从事生产经营活动的企业、事业单位、个体经济组织等单位（以下统称生产经营单位）的安全生产以及相关监督管理，适用本条例；法律、行政法规另有规定的，适用其规定。

第三条　安全生产工作应当以人为本，坚持安全发展、源头防范，坚持安全第一、预防为主、综合治理的方针。

安全生产工作应当以属地监管为主，并遵循管行业必须管安全、管业务必须管安全、管生产经营必须管安全的原则。

第四条　县级以上人民政府应当加强对安全生产工作的领导，根据国民经济和社会发展规划制定安全生产规划并组织实施，明确部门安全生产工作职责，支持、督促有关部门依法履行安全生产监督管理职责。

乡镇人民政府、街道办事处、开发区管理机构应当设立或者明确安全生产监督管理机构，加强对本行政区域内安全生产工作的监督检查，并协助上级人民政府有关部门依法履行安全生产监督管理职责。

乡镇人民政府、街道办事处应当指导村民委员会、居民委员会落实安全生产措施，推进安全社区建设。

第五条　县级以上人民政府安全生产监督管理部门依法对本行政区域内的安全生产工作实施综合监督管理；其他有关部门在各自职责范围内，依法对有关行业、领域的安全生产工作实施监督管理。

安全生产监督管理部门和对有关行业、领域的安全生产工作实施监督管理的部门，统称负有安全生产监督管理职责的部门。

第六条　生产经营单位应当建立健全全员安全生产责任制和安全生产规章制度，推进安全生产标准化建设，执行保障安全生产的国家标准、行业标准和地方标准，承担安全生产主体责任。

第七条　县级以上人民政府及其有关部门应当鼓励和支持安全生产科学技术研究、专业技术和技能人才培养，推广应用先进的安全生产技术、管理经验和科技成果，增强事故预防能力，提高安全生产管理水平。

第八条　各级人民政府及有关部门应当采取多种形式，加强安全生产法律法规和安全生产知识的宣传，推动安全文化建设，增强全社会的安全生产意识。

新闻、出版、广播、电影、电视、网络等媒体应当加强对社会公众的安全生产公益宣传教育，对安全生产违法行为进行舆论监督。

第九条　县级以上人民政府及其有关部门对在改善安全生产条件、防止生产安全事故、参加抢险救护、报告重大事故隐患、举报安全生产违法行为、研究和推广安全生产科学技术与先进管理经验等方面取得显著成绩的单位和个人，按照有关规定给予表彰和奖励。

第二章　生产经营单位的安全生产保障

第十条　生产经营单位应当具备法律、法规和国家标准、行业标准或者地方标准规定的安全生产条件;不具备安全生产条件的,不得从事生产经营活动。

第十一条　生产经营单位的主要负责人依法履行安全生产工作职责,对安全生产工作全面负责,其他负责人对职责范围内的安全生产工作负责。

主要负责人包括对本单位生产经营负有全面领导责任的法定代表人、实际控制人以及其他主要决策人。

第十二条　生产经营单位应当制定本单位安全生产管理制度和安全操作规程,依法保障从业人员的生命安全,不得有下列行为:

(一)违章指挥、强令或者放任从业人员冒险作业;

(二)超过核定的生产能力、生产强度或者生产定员组织生产;

(三)违反操作规程、生产工艺、技术标准或者安全管理规定组织作业;

(四)拒不执行安全生产行政执法决定。

第十三条　矿山、金属冶炼、道路运输、建筑施工单位,危险物品的生产、经营、储存、装卸、运输单位和使用危险物品从事生产并且使用量达到规定数量的单位(以下简称高危生产经营单位)以及其他生产经营单位,应当按照规定设置安全生产管理机构或者配备安全生产管理人员。

第十四条　从业人员在三百人以上的高危生产经营单位和从业人员在一千人以上的其他生产经营单位,应当按照规定设置安全总监,并建立安全生产委员会。

安全总监专项分管本单位安全生产管理工作,安全生产委员会负责协调、解决本单位有关安全生产工作的重大事项。

第十五条　生产经营单位的主要负责人和安全生产管理人员,应当具备与所从事的生产经营活动相适应的安全生产知识和管理能力;高危生产经营单位的主要负责人和安全生产管理人员,应当由主管的负有安全生产监督管理职责的部门对其考核合格。考核不得收费。

第十六条　生产经营单位应当依法对从业人员、被派遣劳动者、实习学生进行安全生产教育和培训,未经安全生产教育和培训合格的不得上岗作业。

生产经营单位可以自主组织培训,也可以委托具备安全生产培训条件的机构进行培训。生产经营单位委托培训的,应当对培训工作进行监督,保证培训质量。

第十七条　生产经营单位应当确保本单位具备安全生产条件所必需的资金投入,并按照规定提取安全生产费用,专项用于安全生产。

生产经营单位应当按照国家标准、行业标准或者地方标准为从业人员无偿提供合格的劳动防护用品,并督促、检查、教育从业人员正确佩戴和使用。

第十八条　生产经营单位新建、改建、扩建工程项目的,其安全设施应当与主体工程同时设计、同时施工、同时投入生产和使用。

矿山、金属冶炼和用于生产、储存、装卸危险物品的建设项目的安全设施设计,应当按照国家有关规定报经有关部门审查;设计单位应当对其安全设施设计负责。建设项目竣工投入生产或者使用前,建设单位应当依法对安全设施进行验收,验收可以聘请专家参与,专家应当对其出具的验收结果负责;负有安全生产监督管理职责的部门应当对建设单位验收活动和验收结果进行监督核查。

第十九条　生产经营单位应当建立安全生产风险分级管控制度，定期进行安全生产风险排查，对排查出的风险点按照危险性确定风险等级，对风险点进行公告警示，并采取相应的风险管控措施，实现风险的动态管理。

第二十条　生产经营单位应当建立健全生产安全事故隐患排查治理制度。对一般事故隐患，应当立即采取措施予以消除；对重大事故隐患，应当采取有效的安全防范和监控措施，制定和落实治理方案及时予以消除，并将治理方案和治理结果向县（市、区）人民政府负有安全生产监督管理职责的部门报告。县级以上人民政府负有安全生产监督管理职责的部门应当按照管理权限，对重大事故隐患治理情况进行督办。

生产经营单位应当将事故隐患排查治理情况向从业人员通报；事故隐患排除前和排除过程中无法保证安全的，应当从危险区域内撤出人员，疏散周边可能危及的其他人员，并设置警戒标志。

第二十一条　生产经营单位应当完善安全生产管理信息系统，对风险点和事故隐患进行实时监控并建立预报预警机制，利用信息技术加强安全生产能力建设。

第二十二条　高危生产经营单位应当建立安全生产承诺公告制度，对本单位有较大危险因素的生产经营场所和设施、设备的安全运行状态以及风险点的安全可控状态进行承诺，并定期向社会公告。

第二十三条　高危生产经营单位应当建立并落实单位负责人现场带班制度，制定带班考核奖惩办法和工作计划，建立和完善带班档案并予以公告，接受从业人员监督。

带班负责人应当掌握现场安全生产情况，及时发现并妥善处置事故隐患；遇到危及人身安全的险情时，应当采取紧急措施，组织人员有序撤离，并进行妥善处置。

第二十四条　生产经营单位进行爆破、悬挂、挖掘、大型设备吊装、危险装置设备试生产、危险场所动火、有限空间、有毒有害、建筑物和构筑物拆除作业，以及临近油气管道、高压输电线路等危险作业，应当制定具体的作业方案和安全防范措施，确定专人进行现场作业的统一指挥，并指定安全生产管理人员进行现场安全检查和监督。

第二十五条　学校、幼儿园应当加强安全管理，将安全知识纳入教育教学内容，进行安全知识教育，制定事故应急救援预案并定期组织演练。

禁止生产经营单位接受中小学生和其他未成年人从事接触易燃、易爆、放射性、有毒、有害等危险物品的劳动或者其他危险性劳动。禁止生产经营单位利用学校、幼儿园场所从事易燃、易爆、放射性、有毒、有害等危险物品的生产、经营、储存活动或者作为机动车停车场。

第二十六条　生产经营单位应当依法参加工伤保险，为从业人员缴纳工伤保险费。

矿山、交通运输、危险化学品、烟花爆竹、建筑施工、民用爆炸物品、金属冶炼、渔业生产等行业和领域的生产经营单位应当根据国家规定实施安全生产责任保险制度。保险公司应当发挥参与风险评估管控和事故预防功能，提高保险服务质量。

第二十七条　承担安全评价、认证、检测、检验工作的机构及其从业人员，应当对其作出的安全评价、认证、检测、检验结果负责，并不得有下列行为：

（一）违反规定程序开展安全评价、认证、检测、检验等活动；

（二）倒卖、出租、出借或者以其他形式转让资质或者资格；

（三）转让、转包承接的服务项目；

（四）出具严重失实或者虚假的报告、证明等材料。

第二十八条　生产经营单位的从业人员有权了解其作业场所和工作岗位存在的危险因素、防范措施以及事故应急措施，对本单位安全生产工作中存在的问题可以提出批评、检举、控告；发现直接危及人身安全的紧急情况时，有权停止作业或者在采取可能的应急措施后撤离作业场所。

第三章　监督管理

第二十九条　县级以上人民政府应当根据本行政区域的安全生产状况，组织开展安全生产监督检查和重点行业领域专项整治，及时协调解决安全生产管理中的重大问题。

县级以上人民政府应当增加安全生产投入，按照规定执行安全生产监管监察岗位津贴，落实安全生产专项资金，并纳入年度财政预算。

第三十条　县级以上人民政府安全生产监督管理部门应当履行安全生产综合监管职责，负责指导协调、监督检查、巡查考核有关政府和部门的安全生产监督管理工作，并承担职责范围内行业领域安全生产监管执法职责。

第三十一条　县级以上人民政府负有安全生产监督管理职责的部门应当根据监督管理权限，制定安全生产年度监督检查计划，明确监督检查的方式、内容、措施和频次；对安全生产问题突出的生产经营单位进行重点检查，发现问题及时处理。

第三十二条　从事安全生产监督管理工作的人员在行政许可、监督检查、考核等工作中应当忠于职守、秉公执法，不得索取或者接受生产经营单位的财物，不得谋取其他利益；在执行监督检查任务时，应当佩戴安全防护用品，出示有效执法证件，由二人以上共同进行。

第三十三条　乡镇人民政府、街道办事处、开发区管理机构应当按照职责对本辖区生产经营单位安全生产状况进行监督检查，并可以采取以下措施：

（一）进入生产经营单位进行检查，调阅有关资料，向有关单位和人员了解情况；

（二）对检查中发现的安全生产违法行为，当场予以纠正或者要求限期改正，可以采取必要的应急措施，并及时报告负有安全生产监督管理职责的部门；

（三）对检查中发现的事故隐患，责令立即排除，生产经营单位拒不排除的，报告负有安全生产监督管理职责的部门；对发现的重大事故隐患，责令立即排除的同时，报告负有安全生产监督管理职责的部门。

负有安全生产监督管理职责的部门，接到前款规定报告后应当及时予以处理。

第三十四条　县级以上人民政府负有安全生产监督管理职责的部门应当建立安全生产违法信息库，并与企业信用信息公示系统、公共信用信息平台相衔接，推进安全生产信用信息资源共享；建立安全生产不良信用记录制度，对违法行为情节严重的生产经营单位，应当向社会公告，并通报有关部门以及金融机构。

第三十五条　省人民政府负有安全生产监督管理职责的部门可以在其法定职权范围内，将安全生产许可证审核事项委托设区的市人民政府负有安全生产监督管理职责的部门实施。

第四章 事故应急救援与调查处理

第三十六条 县级以上人民政府应当组织有关部门制定本行政区域生产安全事故应急救援预案，建立应急救援体系，在重点行业、领域建立或者依托有条件的生产经营单位、社会组织共同建立应急救援基地或者专业应急救援队伍，增强应急救援处置能力，科学有效组织救援。

第三十七条 生产经营单位应当制定本单位生产安全事故应急救援预案，与所在地县级以上人民政府组织制定的生产安全事故应急救援预案相衔接。

生产安全事故发生后，生产经营单位应当立即启动应急救援预案。事故现场有关人员应当立即向本单位负责人报告，单位负责人接到报告后，应当于一小时内向事故发生地县级以上人民政府安全生产监督管理部门和其他有关的负有安全生产监督管理职责的部门报告；情况紧急时，事故现场有关人员可以直接向有关部门报告。

任何单位和个人对事故不得迟报、漏报、谎报或者瞒报。

第三十八条 生产安全事故发生后，县级以上人民政府应当按照国家、省关于事故等级和管理权限的有关规定，组织事故调查组进行调查，并做出处理。事故调查报告和事故处理情况应当依法向社会公布。

第三十九条 发生生产安全事故，造成生产经营单位的从业人员伤亡的，受伤人员和死亡者家属除依法享有工伤保险外，依照有关民事法律尚有获得赔偿权利的，有权提出赔偿要求。

第四十条 县级以上人民政府安全生产监督管理部门应当定期统计分析本行政区域内发生生产安全事故的情况，并向社会公布；其他负有安全生产监督管理职责的部门应当按照国家有关规定及时将本行业、领域的生产安全事故情况报送同级人民政府安全生产监督管理部门。

第五章 法律责任

第四十一条 违反本条例规定的行为，法律、行政法规已规定法律责任的，适用其规定。

第四十二条 违反本条例规定，生产经营单位有下列行为之一的，责令限期改正，可以处1万元以上5万元以下罚款；逾期未改正的，责令停产停业整顿，并处5万元以上10万元以下罚款，对其主要负责人、直接负责的主管人员和其他直接责任人员处1万元以上2万元以下罚款：

（一）未按照规定设置安全生产管理机构或者配备安全生产管理人员的；

（二）未按照规定设置安全总监、安全生产委员会的；

（三）高危生产经营单位的主要负责人或者安全生产管理人员，未按照有关规定经考核合格的；

（四）未按照规定提取和使用安全生产费用的；

（五）未按照规定建立落实安全生产风险分级管控制度的；

（六）未按照规定报告重大事故隐患治理方案和治理结果的；

（七）高危生产经营单位未按照规定执行单位负责人现场带班制度的。

第四十三条　生产经营单位违反本条例规定进行危险作业的，责令限期改正，可以处 2 万元以上 10 万元以下罚款；逾期未改正的，责令停产停业整顿，并处 10 万元以上 20 万元以下罚款，对其主要负责人、直接负责的主管人员和其他直接责任人员处 2 万元以上 5 万元以下罚款。

第四十四条　违反本条例规定，生产经营单位接受中小学生和其他未成年人从事危险性劳动的，责令停止违法行为，限期迁出，并处 1 万元以上 5 万元以下罚款。

违反本条例规定，生产经营单位利用学校、幼儿园场所从事危险物品的生产、经营、储存活动或者作为机动车停车场的，责令停止违法行为，限期迁出，并处 1 万元以上 5 万元以下罚款。

第四十五条　违反本条例规定，生产经营单位有下列行为之一的，责令限期改正；逾期未改正的，责令停产停业整顿，并处 5 万元以上 10 万元以下罚款，对其直接负责的主管人员或者其他直接责任人员处 1 000 元以上 1 万元以下罚款：

（一）违章指挥、强令或者放任从业人员冒险作业的；

（二）超过核定的生产能力、生产强度或者生产定员组织生产的；

（三）违反操作规程、生产工艺、技术标准或者安全管理规定组织作业的。

生产经营单位有前款规定的行为发生生产安全事故的，由安全生产监督管理部门对其直接负责的主管人员或者其他直接责任人员处 1 万元以上 5 万元以下罚款。

第四十六条　违反本条例规定，承担安全评价、认证、检测、检验工作的机构有下列行为之一的，责令改正，没收违法所得；违法所得在 1 万元以上的，并处违法所得二倍以上五倍以下罚款；没有违法所得或者违法所得不足 1 万元的，并处 1 万元以上 5 万元以下罚款；情节严重的，可以并处责令停业整顿，对其直接负责的主管人员和其他直接责任人员处 1 万元以上 2 万元以下罚款：

（一）违反规定程序开展安全评价、认证、检测、检验等活动的；

（二）倒卖、出租、出借或者以其他形式转让资质或者资格的；

（三）转让、转包承接的服务项目的；

（四）出具严重失实的报告、证明等材料的。

第四十七条　违反本条例规定，各级人民政府和负有安全生产监督管理职责的部门及其工作人员有下列行为之一的，对直接负责的主管人员和其他直接责任人员，依法给予处分；构成犯罪的，依法追究刑事责任：

（一）未依法履行行政许可职责，造成严重后果的；

（二）未依法履行监督管理职责导致发生生产安全事故的；

（三）未依法履行生产安全事故应急救援职责，造成严重后果的；

（四）对生产安全事故隐瞒不报、谎报或者拖延不报的；

（五）阻挠、干涉生产安全事故调查处理或者责任追究的；

（六）索取、接受生产经营单位的财物或者谋取其他利益的；

（七）其他滥用职权、玩忽职守、徇私舞弊的行为。

第四十八条　本条例规定的行政处罚，由安全生产监督管理部门和其他负有安全生产监督管理职责的部门按照职责分工决定。

县级以上人民政府安全生产监督管理部门根据工作需要，可以依照《中华人民共和国行政处罚法》的规定，委托符合条件的安全生产执法监察机构实施行政处罚。

第六章　附　　则

第四十九条　本条例自2017年5月1日起施行。2006年3月30日山东省第十届人民代表大会常务委员会第十九次会议通过的《山东省安全生产条例》同时废止。

3.7.3 《山东省生产经营单位安全生产主体责任规定》

《山东省生产经营单位安全生产主体责任规定》(山东省政府令第303号)第一次修订，于2016年5月27日省政府第79次常务会议通过，自2016年6月7日起施行。根据2018年1月24日山东省人民政府令第311号第二次修订。内容如下：

第一条　为了落实生产经营单位安全生产主体责任，预防和减少生产安全事故，保障人民群众生命健康和财产安全，促进经济社会持续健康发展，根据《中华人民共和国安全生产法》《山东省安全生产条例》等法律、法规，结合本省实际，制定本规定。

第二条　在本省行政区域内的生产经营单位履行安全生产主体责任，适用本规定。法律、法规、规章另有规定的，从其规定。

第三条　本规定所称生产经营单位，是指从事生产或者经营活动的企业、事业单位、个体经济组织等组织。

第四条　生产经营单位是安全生产的责任主体，对本单位的安全生产承担主体责任。主体责任主要包括组织机构保障责任、规章制度保障责任、物质资金保障责任、教育培训保障责任、安全管理保障责任、事故报告和应急救援责任。

第五条　县级以上人民政府安全生产监督管理部门依法对生产经营单位履行安全生产主体责任实施综合监督管理；其他负有安全生产监管职责的部门负责职责范围内生产经营单位履行安全生产主体责任的监督管理。

安全生产监督管理部门和其他负有安全生产监督管理职责的部门，统称负有安全生产监督管理职责的部门。

第六条　生产经营单位应当建立、健全安全生产责任制度，实行全员安全生产责任制，明确生产经营单位主要负责人、其他负责人、职能部门负责人、生产车间(区队)负责人、生产班组负责人、一般从业人员等全体从业人员的安全生产责任，并逐级进行落实和考核。考核结果作为从业人员职务调整、收入分配等的重要依据。

本规定所称生产经营单位的主要负责人，包括董事长、总经理、个人经营的投资人以及对生产经营单位进行实际控制的其他人员。

第七条　生产经营单位应当依据法律、法规、规章和国家、行业或者地方标准，制定涵盖本单位生产经营全过程和全体从业人员的安全生产管理制度和安全操作规程。

安全生产管理制度应当涵盖本单位的安全生产会议、安全生产资金投入、安全生产教育培训和特种作业人员管理、劳动防护用品管理、安全设施和设备管理、职业病防治管理、安全生产检查、危险作业管理、事故隐患排查治理、重大危险源监控管理、安全生产奖惩、事故报告、应急救援，以及法律、法规、规章规定的其他内容。

第八条　生产经营单位的主要负责人是本单位安全生产的第一责任人，对落实本单位安全生产主体责任全面负责，具体履行下列职责：

（一）建立、健全本单位安全生产责任制；

（二）组织制定并督促安全生产管理制度和安全操作规程的落实；

（三）确定符合条件的分管安全生产的负责人、技术负责人；

（四）依法设置安全生产管理机构并配备安全生产管理人员，落实本单位技术管理机构的安全职能并配备安全技术人员；

（五）定期研究安全生产工作，向职工代表大会、职工大会或者股东大会报告安全生产情况，接受工会、从业人员、股东对安全生产工作的监督；

（六）保证安全生产投入的有效实施，依法履行建设项目安全设施和职业病防护设施与主体工程同时设计、同时施工、同时投入生产和使用的规定；

（七）组织建立安全生产风险管控机制，督促、检查安全生产工作，及时消除生产安全事故隐患；

（八）组织开展安全生产教育培训工作；

（九）依法开展安全生产标准化建设、安全文化建设和班组安全建设工作；

（十）组织实施职业病防治工作，保障从业人员的职业健康；

（十一）组织制定并实施事故应急救援预案；

（十二）及时、如实报告事故，组织事故抢救；

（十三）法律、法规、规章规定的其他职责。

生产经营单位分管安全生产的负责人协助主要负责人履行安全生产职责，技术负责人和其他负责人在各自职责范围内对安全生产工作负责。

第九条　矿山、金属冶炼、道路运输、建筑施工单位，危险物品的生产、经营、储存、装卸、运输单位和使用危险物品从事生产并且使用量达到规定数量的单位（以下简称高危生产经营单位），应当按照下列规定设置安全生产管理机构或者配备安全生产管理人员：

（一）从业人员不足100人的，应当配备专职安全生产管理人员；

（二）从业人员在100人以上不足300人的，应当设置安全生产管理机构，并配备2名以上专职安全生产管理人员，其中至少应当有1名注册安全工程师；

（三）从业人员在300人以上不足1 000人的，应当设置专门的安全生产管理机构，并按不低于从业人员5‰但最低不少于3名的比例配备专职安全生产管理人员，其中至少应当有2名注册安全工程师；

（四）从业人员在1 000人以上的，应当设置专门的安全生产管理机构，并按不低于从业人员5‰的比例配备专职安全生产管理人员，其中至少应当有3名注册安全工程师。

前款规定以外的其他生产经营单位，应当按照下列规定设置安全生产管理机构或者配备安全生产管理人员：

（一）从业人员不足100人的，应当配备专职或者兼职的安全生产管理人员；

（二）从业人员在100人以上不足300人的，应当配备专职安全生产管理人员；

（三）从业人员在300人以上不足1 000人的，应当设置安全生产管理机构，并配备2名以上专职安全生产管理人员，其中至少应当有1名注册安全工程师；

（四）从业人员在1 000人以上的，应当设置专门的安全生产管理机构，并按不低于从业人员3‰的比例配备专职安全生产管理人员，其中至少应当有2名注册安全工程师。

法律、法规对生产经营单位设置安全生产管理机构或者配备安全生产管理人员另有规定的，从其规定。

生产经营单位使用劳务派遣人员从事作业的，劳务派遣人员应当计入该生产经营单位的从业人员人数。

第十条　生产经营单位的安全生产管理机构以及安全生产管理人员应当履行下列职责：

（一）组织或者参与拟订本单位安全生产规章制度、操作规程；

（二）参与本单位涉及安全生产的经营决策，提出改进安全生产管理的建议，督促本单位其他机构、人员履行安全生产职责；

（三）组织制定本单位安全生产管理年度工作计划和目标，并进行考核；

（四）组织或者参与本单位安全生产宣传教育和培训，如实记录安全生产教育培训情况；

（五）监督本单位安全生产资金投入和技术措施的落实；

（六）监督检查本单位对承包、承租单位安全生产资质、条件的审核工作，督促检查承包、承租单位履行安全生产职责；

（七）督促落实本单位重大危险源的安全管理，监督劳动防护用品的采购、发放、使用和管理；

（八）组织落实安全生产风险管控措施，检查本单位的安全生产状况，及时排查事故隐患，制止和纠正违章指挥、强令冒险作业、违反操作规程的行为，督促落实安全生产整改措施；

（九）组织或者参与本单位生产安全事故应急预案的制定、演练；

（十）法律、法规、规章以及本单位规定的其他职责。

第十一条　生产经营单位应当支持安全生产管理机构和安全生产管理人员履行管理职责，并保证其开展工作应当具备的条件。生产经营单位安全生产管理人员的待遇应当高于同级同职其他岗位管理人员的待遇。高危生产经营单位应当建立安全生产管理岗位风险津贴制度，专职安全生产管理人员应当享受安全生产管理岗位风险津贴，事业单位按国家有关规定执行。

高危生产经营单位分管安全生产的负责人或者安全总监、安全生产管理机构负责人和安全生产管理人员的任免，应当书面告知负有安全生产监督管理职责的主管部门。

第十二条　从业人员在300人以上的高危生产经营单位和从业人员在1 000人以上的其他生产经营单位，应当设置安全总监。安全总监应当具备安全生产管理经验，熟悉安全生产业务，掌握安全生产相关法律法规知识。安全总监协助本单位主要负责人履行安全生产管理职责，专项分管本单位安全生产管理工作。

第十三条　从业人员在300人以上的高危生产经营单位和从业人员在1 000人以上的其他生产经营单位，应当建立本单位的安全生产委员会。安全生产委员会由本单位的主要负责人、分管安全生产的负责人或者安全总监、相关负责人、专门的安全生产管理机构及相关机构负责人、安全生产管理人员和工会代表以及从业人员代表组成。生产经营单位的安全生产委员会负责组织、指导、协调本单位安全生产工作任务的贯彻落实，研究和审查本单位有关安全生产的重大事项，协调本单位各相关机构安全生产工作有关事宜。安全生产委员会每季度至少召开1次会议，会议应当有书面记录。

第十四条　生产经营单位与从业人员签订的劳动合同、聘用合同以及与劳务派遣单位订立的劳务派遣协议，应当载明有关保障从业人员劳动安全、防止职业病危害的事项。生产经营单位应当将工作过程中可能产生的职业病危害及其后果、职业病防护措施和待遇等如实告知从业人员，不得隐瞒或者欺骗。劳务派遣单位无能力或逃避支付劳务派遣人员工伤、职业病相关待遇的，由生产经营单位先行支付。

生产经营单位不得以任何形式与从业人员订立免除或者减轻其对从业人员因生产安全事故、职业病危害事故依法应当承担责任的协议。使用劳务派遣人员的生产经营单位应当将现场劳务派遣人员纳入本单位从业人员统一管理，履行安全生产保障责任，不得将安全生产保障责任转移给劳务派遣单位。

第十五条　生产经营单位将生产经营项目、场所、设备及交通运输工具发包或者出租的，应当对承包单位、承租单位的安全生产条件或者相应的资质进行审查，并签订专门的安全生产管理协议，或者在承包合同、租赁合同中约定有关的安全生产管理事项。对不具备安全生产条件或者相应资质的，不得发包、出租。生产经营单位对承包单位、承租单位的安全生产工作统一协调、管理，定期进行安全检查，发现安全问题的，应当及时督促整改。

发包或者出租给不具备安全生产条件或者相应资质的单位、个人，或者未与承包单位、承租单位签订安全生产管理协议、约定安全生产管理事项，发生生产安全事故的，生产经营单位应当承担主要责任，承包、承租单位承担连带赔偿责任。

第十六条　生产经营单位因改制、破产、收购、重组等发生产权变动的，在产权变动完成前，安全生产的相关责任主体不变；产权变动完成后，由受让方承担安全生产责任；受让方为两个以上的，由控股方承担安全生产责任。

第十七条　生产经营单位应当确保本单位具备安全生产条件所必需的资金投入，安全生产资金投入纳入年度生产经营计划和财务预算，不得挪作他用，并专项用于下列安全生产事项：

（一）完善、改造和维护安全防护及监督管理设施设备支出；

（二）配备、维护、保养应急救援器材、设备和物资支出，制定应急预案和组织应急演练支出；

（三）开展重大危险源和事故隐患评估、监控和整改支出；

（四）安全生产评估检查、专家咨询和标准化建设支出；

（五）配备和更新现场作业人员安全防护用品支出；

（六）安全生产宣传、教育、培训支出；

（七）安全生产适用的新技术、新标准、新工艺、新装备的推广应用支出；

（八）安全设施及特种设备检测检验支出；

（九）参加安全生产责任保险支出；

（十）其他与安全生产直接相关的支出。

生产经营单位应当按照国家和省有关规定建立安全生产费用提取和使用制度。

第十八条　生产经营单位发生生产安全事故，造成其从业人员死亡的，死亡者家属除依法获得工伤保险补偿外，事故发生单位还应当按照有关规定向其一次性支付生产安全事故死亡赔偿金。生产安全事故死亡赔偿金标准按照不低于本省上一年度城镇居民人均可支配收入的 20 倍计算。

生产经营单位按照有关规定参加安全生产责任保险的，发生生产安全事故，由承保公司按照保险合同的约定支付相应的赔偿金。

第十九条　生产经营单位应当推进安全生产技术进步，采用新工艺、新技术、新材料、新装备并掌握其安全技术特性，及时淘汰陈旧落后及安全保障能力下降的安全防护设施、设备与技术，不得使用国家明令淘汰、禁止使用的危及生产安全的工艺、设备。

第二十条　生产经营单位的生产、生活和储存区域之间应当保持规定的安全距离。生产、经营、储存、使用危险物品的车间、商店和仓库不得与员工宿舍在同一座建筑物内，并与员工宿舍、周边居民区及其他社会公共设施保持规定的安全距离。生产经营场所和员工宿舍应当设有符合紧急疏散要求、标志明显、保持畅通的安全出口和疏散通道。禁止封闭、堵塞生产经营场所或者员工宿舍的安全出口和疏散通道。

生产经营单位应当在危险源、危险区域设置明显的安全警示标志，配备消防、通讯、照明等应急器材和设施，并根据生产经营设施的承载负荷或者生产经营场所核定的人数控制人员进入。

第二十一条　生产经营单位应当按照国家和省有关规定，明确本单位各岗位从业人员配备劳动防护用品的种类和型号，为从业人员无偿提供符合国家、行业或者地方标准要求的劳动防护用品，并督促、检查、教育从业人员按照使用规则佩戴和使用。

购买和发放劳动防护用品的情况应当记录在案。不得以货币或者其他物品替代劳动防护用品，不得采购和使用无安全标志或者未经法定认证的特种劳动防护用品。

第二十二条　存在职业病危害的生产经营单位，应当按照有关规定及时申报本单位的职业病危害因素，并定期检测、评价。

对从事接触职业病危害的从业人员，生产经营单位应当按照有关规定组织上岗前、在岗期间和离岗时的职业健康检查，并将检查结果书面告知从业人员。职业健康检查费用由生产经营单位承担。

第二十三条　生产经营单位应当制定、及时修订和实施本单位的生产安全事故应急救援预案，并与所在地县级以上人民政府生产安全事故应急救援预案相衔接。高危生产经营单位每年至少组织 1 次综合或者专项应急预案演练，每半年至少组织 1 次现场处置方案演练；其他生产经营单位每年至少组织 1 次演练。

生产经营单位应当建立应急救援组织，配备相应的应急救援器材及装备。不具备单独建立专业应急救援队伍的规模较小的生产经营单位，应当与邻近建有专业救援队伍的企业或者单位签订救援协议，或者联合建立专业应急救援队伍。

第二十四条　生产经营单位应当定期组织全员安全生产教育培训。对新进从业人员、离岗 6 个月以上的或者换岗的从业人员，以及采用新工艺、新技术、新材料或者使用新设备后的有关从业人员，及时进行上岗前安全生产教育和培训；对在岗人员应当定期组织安全生产再教育培训活动。教育培训情况应当记录备查。

以劳务派遣形式用工的，生产经营单位与劳务派遣单位应当在劳务派遣协议中明确各自承担的安全生产教育培训职责。未明确职责的，由生产经营单位承担安全生产教育培训责任。

第二十五条　生产经营单位的主要负责人、分管安全生产的负责人或者安全总监、安全生产管理人员，应当具备与所从事的生产经营活动相适应的安全生产知识和管理能力。

高危生产经营单位的主要负责人、分管安全生产的负责人或者安全总监、安全生产管理人员，应当经过培训，并由负有安全生产监督管理职责的主管部门对其安全生产知识和管理能力考核合格。考核不得收费。

特种作业人员应当按照国家有关规定，接受与其所从事的特种作业相应的安全技术理论培训和实际操作培训，取得特种作业相关资格证书后，方可上岗作业。

第二十六条　生产经营单位应当按照国家有关规定，开展以岗位达标、专业达标和企业达标为主要内容的安全生产标准化建设。

生产经营单位应当开展安全文化建设，建立安全生产自我约束机制。

第二十七条　生产经营单位应当建立健全安全生产隐患排查治理体系，定期组织安全检查，开展事故隐患自查自纠。对检查出的问题应当立即整改；不能立即整改的，应当采取有效的安全防范和监控措施，制定隐患治理方案，并落实整改措施、责任、资金、时限和预案；对于重大事故隐患，应当及时将治理方案和治理结果向负有安全生产监督管理职责的部门报告，并由负有安全生产监督管理职责的部门对其治理情况进行督办，督促生产经营单位消除重大事故隐患。

安全检查应当包括下列内容：

（一）安全生产管理制度健全和落实情况；

（二）设备、设施安全运行状态，危险源控制状态，安全警示标志设置情况；

（三）作业场所达到职业病防治要求情况；

（四）从业人员遵守安全生产管理制度和操作规程情况，了解作业场所、工作岗位危险因素情况，具备相应的安全生产知识和操作技能情况，特种作业人员持证上岗情况；

（五）发放配备的劳动防护用品情况，从业人员佩带和使用情况；

（六）现场生产管理、指挥人员违章指挥、强令从业人员冒险作业行为情况，以及对从业人员的违章违纪行为及时发现和制止情况；

（七）生产安全事故应急预案的制定、演练情况；

（八）其他应当检查的安全生产事项。

第二十八条　生产经营单位应当加强重大危险源管理，建立重大危险源辨识登记、安全评估、报告备案、监控整改、应急救援等工作机制，采用先进技术手段对重大危险源实施现场动态监控，定期对设施、设备进行检测、检验，设立重大危险源安全警示标志，制定应急预案并组织演练。

生产经营单位应当每半年向所在地县（市、区）或者按隶属关系向负有安全生产监督管理职责的部门报告本单位重大危险源监控及相应的安全措施、应急措施的实施情况；对新产生的重大危险源，应当及时报告并依法实施相关管理措施。

第二十九条　生产经营单位应当建立安全生产风险管控机制，定期进行安全生产风险排查，对排查出的风险点按照危险性确定风险等级，并采取相应的风险管控措施，对风险点进行公告警示。

高危生产经营单位应当利用先进技术和方法建立安全生产风险监测与预警监控系统，实现风险的动态管理。发现事故征兆等险情时，应当立即发布预警预报信息。生产现场带班人员、班组长和调度人员，在遇到险情时第一时间享有下达停产撤人命令的直接决策权和指挥权。

第三十条　生产经营单位应当建立单位负责人现场带班制度，建立单位负责人带班考勤档案。带班负责人应当掌握现场安全生产情况，及时发现和处置事故隐患。

第三十一条　生产经营单位进行爆破、悬挂、挖掘、大型设备（构件）吊装、危险装置设备试生产、危险场所动火、建筑物和构筑物拆除以及重大危险源、油气管道、有限空间、有毒有害、临近高压输电线路等作业的，应当按批准权限由相关负责人现场带班，确定专人进行现场作业的统一指挥，由专职安全生产管理人员进行现场安全检查和监督，并由具有专业资质的人员实施作业。

生产经营单位委托其他有专业资质的单位进行危险作业的，应当在作业前与受托方签订安全生产管理协议，明确各自的安全生产职责。

第三十二条　生产经营单位发生生产安全事故，应当按照国家和省有关规定报告当地安全生产监督管理部门和其他有关部门。

生产经营单位系上市公司及其子公司的，上市公司应当立即报告注册地证券主管部门，并按有关规定及时办理信息披露事宜。

第三十三条　法律、法规和规章对违反本规定行为的法律责任有规定的，适用其规定；法律、法规和规章没有规定的，适用本规定。

第三十四条　负有安全生产监督管理职责的部门在对生产经营单位履行安全生产主体责任的监督管理中，有失职渎职或者滥用职权、玩忽职守、徇私舞弊等行为的，对直接负责的主管人员和其他直接责任人员依法给予处分；构成犯罪的，依法追究刑事责任。

第三十五条　生产经营单位有下列行为之一的，由负有安全生产监督管理职责的部门责令限期改正，可处以 5 000 元以上 2 万元以下的罚款，对其主要负责人处以 1 000 元以上 1 万元以下的罚款；逾期不改正的，责令限期整顿，可处以 2 万元以上 3 万元以下的罚款，对其主要负责人处以 1 万元以上 2 万元以下的罚款；涉嫌犯罪的，依法追究刑事责任：

（一）未按规定使用安全生产资金投入的；

（二）未按规定参加安全生产责任保险的；

（三）未按规定使用劳务派遣人员的；

（四）未按规定开展安全生产标准化建设活动的；

（五）未按规定执行单位负责人现场带班制度的。

第三十六条　生产经营单位未按规定建立安全生产风险管控机制，并采取风险管控措施的，由负有安全生产监督管理职责的部门责令限期改正；逾期不改正的，依照有关法律、法规规定处理。

第三十七条　生产经营单位未建立事故隐患排查治理制度或者未采取措施消除事故隐患的，依照《中华人民共和国安全生产法》的有关规定责令限期改正或者责令消除；拒不执行的，责令停产停业整顿，并处罚款。

第三十八条　本规定自2013年3月1日起施行。

3.8　水利水电工程建设安全生产相关标准

标准是为了在一定范围内获得最佳秩序，经协商一致制定并由公认机构批准，共同使用的和重复使用的一种规范性文件。我国《安全生产法》第十条规定“生产经营单位必须执行依法制定的保障安全生产的国家标准或者行业标准”，把标准的强制性条文在法律效力与法律、法规等同，违反了就要依法承担法律责任。因此，广义地讲，标准是我国法律法规体系中的一个重要组成部分。

典型的关于水利水电安全生产方面的标准有《水利水电工程施工通用安全技术规程》《水利水电工程土建施工安全技术规程》《水利水电工程机电设备安装安全技术规程》《水利水电工程施工作业人员安全操作规程》《水利水电起重机械安全规程》《企业安全生产标准化基本规范》等。

3.8.1　标准的分类

依据《标准化法》的规定，标准可分为国家标准、行业标准、地方标准和企业标准，其中地方标准又可以分为地方标准和地方行业标准。

(1) 国家标准，是指对需要在全国范围内统一的或国家需要控制的技术要求所制定的标准。国家标准由国务院标准化行政主管部门发布，编号由代号、发布的顺序号和发布的年号构成。代号由大写汉语拼音字母构成，其中强制性标准的代号为“GB”，推荐性标准的代号为“GB/T”。如《施工企业安全生产管理规范》(GB50656—2011)、《塔式起重机》(GB/T 5031—2008)等。

(2) 行业标准，是指对需要在全国某个行业范围内统一的技术要求所制定的标准。其中水利建筑领域的行业标准分为以下四个标准，即：《水利水电工程施工通用安全技术规程》(SL 398—2007)、《水利水电工程土建施工安全技术规程》(SL 399—2007)、《水利水电工程机电设备安装安全技术规程》(SL 400—2016)、《水利水电工程施工作业人员安全操作规程》(SL 401—2007)。

这四个标准在内容上各有侧重、互为补充，形成一个相对完整的水利水电工程建筑安全技术标准体系，在处理解决实际问题时，四个标准应相互配套使用。

(3) 地方标准，是指对在省、自治区、直辖市范围内需要统一的技术要求所制定的标准。编号由代号(DB或DB/T)、省(自治区、直辖市行政区)代码、顺序号和年号构成，如《内挂式安全平网》(DB37/314—2002)。

(4) 企业标准，是指对在某个企业范围内需要统一的事项所制定的标准。企业标准由企业组织制定，并按省级人民政府的规定备案。编号由代号(Q)、企业编码、顺序号和年号构成，如鞍钢的《预应力钢丝和钢绞线用优质钢热轧盘条》(Q/ASB136—2004)。

3.8.2 工程建设标准概述

工程建设标准(含规范、规程)，是指对工程建设活动中重复的事物和概念所作的统一规定，由相关主管机构批准，以特定的形式发布，作为共同遵守的准则和依据。

工程建设标准可分为三个层次。第一层为基础标准，是某一专业范围内作为其他标准的基础，具有普遍指导意义的标准，如模数、公差、符号、图例、术语标准等。第二层为通用标准，是针对某一类事物制定的共性标准，其覆盖面一般较大，常作为制定专用标准的依据，如通用的安全、卫生、环保标准，某类工程的通用勘察、设计、施工及验收标准，通用的试验方法标准等。第三层为专用标准，是针对某一具体事物制定的个性标准，其覆盖面一般较小，是根据有关的基础和通用标准而定的，如某一范围的安全、卫生、环保标准，某种具体工程的勘察、设计、施工及验收标准，某种试验方法标准等。

工程建设标准也可分为强制性标准和推荐性标准。强制性标准如《施工现场临时用电安全技术规范》(JGJ 46—2005)，内含若干强制性条文，必须严格执行。推荐性标准如《施工企业安全生产评价标准》(JGJ/T 77—2010)，通常在标准编号当中用“/T”标注。

3.8.3 常用的主要水利工程建设标准简介

1.《水利水电工程施工通用安全技术规程》

水利部根据《关于下达2003年第四批中央水利基建前期工作投资计划的通知》(水规计〔2003〕540)的安排，按照《水利技术标准编写》(SL 1—2002)的要求，对原能源部、水利部于1988年7月1日颁布的《水利水电建筑安装安全技术工作规程》(SD267—88)进行了修订。原标准经过修订后，分为以下四个标准，即：《水利水电工程施工通用安全技术规程》(SL 398—2007)、《水利水电工程土建施工安全技术规程》(SL 399—2007)、《水利水电工程机电设备安装安全技术规程》(SL 400—2016)、《水利水电工程施工作业人员 安全操作规程》(SL 401—2007)。

这四个标准在内容上各有侧重、互为补充，形成一个相对完整的水利水电工程建筑安全技术标准体系。在处理解决实际问题时，四个标准应相互配套使用。

(1) 目的和适用范围

《水利水电工程施工通用安全技术规程》(SL 398—2007)是为了贯彻执行《安全生产法》《建设工程安全生产管理条例》等有关的法律法规和标准，规范我国水利水电工程建设的安全生产工作，防止工程过程的人身伤害和财产损失而制定。

该规定了水利水电工程施工的通用安全技术要求。适用于大中型水利水电工程施工安全技术管理、安全防护与安全施工，小水利水电工程可参照执行。

(2) 主要内容

该标准针对水利水电工程的特点和施工现状，明确了水利水电工程建设施工过程安全技术工作的基本要求和基本规定，共包括11章65小节，标准用词说明和条文说明。对原标准的第一、二、三、四、五、十二、十五、十七等篇内容进行修编，并增加了“施工排水”

“现场保卫”“安全防护设施”“大型施工设备安装与运行”等内容的安全技术规定。涉及范围及主要内容包括以下几个方面。

1 总则
2 术语
3 施工现场
4 施工用电、供水、供风及通信
5 安全防护设施
6 大型施工设备安装与运行
7 起重与运输
8 爆破器材与爆破作业
9 焊接与气割
10 锅炉及压力容器
11 危险物品管理

2.《水利水电工程土建施工安全技术规程》

(1) 目的和适用范围

《水利水电工程土建施工安全技术规程》(SL 399—2007)依据《安全生产法》《建筑法》和《建设工程安全生产管理条例》制定，规定了水利水电工程土建施工的安全技术要求，适用于大中型水利水电工程土建施工中的安全技术管理、安全防护与安全施工，小型水利水电工程及其他土建工程也可参照执行。

(2) 主要内容

该标准共 13 章 65 小节。对原标准的第六篇“土石方工程”、第七篇“基础处理工程”、第八篇“砂石料生产”、第九篇“混凝土工程”和第十篇“房屋建筑工程”进行了修编，并在原标准的基础上增加了“土石方填筑”“碾压混凝土”等节及突出新工艺的“沥青混凝土”、水利特色的“砌石工程”“地方工程”“疏浚工程和吹填工程”“渠道、水闸和泵站工程”、危险程度较高“拆除工程”等六章。涉及范围及主要内容包括以下几个方面。

1 总则
2 术语
3 土石方工程
4 地基与基础工程
5 砂石料生产工程
6 混凝土工程
7 沥青混凝土
8 砌石工程
9 堤防工程
10 疏浚与吹填工程
11 渠道、水闸与泵站工程
12 房屋建筑工程
13 拆除工程

3.《水利水电工程机电设备安装安全技术规程》

(1) 目的和适用范围

《水利水电工程机电设备安装安全技术规程》(SL 400—2016)，为提高水利水电工程机电设备安装安全水平，对机电设备安装进行安全生产全过程控制，保障人的安全健康和设备安全。

该标准适用于大中型水利水电工程机电设备安装、调试、试运行及维修，小型水利水电工程机电设备安装、调试、试运行及维修可参照执行。

(2) 主要内容

该标准共包括 11 章、标准用词说明、标准历次版本编写者信息和条文说明。涉及范围及主要内容包括以下几个方面。

1 总则
7 辅助设备安装

2 术语
3 基本规定
4 泵站主机泵安装
5 水电站水轮机安装
6 水电站发电机安装
8 电气设备安装
9 机组启动试运行
10 桥式起重机安装
11 施工用具及专用工具

4.《水利水电工程施工作业人员安全操作规程》

(1) 目的和适用范围

《水利水电工程施工作业人员安全操作规程》(SL 401—2007)以《安全生产法》《建设工程安全生产管理条例》等一系列国家安全生产的法律法规为依据,并遵照水利水电工程施工现行安全技术规程及相关施工机械设备运行、保养规程的要求进行编制。其目的是为了贯彻执行国家“安全第一、预防为主、综合治理”的安全生产方针,并进行综合治理,坚持“以人为本”的安全理念,规范水利水电工程施工现场作业人 员的安全、文明施工行为,以控制各类事故的发生,确保施工人员的安全、健康,确保安全生产。

该标准适用于大中型水利水电工程施工现场作业人员安全技术管理、安全防护与安全、文明施工,小型水利水电工程可参照执行。

(2) 主要内容

该标准规定了参加水利水电工程施工作业人员安全、文明施工行为。该标准共有 11 章,73 各工种。对原标准的第 11、16 两篇内容进行了修编,删除了一些水利水电工程施工中现已很少出现的工种,按现行的施工要求合并了一些工种,并增加了一些新工种;对水利水电工程施工的各个专业工种和主要辅助工种,规范其行为准则,明确其安全操作标准。

该标准在章节设置上,采用按工程项目分类,按工序进行编制,涉及范围及主要内容包括以下几个方面。

1 总则
2 基本规定
3 施工供风、供水、用电
4 起重、运输各工种
5 土石方工程
6 地基与基础工程
7 砂石料工程
8 混凝土工程
9 金属结构与机电设备安装
10 监测及试验
11 主要辅助工种

5.《水利水电起重机械安全规程》

《水利水电起重机械安全规程》(SL 425—2008)是水利部于 2008 年 7 月 7 日第 15 号水利行业标准公告公布的。

(1) 目的和适用范围

该标准实施的目的是为了规范水利水电起重机械在设计、制造、安装适用、维修、检验、报废与管理等方面的安全技术要求,以适用水利水电起重机械的安全管理。

该标准适用于水利水电工程永久性或建设用的塔式起重机、门座起重机、缆索起重机、桥式起重机、门式起重机及升船机。各种启闭机、拦污栅前的清污机可参照执行。不适用于流动式起重机及浮式起重机。

(2) 主要内容

该标准规定了水利水电起重机械在设计、制造、安装、适用、维修、检验、报废及管理等方面的安全技术要求，共包括10章和3个附录，主要内容包括以下几个方面。

1 范围
2 规范性引用文件
3 整机
4 金属结构
5 机构及零部件
6 安全防护装置
7 电气系统
8 安装、拆卸与维修
9 试验检验
10 使用与管理

6.《企业安全生产标准化基本规范》

《企业安全生产标准化基本规范》(GB/T 33000—2016)规定了安全生产标准化管理体系建立、保持与评定的原则和一般要求，以及目标职责、制度化管理、教育培训、现场管理、安全风险管控及隐患排查治理、应急管理、事故管理和持续改进等8个体系的核心技术要求。该标准适用于工矿企业开展安全生产标准化建设工作，有关行业制修订安全生产标准化标准、评定标准，以及对标准化工作的咨询、服务、评审、科研、管理和规划等。其他企业和生产经营单位等可参照执行。

原则:企业开展安全生产标准化工作，应遵循"安全第一、预防为主、综合治理"的方针，落实企业主体责任。以安全风险管理、隐患排查治理、职业病危害防治为基础，以安全生产责任制为核心，建立安全生产标准化管理体系，实现全员参与，全面提升安全生产管理水平，持续改进安全生产工作，不断提升安全生产绩效，预防和减少事故的发生，保障人身安全健康，保证生产经营活动的有序进行。

建立和保持:企业应采用"策划、实施、检查、改进"的"PDCA"动态循环模式，持续提升安全生产绩效。

7.《水利水电工程施工安全防护设施技术规范》

(1) 目的和适用范围

《水利水电工程施工安全防护设施技术规范》(SL 714—2015)根据水利技术标准修订计划的安排，依据《安全生产法》《建设工程安全生产管理条例》等安全生产有关的法律法规，按照《水利技术标准编写规定》(SL1—2014)的要求，编制本标准。其目的是提高水利水电工程施工安全水平，实现施工现场安全防护设施的规范化、科学化和系统化，促进行业发展。

本标准适用于水利水电工程新建、扩建、改建及维修加固工程施工现场安全防护设施的设置。水利工程项目法人及参建单位应加强科技创新，积极推广应用先进的施工安全技术。提倡使用定型化、工具化的安全防护设施，提倡使用专业承包企业搭设和维护安全防护设施。施工现场安全防护设施必须经检查验收合格后方可投入使用。

(2) 主要内容

本标准共11章，主要规定了水利水电工程施工现场安全防护设施的设置，维护及使用的相关要求。在章节设置上采用了按形式、按分类、按工序或工艺进行编制。涉及范围及主要内容包括以下几个方面。

1 总则
7 砂石料与混凝土生产

2 术语
3 基本规定
4 工地运输
5 土石方工程
6 基础处理
8 混凝土工程
9 疏浚与吹填工程
10 金属结构及启闭设备制作与安装
11 机电设备安装与调试

8.《水利水电工程施工安全管理导则》

(1) 目的和适用范围

《水利水电工程施工安全管理导则》(SL 721—2015)根据水利技术标准修订计划的安排,依据《安全生产法》《建设工程安全生产管理条例》等安全生产有关的法律法规,按照《水利技术标准编写规定》(SL 1—2014)的要求,编制本标准。其目的是规范水利水电工程施工安全管理行为,指导施工安全管理活动,提高施工安全管理水平。

标准适用于大中型水利水电工程的施工安全管理。小型水利水电工程的施工安全管理可参照执行。各参建单位应贯彻"安全第一,预防为主,综合治理"的方针,建立安全管理体系,落实安全生产责任制,健全规章制度,保障安全生产投入,加强安全教育培训,依靠科学管理和技术进步,提高施工安全管理水平。

(2) 主要内容

本标准共 14 章 5 个附录。涉及范围及主要内容包括以下几个方面。

1 总则
2 术语
3 安全生产目标管理
4 安全生产管理机构和职责
5 安全生产管理制度
6 安全生产费用管理
7 安全技术措施和专项施工方案
8 安全生产教育培训
9 设施设备安全管理
10 作业安全管理
11 生产安全事故隐患排查治理与重大危险源管理
12 职业卫生与环境保护
13 应急管理
14 安全生产档案管理

3.9 国际公约

《建筑业安全卫生公约》也称 167 号公约,是建筑施工安全卫生的国际标准。现行有效的建筑业安全卫生公约是国际劳工组织大会于 1988 年 6 月 1 日在日内瓦举行的第 75 届会议上通过的,同年 6 月 20 日公布,于 1991 年 1 月 11 日生效。

为进一步完善我国有关建筑安全卫生的立法,建立健全建筑安全卫生保障体系,提高我国的建筑安全卫生水平,建设部于 1996 年开始申办在我国执行 167 号公约,于 2001 年 10 月 27 日由第九届全国人民代表大会第 24 次常务委员会通过,我国遂成为实施 167 号公约的第 15 个国家。

167 号公约在实施的过程中,强调了政府、雇主、工人三结合的原则。对于任何一项标准、措施,在制定、实施和奖罚时都要由三方共同商议,以三方都能接受的原则而确定,三方共同执行。其主要内容如下:

(1) 以雇主、企业、工人相结合的方式贯彻实施各项安全规定。雇主有保护工人安全健康的权利和义务。

(2) 明确总、分包单位的安全生产责任；总包单位应起到协调及保证规定实施的作用。

(3) 设计和计划单位在做设计和计划时应考虑建筑工人的安全和健康。

(4) 工人应遵守并执行有关安全卫生的规定，并对违反安全和卫生的事项有发表建议的权利和义务。

考试习题

一、单项选择题(每小题有4个备选答案，其中只有1个是正确选项)

1. 为保护(　　)提供法律保障，是安全生产法规的作用之一。

A. 生产经营者的投资与效益　　B. 劳动者的安全健康

C. 生产产品的质量与成本　　D. 劳动者的工资与福利

正确答案:B

2. 水利工程建设安全生产法规调整的对象是指由建筑安全生产法规调整的、在水利工程建设活动中形成的以(　　)为核心的各种关系。

A. 权利与职责　　B. 职责与义务

C. 经济利益　　D. 权利和义务

正确答案:D

3. 在《安全生产法》出台之前的一段时间内，(　　)是规范我国建筑工程安全生产的唯一一部法律。

A.《劳动法》　　B.《消防法》

C.《建筑法》　　D.《特种设备安全法》

正确答案:C

4. (　　)是我国安全生产领域的综合性基本法，是我国安全生产监督与管理正式纳入法制化管理轨道的重要标志。

A.《建设工程安全生产管理条例》　　B.《劳动法》

C.《建筑法》　　D.《安全生产法》

正确答案:D

5. (　　)是我国第一部规范建设工程安全生产的行政法规，标志着我国建设工程安全生产管理进入了法制化、规范化发展的新时期。

A.《建设工程安全生产管理条例》　　B.《安全生产许可证条例》

C.《建筑法》　　D.《安全生产法》

正确答案:A

6.《安全生产法》明确了现阶段安全生产监管体制，即(　　)的体制。

A. 国家安全生产综合监管与各级政府有关职能部门专项监管相结合

B. 国家安全生产综合监管与社会中介机构服务相结合

C. 各级政府有关职能部门专项监管与社会中介机构服务相结合

D. 国家安全生产综合监管与生产经营单位自管相结合

正确答案:A

7.《安全生产法》明确了安全生产三大目标,即(　　),保护国家财产安全,促进社会经济发展。

A. 保护环境卫生　　B. 保障人民生命安全

C. 保证产品质量　　D. 健全安全生产体系

正确答案:B

8. 下列监督方式中,不属于《安全生产法》规定的安全生产监督方式的是(　　)。

A. 工会民主监督　　B. 社会舆论监督

C. 公众举报监督　　D. 中介机构监督

正确答案:D

9. 依据《安全生产法》的规定,建筑施工企业从业人员超过(　　)的,应当设置安全生产管理机构或者配备专职安全生产管理人员。

A. 30 人　　B. 50 人

C. 100 人　　D. 120 人

正确答案:C

10. 依据《安全生产法》的规定,不具备安全生产条件的生产经营单位(　　)。

A. 不得从事生产经营活动

B. 经主管部门批准后允许生产经营

C. 经安全生产监管部门批准后可从事生产经营活动

D. 经有关部门批准后允许生产经营

正确答案:A

11. 依据《安全生产法》的规定,生产经营单位应当建立安全生产教育和培训档案,如实记录安全生产教育和培训的时间、内容、参加人员以及(　　)等情况。

A. 授课人　　B. 培训学校

C. 培训计划　　D. 考核结果

正确答案:D

12.《安全生产法》规定,生产、经营、储存、使用危险物品的车间、商店、仓库不得与(　　)在同一座建筑物内,并应与员工宿舍保持安全距离。

A. 职工食堂　　B. 员工宿舍

C. 职工俱乐部　　D. 卫生保健室

正确答案:B

13.《安全生产法》规定,生产经营单位应当在较大危险因素的生产经营场所和有关设施、设备上,设置明显的(　　)。

A. 安全宣传标语　　B. 安全宣教挂图

C. 安全警示标志　　D. 登记备案标志

正确答案:C

14. 依照《安全生产法》的规定,生产经营单位的主要负责人和安全管理人员必须具备与本单位所从事的生产经营活动相应的(　　)和管理能力。

A. 生产经营　　B. 安全技术

C. 安全生产知识　　D. 执业资格

正确答案:C

15. 依照《安全生产法》的规定,生产经营单位必须保证上岗的从业人员都经过(　　),否则,生产经营单位要承担法律责任。

A. 安全生产教育　　B. 安全技术培训

C. 安全作业培训　　D. 安全生产教育和培训

正确答案:D

16.《安全生产法》的规定,建筑施工单位的主要负责人和安全生产管理人员,应当由(　　)对其安全生产知识和管理能力考核合格后方可任职。

A. 有关主管部门　　B. 建设部

C. 国家安全生产监督局　　D. 国家经济贸易委员会

正确答案:A

17.《安全生产法》规定,特种作业人员必须经专门的安全作业培训,取得特种作业(　　)证书,方可上岗作业。

A. 操作资格　　B. 许可

C. 安全　　D. 岗位

正确答案:A

18.《安全生产法》规定,生产经营单位使用新设备时,应对从业人员进行(　　)的安全生产教育和培训。

A. 公司级　　B. 班组级

C. 车间级　　D. 专门

正确答案:D

19.《安全生产法》规定,(　　)以上地方各级人民政府应当组织有关部门制定本行政区域内生产安全事故应急救援预案,建立应急救援体系。

A. 乡镇　　B. 县级

C. 市级　　D. 省级

正确答案:B

20.《建筑法》规定,建筑施工企业在编制施工组织设计时,应当根据建筑工程的特点制定相应的(　　)。

A. 安全技术交底　　B. 安全防护方案

C. 安全技术措施　　D. 安全保障体系

正确答案:C

21.《建筑法》规定,施工现场安全由(　　)负责。

A. 建筑施工企业　　B. 总承包单位

C. 分包单位　　　　　　　　　　　D. 工程监理单位

正确答案:A

22.《建筑法》规定,建筑施工企业和作业人员在施工过程中,应当遵守有关安全生产的法律、法规和建筑(　　),不得违章指挥或者违章作业。

A. 行业安全规章、规程　　　　　　B. 企业安全规章、规程

C. 标准规范　　　　　　　　　　　D. 规章制度

正确答案:A

23.《建筑法》规定,房屋拆除应当由(　　)的建筑施工单位承包,由建筑施工单位负责人对安全负责。

A. 建设单位确定的　　　　　　　　B. 房屋拆迁主管部门确定的

C. 具备保证安全条件　　　　　　　D. 具备拆装资质

正确答案:C

24.《环境保护法》规定,企业事业单位和其他生产经营者违法排放污染物,受到罚款处罚,被责令改正,拒不改正的,依法作出处罚决定的行政机关可以自责令更改之日的次日起,按照原处罚数额按(　　)连续处罚。

A. 年　　　　　　　　　　　　　　B. 月

C. 周　　　　　　　　　　　　　　D. 日

正确答案:D

25. 特种设备安全工作应当坚持安全第一、预防为主、(　　)、综合治理的原则。

A. 高效科技　　　　　　　　　　　B. 高效节能

C. 节能环保　　　　　　　　　　　D. 科技环保

正确答案:C

26. 特种设备使用单位应当在特种设备投入使用前或者投入使用后(　　)日内,办理使用登记,取得使用登记证书。

A. 5　　　　　　　　　　　　　　　B. 7

C. 15　　　　　　　　　　　　　　D. 30

正确答案:D

27. 所有特种设备必须向(　　)办理使用登记方可使用。

A. 生产单位　　　　　　　　　　　B. 经营单位

C. 检测单位　　　　　　　　　　　D. 监管部门

正确答案:D

28.《消防法》规定,建筑构件和建筑材料的(　　)必须符合国家标准或行业标准。

A. 保温性能　　　　　　　　　　　B. 力学性能

C. 防火性能　　　　　　　　　　　D. 防水性能

正确答案:C

29. 按照《环境噪声污染防治法》的规定,在城市市区范围内,建筑施工过程中使用机械设备可能产生环境噪声污染的,施工单位必须在工程开工15日以前向工程所在地县级以上地方人民政府(　　)申报。

A. 建设行政主管部门

B. 环境保护行政主管部门

C. 建设行政主管部门或环境保护行政主管部门

D. 纪检监察部门

正确答案:B

30. 按照《环境噪声污染防治法》的规定，在城市市区范围内向周围生活环境排放建筑施工噪声的，应当符合(　　)。

A. 建设行政主管部门规定的噪声排放标准

B. 环境保护行政主管部门规定的噪声排放标准

C. 建设行政主管部门或环境保护行政主管部门规定的噪声排放标准

D. 国家规定的建筑施工场界环境噪声排放标准

正确答案:D

31.《消防法》规定，禁止在具有火灾、爆炸危险的场所使用明火；因特殊情况需要使用明火作业的，应当按照规定事先办理(　　)。

A. 审批手续　　B. 许可手续

C. 保险手续　　D. 备案手续

正确答案:A

32.《消防法》规定，进行(　　)等具有火灾危险的作业的人员和自动消防系统的操作人员，必须持证上岗，并严格遵守消防安全操作规程。

A. 木工　　B. 电焊、气焊

C. 油漆　　D. 防水

正确答案:B

33.《劳动法》规定，用人单位必须建立健全劳动安全卫生制度，严格执行国家劳动安全卫生规程和标准，对劳动者进行劳动安全卫生教育，防止劳动过程中的事故，减少(　　)。

A. 人身伤害　　B. 职业危害

C. 财产损失　　D. 经济损失

正确答案:B

34.《劳动法》规定，用人单位必须对从事有职业危害作业的劳动者定期进行(　　)。

A. 专门培训　　B. 健康检查

C. 安全教育　　D. 资格复审

正确答案:B

35.《劳动法》规定，劳动者对用人单位管理人员违章指挥、强令冒险作业，(　　)。

A. 有权提出措施建议　　B. 不得拒绝执行

C. 有权拒绝执行　　D. 有权越级上告

正确答案:C

36.《刑法》规定，建筑企业或者其他企业、事业单位的劳动安全设施不符合国家规定，经有关部门或者单位职工提出后，对事故隐患仍不采取措施，因而发生重大伤亡事故或者造成其他严重后果的，对(　　)，处 3 年以下有期徒刑或者拘役。

A. 法定代表人　　B. 直接责任人员
C. 监督管理人员　　D. 工程项目负责人

正确答案:B

37.《刑法》规定,建设单位、设计单位、施工单位、工程监理单位违反国家规定,降低工程质量标准,造成重大安全事故的,对直接责任人员,处5年以下有期徒刑或者拘役,并处(　　)。

A. 罚款　　B. 行政处罚
C. 罚金　　D. 民事赔偿

正确答案:C

38.《建设工程安全生产管理条例》规定,(　　)对全国建设工程安全生产工作实施综合监督管理。

A. 国务院安全生产委员会　　B. 国务院负责安全生产监督管理的部门
C. 国务院建设行政主管部门　　D. 建设部负责安全生产监督管理的部门

正确答案:B

39.《建设工程安全生产管理条例》规定,工程监理单位应当审查施工组织设计中的安全技术措施或者专项施工方案是否符合(　　)。

A. 行业标准规范　　B. 安全技术标准规范
C. 工程建设强制性标准　　D. 国家法律、法规

正确答案:C

40.《建设工程安全生产管理条例》规定,施工单位的项目负责人应当由(　　)的人员担任。

A. 建筑施工企业法人确定　　B. 取得相应执业资格
C. 取得项目经理资质证书　　D. 注册工程师

正确答案:B

41.《建设工程安全生产管理条例》规定,施工单位应当在施工组织设计中编制安全技术措施和(　　)。

A. 专项技术方案　　B. 安全专项方案
C. 施工现场临时用电方案　　D. 安全施工措施

正确答案:C

42.《建设工程安全生产管理条例》规定,施工单位应当向作业人员提供(　　),并书面告知危险岗位的操作规程和违章操作的危害。

A. 劳动防护用品　　B. 安全防护用具和安全防护服装
C. 安全防护用品　　D. 个人防护用品

正确答案:B

43.《建设工程安全生产管理条例》规定,《特种设备安全监察条例》规定的施工起重机械,在验收前应当经有相应资质的检验检测机构(　　)合格。

A. 监督检验　　B. 检查
C. 检测　　D. 检验

正确答案:A

44.《建设工程安全生产管理条例》规定,发生生产安全事故后,施工单位应当采取措施防止事故扩大,保护事故现场。需要移动现场物品时,应当(　　),妥善保管有关证物。

A. 绘制简图　　B. 拍照或者录像

C. 作出书面标记　　D. 作出标记和书面记录

正确答案:D

45.《建设工程安全生产管理条例》规定,施工单位发生生产安全事故,应当按照国家有关伤亡事故报告和调查处理的规定,及时、如实地向(　　)或者其他有关部门报告。

A. 负有安全生产监督管理职责的部门

B. 建设行政主管部门

C. 劳动部门

D. 负责安全生产监督管理的部门、建设行政主管部门

正确答案:D

46.《建设工程安全生产管理条例》规定,对于起重吊装工程的说法不正确的是(　　)。

A. 施工单位应该在施工组织设计中编制安全技术措施

B. 需要编制专项施工方案,并附安全验算结果

C. 经专职安全生产管理人员签字后实施

D. 由专职安全生产管理人员进行现场监督

正确答案:C

47.《建设工程安全生产管理条例》规定,施工起重机械使用登记制度。施工单位应当自施工起重机械和整体提升脚手架、模板等自升式架设设施验收合格之日起(　　),向建设行政主管部门或者其他有关部门登记。

A. 30 日　　B. 10 日

C. 15 日　　D. 20 日

正确答案:A

48.《建设工程安全生产管理条例》规定,建设行政主管部门在履行安全监督检查职责时,对重大隐患可以(　　)。

A. 责令限期整改　　B. 责令边施工边整改

C. 罚款　　D. 责令暂时停止施工

正确答案:D

49.《建设工程安全生产管理条例》规定,施工单位的主要负责人、项目负责人、专职安全生产管理人员应当经(　　)考核合格后方可任职。

A. 县级以上人民政府　　B. 安全生产管理部门

C. 市级以上人民政府　　D. 建设行政主管部门

正确答案:D

50.《建设工程安全生产管理条例》规定,施工单位应当对管理人员和作业人员每年至少进行(　　)次安全生产教育培训。

A. 1　　B. 2

C. 3　　D. 4

正确答案:A

51.《建设工程安全生产管理条例》规定,整体提升脚手架安装完毕后,安装单位应当自检,出具自检合格证明,并向施工单位进行安全使用说明,办理(　　)手续并签字。

A. 备案　　B. 验收

C. 登记　　D. 注册

正确答案:B

52.《建设工程安全生产管理条例》规定,(　　)应当建立健全安全生产责任制度和安全生产教育培训制度,制定安全生产规章制度和操作规程,保证本单位安全生产条件所需资金的投入,对所承担的建设工程进行定期和专项安全检查,并做好安全检查记录。

A. 建设单位　　B. 监理单位

C. 勘察、设计单位　　D. 施工单位

正确答案:D

53.《建设工程安全生产管理条例》规定,专职安全生产管理人员负责对安全生产进行现场监督检查。发现安全事故隐患,应当及时向项目负责人和安全生产管理机构报告;对违章指挥、违章操作的,应当(　　)。

A. 责令整改　　B. 立即制止

C. 限期改正　　D. 警告

正确答案:B

54.《建设工程安全生产管理条例》规定,(　　)应当自行完成建设工程主体结构的施工。

A. 总承包单位　　B. 分包单位

C. 施工单位　　D. 建设单位

正确答案:A

55.《建设工程安全生产管理条例》规定,总承包单位依法将建设工程分包给其他单位的,分包合同中应当明确各自的安全生产方面的权利、义务。总承包单位和分包单位对分包工程的安全生产承担(　　)。

A. 民事责任　　B. 赔偿责任

C. 行政责任　　D. 连带责任

正确答案:D

56.《建设工程安全生产管理条例》规定,分包单位应当服从总承包单位的安全生产管理,分包单位不服从管理导致生产安全事故的,由(　　)承担主要责任。

A. 总承包单位　　B. 分包单位

C. 建设单位　　D. 监理单位

正确答案:B

57.《建设工程安全生产管理条例》规定,在施工中发生危及人身安全的紧急情况时,作业人员有权(　　)作业或者在采取必要的应急措施后撤离危险区域。

A. 立即停止　　B. 暂缓执行

C. 检举　　D. 警告

正确答案:A

58.《建设工程安全生产管理条例》规定,(　　)应当为施工现场从事危险作业的人员办理意外伤害保险。

A. 建设行政主管部门　　B. 施工单位

C. 市级以上人民政府　　D. 建设单位

正确答案:B

59.《建设工程安全生产管理条例》规定,建设单位未将保证安全施工的措施或者拆除工程的有关资料报送有关部门备案的,责令限期改正,并给予(　　)。

A. 罚款　　B. 责令停业整顿

C. 责令限期整改　　D. 警告

正确答案:D

60.《安全生产许可证条例》确立了高危生产企业的安全生产准入制度,下列企业不属于实行安全生产许可制度的是(　　)。

A. 矿山企业

B. 建筑施工企业

C. 危险化学品、烟花爆竹、民用爆破器材生产企业

D. 交通运输企业

正确答案:D

61.(　　)规定了国家对矿山企业、建筑施工企业和危险化学品、烟花爆竹、民用爆破器材生产企业实行安全生产许可制度。

A.《劳动法》　　B.《安全生产法》

C.《特种设备安全监察条例》　　D.《安全生产许可证条例》

正确答案:D

62.《生产安全事故报告和调查处理条例》规定,事故发生后单位负责人接到报告后,应当于(　　)小时内向安全生产监督管理部门和有关部门报告。

A. 1　　B. 12

C. 24　　D. 48

正确答案:A

63.《生产安全事故报告和调查处理条例》规定,事故报告后出现新情况的,应当及时补报。自事故发生之日起(　　)日内,事故造成的伤亡人数发生变化的,应当及时补报。

A. 7　　B. 15

C. 30　　D. 45

正确答案:C

64.《生产安全事故报告和调查处理条例》规定,重大事故,是指造成10人以上30人以下死亡,或者50人以上100人以下重伤,或者(　　)以上1亿元以下直接经济损失的事故提出调查组组成意见。

A. 1 000万元　　B. 1 500万元

C. 2 000 万元　　D. 5 000 万元

正确答案:D

65.《工伤保险条例》规定,职工以下情形,除(　　)外,不得认定为工伤或者视同工伤。

A. 故意犯罪的　　B. 违反治安管理伤亡的

C. 自残或者自杀的　　D. 醉酒

正确答案:B

66.《建筑施工企业安全生产许可证管理规定》规定,国家对建筑施工企业实行(　　)制度。

A. 安全生产资格　　B. 安全生产许可

C. 建筑业企业资质　　D. 施工许可

正确答案:B

67.《建筑施工企业安全生产许可证管理规定》规定,建筑施工企业安全生产许可证有效期为(　　)年。

A. 1　　B. 2

C. 3　　D. 5

正确答案:C

68.《建筑施工企业安全生产许可证管理规定》规定,安全生产许可证有效期满需要延期的,企业应当于期满前(　　)个月向原安全生产许可证颁发管理机关提出延期申请。

A. 1　　B. 2

C. 3　　D. 6

正确答案:C

69.《建筑施工企业安全生产许可证管理规定》规定,建筑施工企业安全生产许可证采用国务院安全生产监督管理部门规定的统一式样,由(　　)统一印制,实行全国统一编码。

A. 国务院安全生产监督管理部门　　B. 建设部

C. 省建筑工程管理部门　　D. 设区的市建设行政主管部门

正确答案:B

70. 建筑起重机械在使用过程中需要顶升的,使用单位委托原(　　)或者具有相应资质的安装单位按照专项施工方案实施后,即可投入使用。

A. 租赁单位　　B. 安装单位

C. 使用单位　　D. 总承包单位

正确答案:B

71. 建筑施工企业安全生产管理人员安全生产考核合格证书有效期为(　　)年,证书在全国范围内有效。

A. 1　　B. 2

C. 3　　D. 6

正确答案:C

72. 建筑施工企业总承包资质序列一级资质企业安全生产管理机构专职安全生产管理人员的配备应不少于（　　）人，并应根据企业经营规模、设备管理和生产需要予以增加。

A. 2　　B. 3

C. 4　　D. 5

正确答案：C

73. 从事建筑起重机械安装、拆卸活动的单位办理建筑起重机械安装（拆卸）告知手续前，应当将筑起重机械安装、拆卸资料报送施工总承包单位、（　　）审核。

A. 产权单位　　B. 使用单位

C. 监理单位　　D. 监管部门

正确答案：C

二、多项选择题（每小题有5个备选答案，其中至少有2个是正确选项）

1. 安全生产法律法规是国家法律体系中的重要组成部分。我们通常说的安全生产法律法规是对有关安全生产的（　　）总称。

A. 法律　　B. 行政法规

C. 规章　　D. 通知

E. 文件

正确答案：ABC

2. 目前，我国的安全生产法规已初步形成一个以《宪法》为依据的、以《安全生产法》为主体的、由有关（　　）所组成的综合体系。

A. 法律　　B. 行政法规、地方性法规

C. 行政规章　　D. 企业规章

E. 技术标准

正确答案：ABCE

3. 下列对安全生产法规作用的叙述，正确的有（　　）。

A. 为保护劳动者的安全健康提供法律保障

B. 加强安全生产的法制化管理

C. 推动安全生产工作的发展，促进企业安全生产

D. 保证产品质量的提高

E. 进一步提高生产力，保证企业效益的实现和国家经济建设事业的顺利发展

正确答案：ABCE

4. 下列关于《建设工程安全生产管理条例》颁布实施的意义和作用的阐述，正确的有（　　）。

A. 确立了有关建设工程安全生产监督管理的基本制度

B. 明确了参与建设活动各方责任主体的安全生产责任

C. 明确了有关建设工程质量与进度、投资控制的管理制度

D. 确保了参与各方责任主体安全生产利益及建筑工人安全与健康的合法权益

E. 为维护建筑市场秩序，加强建设工程安全生产监督管理提供了重要的法律依据

正确答案：ABDE

5. 下列属于水利工程建设安全生产法规调整的对象的有(　　)。

A. 社会关系　　B. 行政管理关系
C. 经济协作关系　　D. 人与物的关系
E. 民事关系

正确答案：BCE

6. 水利工程建设安全生产法规的作用主要体现在(　　)等方面。

A. 建立安全生产管理制度　　B. 提高企业安全管理水平
C. 规范安全生产行为　　D. 保护建筑安全生产合法行为
E. 处罚违反建筑安全生产法律法规行为

正确答案：CDE

7.《安全生产法》明确了安全生产方针，其内容包括(　　)。

A. 安全第一　　B. 预防为主
C. 保护国家财产安全保障产品质量　　D. 促进社会经济发展
E. 综合治理

正确答案：ABE

8.《安全生产法》规定了保障安全生产的运行机制，即(　　)。

A. 政府监管与指导　　B. 企业实施与保障
C. 员工权益与自律　　D. 社会监督与参与
E. 中介支持与服务

正确答案：ABCDE

9. 下列属于《安全生产法》确定的安全生产的基本法律制度有(　　)。

A. 安全生产监督管理制度　　B. 安全中介服务制度
C. 安全生产责任追究制度　　D. 事故应急救援和调查处理制度
E. 群防群治制度

正确答案：ABCD

10. 依据《安全生产法》的规定，下列属于安全生产责任主体的是(　　)。

A. 政府部门　　B. 生产经营单位
C. 社会与媒体监督方　　D. 从业人员
E. 检测检验机构

正确答案：ABDE

11. 依据《安全生产法》的规定，指明的实现安全生产的对策体系有(　　)。

A. 事前预防对策体系　　B. 应急救援体系
C. 安全生产责任体系　　D. 事后处理对策系统
E. 安全评价体系

正确答案：ABD

12. 依照《安全生产法》规定，劳动合同应当载明的有关事项有(　　)。

A. 保障从业人员劳动安全　　B. 防止职工危害

C. 保证国家财产安全　　D. 事故应急措施

E. 依法为从业人员办理工伤社会保险

正确答案：ABE

13.《安全生产法》规定了生产经营单位负责人的建立健全安全生产责任制、(　　)等安全生产责任。

A. 组织制定安全生产规章制度和操作规程

B. 保证安全生产投入

C. 督促检查安全生产工作及时消除生产安全事故隐患

D. 组织制定并实施生产安全事故应急救援预案

E. 及时如实报告生产安全事故

正确答案：ABCDE

14.《安全生产法》规定，生产经营单位应当具备的安全生产条件所必需的资金投入，由生产经营单位的(　　)予以保证，并对由于安全生产所必需的资金投入不足导致的后果承担责任。

A. 决策机构　　B. 主要负责人

C. 总经理　　D. 个人经营的投资人

E. 董事会

正确答案：ABD

15.《安全生产法》规定，生产经营单位采用(　　)，必须了解、掌握其安全技术特性，采取有效的安全防护措施，并对从业人员进行专门的安全生产教育和培训。

A. 新工艺　　B. 新技术

C. 新材料　　D. 新结构

E. 新设备

正确答案：ABCE

16. 下列属于《安全生产法》规定的工会组织的权利有(　　)。

A. 有权对建设项目的安全设施与主体工程同时设计、同时施工、同时投入生产和使用进行监督，提出意见

B. 对生产经营单位违反安全生产法律、法规，侵犯从业人员合法权益的行为，有权要求纠正

C. 发现生产经营单位违章指挥、强令冒险作业或者发现事故隐患时，有权提出解决的建议

D. 发现危及从业人员生命安全的情况时，有权向生产经营单位建议组织从业人员撤离危险场所

E. 有权依法参加事故调查，向有关部门提出处理意见，并要求追究有关人员的责任

正确答案：ABCDE

17.《安全生产法》规定，负有安全生产监督管理职责的部门受理有关安全生产的举报应当采取的措施是(　　)。

A. 建立举报制度　　B. 公开举报电话、信箱或者电子邮件地址

C. 建立举报网站　　D. 向社会公布举报事项

E. 受理的举报事项经调查核实后，应当形成书面材料

正确答案：ABE

18.《安全生产法》规定，生产经营单位发生生产安全事故，单位负责人接到事故报告后应采取的措施是（　　）。

A. 迅速采取有效措施，组织抢救，防止事故扩大，减少人员伤亡和财产损失

B. 封锁事故现场

C. 藏匿有关证据

D. 按照国家有关规定立即如实报告

E. 按照四不放过原则进行调查处理后，上报事故

正确答案：AD

19.《安全生产法》规定，生产经营单位的从业人员有权了解其作业场所和工作岗位存在的（　　）。

A. 危险因素　　B. 风险

C. 防范措施　　D. 特点

E. 事故应急措施

正确答案：ACE

20. 依据国家有关法律法规的规定，下列属于建筑施工企业从业人员的权利的是（　　）。

A. 批评和检举、控告权　　B. 获得意外伤害保险的权利

C. 获得劳动防护用品的权利　　D. 紧急避险权

E. 对安全生产工作的建议权

正确答案：ACD

21.《安全生产法》规定了生产经营单位主要负责人对本单位安全生产工作所负的职责，其中有（　　）。

A. 保证安全生产投入的有效实施

B. 建立健全本单位安全生产责任制

C. 及时、如实报告生产安全事故

D. 组织制定并实施本单位的生产安全事故应急救援预案

E. 组织制定实施本单位安全生产教育和培训计划

正确答案：ABCDE

22.《环境保护法》规定，产生环境污染和其他公害的单位，采取有效措施，防治在生产建设或者其他活动中产生的（　　）以及噪声、振动、电磁波辐射等对环境的污染和危害。

A. 废气　　B. 废水

C. 废渣　　D. 粉尘

E. 放射性物质

正确答案：ABCDE

23. 按照《消防法》的规定，下列属于机关、团体、企业、事业单位应当履行的消防安全

职责的有(　　)。

A. 承担火灾扑救工作

B. 实行防火安全责任制

C. 组织防火检查,及时消除火灾隐患

D. 按照国家有关规定配置消防设施和器材、设置消防安全标志

E. 保障疏散通道、安全出口畅通,并设置符合国家规定的消防安全疏散标志

正确答案:BCDE

24. 根据《建设工程安全生产管理条例》的规定,建设工程,是指(　　)。

A. 土木工程　　B. 建筑工程

C. 线路管道工程　　D. 设备安装工程

E. 装修工程

正确答案:ABCDE

25. 根据《建设工程安全生产管理条例》的规定,县级以上人民政府负有建设工程安全生产监督管理职责的部门在各自的职责范围内履行安全监督检查职责时,有权采取的措施有(　　)。

A. 要求被检查单位提供有关建设工程安全生产的文件和资料

B. 进入被检查单位施工现场进行检查

C. 纠正施工中违反安全生产要求的行为

D. 对检查中发现的安全事故隐患,责令立即排除;重大安全事故隐患排除前或者排除过程中无法保证安全的,责令从危险区域内撤出作业人员或者暂时停止施工

E. 在检查中发现重大安全事故隐患,有权责令被检查单位停业整顿

正确答案:ABCD

26.《建设工程安全生产管理条例》明确了建设工程安全生产责任主体,下列属于建设工程安全生产责任主体的有(　　)。

A. 建设单位　　B. 工程造价咨询机构

C. 物业管理公司　　D. 勘察、设计单位

E. 起重机械和整体提升脚手架、模板等自升式架设设施的安装、拆卸单位

正确答案:ADE

27. 依据《建设工程安全生产管理条例》的规定,下列对工程监理单位安全生产责任的叙述,正确的有(　　)。

A. 工程监理单位在实施监理过程中,发现存在安全事故隐患的,应当要求施工单位整改

B. 发现存在安全事故隐患情况严重,施工单位拒不整改或者不停止施工的,工程监理单位应当及时向安全生产综合监督管理部门报告

C. 发现施工单位的施工组织设计存在重大缺陷的,工程监理单位应当责令施工单位修改

D. 工程监理单位和监理工程师应当按照法律、法规和工程建设强制性标准实施监理,并对建设工程安全生产承担监理责任

E. 工程监理单位应当审查施工组织设计中的安全技术措施或者专项施工方案是否符合工程建设强制性标准

正确答案:ADE

28.《建设工程安全生产管理条例》规定,施工单位的(　　)应当经建设行政主管部门或者其他有关部门考核合格后方可任职。

A. 主要负责人　　B. 技术负责人

C. 施工负责人　　D. 项目负责人

E. 专职安全生产管理人员

正确答案:ADE

29.《建设工程安全生产管理条例》规定,施工单位应当在施工现场建立消防安全责任制度,可采取的措施有(　　)。

A. 确定消防安全责任人

B. 制定用火、用电、使用易燃易爆材料等各项消防安全管理制度和操作规程

C. 设置消防通道、消防水源

D. 配备消防设施和灭火器材

E. 在施工现场设置安全标志

正确答案:ABCD

30.《建设工程安全生产管理条例》规定,施工单位应当建立健全安全生产教育培训制度,加强对职工安全生产的教育培训管理,从(　　)等方面给予保障,确保安全教育培训质量和覆盖面。

A. 资金　　B. 物力

C. 时间　　D. 人力

E. 技术

正确答案:ABCD

31.《建设工程安全生产管理条例》规定,安全教育培训内容主要有(　　)培训。

A. 三级安全教育、岗位安全培训

B. 年度安全教育培训

C. 变换工种、变换工地的安全培训教育

D. 采用新技术、新工艺、新设备、新材料的安全培训教育

E. 经常性安全教育培训

正确答案:ABCDE

32.《建设工程安全生产管理条例》所称建设工程,包括(　　)。

A. 土木工程　　B. 建筑工程

C. 线路管道工程　　D. 设备安装工程

E. 装修工程

正确答案:ABCDE

33.《建设工程安全生产管理条例》规定,建设单位应当向施工单位提供(　　)并保证资料的真实、准确、完整。

A. 施工现场及毗邻区域内供水、排水、供电、供热等地下管线资料

B. 气象观测资料

C. 水文观测资料

D. 相邻建筑物和构筑物有关资料

E. 地下工程有关资料

正确答案：ABCDE

34.《建设工程安全生产管理条例》规定，勘察单位在勘察作业时，应当严格执行操作规程，采取措施保证(　　)的安全。

A. 管线　　B. 设施

C. 周边建筑物、构筑物　　D. 环境

E. 卫生

正确答案：ABC

35.《建设工程安全生产管理条例》规定，施工单位从事建设工程的新建、扩建、改建和拆除等活动，应当具备(　　)，依法取得相应等级的资质证书，并在其资质等级许可的范围内承揽工程。

A. 作业环境　　B. 注册资本

C. 专业技术人员　　D. 技术装备

E. 安全生产条件

正确答案：BCDE

36.《建设工程安全生产管理条例》规定，施工单位对列入建设工程概算的安全作业环境及安全施工措施所需费用，应当用于(　　)，不得挪作他用。

A. 施工安全防护用具及设施的采购和更新

B. 安全施工措施的落实

C. 发放职工工资

D. 安全生产条件的改善

E. 补偿损失

正确答案：ABD

37.《建设工程安全生产管理条例》规定，施工单位应当在施工组织设计中编制安全技术措施和施工现场临时用电方案，对(　　)等达到一定规模的危险性较大的分部分项工程编制专项施工方案。

A. 基坑支护与降水工程　　B. 土方开挖工程

C. 起重吊装工程　　D. 拆除、爆破工程

E. 模板工程

正确答案：ABCDE

38.《建设工程安全生产管理条例》规定，(　　)应当经建设行政主管部门或者其他有关部门考核合格后方可任职。

A. 工会负责人　　B. 施工单位的主要负责人

C. 项目负责人　　D. 专职安全生产管理人员

E. 财务负责人

正确答案:BCD

39.《建设工程安全生产管理条例》规定,施工单位对事故应急和救援,应当(　　),并定期组织演练。

A. 配备必要的应急救援器材、设备　　B. 制定应急救援预案
C. 建立应急救援组织　　D. 配备应急救援人员
E. 以上选项全包括

正确答案:ABCDE

40. 167 号公约在实施的过程中,强调了(　　)三结合的原则。对于任何一项标准、措施在制定、实施和奖罚时都要由三方共同商议,以三方都能接受的原则而确定三方共同执行。

A. 政府　　B. 中介机构
C. 社会团体　　D. 雇主
E. 工人

正确答案:ADE

三、判断题(答案 A 表示说法正确,答案 B 表示说法不正确)

1. 安全生产法律法规是指调整在生产过程中产生的与劳动者或生产人员的安全与健康,以及生产资料和社会财富安全保障有关的各种社会关系的法律规范的总和。(　　)

正确答案:A

2. 依法治国是我国的基本方略,是加强安全生产法制建设是安全生产工作的最基本条件之一。(　　)

正确答案:A

3. 建筑活动中的民事关系是指发生在建筑活动过程中各方参与主体之间、单位和从业人员之间的民事权利义务关系,直接关系着个人的权益,与国家、社会利益无关。(　　)

正确答案:B

4. 生产经营单位的从业人员有依法获得安全生产保障的权利。(　　)

正确答案:A

5.《安全生产法》规定,生产经营单位应当具备的安全生产条件所必需的资金投入,由生产经营单位的决策机构、主要负责人予以保证,并对由于安全生产所必需的资金投入不足导致的后果承担责任。(　　)

正确答案:A

6. 生产经营规模较小的建筑施工单位,可以不建立应急救援组织的,应当指定兼职的应急救援人员。(　　)

正确答案:B

7. 建筑施工单位应当设置安全生产管理机构或者配备专职安全生产管理人员。(　　)

正确答案:A

8. 安全生产管理人员拟订本单位安全生产规章制度、操作规程和生产安全事故应急救援预案。 ( )

正确答案:B

9.《安全生产法》规定了生产经营单位主要负责人对本单位安全生产工作所负的职责,其中有组织制订实施本单位安全生产教育和培训计划。 ( )

正确答案:A

10. 建设项目安全设施的设计人、设计单位应当对安全设施设计负责。 ( )

正确答案:A

11. 安全设备的设计、制造、安装、使用、检测、维修、改造和报废,应当符合地方标准。 ( )

正确答案:B

12. 淘汰的危及生产安全的工艺、设备经维修可以使用。 ( )

正确答案:B

13. 重大危险源应当登记建档,进行定期检测、评估、监控,并制定应急预案,告知从业人员和相关人员在紧急情况下应当采取的应急措施。 ( )

正确答案:A

14. 储存、使用危险物品的仓库与员工宿舍在同一座建筑物内时,应当与员工宿舍保持安全距离。 ( )

正确答案:B

15. 企业必须为从业人员提供符合国家标准或者行业标准的劳动防护用品,并监督、教育从业人员按照使用规则佩戴、使用。 ( )

正确答案:A

16. 工程项目或设备发包或者出租给不具备安全生产条件或者相应资质的单位或者个人时应签署安全生产管理协议。 ( )

正确答案:B

17. 生产经营单位必须依法参加工伤保险,为从业人员缴纳保险费。 ( )

正确答案:A

18.《建筑法》规定,有条件的,建筑施工企业应当对施工现场实行封闭管理。( )

正确答案:A

19.《建筑法》规定,建设单位应当向建筑施工企业提供与施工现场相关的地下管线资料,建筑施工企业应当采取措施加以保护。 ( )

正确答案:A

20.《建筑法》规定,建筑施工企业的技术负责人对本企业的安全生产负责。 ( )

正确答案:B

21.《建筑法》规定,建筑施工企业应当建立健全劳动安全生产教育培训制度,加强对职工安全生产的教育培训。 ( )

正确答案:A

22.《建筑法》规定，鼓励建筑施工企业为从事危险作业的职工办理意外伤害保险，支付保险费。 （ ）

正确答案：A

23.《环境保护法》规定，产生环境污染和其他公害的单位，必须把环境保护工作纳入计划，建立环境保护责任制度。 （ ）

正确答案：A

24. 特种设备的使用应当具有规定的安全距离、安全防护措施。 （ ）

正确答案：A

25. 特种设备使用单位应当按照安全技术规范的要求，在检验合格有效期届满15日前向特种设备检验机构提出定期检验要求。 （ ）

正确答案：B

26. 特种设备进行改造、修理后不经检验可继续使用。 （ ）

正确答案：B

27.《环境噪声污染防治法》规定，在城市市区范围内不得向周围生活环境排放建筑施工噪声；在市区外向周围环境排放建筑施工噪声的，应当符合国家规定的建筑施工场界环境噪声排放标准。 （ ）

正确答案：B

28.《环境噪声污染防治法》规定，在城市市区噪声敏感建筑物集中区域内，无论何种情况，均禁止夜间进行产生环境噪声污染的建筑施工作业。 （ ）

正确答案：B

29.《环境噪声污染防治法》规定，夜间作业，必须公告附近居民。 （ ）

正确答案：A

30.《固体废物污染环境防治法》规定，建筑施工单位应当及时清运、处置建筑施工过程中产生的垃圾，并采取措施，防止污染环境。 （ ）

正确答案：A

31.《大气污染防治法》规定，在城市市区进行建设施工或者从事其他产生扬尘污染活动的单位，必须按照当地环境保护的规定，采取防治火灾的措施。 （ ）

正确答案：B

32.《消防法》规定，施工现场应按照标准配置消防设施、器材，设置消防安全标志，并定期组织检验、维修，确保完好有效。 （ ）

正确答案：A

33.《民法通则》规定，污染环境造成他人损害的，应当依法承担民事责任。 （ ）

正确答案：A

34.《劳动合同法》规定，在本单位连续工作满15年，且距法定退休年龄不足5年的，用人单位不得解除劳动合同。 （ ）

正确答案：A

35. 建设单位应当向建设主管部门申请消防验收。 （ ）

正确答案：B

36. 施工企业的主要负责人是本单位的消防安全责任人。 （ ）

正确答案：A

37.《建设工程安全生产管理条例》规定，建设行政主管部门或其他有关部门可以将施工现场的监督检查委托给建设工程安全监督机构具体实施。 （ ）

正确答案：A

38.《建设工程安全生产管理条例》规定，建设单位在申请领取施工许可证时，应当提供建设工程有关安全施工措施的资料。 （ ）

正确答案：A

39. 施工单位应当在施工现场入口处、施工起重机械、出入通道口、楼梯口、孔洞口、桥梁口、等危险部位，设置明显的安全警示标志。 （ ）

正确答案：A

40.《建设工程安全生产管理条例》规定，施工单位在编制工程概算时，应当确定建设工程安全作业环境及安全施工措施所需费用。 （ ）

正确答案：B

41.《建设工程安全生产管理条例》规定，施工单位采购、租赁的安全防护用具、机械设备、施工机具及配件，应当具有生产（制造）许可证、产品使用说明书，并在进入施工现场前进行查验。 （ ）

正确答案：B

42.《建设工程安全生产管理条例》规定，施工现场的安全防护用具、机械设备必须由专人管理，定期进行检查、维修和保养。 （ ）

正确答案：A

43.《建设工程安全生产管理条例》规定，使用承租的机械设备和施工机具及配件的，由施工总承包单位、分包单位和出租单位共同进行验收。 （ ）

正确答案：B

44. 在施工中发生危及人身安全的紧急情况时，作业人员有权立即停止作业或者在采取必要的应急措施后撤离危险区域。 （ ）

正确答案：A

45.《建设工程安全生产管理条例》规定，施工单位应当制定本单位生产安全事故应急救援预案，建立应急救援组织或者配备应急救援人员，配备必要的应急救援器材、设备，并定期组织演练。 （ ）

正确答案：A

46. 按照《建设工程安全生产管理条例》规定，实行施工总承包的，工程总承包单位和分包单位按照应急救援预案，各自建立应急救援组织或者配备应急救援人员，配备救援器材、设备，并定期组织演练。 （ ）

正确答案：A

47.《建设工程安全生产管理条例》规定，施工单位应当口头告知作业人员危险岗位的操作规程和违章操作的危害。 （ ）

正确答案：B

48.《建设工程安全生产管理条例》规定，施工单位必须根据不同施工阶段和周围环境及季节、气候的变化，在施工现场采取相应的安全施工措施；在城市市区内的建设工程的施工现场必须实行封闭围挡。（　）

正确答案：A

49.《建设工程安全生产管理条例》规定，施工单位严禁在尚未竣工的建筑物内设置员工集体宿舍，严禁在施工现场搭建不符合安全使用要求的临时建筑物。（　）

正确答案：A

50.《建设工程安全生产管理条例》规定，施工单位可以在尚未竣工的建筑物内设置符合安全使用要求的员工集体宿舍。（　）

正确答案：B

51.《建设工程安全生产管理条例》规定，建设单位不得对勘察、设计、施工、工程监理等单位提出不符合建设工程安全生产法律、法规和强制性标准规定的要求，可以压缩合同约定的工期。（　）

正确答案：B

52.《建设工程安全生产管理条例》规定，建设单位不得明示或者暗示施工单位购买、租赁、使用不符合安全施工要求的安全防护用具、机械设备、施工机具及配件、消防设施和器材。（　）

正确答案：A

53.《建设工程安全生产管理条例》规定，安全生产教育培训考核不合格的人员，不得上岗。（　）

正确答案：A

54.《建设工程安全生产管理条例》规定，勘察单位应当按照法律、法规和工程建设强制性标准进行勘察，提供的勘察文件应当真实、准确，满足建设工程安全生产的需要。（　）

正确答案：A

55.《建设工程安全生产管理条例》规定，设计单位应当考虑施工安全操作和防护的需要，对涉及施工安全的重点部位和环节在设计文件中注明，并对防范生产安全事故提出指导意见。（　）

正确答案：A

56.《建设工程安全生产管理条例》规定，建设单位和注册建筑师等注册执业人员应当对其设计负责。（　）

正确答案：B

57.《建设工程安全生产管理条例》规定，施工单位和监理工程师应当按照法律、法规和工程建设强制性标准实施监理，并对建设工程安全生产承担监理责任。（　）

正确答案：B

58.《建设工程安全生产管理条例》规定，安装、拆卸施工起重机械和整体提升脚手架、模板等自升式架设设施，应当编制拆装方案、制订安全施工措施，并由专业技术人员现场监督。（　）

正确答案：A

59.《建设工程安全生产管理条例》规定，检验检测机构对检测合格的施工起重机械，应当出具安全合格证明文件，并对检测结果负责。（　）

正确答案：A

60.《建设工程安全生产管理条例》规定，施工单位应当设立安全生产管理机构，配备专职安全生产管理人员。（　）

正确答案：A

61.《建设工程安全生产管理条例》规定，建设工程施工前，监理方应当对有关安全施工的技术要求向施工作业班组、作业人员作出详细说明，并由双方签字确认。（　）

正确答案：B

62.《建设工程安全生产管理条例》规定，施工现场暂时停止施工的，施工单位应当做好现场防护，所需费用由施工单位承担。（　）

正确答案：B

63.《建设工程安全生产管理条例》规定，施工单位对因建设工程施工可能造成损害的毗邻建筑物、构筑物和地下管线等，应当采取一般防护措施。（　）

正确答案：B

64.《建设工程安全生产管理条例》规定，作业人员应当遵守安全施工的强制性标准、规章制度和操作规程，正确使用安全防护用具、机械设备等。（　）

正确答案：A

65.《建设工程安全生产管理条例》规定，国务院铁路、交通、水利等有关部门按照国务院规定的职责分工，负责有关专业建设工程安全生产的监督管理。（　）

正确答案：A

66.《建设工程安全生产管理条例》规定，建设行政主管部门在审核发放施工许可证时，应当对建设工程是否有安全施工措施进行审查，对没有安全施工措施的，暂缓颁发施工许可证。（　）

正确答案：B

67.《建设工程安全生产管理条例》规定，建设行政主管部门或者其他有关部门对建设工程是否有安全施工措施进行审查时，可以收取费用。（　）

正确答案：B

68.作业人员进入新的岗位或者新的施工现场前，应当接受安全生产教育培训。（　）

正确答案：A

69.建筑施工企业不得冒用安全生产许可证或者使用伪造的安全生产许可证，可以转让安全生产许可证。（　）

正确答案：B

70.在城市规划区的建筑工程已经取得建设工程规划许可证是建筑施工企业取得安全生产许可证应当具备的安全生产条件。（　）

正确答案：B

71. 实行总承包的，施工现场分包单位发生生产安全事故，由总承包单位负责统计上报。 （ ）

正确答案：A

72. 一般事故，是指造成3人死亡，或者10人以下重伤，或者1 000万元以下直接经济损失的事故。 （ ）

正确答案：B

73. 安全生产监督管理部门和负有安全生产监督管理职责的有关部门逐级上报事故情况，每级上报的时间不得超过2小时。 （ ）

正确答案：A

74. 职工因工作遭受事故伤害或者患职业病进行治疗，享受工伤医疗待遇。 （ ）

正确答案：A

75. 根据《工伤保险条例》的规定，企业破产的，应当依法拨付由单位支付的工伤保险待遇费用。 （ ）

正确答案：A

76. 根据《建筑工程施工许可管理办法》的规定，工程投资额在30万元以下或者建筑面积在300平方米以下的建筑工程，可以不申请办理施工许可证。 （ ）

正确答案：A

77. 建筑施工企业变更名称、地址、法定代表人等，应当在变更后10日内，到原安全生产许可证颁发管理机关办理安全生产许可证变更手续。 （ ）

正确答案：A

78. 项目专职安全生产管理人员应当每周在施工现场开展安全检查，现场监督危险性较大的分部分项工程安全专项施工方案实施。 （ ）

正确答案：B

79. 《建筑施工安全检查标准》规定，建筑施工安全检查的总评分为：优良、合格和不合格三个等级。 （ ）

正确答案：A

80. 《建筑业安全卫生公约》，是现行有效的建筑施工安全卫生的国际标准。 （ ）

正确答案：A

第 4 章　水利水电工程建设安全生产法律责任

本章要点　本章主要介绍了水利工程建设安全生产法律责任的基本概念和责任形式，建设工程各方责任主体安全生产法律责任的简要内容。

4.1　水利水电工程建设安全生产法律责任概述

法律责任是法律、法规和规章的重要组成部分，占有重要的地位。法律责任的规定是体现法律规范国家强制力的核心部分。如果在一个法律文件中缺乏法律责任的规定，法律所规定的权利和义务就形同虚设，水利工程建设安全生产法律法规也不例外。在有关水利工程建设安全生产法律、法规和规章中，根据其所调整对象的性质、特点，正确、合理地规定法律责任，对保证水利水电工程建设安全生产法律、法规和规章的有效实施，保障工程建设的顺利进行，乃至水利行业的健康稳定发展，都具有非常重大的现实意义。

违反安全生产法律法规的法律责任形式主要有行政责任、刑事责任和民事责任。

(1) 行政责任

违反安全生产法律法规的行政责任主要有行政处罚、行政处分和行政强制措施。

1) 行政处罚

行政处罚是常用的对违反安全生产法律、法规和规章行为的单位和个人进行制裁的方式，形式有：警告、罚款、责令停产停业整顿、吊销单位资质证书、暂扣或吊销安全生产许可证、降低单位资质等级；暂扣或吊销个人执业(职业)资格证书、降低个人执业资格证书等级；责令注册执业人员在一定期限内停止执业；没收违法所得、没收非法财物。关于行政处罚的追究时效，《行政处罚法》规定，违法行为在二年内未被发现的，不再给予行政处罚。法律另有规定的除外。前款规定的期限，从违法行为发生之日起计算；违法行为有连续或者继续状态的，从行为终了之日起计算。

2) 行政处分

水利水电施工企业和企业上级主管部门按照管理权限对有违反安全生产法律、法规和规章行为的管理人员和作业人员、造成重大生产安全事故的责任者所进行的一种行政制裁措施。

3) 行政强制措施

行政强制措施指行政主管部门，或受其委托的执法单位依据安全生产法律、法规和规章的规定，对违法、违规的当事人实施除行政处罚外的其他行政手段，如责令改正、责令停止违法行为、责令补办手续等。

(2) 刑事责任

对具有严重违反安全生产法律、法规的行为，造成重大生产安全事故及其他严重后果，触犯刑律的管理人员和作业人员，依法追究刑事责任。

(3) 民事责任

违反安全生产法律、法规造成损失的，应依法承担赔偿等民事责任。

4.2 建设单位的安全生产法律责任

4.2.1 违反《安全生产法》的责任

生产经营单位的决策机构、主要负责人或者个人经营的投资人不依照该法规定保证安全生产所必需的资金投入，致使生产经营单位不具备安全生产条件的，责令限期改正，提供必需的资金；逾期未改正的，责令生产经营单位停产停业整顿。

有上述违法行为，导致发生生产安全事故的，对生产经营单位的主要负责人给予撤职处分，对个人经营的投资人处2万元以上20万元以下的罚款；构成犯罪的，依照刑法有关规定追究刑事责任。

4.2.2 违反《建筑法》的责任

建设单位违反该法规定，要求建筑设计单位或者建筑施工企业违反建筑工程质量、安全标准，降低工程质量的，责令改正，可以处以罚款；构成犯罪的，依法追究刑事责任。

4.2.3 违反《建设工程安全生产管理条例》的责任

(1) 建设单位未提供建设工程安全生产作业环境及安全施工措施所需费用的，责令限期改正；逾期未改正的，责令该建设工程停止施工。建设单位未将保证安全施工的措施或者拆除工程的有关资料报送有关部门备案的，责令限期改正，给予警告。

(2) 建设单位有下列行为之一的，责令限期改正，处20万元以上50万元以下的罚款；造成重大安全事故，构成犯罪的，对直接责任人员，依照刑法有关规定追究刑事责任；造成损失的，依法承担赔偿责任：

1) 对勘察、设计、施工、工程监理等单位提出不符合安全生产法律、法规和强制性标准规定的要求的；

2) 要求施工单位压缩合同约定的工期的；

3) 将拆除工程发包给不具有相应资质等级的施工单位的。

4.2.4 违反《实施工程建设强制性标准监督规定》的责任

建设单位有下列行为之一的，责令改正，并处以20万元以上50万元以下的罚款：

(1) 明示或者暗示施工单位使用不合格的建筑材料、建筑构配件和设备的；

(2) 明示或暗示设计单位或者施工单位违反工程建设强制性标准，降低工程质量的。

4.2.5 违反《水利工程建设安全生产管理规定》的责任

违反该规定，需要实施行政处罚的，由水行政主管部门或者流域管理机构按照《建设工程安全生产管理条例》的规定执行。

4.2.6 违反《水利工程建设项目验收管理规定》的责任

违反该规定，项目法人不按时限要求组织法人验收或者不具备验收条件而组织法人验收的，由法人验收监督管理机关责令改正。

项目法人以及其他参建单位提交验收资料不真实导致验收结论有误的，由提交不真实验收资料的单位承担责任。竣工验收主持单位收回验收鉴定书，对责任单位予以通报批评；造成严重后果的，依照有关法律法规处罚。

4.2.7 违反《水利基本建设项目稽察暂行办法》的责任

对严重违反国家基本建设有关规定的项目，根据情节轻重提出以下单项或多项处理建议：

(1) 通报批评；

(2) 建议有关部门降低设计、监理、施工、咨询、设备材料供应等有关单位的资质，吊销其资质证书；

(3) 建议有关部门暂停拨付项目建设资金；

(4) 建议有关部门批准暂停施工；

(5) 建议有关部门追究主要责任人员的责任。

被稽查项目有关单位和人员有下列行为之一的，对单位主要负责人员和直接责任人员，由稽查办建议有关方面给予党纪政纪处分；构成犯罪的，移交司法机关依法追究法律责任：

(1) 拒绝、阻碍稽查人员依法执行稽查任务或者打击报复稽查人员的；

(2) 拒不提供与项目建设有关的文件、资料、合同、协议、财务状况和建设管理情况的资料或者隐匿、伪报资料，或提供假情况、假证词的；

(3) 可能影响稽查人员公正履行职责的其他行为。

4.3 勘察、设计单位的安全生产法律责任

4.3.1 违反《建筑法》的责任

建筑设计单位不按照建筑工程质量、安全标准进行设计的，责令改正，处以罚款；造成工程质量事故的，责令停业整顿，降低资质等级或者吊销资质证书，没收违法所得，并处罚款；造成损失的，承担赔偿责任；构成犯罪的，依法追究刑事责任。

4.3.2 违反《建设工程安全生产管理条例》的责任

勘察单位、设计单位有下列行为之一的，责令限期改正，处10万元以上30万元以下的罚款；情节严重的，责令停业整顿，降低资质等级，直至吊销资质证书；造成重大安全事故，构成犯罪的，对直接责任人员，依照刑法有关规定追究刑事责任；造成损失的，依法承担赔偿责任：

(1) 未按照法律、法规和工程建设强制性标准进行勘察、设计的；

（2）采用新结构、新材料、新工艺的建设工程和特殊结构的建设工程，设计单位未在设计中提出保障施工作业人员安全和预防生产安全事故的措施建议的。

4.3.3 违反《实施工程建设强制性标准监督规定》的责任

（1）勘察、设计单位违反工程建设强制性标准进行勘察、设计的，责令改正，并处以10万元以上30万元以下的罚款。

（2）勘察、设计单位违反工程建设强制性标准进行勘察、设计造成工程质量事故的，责令停业整顿，降低资质等；情节严重的，吊销资质证书；造成损失的，依法承担赔偿责任。

4.3.4 违反《水利工程建设安全生产管理规定》的责任

违反该规定，需要实施行政处罚的，由水行政主管部门或者流域管理机构按照《建设工程安全生产管理条例》的规定执行。

4.3.5 违反《水利工程建设项目验收管理规定》的责任

项目法人以及其他参建单位提交验收资料不真实导致验收结论有误的，由提交不真实验收资料的单位承担责任。竣工验收主持单位收回验收鉴定书，对责任单位予以通报批评；造成严重后果的，依照有关法律法规处罚。

4.3.6 违反《水利基本建设项目稽察暂行办法》的责任

对严重违反国家基本建设有关规定的项目，根据情节轻重提出以下单项或多项处理建议：

（1）通报批评；

（2）建议有关部门降低设计、监理、施工、咨询、设备材料供应等有关单位的资质，吊销其资质证书；

（3）建议有关部门暂停拨付项目建设资金；

（4）建议有关部门批准暂停施工；

（5）建议有关部门追究主要责任人员的责任。

被稽查项目有关单位和人员有下列行为之一的，对单位主要负责人员和直接责任人员，由稽查办建议有关方面给予党纪政纪处分；构成犯罪的，移交司法机关依法追究法律责任：

（1）拒绝、阻碍稽查人员依法执行稽查任务或者打击报复稽查人员的；

（2）拒不提供与项目建设有关的文件、资料、合同、协议、财务状况和建设管理情况的资料或者隐匿、伪报资料，或提供假情况、假证词的；

（3）可能影响稽查人员公正履行职责的其他行为。

4.4 工程监理单位的安全生产法律责任

4.4.1 违反《建设工程安全生产管理条例》的责任

工程监理单位有下列行为之一的，责令限期改正；逾期未改正的，责令停业整顿，并处10万元以上30万元以下的罚款；情节严重的，降低资质等级，直至吊销资质证书；造成重大安全事故，构成犯罪的，对直接责任人员，依照刑法有关规定追究刑事责任；造成损失的，依法承担赔偿责任：

(1) 未对施工组织设计中的安全技术措施或者专项施工方案进行审查的；

(2) 发现安全事故隐患未及时要求施工单位整改或者暂时停止施工的；

(3) 施工单位拒不整改或者不停止施工，未及时向有关主管部门报告的；

(4) 未依照法律、法规和工程建设强制性标准实施监理的。

4.4.2　违反《实施工程建设强制性标准监督规定》的责任

工程监理单位违反强制性标准规定，将不合格的建设工程以及建筑材料、建筑构配件和设备按照合格签字的，责令改正，处 50 万元以上 100 万元以下的罚款，降低资质等级或者吊销资质证书；有违法所得的，予以没收；造成损失的，承担连带责任。

4.4.3　违反《水利工程建设安全生产管理规定》的责任

违反该规定，需要实施行政处罚的，由水行政主管部门或者流域管理机构按照《建设工程安全生产管理条例》的规定执行。

4.4.4　违反《水利工程建设项目验收管理规定》的责任

项目法人以及其他参建单位提交验收资料不真实导致验收结论有误的，由提交不真实验收资料的单位承担责任。竣工验收主持单位收回验收鉴定书，对责任单位予以通报批评；造成严重后果的，依照有关法律法规处罚。

4.4.5　违反《水利基本建设项目稽察暂行办法》的责任

对严重违反国家基本建设有关规定的项目，根据情节轻重提出以下单项或多项处理建议：

(1) 通报批评；

(2) 建议有关部门降低设计、监理、施工、咨询、设备材料供应等有关单位的资质，吊销其资质证书；

(3) 建议有关部门暂停拨付项目建设资金；

(4) 建议有关部门批准暂停施工；

(5) 建议有关部门追究主要责任人员的责任。

被稽查项目有关单位和人员有下列行为之一的，对单位主要负责人员和直接责任人员，由稽查办建议有关方面给予党纪政纪处分；构成犯罪的，移交司法机关依法追究法律责任：

(1) 拒绝、阻碍稽查人员依法执行稽查任务或者打击报复稽查人员的；

(2) 拒不提供与项目建设有关的文件、资料、合同、协议、财务状况和建设管理情况的资料或者隐匿、伪报资料，或提供假情况、假证词的；

(3) 可能影响稽查人员公正履行职责的其他行为。

4.5　施工单位的安全生产法律责任

4.5.1　违反《安全生产法》的责任

(1) 生产经营单位的决策机构、主要负责人，个人经营的投资人未依照该法规定保证安全生产所必需的资金投入，致使生产经营单位不具备安全生产条件的，责令限期改正，提供必需的资金；逾期未改正的，责令生产经营单位停产停业整顿。

有上述违法行为，导致发生生产安全事故的，对生产经营单位的主要负责人给予撤职处分，对个人经营的投资人处2万元以上20万元以下的罚款；构成犯罪的，依照刑法有关规定追究刑事责任。

(2) 生产经营单位的主要负责人未履行该法规定的安全生产管理职责的，责令限期改正；逾期未改正的，处2万元以上5万元以下的罚款，责令生产经营单位停产停业整顿。

生产经营单位的主要负责人有前款违法行为，导致发生生产安全事故的，给予撤职处分；构成犯罪的，依照刑法有关规定追究刑事责任。

生产经营单位的主要负责人依照前款规定受刑事处罚或者撤职处分的，自刑罚执行完毕或者受处分之日起，五年内不得担任任何生产经营单位的主要负责人；对重大、特别重大生产安全事故负有责任的，终身不得担任本行业生产经营单位的主要负责人。

(3) 生产经营单位有下列行为之一的，责令限期改正，可以处5万元以下的罚款；逾期未改正的，责令停产停业整顿，并处5万元以上10万元以下的罚款，对其直接负责的主管人员和其他直接责任人员处1万元以上2万元以下的罚款：

1) 未按照规定设置安全生产管理机构或者配备安全生产管理人员的；

2) 危险物品的生产、经营、储存单位以及矿山、金属冶炼、建筑施工、道路运输单位的主要负责人和安全生产管理人员未按照规定经考核合格的；

3) 未按照规定对从业人员、被派遣劳动者、实习学生进行安全生产教育和培训，或者未按照规定如实告知有关的安全生产事项的；

4) 未如实记录安全生产教育和培训情况的；

5) 未将事故隐患排查治理情况如实记录或者未向从业人员通报的；

6) 未按照规定制定生产安全事故应急救援预案或者未定期组织演练的；

7) 特种作业人员未按照规定经专门的安全作业培训并取得相应资格，上岗作业的。

(4) 生产经营单位有下列行为之一的，责令限期改正，可以处5万元以下的罚款；逾期未改正的，处5万元以上20万元以下的罚款，对其直接负责的主管人员和其他直接责任人员处1万元以上2万元以下的罚款；情节严重的，责令停产停业整顿；构成犯罪的，依照刑法有关规定追究刑事责任：

1) 未在有较大危险因素的生产经营场所和有关设施、设备上设置明显的安全警示标志的；

2) 安全设备的安装、使用、检测、改造和报废不符合国家标准或者行业标准的；

3) 未对安全设备进行经常性维护、保养和定期检测的；

4）未为从业人员提供符合国家标准或者行业标准的劳动防护用品的；

5）危险物品的容器、运输工具，以及涉及人身安全、危险性较大的海洋石油开采特种设备和矿山井下特种设备未经具有专业资质的机构检测、检验合格，取得安全使用证或者安全标志，投入使用的；

6）使用应当淘汰的危及生产安全的工艺、设备的。

（5）生产经营单位有下列行为之一的，责令限期改正，可以处10万元以下的罚款；逾期未改正的，责令停产停业整顿，并处10万元以上20万元以下的罚款，对其直接负责的主管人员和其他直接责任人员处2万元以上5万元以下的罚款；构成犯罪的，依照刑法有关规定追究刑事责任：

1）生产、经营、运输、储存、使用危险物品或者处置废弃危险物品，未建立专门安全管理制度、未采取可靠的安全措施的；

2）对重大危险源未登记建档，或者未进行评估、监控，或者未制定应急预案的；

3）进行爆破、吊装以及国务院安全生产监督管理部门会同国务院有关部门规定的其他危险作业，未安排专门人员进行现场安全管理的；

4）未建立事故隐患排查治理制度的。

（6）生产经营单位未采取措施消除事故隐患的，责令立即消除或者限期消除；生产经营单位拒不执行的，责令停产停业整顿，并处10万元以上50万元以下的罚款，对其直接负责的主管人员和其他直接责任人员处2万元以上5万元以下的罚款。

（7）生产经营单位将生产经营项目、场所、设备发包或者出租给不具备安全生产条件或者相应资质的单位或者个人的，责令限期改正，没收违法所得；违法所得10万元以上的，并处违法所得二倍以上五倍以下的罚款；没有违法所得或者违法所得不足10万元的，单处或者并处10万元以上20万元以下的罚款；对其直接负责的主管人员和其他直接责任人员处1万元以上2万元以下的罚款；导致发生生产安全事故给他人造成损害的，与承包方、承租方承担连带赔偿责任。

生产经营单位未与承包单位、承租单位签订专门的安全生产管理协议或者未在承包合同、租赁合同中明确各自的安全生产管理职责，或者未对承包单位、承租单位的安全生产统一协调、管理的，责令限期改正，可以处5万元以下的罚款，对其直接负责的主管人员和其他直接责任人员可以处1万元以下的罚款；逾期未改正的，责令停产停业整顿。

（8）两个以上生产经营单位在同一作业区域内进行可能危及对方安全生产的生产经营活动，未签订安全生产管理协议或者未指定专职安全生产管理人员进行安全检查与协调的，责令限期改正，可以处5万元以下的罚款，对其直接负责的主管人员和其他直接责任人员可以处1万元以下的罚款；逾期未改正的，责令停产停业。

（9）生产经营单位有下列行为之一的，责令限期改正，可以处5万元以下的罚款，对其直接负责的主管人员和其他直接责任人员可以处1万元以下的罚款；逾期未改正的，责令停产停业整顿；构成犯罪的，依照刑法有关规定追究刑事责任：

1）生产、经营、储存、使用危险物品的车间、商店、仓库与员工宿舍在同一座建筑内，或者与员工宿舍的距离不符合安全要求的；

2）生产经营场所和员工宿舍未设有符合紧急疏散需要、标志明显、保持畅通的出口，或者锁闭、封堵生产经营场所或者员工宿舍出口的。

(10) 生产经营单位与从业人员订立协议,免除或者减轻其对从业人员因生产安全事故伤亡依法应承担的责任的,该协议无效;对生产经营单位的主要负责人、个人经营的投资人处 2 万元以上 10 万元以下的罚款。

(11) 生产经营单位的从业人员不服从管理,违反安全生产规章制度或者操作规程的,由生产经营单位给予批评教育,依照有关规章制度给予处分;构成犯罪的,依照刑法有关规定追究刑事责任。

(12) 违反该法规定,生产经营单位拒绝、阻碍负有安全生产监督管理职责的部门依法实施监督检查的,责令改正;拒不改正的,处 2 万元以上 20 万元以下的罚款;对其直接负责的主管人员和其他直接责任人员处 1 万元以上 2 万元以下的罚款;构成犯罪的,依照刑法有关规定追究刑事责任。

(13) 生产经营单位的主要负责人在本单位发生生产安全事故时,不立即组织抢救或者在事故调查处理期间擅离职守或者逃匿的,给予降级、撤职的处分,并由安全生产监督管理部门处上一年年收入 60%至 100%的罚款;对逃匿的处 15 日以下拘留;构成犯罪的,依照刑法有关规定追究刑事责任。

生产经营单位的主要负责人对生产安全事故隐瞒不报、谎报或者迟报的,依照上述规定处罚。

(14) 生产经营单位不具备该法和其他有关法律、行政法规和国家标准或者行业标准规定的安全生产条件,经停产停业整顿仍不具备安全生产条件的,予以关闭;有关部门应当依法吊销其有关证照。

(15) 发生生产安全事故,对负有责任的生产经营单位除要求其依法承担相应的赔偿等责任外,由安全生产监督管理部门依照下列规定处以罚款:

1) 发生一般事故的,处 20 万元以上 50 万元以下的罚款;

2) 发生较大事故的,处 50 万元以上 100 万元以下的罚款;

3) 发生重大事故的,处 100 万元以上 500 万元以下的罚款;

4) 发生特别重大事故的,处 500 万元以上 1 000 万元以下的罚款;情节特别严重的,处 1 000 万元以上 2 000 万元以下的罚款。

(16) 生产经营单位发生生产安全事故造成人员伤亡、他人财产损失的,应当依法承担赔偿责任;拒不承担或者其负责人逃匿的,由人民法院依法强制执行。

生产安全事故的责任人未依法承担赔偿责任,经人民法院依法采取执行措施后,仍不能对受害人给予足额赔偿的,应当继续履行赔偿义务;受害人发现责任人有其他财产的,可以随时请求人民法院执行。

4.5.2 违反《建筑法》的责任

建筑施工企业违反该法规定,对建筑安全事故隐患不采取措施予以消除的,责令改正,可以处以罚款;情节严重的,责令停业整顿,降低资质等级或者吊销资质证书;构成犯罪的,依法追究刑事责任。

建筑施工企业的管理人员违章指挥、强令职工冒险作业,因而发生重大伤亡事故或者造成其他严重后果的,依法追究刑事责任。

4.5.3 违反《特种设备安全法》的责任

(1) 特种设备安装、改造、修理的施工单位在施工前未书面告知负责特种设备安全监督管理的部门即行施工的,或者在验收后30日内未将相关技术资料和文件移交特种设备使用单位的,责令限期改正;逾期未改正的,处1万元以上10万元以下罚款。

(2) 特种设备使用单位有下列行为之一的,责令限期改正;逾期未改正的,责令停止使用有关特种设备,处1万元以上10万元以下罚款:

1) 使用特种设备未按照规定办理使用登记的;

2) 未建立特种设备安全技术档案或者安全技术档案不符合规定要求,或者未依法设置使用登记标志、定期检验标志的;

3) 未对其使用的特种设备进行经常性维护保养和定期自行检查,或者未对其使用的特种设备的安全附件、安全保护装置进行定期校验、检修,并作出记录的;

4) 未按照安全技术规范的要求及时申报并接受检验的;

5) 未按照安全技术规范的要求进行锅炉水(介)质处理的;

6) 未制定特种设备事故应急专项预案的。

(3) 特种设备使用单位有下列行为之一的,责令停止使用有关特种设备,处3万元以上30万元以下罚款:

1) 使用未取得许可生产,未经检验或者检验不合格的特种设备,或者国家明令淘汰、已经报废的特种设备的;

2) 特种设备出现故障或者发生异常情况,未对其进行全面检查、消除事故隐患,继续使用的;

3) 特种设备存在严重事故隐患,无改造、修理价值,或者达到安全技术规范规定的其他报废条件,未依法履行报废义务,并办理使用登记证书注销手续的。

(4) 特种设备生产、经营、使用单位有下列情形之一的,责令限期改正;逾期未改正的,责令停止使用有关特种设备或者停产停业整顿,处1万元以上5万元以下罚款:

1) 未配备具有相应资格的特种设备安全管理人员、检测人员和作业人员的;

2) 使用未取得相应资格的人员从事特种设备安全管理、检测和作业的;

3) 未对特种设备安全管理人员、检测人员和作业人员进行安全教育和技能培训的。

特种设备安全管理人员、检测人员和作业人员不履行岗位职责,违反操作规程和有关安全规章制度,造成事故的,吊销相关人员的资格。

(5) 特种设备生产、经营、使用单位或者检验、检测机构拒不接受负责特种设备安全监督管理的部门依法实施的监督检查的,责令限期改正;逾期未改正的,责令停产停业整顿,处2万元以上20万元以下罚款。

(6) 特种设备生产、经营、使用单位擅自动用、调换、转移、损毁被查封、扣押的特种设备或者其主要部件的,责令改正,处5万元以上20万元以下罚款;情节严重的,吊销生产许可证,注销特种设备使用登记证书。

4.5.4 违反《建设工程安全生产管理条例》的责任

(1) 施工单位有下列行为之一的,责令限期改正;逾期未改正的,责令停业整顿,依照

《安全生产法》的有关规定处以罚款；造成重大安全事故，构成犯罪的，对直接责任人员，依照刑法有关规定追究刑事责任：

1）未设立安全生产管理机构、配备专职安全生产管理人员或者分部分项工程施工时无专职安全生产管理人员现场监督的；

2）施工单位的主要负责人、项目负责人、专职安全生产管理人员、作业人员或者特种作业人员，未经安全教育培训或者经考核不合格即从事相关工作的；

3）未在施工现场的危险部位设置明显的安全警示标志，或者未按照国家有关规定在施工现场设置消防通道、消防水源、配备消防设施和灭火器材的；

4）未向作业人员提供安全防护用具和安全防护服装的；

5）未按照规定在施工起重机械和整体提升脚手架、模板等自升式架设设施验收合格后登记的；

6）使用国家明令淘汰、禁止使用的危及施工安全的工艺、设备、材料的。

(2) 施工单位挪用列入建设工程概算的安全生产作业环境及安全施工措施所需费用的，责令限期改正，处挪用费用20%以上50%以下的罚款；造成损失的，依法承担赔偿责任。

(3) 施工单位有下列行为之一的，责令限期改正；逾期未改正的，责令停业整顿，并处5万元以上10万元以下的罚款；造成重大安全事故，构成犯罪的，对直接责任人员，依照刑法有关规定追究刑事责任：

1）施工前未对有关安全施工的技术要求作出详细说明的；

2）未根据不同施工阶段和周围环境及季节、气候的变化，在施工现场采取相应的安全施工措施，或者在城市市区内的建设工程的施工现场未实行封闭围挡的；

3）在尚未竣工的建筑物内设置员工集体宿舍的；

4）施工现场临时搭建的建筑物不符合安全使用要求的；

5）未对因建设工程施工可能造成损害的毗邻建筑物、构筑物和地下管线等采取专项防护措施的。

施工单位有上述第4)、5)项行为，造成损失的，依法承担赔偿责任。

(4) 施工单位有下列行为之一的，责令限期改正；逾期未改正的，责令停业整顿，并处10万元以上30万元以下的罚款；情节严重的，降低资质等级，直至吊销资质证书；造成重大安全事故，构成犯罪的，对直接责任人员，依照刑法有关规定追究刑事责任；造成损失的，依法承担赔偿责任：

1）安全防护用具、机械设备、施工机具及配件在进入施工现场前未经查验或者查验不合格即投入使用的；

2）使用未经验收或者验收不合格的施工起重机械和整体提升脚手架、模板等自升式架设设施的；

3）委托不具有相应资质的单位承担施工现场安装、拆卸施工起重机械和整体提升脚手架、模板等自升式架设设施的；

4）在施工组织设计中未编制安全技术措施、施工现场临时用电方案或者专项施工方案的。

(5) 施工单位取得资质证书后，降低安全生产条件的，责令限期改正；经整改仍未达到与其资质等级相适应的安全生产条件的，责令停业整顿，降低其资质等级直至吊销资质证书。

4.5.5　违反《安全生产许可证条例》的责任

(1) 未取得安全生产许可证擅自进行生产的，责令停止生产，没收违法所得，并处 10 万元以上 50 万元以下罚款；造成重大事故或者其他严重后果，构成犯罪的，依法追究刑事责任。

(2) 安全生产许可证有效期满未办理延期手续，继续进行生产的，责令停止生产，限期补办延期手续，没收违法所得，并处 5 万元以上 10 万元以下罚款；逾期仍不办理延期手续，继续进行生产的，责令停止生产，没收违法所得，并处 10 万元以上 50 万元以下罚款；造成重大事故或者其他严重后果，构成犯罪的，依法追究刑事责任。

(3) 转让安全生产许可证的，没收违法所得，处 10 万元以上 50 万元以上的罚款，并吊销其安全生产许可证；构成犯罪的，依法追究刑事责任；接受转让的，依照本条例第十九条的规定处罚。冒用安全生产许可证或者使用伪造的安全生产许可证的，依照本条例第十九条的规定处罚。

(4) 本条例施行前已经进行生产的企业，应当自本条例施行之日起 1 年内，依照本条例的规定向安全生产许可证颁发管理机关申请办理安全生产许可证；逾期不办理安全生产许可证，或者经审查不符合本条例规定的安全生产条件，未取得安全生产许可证，继续进行生产的，依照本条例第十九条的规定处罚。

4.5.6　违反《生产安全事故报告和调查处理条例》的责任

(1) 事故发生单位及其有关人员有下列行为之一的，对事故发生单位处 100 万元以上 500 万元以下的罚款；对主要负责人、直接负责的主管人员和其他直接责任人员处上一年年收入 60%至 100%的罚款；构成违反治安管理行为的，由公安机关依法给予治安管理处罚；构成犯罪的，依法追究刑事责任：

1) 谎报或者瞒报事故的；

2) 伪造或者故意破坏事故现场的；

3) 转移、隐匿资金、财产，或者销毁有关证据、资料的；

4) 拒绝接受调查或者拒绝提供有关情况和资料的；

5) 在事故调查中作伪证或者指使他人作伪证的；

6) 事故发生后逃匿的。

(2) 事故发生单位对事故发生负有责任的，由有关部门依法暂扣或者吊销其有关证照；对事故发生单位负有事故责任的有关人员，依法暂停或者撤销其与安全生产有关的执业资格、岗位证书；事故发生单位主要负责人受到刑事处罚或者撤职处分的，自刑罚执行完毕或者受处分之日起，5 年内不得担任任何生产经营单位的主要负责人。

4.5.7　违反《实施工程建设强制性标准监督规定》的责任

施工单位违反工程建设强制性标准的，责令改正，处工程合同价款 2%以上 4%以下的罚款；情节严重的，责令停业整顿，降低资质等级或者吊销资质证书。

4.5.8 违反《建筑施工企业安全生产许可证管理规定》的责任

(1) 取得安全生产许可证的建筑施工企业，发生重大安全事故的，暂扣安全生产许可证并限期整改。

(2) 建筑施工企业不再具备安全生产条件的，暂扣安全生产许可证并限期整改；情节严重的，吊销安全生产许可证。

(3) 建筑施工企业未取得安全生产许可证擅自从事建筑施工活动的，责令其在建项目停止施工，没收违法所得，并处 10 万元以上 50 万元以下的罚款；造成重大安全事故或者其他严重后果，构成犯罪的，依法追究刑事责任。

(4) 安全生产许可证有效期满未办理延期手续，继续从事建筑施工活动的，责令其在建项目停止施工，限期补办延期手续，没收违法所得，并处 5 万元以上 10 万元以下的罚款；逾期仍不办理延期手续，继续从事建筑施工活动的，责令其在建项目停止施工，没收违法所得，并处 10 万元以上 50 万元以下的罚款；造成重大安全事故或者其他严重后果，构成犯罪的，依法追究刑事责任。

(5) 建筑施工企业转让安全生产许可证的，没收违法所得，处 10 万元以上 50 万元以下的罚款，并吊销安全生产许可证；构成犯罪的，依法追究刑事责任；接受转让的，责令其在建项目停止施工，没收违法所得，并处 10 万元以上 50 万元以下的罚款；造成重大安全事故或者其他严重后果，构成犯罪的，依法追究刑事责任。

冒用安全生产许可证或者使用伪造的安全生产许可证的，责令其在建项目停止施工，没收违法所得，并处 10 万元以上 50 万元以下的罚款；造成重大安全事故或者其他严重后果，构成犯罪的，依法追究刑事责任。

(6) 建筑施工企业隐瞒有关情况或者提供虚假材料申请安全生产许可证的，不予受理或者不予颁发安全生产许可证，并给予警告，1 年内不得申请安全生产许可证。

建筑施工企业以欺骗、贿赂等不正当手段取得安全生产许可证的，撤销安全生产许可证，3 年内不得再次申请安全生产许可证；构成犯罪的，依法追究刑事责任。

4.5.9 违反《水利工程建设安全生产管理规定》的责任

违反该规定，需要实施行政处罚的，由水行政主管部门或者流域管理机构按照《建设工程安全生产管理条例》的规定执行。

4.5.10 违反《水利工程建设项目验收管理规定》的责任

项目法人以及其他参建单位提交验收资料不真实导致验收结论有误的，由提交不真实验收资料的单位承担责任。竣工验收主持单位收回验收鉴定书，对责任单位予以通报批评；造成严重后果的，依照有关法律法规处罚。

4.5.11 违反《水利基本建设项目稽察暂行办法》的责任

对严重违反国家基本建设有关规定的项目，根据情节轻重提出以下单项或多项处理建议：

(1) 通报批评；

(2) 建议有关部门降低设计、监理、施工、咨询、设备材料供应等有关单位的资质，吊销其资质证书；

(3) 建议有关部门暂停拨付项目建设资金；

(4) 建议有关部门批准暂停施工；

(5) 建议有关部门追究主要责任人员的责任。

被稽查项目有关单位和人员有下列行为之一的，对单位主要负责人员和直接责任人员，由稽查办建议有关方面给予党纪政纪处分；构成犯罪的，移交司法机关依法追究法律责任：

(1) 拒绝、阻碍稽查人员依法执行稽查任务或者打击报复稽查人员的；

(2) 拒不提供与项目建设有关的文件、资料、合同、协议、财务状况和建设管理情况的资料或者隐匿、伪报资料，或提供假情况、假证词的；

(3) 可能影响稽查人员公正履行职责的其他行为。

4.5.12 违反《水利水电工程施工企业主要负责人、项目负责人和专职安全生产管理人员安全生产考核管理办法》的责任

有下列情形之一的，发证机关应及时收回证书并重新考核：

(1) 企业主要负责人所在企业发生1起及以上重大、特大等级生产安全事故或2起及以上较大生产安全事故，且本人负有责任的；

(2) 项目负责人所在工程项目发生过1起及以上一般及以上等级生产安全事故，且本人负有责任的；

(3) 专职安全管理人员所在工程项目发生过1起及以上一般及以上等级生产安全事故，且本人负有责任的。

在施工各项活动中伪造、仿冒安全生产合格证书的，发证机关应吊销安全生产合格证书，2年内不得重考，构成犯罪的，依照有关规定追究其法律责任。

4.5.13 违反《水利建设工程施工分包管理规定》的责任

违反本办法规定，进行转包、违法分包和出租、出借资质、允许他人以本单位名义承揽工程的，按照《招标投标法》和《建设工程质量管理条例》等国家法律、法规的规定予以处罚。

4.5.14 其他法律、法规的相关规定

(1) 违反《环境保护法》，建设单位未依法提交建设项目环境影响评价文件或者环境影响评价文件未经批准，擅自开工建设的，由负有环境保护监督管理职责的部门责令停止建设，处以罚款，并可以责令恢复原状。

(2) 违反《大气污染防治法》，施工单位有下列行为之一的，由县级以上人民政府住房城乡建设等主管部门按照职责责令改正，处1万元以上10万元以下的罚款；拒不改正的，责令停工整治：

1) 施工工地未设置硬质密闭围挡，或者未采取覆盖、分段作业、择时施工、洒水抑尘、冲洗地面和车辆等有效防尘降尘措施的；

2) 建筑土方、工程渣土、建筑垃圾未及时清运，或者未采用密闭式防尘网遮盖的。

违反本法规定，建设单位未对暂时不能开工的建设用地的裸露地面进行覆盖，或者未对超过3个月不能开工的建设用地的裸露地面进行绿化、铺装或者遮盖的，由县级以上人

民政府住房城乡建设等主管部门依照前款规定予以处罚。

(3) 违反《环境噪声污染防治法》的规定,建筑施工单位在城市市区噪声敏感建筑物集中区域内,夜间进行禁止进行的产生环境噪声污染的建筑施工作业的,由工程所在地县级以上地方人民政府环境保护行政主管部门责令改正,可以并处罚款。

(4) 违反《劳动法》的规定,用人单位的劳动安全设施和劳动卫生条件不符合国家规定或者未向劳动者提供必要的劳动防护用品和劳动保护设施的,由劳动行政部门或者有关部门责令改正,可以处以罚款;情节严重的,提请县级以上人民政府决定责令停产整顿;对事故隐患不采取措施,致使发生重大事故,造成劳动者生命和财产损失的,对责任人员比照刑法的规定追究刑事责任。

用人单位强令劳动者违章冒险作业,发生重大伤亡事故,造成严重后果的,对责任人员依法追究刑事责任。

(5) 违反《消防法》的规定,有下列行为之一的,责令改正,处5 000以上5万元以下罚款:

1) 消防设施、器材或者消防安全标志的配置、设置不符合国家标准、行业标准,或者未保持完好有效的;

2) 损坏、挪用或者擅自拆除、停用消防设施、器材的;

3) 占用、堵塞、封闭疏散通道、安全出口或者有其他妨碍安全疏散行为的;

4) 埋压、圈占、遮挡消火栓或者占用防火间距的;

5) 占用、堵塞、封闭消防车通道,妨碍消防车通行的;

6) 人员密集场所在门窗上设置影响逃生和灭火救援的障碍物的;

7) 对火灾隐患经公安机关消防机构通知后不及时采取措施消除的。

生产、储存、经营易燃易爆危险品的场所与居住场所设置在同一建筑物内,或者未与居住场所保持安全距离的,责令停产停业,并处5 000以上5万元以下罚款。

(6) 违反《工伤保险条例》的规定,用人单位依照本条例规定应当参加工伤保险而未参加的,由社会保险行政部门责令限期参加,补缴应当缴纳的工伤保险费,并自欠缴之日起,按日加收0.5‰的滞纳金;逾期仍不缴纳的,处欠缴数额1倍以上3倍以下的罚款;

4.6 水利水电工程建设其他相关单位的安全生产法律责任

4.6.1 评价认证与检测检验机构的安全生产法律责任

(1) 承担安全评价、认证、检测、检验工作的机构违反《安全生产法》,出具虚假证明的,没收违法所得;违法所得在10万元以上的,并处违法所得2倍以上5倍以下的罚款;没有违法所得或者违法所得不足10万元的,单处或者并处10万元以上20万元以下的罚款;对其直接负责的主管人员和其他直接责任人员处2万元以上5万元以下的罚款;给他人造成损害的,与生产经营单位承担连带赔偿责任;构成犯罪的,依照刑法有关规定追究刑事责任。

对有前款违法行为的机构，吊销其相应资质。

(2) 中介机构违反《安全生产事故报告和调查处理条例》，为发生事故的单位提供虚假证明的，由有关部门依法暂扣或者吊销其有关证照及其相关人员的执业资格；构成犯罪的，依法追究刑事责任。

4.6.2　机械设备和配件提供单位的安全生产法律责任

为水利建设工程提供机械设备和配件的单位违反《建设工程安全生产管理条例》，未按照安全施工的要求配备齐全有效的保险、限位等安全设施和装置的，责令限期改正，处合同价款 1 倍以上 3 倍以下的罚款；造成损失的，依法承担赔偿责任。

4.6.3　设备与机具出租单位的安全生产法律责任

(1) 出租单位违反《建设工程安全生产管理条例》，出租未经安全性能检测或者经检测不合格的水利机械设备和水利施工机具及配件的，责令停业整顿，并处 5 万元以上 10 万元以下的罚款；造成损失的，依法承担赔偿责任。

(2) 出租单位、自购建筑起重机械的使用单位违反《建筑起重机械安全监督管理规定》，有下列行为之一的，由县级以上地方人民政府建设主管部门责令限期改正，予以警告，并处以 5 000 元以上 1 万元以下罚款：

1) 未按照规定办理备案的；

2) 未按照规定办理注销手续的；

3) 未按照规定建立建筑起重机械安全技术档案的。

4.6.4　起重机械安装单位的安全生产法律责任

(1) 施工起重机械和整体提升脚手架、模板等自升式架设设施安装、拆卸单位违反《建设工程安全生产管理条例》，有下列行为之一的，责令限期改正，处 5 万元以上 10 万元以下的罚款；情节严重的，责令停业整顿，降低资质等级，直至吊销资质证书；造成损失的，依法承担赔偿责任：

1) 未编制拆装方案、制定安全施工措施的；

2) 未有专业技术人员现场监督的；

3) 未出具自检合格证明或者出具虚假证明的；

4) 未向施工单位进行安全使用说明，办理移交手续的。

施工起重机械和整体提升脚手架、模板等自升式架设设施安装、拆卸单位有前款规定的第 1)、3)项行为，经有关部门或者单位职工提出后，对事故隐患仍不采取措施，因而发生重大伤亡事故或者造成其他严重后果，构成犯罪的，对直接责任人员，依照刑法有关规定追究刑事责任。

(2) 安装单位违反《建筑起重机械安全监督管理规定》，有下列行为之一的，由县级以上地方人民政府建设主管部门责令限期改正，予以警告，并处以 5 000 元以上 3 万元以下罚款：

1) 未履行《建筑起重机械安全监督管理规定》第十二条下列安全职责规定的：

① 按照安全技术标准及安装使用说明书等检查建筑起重机械及现场施工条件；

② 制定建筑起重机械安装、拆卸工程生产安全事故应急救援预案；

③ 将建筑起重机械安装、拆卸工程专项施工方案，安装、拆卸人员名单，安装、拆卸时间等材料报施工总承包单位和监理单位审核后，告知工程所在地县级以上地方人民政府建设主管部门。

2）未按照规定建立建筑起重机械安装、拆卸工程档案的；

3）未按照建筑起重机械安装、拆卸工程专项施工方案及安全操作规程组织安装、拆卸作业的。

4.7 水利水电工程建设其他相关人员的安全生产法律责任

4.7.1 施工企业管理人员的安全生产法律责任

(1) 生产经营单位的决策机构、主要负责人或者个人经营的投资人不依照《安全生产法》规定保证安全生产所必需的资金投入，致使生产经营单位不具备安全生产条件的，责令限期改正，提供必需的资金；逾期未改正的，责令生产经营单位停产停业整顿。

有前款违法行为，导致发生生产安全事故的，对生产经营单位的主要负责人给予撤职处分，对个人经营的投资人处 2 万元以上 20 万元以下的罚款；构成犯罪的，依照刑法有关规定追究刑事责任。

(2) 生产经营单位的主要负责人未履行《安全生产法》规定的安全生产管理职责的，责令限期改正；逾期未改正的，处 2 万元以上 5 万元以下的罚款，责令生产经营单位停产停业整顿。

生产经营单位的主要负责人有前款违法行为，导致发生生产安全事故的，给予撤职处分；构成犯罪的，依照刑法有关规定追究刑事责任。

生产经营单位的主要负责人依照前款规定受刑事处罚或者撤职处分的，自刑罚执行完毕或者受处分之日起，5 年内不得担任任何生产经营单位的主要负责人；对重大、特别重大生产安全事故负有责任的，终身不得担任本行业生产经营单位的主要负责人。

(3) 生产经营单位的主要负责人未履行《安全生产法》规定的安全生产管理职责，导致发生生产安全事故的，由安全生产监督管理部门依照下列规定处以罚款：

1）发生一般事故的，处上一年年收入 30%的罚款；

2）发生较大事故的，处上一年年收入 40%的罚款；

3）发生重大事故的，处上一年年收入 60%的罚款；

4）发生特别重大事故的，处上一年年收入 80%的罚款。

(4) 生产经营单位的安全生产管理人员未履行《安全生产法》规定的安全生产管理职责的，责令限期改正；导致发生生产安全事故的，暂停或者撤销其与安全生产有关的资格；构成犯罪的，依照刑法有关规定追究刑事责任。

(5) 违反《安全生产法》的规定，生产经营单位有下列行为之一的，责令限期改正，可以处 5 万元以下的罚款；逾期未改正的，责令停产停业整顿，并处 5 万元以上 10 万元以下的罚款，对其直接负责的主管人员和其他直接责任人员处 1 万元以上 2 万元以下的罚款：

1）未按照规定设置安全生产管理机构或者配备安全生产管理人员的；

2）危险物品的生产、经营、储存单位以及矿山、金属冶炼、建筑施工、道路运输单位的主要负责人和安全生产管理人员未按照规定经考核合格的；

3）未按照规定对从业人员、被派遣劳动者、实习学生进行安全生产教育和培训，或者未按照规定如实告知有关的安全生产事项的；

4）未如实记录安全生产教育和培训情况的；

5）未将事故隐患排查治理情况如实记录或者未向从业人员通报的；

6）未按照规定制定生产安全事故应急救援预案或者未定期组织演练的；

7）特种作业人员未按照规定经专门的安全作业培训并取得相应资格，上岗作业的。

(6) 违反《安全生产法》的规定，生产经营单位有下列行为之一的，责令停止建设或者停产停业整顿，限期改正；逾期未改正的，处50万元以上100万元以下的罚款，对其直接负责的主管人员和其他直接责任人员处2万元以上5万元以下的罚款；构成犯罪的，依照刑法有关规定追究刑事责任：

1）未按照规定对矿山、金属冶炼建设项目或者用于生产、储存、装卸危险物品的建设项目进行安全评价的；

2）矿山、金属冶炼建设项目或者用于生产、储存、装卸危险物品的建设项目没有安全设施设计或者安全设施设计未按照规定报经有关部门审查同意的；

3）矿山、金属冶炼建设项目或者用于生产、储存、装卸危险物品的建设项目的施工单位未按照批准的安全设施设计施工的；

4）矿山、金属冶炼建设项目或者用于生产、储存危险物品的建设项目竣工投入生产或者使用前，安全设施未经验收合格的。

(7) 违反《安全生产法》的规定，生产经营单位有下列行为之一的，责令限期改正，可以处5万元以下的罚款；逾期未改正的，处5万元以上20万元以下的罚款，对其直接负责的主管人员和其他直接责任人员处1万元以上2万元以下的罚款；情节严重的，责令停产停业整顿；构成犯罪的，依照刑法有关规定追究刑事责任：

1）未在有较大危险因素的生产经营场所和有关设施、设备上设置明显的安全警示标志的；

2）安全设备的安装、使用、检测、改造和报废不符合国家标准或者行业标准的；

3）未对安全设备进行经常性维护、保养和定期检测的；

4）未为从业人员提供符合国家标准或者行业标准的劳动防护用品的；

5）危险物品的容器、运输工具，以及涉及人身安全、危险性较大的海洋石油开采特种设备和矿山井下特种设备未经具有专业资质的机构检测、检验合格，取得安全使用证或者安全标志，投入使用的；

6）使用应当淘汰的危及生产安全的工艺、设备的。

(8) 违反《安全生产法》的规定，未经依法批准，擅自生产、经营、运输、储存、使用危险物品或者处置废弃危险物品的，依照有关危险物品安全管理的法律、行政法规的规定予以处罚；构成犯罪的，依照刑法有关规定追究刑事责任。

(9) 违反《安全生产法》的规定，生产经营单位有下列行为之一的，责令限期改正，可以处10万元以下的罚款；逾期未改正的，责令停产停业整顿，并处10万元以上20万元以下的罚款，对其直接负责的主管人员和其他直接责任人员处2万元以上5万元以下的罚款；构成犯罪的，依照刑法有关规定追究刑事责任：

1）生产、经营、运输、储存、使用危险物品或者处置废弃危险物品，未建立专门安全管理制度、未采取可靠的安全措施的；

2）对重大危险源未登记建档，或者未进行评估、监控，或者未制定应急预案的；

3）进行爆破、吊装以及国务院安全生产监督管理部门会同国务院有关部门规定的其他危险作业，未安排专门人员进行现场安全管理的；

4）未建立事故隐患排查治理制度的。

(10）违反《安全生产法》的规定，生产经营单位未采取措施消除事故隐患的，责令立即消除或者限期消除；生产经营单位拒不执行的，责令停产停业整顿，并处10万元以上50万元以下的罚款，对其直接负责的主管人员和其他直接责任人员处2万元以上5万元以下的罚款。

(11）违反《安全生产法》的规定，生产经营单位将生产经营项目、场所、设备发包或者出租给不具备安全生产条件或者相应资质的单位或者个人的，责令限期改正，没收违法所得；违法所得10万元以上的，并处违法所得二倍以上五倍以下的罚款；没有违法所得或者违法所得不足10万元的，单处或者并处10万元以上20万元以下的罚款；对其直接负责的主管人员和其他直接责任人员处1万元以上2万元以下的罚款；导致发生生产安全事故给他人造成损害的，与承包方、承租方承担连带赔偿责任。

生产经营单位未与承包单位、承租单位签订专门的安全生产管理协议或者未在承包合同、租赁合同中明确各自的安全生产管理职责，或者未对承包单位、承租单位的安全生产统一协调、管理的，责令限期改正，可以处5万元以下的罚款，对其直接负责的主管人员和其他直接责任人员可以处1万元以下的罚款；逾期未改正的，责令停产停业整顿。

(12）违反《安全生产法》的规定，两个以上生产经营单位在同一作业区域内进行可能危及对方安全生产的生产经营活动，未签订安全生产管理协议或者未指定专职安全生产管理人员进行安全检查与协调的，责令限期改正，可以处5万元以下的罚款，对其直接负责的主管人员和其他直接责任人员可以处1万元以下的罚款；逾期未改正的，责令停产停业。

(13）违反《安全生产法》的规定，生产经营单位有下列行为之一的，责令限期改正，可以处5万元以下的罚款，对其直接负责的主管人员和其他直接责任人员可以处1万元以下的罚款；逾期未改正的，责令停产停业整顿；构成犯罪的，依照刑法有关规定追究刑事责任：

1）生产、经营、储存、使用危险物品的车间、商店、仓库与员工宿舍在同一座建筑内，或者与员工宿舍的距离不符合安全要求的；

2）生产经营场所和员工宿舍未设有符合紧急疏散需要、标志明显、保持畅通的出口，或者锁闭、封堵生产经营场所或者员工宿舍出口的。

(14）违反《安全生产法》的规定，生产经营单位与从业人员订立协议，免除或者减轻其对从业人员因生产安全事故伤亡依法应承担的责任的，该协议无效；对生产经营单位的主要负责人、个人经营的投资人处 2 万元以上 10 万元以下的罚款。

(15) 违反《安全生产法》的规定，生产经营单位的从业人员不服从管理，违反安全生产规章制度或者操作规程的，由生产经营单位给予批评教育，依照有关规章制度给予处分；构成犯罪的，依照刑法有关规定追究刑事责任。

(16) 违反《安全生产法》的规定，生产经营单位拒绝、阻碍负有安全生产监督管理职责的部门依法实施监督检查的，责令改正；拒不改正的，处 2 万元以上 20 万元以下的罚款；对其直接负责的主管人员和其他直接责任人员处 1 万元以上 2 万元以下的罚款；构成犯罪的，依照刑法有关规定追究刑事责任。

(17) 违反《安全生产法》的规定，生产经营单位的主要负责人在本单位发生生产安全事故时，不立即组织抢救或者在事故调查处理期间擅离职守或者逃匿的，给予降级、撤职的处分，并由安全生产监督管理部门处上一年年收入 60％至 100％的罚款；对逃匿的处 15 日以下拘留；构成犯罪的，依照刑法有关规定追究刑事责任。

生产经营单位的主要负责人对生产安全事故隐瞒不报、谎报或者迟报的，依照前款规定处罚。

(18) 违反《建设工程安全生产管理条例》的规定，施工单位的主要负责人、项目负责人未履行安全生产管理职责的，责令限期改正；逾期未改正的，责令施工单位停业整顿；造成重大安全事故、重大伤亡事故或者其他严重后果，构成犯罪的，依照刑法有关规定追究刑事责任。

施工单位的主要负责人、项目负责人有前款违法行为，尚不够刑事处罚的，处 2 万元以上 20 万元以下的罚款或者按照管理权限给予撤职处分；自刑罚执行完毕或者受处分之日起，5 年内不得担任任何施工单位的主要负责人、项目负责人。

(19) 违反《建设工程安全生产管理条例》的规定，作业人员不服管理、违反规章制度和操作规程冒险作业造成重大伤亡事故或者其他严重后果，构成犯罪的，依照刑法有关规定追究刑事责任。

(20) 违反《安全生产事故报告和调查处理条例》的规定，事故发生单位主要负责人未依法履行安全生产管理职责，导致事故发生的，依照下列规定处以罚款；属于国家工作人员的，并依法给予处分；构成犯罪的，依法追究刑事责任：

1) 发生一般事故的，处上一年年收入 30％的罚款；

2) 发生较大事故的，处上一年年收入 40％的罚款；

3) 发生重大事故的，处上一年年收入 60％的罚款；

4) 发生特别重大事故的，处上一年年收入 80％的罚款。

4.7.2　注册执业人员的安全生产法律责任

违反《建设工程安全生产管理条例》的规定，注册执业人员未执行法律、法规和工程建设强制性标准的，责令停止执业 3 个月以上 1 年以下；情节严重的，吊销执业资格证书，5 年内不予注册；造成重大安全事故的，终身不予注册；构成犯罪的，依照刑法有关规定追究刑事责任。

4.7.3　参加水利工程建设项目验收专家的安全生产法律责任

违反《水利工程建设项目验收管理规定》的规定，参加验收的专家在验收工作中玩忽职守、徇私舞弊的，由验收监督管理机关予以通报批评；情节严重的，取消其参加验收的资格；构成犯罪的，依法追究刑事责任。

4.8 行政主管部门及其工作人员的安全生产法律责任

4.8.1 违反《安全生产法》的责任

(1) 负有安全生产监督管理职责的部门的工作人员，有下列行为之一的，给予降级或者撤职的处分；构成犯罪的，依照刑法有关规定追究刑事责任：

1) 对不符合法定安全生产条件的涉及安全生产的事项予以批准或者验收通过的；

2) 发现未依法取得批准、验收的单位擅自从事有关活动或者接到举报后不予取缔或者不依法予以处理的；

3) 对已经依法取得批准的单位不履行监督管理职责，发现其不再具备安全生产条件而不撤销原批准或者发现安全生产违法行为不予查处的；

4) 在监督检查中发现重大事故隐患，不依法及时处理的。

负有安全生产监督管理职责的部门的工作人员有前款规定以外的滥用职权、玩忽职守、徇私舞弊行为的，依法给予处分；构成犯罪的，依照刑法有关规定追究刑事责任。

(2) 负有安全生产监督管理职责的部门，要求被审查、验收的单位购买其指定的安全设备、器材或者其他产品的，在对安全生产事项的审查、验收中收取费用的，由其上级机关或者监察机关责令改正，责令退还收取的费用；情节严重的，对直接负责的主管人员和其他直接责任人员依法给予处分。

(3) 有关地方人民政府、负有安全生产监督管理职责的部门，对生产安全事故隐瞒不报、谎报或者迟报的，对直接负责的主管人员和其他直接责任人员依法给予处分；构成犯罪的，依照刑法有关规定追究刑事责任。

4.8.2 违反《建设工程安全生产管理条例》的责任

县级以上人民政府建设行政主管部门或者其他有关行政管理部门的工作人员，有下列行为之一的，给予降级或者撤职的行政处分；构成犯罪的，依照刑法有关规定追究刑事责任：

(1) 对不具备安全生产条件的施工单位颁发资质证书的；

(2) 对没有安全施工措施的建设工程颁发施工许可证的；

(3) 发现违法行为不予查处的；

(4) 不依法履行监督管理职责的其他行为。

4.8.3 违反《安全生产许可证条例》的责任

安全生产许可证颁发管理机关工作人员有下列行为之一的，给予降级或者撤职的行政处分；构成犯罪的，依法追究刑事责任：

(1) 向不符合本条例规定的安全生产条件的企业颁发安全生产许可证的；

(2) 发现企业未依法取得安全生产许可证擅自从事生产活动，不依法处理的；

(3) 发现取得安全生产许可证的企业不再具备本条例规定的安全生产条件，不依法处理的；

(4) 接到对违反本条例规定行为的举报后，不及时处理的；

(5) 在安全生产许可证颁发、管理和监督检查工作中，索取或者接受企业的财物，或者谋取其他利益的。

4.8.4 违反《生产安全事故报告和调查处理条例》的责任

(1) 有关地方人民政府、安全生产监督管理部门和负有安全生产监督管理职责的有关部门有下列行为之一的，对直接负责的主管人员和其他直接责任人员依法给予处分；构成犯罪的，依法追究刑事责任：

1) 不立即组织事故抢救的；

2) 迟报、漏报、谎报或者瞒报事故的；

3) 阻碍、干涉事故调查工作的；

4) 在事故调查中作伪证或者指使他人作伪证的。

(2) 有关地方人民政府或者有关部门故意拖延或者拒绝落实经批复的对事故责任人的处理意见的，由监察机关对有关责任人员依法给予处分。

(3) 参与事故调查的人员在事故调查中有下列行为之一的，依法给予处分；构成犯罪的，依法追究刑事责任：

1) 对事故调查工作不负责任，致使事故调查工作有重大疏漏的；

2) 包庇、袒护负有事故责任的人员或者借机打击报复的。

4.8.5 违反《国务院关于特大安全事故行政责任追究的规定》的责任

(1) 依法对涉及安全生产事项负责行政审批(包括批准、核准、许可、注册、认证、颁发证照、竣工验收等)的政府部门或者机构，必须严格依照法律、法规和规章规定的安全条件和程序进行审查；不符合法律、法规和规章规定的安全条件的，不得批准；不符合法律、法规和规章规定的安全条件，弄虚作假，骗取批准或者勾结串通行政审批工作人员取得批准的，负责行政审批的政府部门或者机构除必须立即撤销原批准外，应当对弄虚作假骗取批准或者勾结串通行政审批工作人员的当事人依法给予行政处罚；构成行贿罪或者其他罪的，依法追究刑事责任。

负责行政审批的政府部门或者机构违反前款规定，对不符合法律、法规和规章规定的安全条件予以批准的，对部门或者机构的正职负责人，根据情节轻重，给予降级、撤职直至开除公职的行政处分；与当事人勾结串通的，应当开除公职；构成受贿罪、玩忽职守罪或者其他罪的，依法追究刑事责任。

(2) 依照《国务院关于特大安全事故行政责任追究的规定》的规定取得批准的单位和个人，负责行政审批的政府部门或者机构必须对其实施严格监督检查；发现其不再具备安全条件的，必须立即撤销原批准。

负责行政审批的政府部门或者机构违反前款规定，不对取得批准的单位和个人实施严格监督检查，或者发现其不再具备安全条件而不立即撤销原批准的，对部门或者机构的正职负责人，根据情节轻重，给予降级或者撤职的行政处分；构成受贿罪、玩忽职守罪或者其他罪的，依法追究刑事责任。

(3) 对未依法取得批准，擅自从事有关活动的，负责行政审批的政府部门或者机构发现或者接到举报后，应当立即予以查封、取缔，并依法给予行政处罚；属于经营单位的，由工商行政管理部门依法吊销营业执照。

负责行政审批的政府部门或者机构违反前款规定，对发现或者举报的未依法取得批准而擅自从事有关活动的，不予查封、取缔，不依法给予行政处罚，工商行政管理部门不予吊销营业执照的，对部门或者机构的正职负责人，根据情节轻重，给予降级或者撤职的行政处分；构成受贿罪、玩忽职守罪或者其他罪的，依法追究刑事责任。

(4) 负责行政审批的政府部门或者机构、负责安全监督管理的政府有关部门，未依照《国务院关于特大安全事故行政责任追究的规定》履行职责，发生特大安全事故的，对部门或者机构的正职负责人，根据情节轻重，给予撤职或者开除公职的行政处分；构成玩忽职守罪或者其他罪的，依法追究刑事责任。

(5) 特大安全事故发生后，有关县(市、区)、市(地、州)和省、自治区、直辖市人民政府及政府有关部门应当按照国家规定的程序和时限立即上报，不得隐瞒不报、谎报或者拖延报告，并应当配合、协助事故调查，不得以任何方式阻碍、干涉事故调查。

特大安全事故发生后，有关地方人民政府及其有关部门违反前款规定的，对政府主要领导人和政府部门正职负责人给予降级的行政处分。

(6) 地方人民政府或者政府部门阻挠、干涉对特大安全事故有关责任人员追究行政责任的，对该地方人民政府主要领导人或者政府部门正职负责人，根据情节轻重，给予降级或者撤职的行政处分。

4.8.6 违反《建筑施工企业安全生产许可证管理规定》的责任

建设主管部门工作人员有下列行为之一的，给予降级或者撤职的行政处分；构成犯罪的，依法追究刑事责任：

(1) 向不符合安全生产条件的建筑施工企业颁发安全生产许可证的；

(2) 发现建筑施工企业未依法取得安全生产许可证擅自从事建筑施工活动，不依法处理的；

(3) 发现取得安全生产许可证的建筑施工企业不再具备安全生产条件，不依法处理的；

(4) 接到对违反《建筑施工企业安全生产许可证管理规定》行为的举报后，不及时处理的；

(5) 在安全生产许可证颁发、管理和监督检查工作中，索取或者接受建筑施工企业的财物，或者谋取其他利益的。

由于建筑施工企业弄虚作假，造成前款第(1)项行为的，对建设主管部门工作人员不予处分。

4.8.7 违反《水利工程建设项目验收管理规定》的责任

国家机关工作人员在验收工作中玩忽职守、滥用职权、徇私舞弊，尚不构成犯罪的，依法给予行政处分；构成犯罪的，依法追究刑事责任。

4.8.8　违反《水利基本建设项目稽察暂行办法》的责任

稽查人员有下列行为之一的，解除聘任；视情节轻重给予党纪、政纪处分；构成犯罪的，依法追究法律责任：

(1) 对被稽查项目的重大问题隐匿不报，严重失职的；

(2) 与被稽查项目有关的单位串通，编造虚假稽查报告的；

(3) 干预被稽查项目的建设管理活动，致使被稽查项目的正常工作受到损害的；

(4) 接受与被稽查项目有关单位的馈赠、报酬等费用，参加有可能影响公正履行职责的宴请、娱乐、旅游等违纪活动，或者通过稽查工作为自己、亲友及他人谋取私利的。

考试习题

一、单项选择题（每小题有4个备选答案，其中只有1个是正确选项）

1. 不是违反建设工程安全生产法律法规的主要法律责任形式是(　　)。

A. 行政责任　　B. 经济责任

C. 刑事责任　　D. 民事责任

正确答案：B

2. 生产经营单位违反《安全生产法》，未为从业人员提供符合国家标准或者行业标准的劳动防护用品的，责令限期改正；逾期未改正的，责令停止建设，可以并处(　　)罚款。

A. 2万元以下　　B. 5万元以下

C. 10万元以下　　D. 20万元以下

正确答案：B

3. 生产经营单位违反《安全生产法》，进行吊装等危险作业，未安排专门管理人员进行现场安全管理的，造成严重后果，构成犯罪的，依照刑法有关规定追究(　　)。

A. 行政责任　　B. 刑事责任

C. 民事责任　　D. 经济责任

正确答案：B

4.《安全生产法》规定，生产经营单位主要负责人在本单位发生重大生产安全事故时，在事故调查处理期间逃匿的，可处(　　)以下拘留。

A. 5日　　B. 7日

C. 10日　　D. 15日

正确答案：D

5. 生产经营单位不具备《安全生产法》规定的安全生产条件，经停产停业整顿仍不具备安全生产条件的，(　　)。

A. 予以罚款　　B. 予以关闭

C. 可以继续整改　　D. 追究法定代表人责任

正确答案：B

6. 依据《安全生产法》的规定，从业人员不服从管理，违反安全生产规章制度、操作规程的，由生产经营单给予批评教育，依照（　　）给予处分。

A. 治安管理处罚条例　　B. 有关规章制度

C. 行政处罚法　　D. 民法通则

正确答案：B

7. 违反《建设工程安全生产管理条例》的规定，建设单位未将保证安全施工的措施报送有关部门备案的，责令限期改正，给予（　　）。

A. 通报　　B. 停工

C. 罚款　　D. 警告

正确答案：D

8. 违反《建设工程安全生产管理条例》的规定，建设单位将拆除工程发包给不具有相应资质等级的施工单位，造成重大安全事故，构成犯罪的，对直接责任人员，依照（　　）有关规定追究刑事责任。

A. 安全生产法　　B. 建筑法

C. 刑法　　D. 行政处罚法

正确答案：C

9. 勘察、设计单位违反工程建设强制性标准进行勘察、设计的，责令改正，并处以（　　）的罚款。

A. 1万元以上5万元以下　　B. 1万元以上10万元以下

C. 5万元以上30万元以下　　D. 10万元以上30万元以下

正确答案：D

10. 违反《建设工程安全生产管理条例》，工程监理单位未对专项施工方案进行审查的，责令限期改正；逾期未改正的，（　　）。

A. 处以5万元以上10万元以下罚款

B. 责令停业整顿，并处10万元以上20万元以下罚款

C. 责令停业整顿，并处10万元以上30万元以下罚款

D. 责令停业整顿，或处10万元以上30万元以下罚款

正确答案：C

11.《建筑起重机械安全监督管理规定》规定不是监理单位安全职责的是（　　）。

A. 审核建筑起重机械安装、拆卸工程专项施工方案

B. 审核建筑起重机械安装单位、使用单位资质的证书

C. 审核建筑起重机械安装单位、使用单位资质的安全生产许可证

D. 审核建筑起重机械安装单位、使用单位资质特种作业人员的特种作业操作资格证书

正确答案：A

12. 建筑施工企业违反《建筑法》的规定，对建筑安全事故隐患不采取措施予以消除的，责令改正，（　　）。

A. 吊扣资质证书　　B. 降低资质等级

C. 可处以罚款　　D. 依法追究刑事责任

正确答案:C

13. 建筑施工企业违反《建筑法》的规定,对建筑安全事故隐患不采取措施予以消除的,情节严重的,责令停业整顿,降低资质等级或者吊销资质证书;构成犯罪的,(　　)。

A. 依法追究行政责任　　B. 依法追究刑事责任

C. 依法追究经济责任　　D. 依法追究民事责任

正确答案:B

14. 根据《安全生产法》的规定,生产经营单位的从业人员不服从管理,违反安全生产规章制度或者操作规程的,由生产经营单位给予以下处理:(　　)。

A. 依照有关法规给予处分　　B. 依照有关法律给予处分

C. 批评教育　　D. 开除

正确答案:C

15.《特种设备安全法》规定,施工单位使用特种设备行为错误的是(　　)。

A. 办理使用登记的　　B. 制定特种设备事故应急专项预案的

C. 建立特种设备安全技术档案　　D. 未及时申报并接受检验的

正确答案:D

16. 违反《建设工程安全生产管理条例》的规定,施工单位未按照国家有关规定在施工现场设置消防水源的,责令限期改正;逾期未改正的,(　　),依照《安全生产法》的有关规定处以罚款。

A. 暂扣资质证书　　B. 责令停业整顿

C. 吊销营业执照　　D. 追究行政责任

正确答案:B

17. 违反《建设工程安全生产管理条例》的规定,施工单位未按照国家有关规定在施工现场设置消防通道的,责令限期改正;造成重大安全事故,构成犯罪的,对(　　),依照刑法有关规定追究刑事责任。

A. 法人代表　　B. 项目负责人

C. 技术负责人　　D. 直接责任人员

正确答案:D

18. 违反《建设工程安全生产管理条例》的规定,施工单位挪用列入建设工程概算的安全生产作业环境及安全施工措施所需费用的,责令限期改正,处挪用费用(　　)的罚款。

A. 5%以上10%以下　　B. 10%以上20%以下

C. 10%以上30%以下　　D. 20%以上50%以下

正确答案:D

19. 违反《建设工程安全生产管理条例》的规定,施工单位未根据不同施工阶段和周围环境及季节、气候的变化,在施工现场采取相应的安全施工措施,造成重大安全事故,构成犯罪的,对(　　),依照刑法有关规定追究刑事责任。

A. 企业负责任人　　B. 作业人员

C. 现场负责任人　　D. 直接责任人员

正确答案:D

20. 违反《建设工程安全生产管理条例》的规定,施工单位在尚未竣工的建筑物内设置员工集体宿舍的,责令限期改正,逾期未改正的,(　　),并处5万元以上10万元以下的罚款。

A. 责令停止施工　　B. 责令停业整顿

C. 暂扣资质证书　　D. 暂扣营业执照

正确答案:B

21. 违反《建设工程安全生产管理条例》的规定,施工单位未对因建设工程施工可能造成损害的毗邻建筑物采取专项防护措施的,责令限期改正;逾期未改正的,(　　)。

A. 责令停业整顿

B. 处5万元以上10万元以下的罚款

C. 暂扣资质证书

D. 责令停业整顿,并处5万元以上10万元以下的罚款

正确答案:D

22. 违反《建设工程安全生产管理条例》的规定,施工单位未对因建设工程施工可能造成损害的毗邻地下管线采取专项防护措施的,造成损失的,依法承担(　　)。

A. 行政责任　　B. 民事责任

C. 赔偿责任　　D. 法律责任

正确答案:C

23. 违反《建设工程安全生产管理条例》的规定,施工单位的安全防护用具在进入施工现场前未经查验即投入使用的,造成重大安全事故,构成犯罪的,对(　　),依照刑法有关规定追究刑事责任。

A. 企业负责人　　B. 项目负责人

C. 作业人员　　D. 直接责任人员

正确答案:D

24. 违反《建设工程安全生产管理条例》的规定,施工单位的安全防护用具、机械设备、施工机具及配件在进入施工现场前未经查验或者查验不合格即投入使用的,责令限期改正;逾期未改正的,责令停业整顿,并处10万元以上30万元以下的罚款;情节严重的,降低资质等级,直至(　　)。

A. 吊销营业执照　　B. 吊销资质证书

C. 安全资格证书　　D. 执业资格证书

正确答案:B

25. 违反《建设工程安全生产管理条例》的规定,施工单位使用未经验收或者验收不合格的施工(　　)的,的责令限期改正。

A. 起重机械、搅拌机械和整体提升脚手架、模板等自升式架设设施

B. 起重机械和脚手架、模板等自升式架设设施

C. 起重机械和整体提升脚手架、模板等自升式架设设施

D. 起重机械和整体提升脚手架、模板等施工设施

正确答案:C

26. 违反《建设工程安全生产管理条例》的规定,(　　)使用未经验收或者验收不合格的施工起重机械和整体提升脚手架、模板等自升式架设设施的,责令限期改正。

A. 建设单位　　B. 监理单位

C. 施工单位　　D. 租赁单位

正确答案:C

27. 违反《建设工程安全生产管理条例》的规定,施工单位在施工组织设计中未编制安全技术措施、施工现场临时用电方案或者专项施工方案的,责令限期改正;逾期未改正,情节严重,造成重大安全事故,构成犯罪的,对直接责任人员,依照刑法有关规定追究刑事责任;造成损失的,依法承担(　　)。

A. 行政责任　　B. 民事责任

C. 经济责任　　D. 赔偿责任

正确答案:D

28. 安全生产许可证有效期满未办理延期手续,继续进行生产的,应对施工企业处以(　　)。

A. 责令停止生产,没收违法所得,并处 5 万元以上 10 万元以下罚款

B. 责令停止生产,限期补办延期手续,没收违法所得,并处 5 万元以上 10 万元以下罚款

C. 责令停止生产,限期补办延期手续,并处 5 万元以上 10 万元以下罚款

D. 责令停止生产,限期补办延期手续,没收违法所得,并处 10 万元以上 20 万元以下罚款

正确答案:B

29.《生产安全事故报告和调查处理条例》规定,对事故发生单位的主要负责人、直接负责的主管人员和其他直接责任人员可以处以上一年年收入(　　)的罚款,构成犯罪的,依法追究刑事责任。

A. 30%至 50%　　B. 50%至 100%

C. 60%至 100%　　D. 70%至 100%

正确答案:C

30. 违反《实施工程建设强制性标准监督规定》的施工单位,责令改正,处工程合同价款(　　)的罚款;情节严重的,责令停业整顿,降低资质等级或者吊销资质证书。

A. 1%以上 4%以下　　B. 2%以上 5%以下

C. 2%以上 4%以下　　D. 3%以上 5%以下

正确答案:C

31. 依据《建筑施工企业安全生产许可证管理规定》,取得安全生产许可证的建筑施工企业,发生重大安全事故的,(　　)安全生产许可证并限期整改。

A. 暂扣　　B. 撤销

C. 吊销　　D. 注销

正确答案:A

32. 依据《建筑施工企业安全生产许可证管理规定》，建筑施工企业不再具备安全生产条件的，暂扣安全生产许可证并限期整改；(　　)的，吊销安全生产许可证。

A. 情节严重　　B. 发生安全事故

C. 发生重大安全事故　　D. 拒不整改的

正确答案：A

33. 违反《建筑施工企业安全生产许可证管理规定》的规定，安全生产许可证有效期满未办理延期手续，继续从事建筑施工活动的，责令其在建项目停止施工，限期补办延期手续，可并处(　　)的罚款。

A. 2 万元以下　　B. 1 万元以上 5 万元以下

C. 5 万元以上 10 万元以下　　D. 10 万元以上 30 万元以下

正确答案：C

34. 违反《建筑施工企业安全生产许可证管理规定》的规定，建筑施工企业转让安全生产许可证的，没收违法所得，处 10 万元以上 50 万元以下的罚款，并(　　)安全生产许可证。

A. 撤销　　B. 扣留

C. 注销　　D. 吊销

正确答案：D

35. 违反《建筑施工企业安全生产许可证管理规定》的规定，建筑施工企业以欺骗、贿赂等不正当手段取得安全生产许可证的，撤销安全生产许可证，(　　)年内不得再次申请安全生产许可证。

A. 1　　B. 2

C. 3　　D. 5

正确答案：C

36. 依据《建筑施工企业安全生产许可证管理规定》，暂扣、吊销安全生产许可证的行政处罚，由(　　)决定。

A. 县级以上地方人民政府建设主管部门　B. 设区的市建设行政主管部门

C. 安全生产许可证的颁发管理机关　　D. 省建设行政主管部门

正确答案：C

37. 施工单位违反《建筑施工企业安全生产许可证管理规定》的规定，安全生产许可证有效期满未办理延期手续，继续从事建筑施工活动的，责令其在建项目(　　)，限期补办延期手续，没收违法所得，并处 5 万元以上 10 万元以下的罚款。

A. 改正　　B. 拆除

C. 停止施工　　D. 进行整改

正确答案：C

38. 违反《建筑施工企业安全生产许可证管理规定》的规定，企业安全生产许可证逾期继续从事建筑施工活动的，可并处(　　)的罚款。

A. 5 万元以上 10 万元以下　　B. 10 万元以上 20 万元以下

C. 10 万元以上 50 万元以下　　D. 20 万元以上 50 万元以下

正确答案:C

39. 违反《建筑施工企业安全生产许可证管理规定》的规定，建筑施工企业隐瞒有关情况申请安全生产许可证的，不予受理，并给予警告，(　　)不得申请安全生产许可证。

A. 半年内　　B. 1 年内

C. 2 年内　　D. 3 年内

正确答案:B

40. 违反《中华人民共和国大气污染防治法》的规定，施工单位在城市市区进行建设施工，未采取有效扬尘防治措施，致使大气环境受到污染的，由县级以上地方人民政府的(　　)决定处罚。

A. 有关主管部门　　B. 建设行政主管部门

C. 城建管理部门　　D. 安全监督管理部门

正确答案:B

41. 违反《中华人民共和国环境噪声污染防治法》的规定，建筑施工单位在城市市区噪声敏感建筑物集中区域内，夜间进行禁止进行的产生环境噪声污染的建筑施工作业的，由工程所在地县级以上地方人民政府(　　)责令改正，可以并处罚款。

A. 建设行政主管部门　　B. 环境保护行政主管部门

C. 劳动和社会保障部门　　D. 城市综合管理部门

正确答案:B

42. 违反《劳动法》的规定，用人单位的劳动安全设施和劳动卫生条件不符合国家规定的，由劳动行政部门或者有关部门责令改正，可以处以罚款；情节严重的，提请(　　)决定责令停产整顿。

A. 上级安全监督综合管理部门　　B. 县级以上人民政府

C. 上级劳动和社会保障部门　　D. 上级城市综合管理部门

正确答案:B

43. 违反《建设工程安全生产管理条例》的规定，为建设工程提供机械设备和配件的单位，未按照安全施工的要求配备齐全有效的保险、限位等安全设施和装置的，可处合同价款(　　)的罚款。

A. 1 倍以上 3 倍以下　　B. 2 倍以上 4 倍以下

C. 1 倍以上 5 倍以下　　D. 2 倍以上 5 倍以下

正确答案:A

44. 违反《建设工程安全生产管理条例》的规定，出租单位出租经检测不合格的机械设备和施工机具及配件的，(　　)，并处 5 万元以上 10 万元以下的罚款；造成损失的，依法承担赔偿责任。

A. 警告　　B. 罚款

C. 责令停业整顿　　D. 行政拘留

正确答案:C

45.《特种设备安全法》规定，特种设备在出租期间的使用管理和维护保养义务由特种设备(　　)承担，法律另有规定或者当事人另有约定的除外。

A. 使用单位　　B. 出租单位
C. 维修单位　　D. 总承包单位

正确答案:B

46. 出租单位违反《建设工程安全生产管理条例》的规定,出租未经安全性能检测的机械设备和施工机具及配件的,责令停业整顿,并处5万元以上10万元以下的罚款;造成损失的,依法承担(　　)。

A. 赔偿责任　　B. 民事责任
C. 行政责任　　D. 法律责任

正确答案:A

47. 施工起重机械安装、拆卸单位违反《建设工程安全生产管理条例》,有下列(　　)行为之一的,责令限期改正。

A. 编制拆装方案、制定安全施工措施不全的
B. 未有专业技术人员现场监督的
C. 出具自检合格证明不及时的
D. 向施工单位未进行安全使用说明,办理移交手续的

正确答案:B

48. 违反《建设工程安全生产管理条例》,注册执业人员未执行工程建设强制性标准的,责令停止执业3个月以上1年以下,造成重大安全事故的,(　　)。

A. 1年内不予注册　　B. 3年内不予注册
C. 5年内不予注册　　D. 终身不予注册

正确答案:D

49. 负有安全生产监督管理职责的部门,要求被审查、验收的单位购买其指定的安全设备的,情节严重的,对直接负责的主管人员和其他直接责任人员依法给予(　　)。

A. 纪律处分　　B. 行政处分
C. 经济处罚　　D. 法律制裁

正确答案:B

二、多项选择题(每小题有5个备选答案,其中至少有2个是正确选项)

1. 建筑安全生产法律责任的行政处罚最常见的形式有(　　)。

A. 警告、罚款
B. 责令停止违法行为
C. 责令停产停业整顿
D. 暂扣或吊销单位资质证书、许可证等有关证照,降低单位资质等级
E. 暂扣或吊销个人执业资格证书,降低个人执业资格证书等级

正确答案:ACDE

2. 违反《建设工程安全生产管理条例》的规定,建设单位有下列行为之一的(　　),责令限期改正,处20万元以上50万元以下的罚款。

A. 对勘察、设计单位提出不符合安全生产法律、法规和强制性标准规定的要求的
B. 对施工单位提出不符合安全生产法律、法规和强制性标准规定的要求的

C. 将拆除工程发包给不具有相应资质等级的施工单位的

D. 要求施工单位压缩合同约定的工期的

E. 对工程监理单位提出不符合安全生产法律、法规和强制性标准规定的要求的

正确答案：ABCDE

3. 违反《建筑起重机械安全监督管理规定》的规定，监理单位未履行以下安全职责的（　　），由县级以上地方人民政府建设主管部门责令限期改正。

A. 审核建筑起重机械特种设备制造许可证、产品合格证、制造监督检验证明、备案证明等文件

B. 审核建筑起重机械安装单位、使用单位的资质证书、安全生产许可证和特种作业人员的特种作业操作资格证书

C. 监督安装单位执行建筑起重机械安装、拆卸工程专项施工方案情况

D. 监督检查建筑起重机械的使用情况

E. 监督检查安全费用的使用

正确答案：ABCD

4. 违反《安全生产法》的规定，生产经营单位有下列（　　）行为之一的，责令限期改正。

A. 未按照规定设立安全生产管理机构或者配备安全生产管理人员的

B. 危险物品的生产、经营、储存单位以及矿山、建筑施工单位的主要负责人和安全生产管理人员未按照规定经考核合格的

C. 未按照规定对从业人员进行安全生产教育和培训，或者未按照规定如实告知从业人员有关的安全生产事项的

D. 特种作业人员未按照规定经专门的安全作业培训并取得特种作业操作资格证书，上岗作业的

E. 未为从业人员提供符合国家标准或者行业标准的劳动防护用品的

正确答案：ABCD

5. 违反《安全生产法》的规定，生产经营单位有下列（　　）行为之一的，责令限期改正。

A. 未在有较大危险因素的生产经营场所和有关设施、设备上设置明显的安全警示标志的

B. 未对安全设备进行经常性维护、保养和定期检测的

C. 对重大危险源未登记建档，或者未进行评估、监控，或者未制定应急预案的

D. 安全设备的安装、使用、检测、改造和报废不符合国家标准或者行业标准的

E. 使用国家明令淘汰、禁止使用的危及生产安全的工艺、设备的

正确答案：ABDE

6. 从业人员接受安全生产教育和培训的目的是（　　）。

A. 提高安全生产技能　　B. 服从管理

C. 增强事故预防能力　　D. 掌握安全生产知识

E. 增强事故应急处理能力

正确答案:ACDE

7. 根据《安全生产法》的规定,对安全生产违法行为的行政处罚的形式有(　　)。

A. 责令停产整顿　　B. 责令停止建设

C. 没收违法所得　　D. 撤销行政职务

E. 行政拘留

正确答案:ABCE

8. 依据《安全生产法》,安全生产监督管理部门可以对违法(　　)危险物品的作业场所予以查封,并依法作出处理决定。

A. 生产　　B. 经营

C. 储存　　D. 使用

E. 运输

正确答案:ABCD

9.《安全生产法》把安全投入作为必备的安全保障条件之一,要求生产经营单位应当具备的安全投入,由(　　)予以保证。

A. 生产经营单位的决策机构　　B. 生产经营单位的主要负责人

C. 个人经营的投资人　　D. 安全生产监督管理部门

E. 生产经营单位的财务部门

正确答案:ABC

10. 不属于《安全生产法》明确赋予从业人员的权利有(　　)。

A. 建议权　　B. 批评权

C. 拒绝权　　D. 报告权

E. 服从管理权

正确答案:DE

11. 违反《建设工程安全生产管理条例》的规定,施工单位的(　　)未经安全教育培训或者经考核不合格即从事相关工作的,责令限期改正。

A. 主要负责人　　B. 项目负责人

C. 专职安全生产管理人员　　D. 作业人员

E. 特种作业人员

正确答案:ABCDE

12. 违反《建设工程安全生产管理条例》的规定,施工单位的(　　)在进入施工现场前未经查验或者查验不合格即投入使用的,责令限期改正。

A. 安全防护用具　　B. 钢筋

C. 机械设备　　D. 砂石料

E. 施工机具及配件

正确答案:ACE

13. 违反《建设工程安全生产管理条例》的规定,施工单位使用未经验收或者验收不合格的(　　)的责令限期改正。

A. 施工起重机械　　B. 整体提升脚手架

C. 焊接设备　　　　　　　　　　　　D. 钢筋混凝土机械

E. 自升式模板

正确答案:ABE

14. 违反《建设工程安全生产管理条例》的规定,施工单位在施工组织设计中未编制(　　)的,责令限期改正。

A. 安全技术措施　　　　　　　　　　B. 施工现场临时用电方案

C. 专项安全教育方案　　　　　　　　D. 安全技术交底

E. 专项施工方案

正确答案:ABE

15. 违反《建设工程安全生产管理条例》的规定,施工单位有下列(　　)行为之一的,责令限期改正;逾期未改正的,责令停业整顿。

A. 未设立安全生产管理机构、配备专职安全生产管理人员

B. 分部分项工程施工时无专职安全生产管理人员现场监督的

C. 未在施工现场的危险部位设置明显的安全警示标志

D. 未向作业人员提供安全防护用具和安全防护服装的;

E. 未按照规定在施工起重机械验收合格后登记的

正确答案:ABCDE

16. 违反《建设工程安全生产管理条例》的规定,施工单位有下列(　　)行为之一的,责令限期改正。

A. 施工前未对有关安全施工的技术要求作出详细说明的

B. 未根据不同施工阶段和周围环境及季节、气候的变化,在施工现场采取相应的安全施工措施,或者在城市市区内的建设工程的施工现场未实行封闭围挡的

C. 在尚未竣工的建筑物内设置员工集体宿舍的

D. 施工现场临时搭建的建筑物不符合安全使用要求的

E. 未对因建设工程施工可能造成损害的毗邻建筑物、构筑物和地下管线等采取专项防护措施的

正确答案:ABCDE

17. 违反《建设工程安全生产管理条例》的规定,施工单位有下列(　　)行为之一的,责令限期改正。

A. 安全防护用具在进入施工现场前未经查验或者查验不合格即投入使用的

B. 使用国家明令淘汰、禁止使用的危及施工安全的工艺、设备、材料的

C. 使用未经验收或者验收不合格的整体提升脚手架的

D. 委托不具有相应资质的单位承担施工现场安装、拆卸整体提升脚手架

E. 在施工组织设计中未编制安全技术措施的

正确答案:ACDE

18. 违反《建筑施工企业安全生产许可证管理规定》的规定,建筑施工企业转让安全生产许可证的,(　　)。

A. 没收违法所得并处罚款　　　　　　B. 吊销安全生产许可证

C. 接受转让的,停止施工并没收违法所得D. 行政拘留

E. 构成犯罪的依法追究刑事责任

正确答案:ABDE

19. 取得安全生产许可证的建筑施工企业,发生重大安全事故的,应(　　)。

A. 暂扣安全生产许可证　　B. 吊销安全生产许可证

C. 限期整改　　D. 吊销注册建造师证书

E. 吊销企业资质证书

正确答案:AC

20. 施工总承包单位未履行《建筑起重机械安全监督管理规定》以下(　　)安全职责的,由县级以上地方人民政府建设主管部门责令限期改正。

A. 向安装单位提供拟安装设备位置的基础施工资料,确保建筑起重机械进场安装、拆卸所需的施工条件

B. 审核安装单位、使用单位的资质证书、安全生产许可证和特种作业人员的特种作业操作资格证书

C. 审核安装单位制定的建筑起重机械安装、拆卸工程专项施工方案和生产安全事故应急救援预案

D. 审核使用单位制定的建筑起重机械生产安全事故应急救援预案

E. 施工现场有多台塔式起重机作业时,应当组织制定并实施防止塔式起重机相互碰撞的安全措施

正确答案:ABCDE

21. 违反《中华人民共和国劳动法》的规定,用人单位(　　),由劳动行政部门或者有关部门责令改正,可以处以罚款;情节严重的,提请县级以上人民政府决定责令停产整顿。

A. 未提供劳动防护用品　　B. 未提供劳动保护设施

C. 劳动安全设施不符合规定　　D. 劳动卫生条件不符合标准

E. 未按时支付劳动报酬

正确答案:ABCD

22. 依据《安全生产法》的规定,下列对承担检测、检验工作机构应当承担的法律责任的叙述,正确的有(　　)。

A. 出具虚假证明,构成犯罪的,依照刑法有关规定追究刑事责任

B. 尚不够刑事处罚的,没收违法所得

C. 其直接负责的主管人员和其他直接责任人员给予撤职的行政处分

D. 给他人造成损害的,与生产经营单位承担连带赔偿责任

E. 对有违法行为的机构,撤销其相应资格

正确答案:ABDE

23. 违反《建设工程安全生产管理条例》的规定,施工单位的主要负责人、项目负责人未履行安全生产管理职责的,应处以(　　)。

A. 责令限期改正

B. 逾期未改正的,责令施工单位停业整顿

C. 造成重大安全事故、重大伤亡事故或者其他严重后果，构成犯罪的，依照刑法有关规定追究刑事责任

D. 尚不够刑事处罚的，处2万元以上20万元以下的罚款

E. 按照管理权限给予撤职处分

正确答案：ABCDE

24. 违反《安全生产法》规定，负有安全生产监督管理职责的部门的工作人员，有下列(　　)行为之一的，给予降级或者撤职的行政处分；构成犯罪的，依照刑法有关规定追究刑事责任。

A. 对不符合法定安全生产条件的涉及安全生产的事项予以批准或者验收通过的

B. 进行监督检查时未按规定出示有关证件的

C. 发现未依法取得批准、验收的单位擅自从事有关活动或者接到举报后不予取缔或者不依法予以处理的

D. 发现安全事故隐患未进行现场监督整改的

E. 对已经依法取得批准的单位不履行监督管理职责，发现其不再具备安全生产条件而不撤销原批准的

正确答案：ACE

25. 违反《建设工程安全生产管理条例》的规定，建设行政主管部门的工作人员，有下列行为之一的(　　)，给予降级或者撤职的行政处分。

A. 对不具备安全生产条件的施工单位颁发资质证书的

B. 对没有安全施工措施的建设工程颁发施工许可证的

C. 发现违法行为不予查处的

D. 不依法履行现场监督的行为

E. 不依法履行监督管理职责的其他行为

正确答案：ABCE

三、判断题(答案A表示说法正确，答案B表示说法不正确)

1.《行政处罚法》规定，违法行为在二年内未被发现的，不再给予行政处罚。(　　)

正确答案：A

2. 建设单位违反《建筑法》的规定，要求建筑设计单位或者建筑施工企业违反建筑工程质量、安全标准，降低工程质量的，责令改正，可以处以罚款；构成犯罪的，依法追究行政责任。(　　)

正确答案：B

3. 生产经营单位的主要负责人不依照《安全生产法》规定保证安全生产所必需的资金投入，致使生产经营单位不具备安全生产条件，尚不够刑事处罚的，对生产经营单位的主要负责人给予撤职处分。(　　)

正确答案：A

4. 建设单位未将保证安全施工的措施报送有关部门备案的，责令限期改正，给予警告。(　　)

正确答案：A

5. 建筑设计单位不按照建筑工程质量、安全标准进行设计的，责令停业整顿，降低资质等级或者吊销资质证书。（　　）

正确答案：B

6. 工程监理单位违反强制性标准规定，将不合格的建设工程按照合格签字的，责令改正，处 20 万元以上 50 万元以下的罚款。（　　）

正确答案：B

7. 违反《安全生产法》的规定，未按照规定设立安全生产管理机构或者配备安全生产管理人员的，责令限期改正，可以并处 2 万元以下的罚款。（　　）

正确答案：B

8. 生产安全事故伤亡依法应承担的责任，但从业人员有违章作业情形的除外。（　　）

正确答案：B

9.《安全生产法》规定，发生生产安全事故，为较大事故的，处 50 万元以上 100 万元以下的罚款。（　　）

正确答案：A

10. 重大事故隐患与重大危险源是引发重大事故的源头，所以两者的概念是等同的。（　　）

正确答案：B

11.《安全生产法》规定，发生生产安全事故，为一般事故的，处 10 万元以上 20 万元以下的罚款。（　　）

正确答案：B

12.《特种设备安全法》规定，特种设备安装单位在验收后 10 日内未将相关技术资料和文件移交特种设备使用单位的，责令限期改正。（　　）

正确答案：B

13.《特种设备安全法》规定，对使用国家明令淘汰、已经报废的特种设备的单位，责令停止使用，处 3 万元以上 30 万元以下罚款。（　　）

正确答案：A

14. 施工单位的安全生产负责人未经安全教育培训或者经考核不合格，不得从事相关工作。（　　）

正确答案：A

15. 施工单位的作业人员或者特种作业人员未经安全教育培训或者经考核不合格，不得从事相关工作。（　　）

正确答案：A

16. 违反《建设工程安全生产管理条例》的规定，建设单位未对因建设工程施工可能造成损害的毗邻建筑物采取专项防护措施的，可处 2 万元以上 5 万元以下的罚款。（　　）

正确答案：B

17. 违反《建设工程安全生产管理条例》的规定，施工单位使用未经验收的施工升降

机的，责令限期改正。（　　）

正确答案：A

18. 违反《建设工程安全生产管理条例》的规定，施工单位在施工组织设计中未编制安全技术措施、施工现场临时用电方案或者专项施工方案的，责令边施工边整改。（　　）

正确答案：B

19. 违反《建设工程安全生产管理条例》的规定，施工单位在施工组织设计中未编制安全技术措施，造成重大安全事故，构成犯罪的，对施工单位依照刑法有关规定追究刑事责任。（　　）

正确答案：B

20. 依据《建设工程安全生产管理条例》的规定，施工单位取得资质证书后，降低安全生产条件的，根据情况不同，可降低其资质等级直至吊销资质证书。（　　）

正确答案：A

21. 违反《建设工程安全生产管理条例》的规定，为建设工程提供机械设备的单位未按照安全施工的要求配备齐全有效的保险、限位等安全设施和装置的，可处合同价款1倍以上3倍以下的罚款。（　　）

正确答案：A

22. 违反《建设工程安全生产管理条例》的规定，整体提升脚手架安装单位未编制安装方案的，责令限期改正，可处5万元以上10万元以下的罚款。（　　）

正确答案：A

23. 违反《建设工程安全生产管理条例》的规定，施工起重机械安装、拆卸单位在作业现场未由专业技术人员现场监督的，责令限期改正，处5万元以上10万元以下的罚款。（　　）

正确答案：A

24. 违反《建设工程安全生产管理条例》的规定，自升式模板安装、拆卸单位未出具自检合格证明或者出具虚假证明的，发生重大伤亡事故或者造成其他严重后果，构成犯罪的，对直接责任人员，依照刑法有关规定追究刑事责任。（　　）

正确答案：A

25. 违反《安全生产许可证条例》的规定，未取得安全生产许可证擅自进行生产的，责令停止生产，没收违法所得，并处1万元以上5万元以下罚款。（　　）

正确答案：B

26. 违反《安全生产许可证条例》的规定，安全生产许可证有效期满未办理延期手续，继续进行生产的，责令停止生产，限期补办延期手续，没收违法所得，并处5万元以上10万元以下罚款。（　　）

正确答案：A

27. 违反《安全生产许可证条例》的规定，转让安全生产许可证的，没收违法所得，处10万元以上50万元以下的罚款，并暂扣其安全生产许可证；构成犯罪的，依法追究刑事责任。（　　）

正确答案：B

28.《生产安全事故报告和调查处理条例》的规定,当事故发生单位谎报或者瞒报事故的,对事故发生单位处 100 万元以上 500 万元以下的罚款。 ( )

正确答案:A

29. 违反《建筑施工企业安全生产许可证管理规定的规定》的规定,取得安全生产许可证的建筑施工企业,发生重大安全事故的,吊销安全生产许可证并限期整改。 ( )

正确答案:B

30. 违反《建筑施工企业安全生产许可证管理规定》的规定,建筑施工企业不再具备安全生产条件,情节严重的,暂扣安全生产许可证。 ( )

正确答案:B

31. 违反《建筑施工企业安全生产许可证管理规定》的规定,建筑施工企业转让安全生产许可证的,应没收违法所得。 ( )

正确答案:A

32. 违反《建筑施工企业安全生产许可证管理规定》的规定,冒用安全生产许可证或者使用伪造的安全生产许可证的,责令其在建项目停止施工,没收违法所得。 ( )

正确答案:A

33. 建筑施工企业以欺骗、贿赂等不正当手段取得安全生产许可证的,撤销安全生产许可证,不得再次申请安全生产许可证。 ( )

正确答案:B

34. 建筑施工企业安全管理人员提供虚假材料申请安全生产考核的,考核机关不予考核,并给予警告;其本人 3 年内不得再次申请考核。 ( )

正确答案:B

35. 违反《环境保护法》的规定,建设项目的防止污染设施没有达到国家规定的要求,投入使用的,由批准该建设项目的环境影响报告书的建设行政主管部门责令停止生产或者使用,可以并处罚款。 ( )

正确答案:B

36. 违反《劳动法》的规定,用人单位强令劳动者违章冒险作业,发生重大伤亡事故,造成严重后果的,对责任人员依法追究刑事责任。 ( )

正确答案:A

37. 违反《工伤保险条例》的规定,用人单位依照本条例规定应当参加工伤保险而未参加的,由社会保险行政部门责令限期参加,自参加之日起缴纳工伤保险费。 ( )

正确答案:B

38. 违反《消防法》的规定,占用、堵塞、封闭消防车通道,妨碍消防车通行的,责令改正,处 5 000 元以上 5 万元以下罚款。 ( )

正确答案:A

39. 违反《安全生产法》的规定,承担安全评价的机构,出具虚假证明,尚不够刑事处罚的,没收违法所得。 ( )

正确答案:A

40. 违反《安全生产法》的规定,承担检验工作的机构出具虚假证明,尚不够刑事处罚

的，没收违法所得，有违法行为的机构，撤销其相应资格。（　　）

正确答案：A

41. 为建设工程提供机械设备的单位违反《建设工程安全生产管理条例》，未按照安全施工的要求配备齐全有效的保险、限位等安全设施和装置的，责令限期改正。（　　）

正确答案：B

42. 出租单位、自购建筑起重机械的使用单位违反《建筑起重机械安全监督管理规定》，未按照规定办理备案的，由县级以上地方人民政府建设主管部门责令限期改正，予以警告，并处以 5 000 元以上 2 万元以下罚款。（　　）

正确答案：B

43.《建筑起重机械安全监督管理规定》规定，安装单位制定建筑起重机械安装、拆卸工程生产安全事故应急救援预案。（　　）

正确答案：A

44. 对重大危险源未登记建档，或者未进行评估、监控，或者未制定应急预案的，《安全生产法》规定，对其直接负责的主管人员和其他直接责任人员处 1 万元以上 5 万元以下的罚款。（　　）

正确答案：B

45. 违反《安全生产法》的规定，对不符合法定安全生产条件的涉及安全生产的事项予以验收通过的，对负有安全生产监督管理职责的部门的工作人员，给予降级或者撤职的行政处分；构成犯罪的，依照刑法有关规定追究刑事责任。（　　）

正确答案：A

46. 违反《安全生产法》的规定，对已经依法取得批准的单位不履行监督管理职责，对负有安全生产监督管理职责的部门的工作人员，给予降级或者撤职的行政处分。（　　）

正确答案：A

47. 建设行政主管部门的工作人员，依据《建设工程安全生产管理条例》，可以暂时对没有安全施工措施的建设工程颁发施工许可证。（　　）

正确答案：B

48. 违反《安全生产许可证条例》的规定，安全生产许可证颁发管理机关工作人员，向不符合本条例规定的安全生产条件的企业颁发安全生产许可证的，给予行政处分。（　　）

正确答案：A

49. 违反《安全生产许可证条例》的规定，安全生产许可证颁发管理机关工作人员，在安全生产许可证颁发工作中，接受企业的财物的，给予行政处分。（　　）

正确答案：A

50. 违反《建筑施工企业安全生产许可证管理规定》的规定，建设主管部门工作人员在安全生产许可证监督检查工作中，谋取其他利益的，给予行政处分。（　　）

正确答案：A

第5章 施工企业安全生产管理

本章要点 本章系统地介绍了水利水电工程施工企业的安全生产目标管理、安全生产管理机构与人员配备、安全费用管理、安全生产规章制度、安全教育培训、安全文化建设、事故隐患排查和治理、重大危险源管理、职业健康管理、应急管理、事故管理以及企业安全生产标准化建设等内容。

安全生产管理是水利水电工程施工企业管理的重要组成部分，是实现建设工程安全生产的根本保障。实现安全生产管理，需要建立健全水利水电工程施工企业安全生产管控体系，落实组织、经济、技术、管理等措施，规范企业安全管理行为，有效消除施工过程中人的不安全行为、物的不安全状态和管理上的缺陷，达到安全生产的目标。

5.1 安全生产目标管理

安全生产目标管理是水利水电工程施工企业以及内部各部门围绕安全生产的总目标，层层确立各自的目标，有效组织措施并严格考核的一种管理制度。

5.1.1 安全生产目标管理的流程

安全生产目标管理是目标管理在安全管理方面的应用。它是指企业内部各个部门以及职工，从上到下围绕企业安全生产的总目标，层层展开各自的目标，确定行动方针，安排安全工作进度，制订、实施有效的组织措施，并对安全成果严格考核的一种管理制度。

安全生产目标管理全过程流程图如图5-1所示。

5.1.2 安全生产目标制定

制定安全生产总目标，是安全目标管理的第一步，也是安全目标管理的核心。总目标设定是否合适，关系到安全目标管理的成败，影响着员工参与管理的积极性，是一个十分重要的环节。

水利水电工程施工企业应建立安全生产目标管理制度，明确目标与指标的制定、分解、实施、考核等内容。水利水电工程施工企业应根据项目安全生产实际，组织制定包括人员伤亡、机械设备安全、交通安全、火灾事故及职业病等控制目标、安全生产隐患治理目标以及安全生产管理目标等安全生产总目标和年度目标。

1. 安全生产目标制定的依据

(1) 国家与上级主管部门的安全工作方针、政策及下达的安全指标。

(2) 本企业的中、长期安全工作规划。

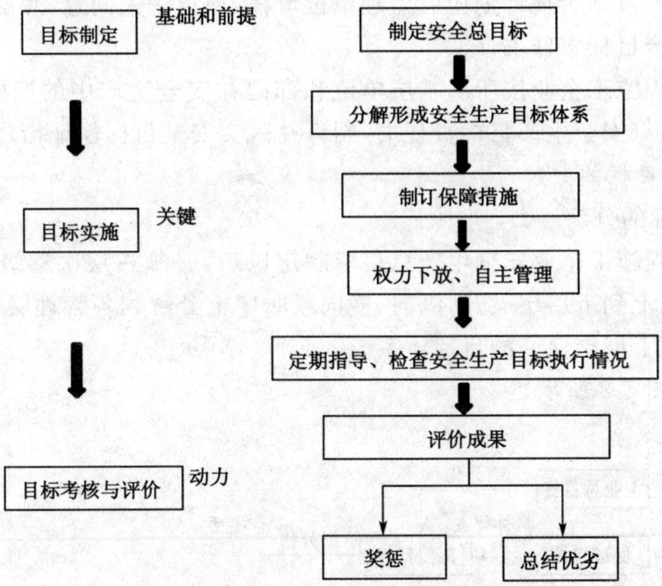

图 5-1　安全生产目标管理全过程流程图

(3) 工伤事故和职业病统计资料和数据。

(4) 企业安全工作及劳动条件的现状及主要问题。

(5) 企业的经济条件及技术条件。

2. 安全生产目标的主要内容

(1) 生产安全事故控制目标；

(2) 安全生产投入目标；

(3) 安全生产教育培训目标；

(4) 安全生产事故隐患排查治理目标；

(5) 重大危险源监控目标；

(6) 应急管理目标；

(7) 文明施工管理目标；

(8) 人员、机械、设备、交通、消防、环境和职业健康等方面的安全管理控制指标等。

3. 安全生产目标制定的要求

安全生产目标应尽可能量化，便于考核。目标制定应考虑下列因素：

(1) 国家的有关法律、法规、规章、制度和标准的规定及合同约定；

(2) 水利行业安全生产监督管理部门的要求；

(3) 水利行业的技术水平和项目特点；

(4) 采用的工艺和设施设备状况等。

安全生产目标应经单位主要负责人审批，并以文件的形式发布。

5.1.3　目标实施

水利水电工程施工企业应制订安全生产目标管理计划，其内容包括安全生产目标值、保证措施、完成时间、责任人等，保证措施应力求量化便于实施与考核。水利水电工程施工企业的安全生产目标管理计划应经监理单位审核，项目法人同意，并由项目法人与施工单位签订安全生产目标责任书。

水利水电工程施工企业按所属基层单位和部门在安全生产中的职能，分解年度安全生产目标，逐级签订安全生产目标责任书，制订并落实安全目标保证措施，实行分级控制。

1. 安全生产目标的分解

(1) 安全目标的分解

水利水电工程施工企业安全生产总日标制定以后，必须按层次逐级进行目标的分解落实，将总目标从上到下层层展开，纵向、横向或时序上分解到各管理层、职能部门及相关人员，形成自下而上层层保证的目标体系。

目标分解如图 5-2 所示。

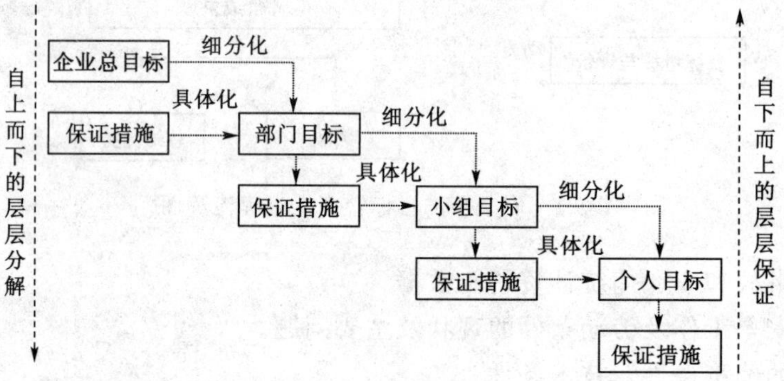

图 5-2 目标分解图

目标分解的结果对目标的实现和管理绩效产生重要影响，因此必须具有科学性、合理性。目标分解的形式通常有以下三种：

1）纵向分解。安全目标的纵向分解是指将总目标自上而下逐级分解为每个管理层次直至每个人的分目标。企业安全总目标可分解为企业级、部门级、班组级及个人安全目标。

2）横向分解。安全目标的横向分解是指将目标在同一层次上分解为不同部门的分目标。企业安全目标可分解为安全专职机构、生产部门、技术部门等的安全目标。

3）时序分解。按时间顺序分解总目标是将总目标按时间顺序分解为各个时期的分目标，如年度目标、季度目标、月目标等。

在实际应用中，上述三种方法往往是综合应用，形成三维立体目标。一个企业的安全总目标既要横向分解到各个职能部门，又要纵向分解到班组和个人，还要在不同年度和季度有各自分目标。

2. 安全生产目标的实施

实施日标应与经济挂钩，每个分目标都要有具体的保证措施、责任承担者及相应的权重系数，一般保证措施由下级站在本部门的立场上，根据本部门的现状，按部门、设备、环境、工种、人员等展开，找出实际本部门目标的问题点，然后采取措施制订本部门的活动计划，以确保目标实现。只有下级的保证措施做好了，分目标实现了，才有可能实现总目标。因此，目标是由上而下的层层分解，保证措施是由下而上层层保证。

在目标管理中，上级对下级部门不是监督、干涉，下级部门也不必时时向上级请示，时时汇报工作情况。但是，“放权”不等于撒手不管。上级要对下级目标的实施状况进行管理，定期深入下级部门，了解和检查目标完成情况，交换意见，对下级工作进行必要的具体指导。特别是出现与上下左右部门有联系、易扯皮的问题，更要发挥领导作用，进行协调，以保证目标管理顺利实施。另外，在目标管理实施过程中，执行者若遇到自己不能独立解决的问题，对全过程有影响的问题时，也要及时向上级部门汇报，使上级及时了解情况，尽快帮助解决，保证目标管理实施连续性。

5.1.4 目标考核

为了提高安全目标管理的效能，目标在实施过程中应对安全生产目标的执行情况进行监督、检查，及时纠偏、调整安全生产目标实施计划，并对安全生产目标的完成效果进行考核奖惩，总结经验，为下一个目标管理循环做好准备。考核是评价的前提，是有效实现目标的重要手段。目标考核是领导和群众依据考核标准对目标的实施成果客观测量的过程，能调动员工参与安全管理的积极性，推动安全工作的开展。

水利水电工程施工企业每季度应对本企业安全生产目标完成情况进行自查，自查报告应报监理单位、项目法人备案。水利水电工程施工企业每季度应对内部各部门和管理人员安全生产目标完成情况进行考核，并根据考核结果按照考核办法进行奖惩。

目标考核一般可用打分法，其步骤分为确定各目标项目得分比重、给各目标项目打分、综合评定。根据我国的实际情况，安全目标管理的成果考评应与安全工作的考核评价结合起来进行。有些企业不仅把这两者统一起来，还把其他目标项目也纳入了安全工作考核评价的范围，把这些目标项目的目标值作为安全工作的考评指标，并给出标准分数，确定评分标准。在考核评价时，根据实际达标情况逐项打分，所有项目得分的总和，就是安全工作考评的得分，实际上也就是目标成果的总分。

在具体操作过程中，常采用按目标管理考评得分结果，划分不同档次，如优、良、中、差的方法发放活动工资、设立安全风险抵押金、奖励考核成绩优秀的集体和个人、对考评成绩不佳单位和个人予以警告等方式进行。

安全目标管理的三个阶段——目标设立、目标实施、考核与评价是相互联系、相互制约的。制定目标是进行目标管理的基础和前提，目标制定得不合理，各方面的工作做得再好也无济于事；但若指定了合理的目标，而不加以实施，等于一张白纸；完成目标后不加以考核评价，就难于分出优劣，考核却不奖惩，就很难调动员工的积极性，考核也将等于零，最终不能使目标很好地、持久地执行下去。

5.2 安全生产管理机构与人员配备

为了加强安全生产工作的组织领导，水利水电工程施工企业及其下属单位应建立安全生产委员会或安全生产领导小组，负责组织、研究、部署本单位安全生产工作，专题研究重大安全生产事项，制订、实施、加强和改进本企业安全生产工作的措施。安全生产委员会或安全生产领导小组是企业安全生产工作的最高权力机构。为体现安全生产工作行政首长负责制的要求，安全生产委员会应由本企业的主要负责人牵头，分管安全生产的负责人、安全生产管理部门及相关部门负责人、安全生产管理人员、工会代表以及从业人员代表组成。当机构或人员变动时，应及时调整。安全生产委员会或安全生产领导小组的成立和调整均应以文件形式发布。

5.2.1 安全生产管理机构设置

安全生产管理机构是指企业内部设置的专门负责安全生产管理事务的独立的职能部门。水利水电工程施工企业应按照《建筑施工企业安全生产管理机构设置及专职安全生产管理人员配备办法》(建质〔2008〕91 号)等文件的规定设置安全生产管理机构，配备专、兼职安全生产管理人。专职安全生产管理人员专门负责安全生产管理，不再兼任其他工作。水利水电工程施工企业设置安全生产管理机构和配备安全生产管理人员都应以文件方式予以明确。

根据《水利工程建设安全生产管理规定》(水利部令〔2005〕第 26 号)第二十条规定，施工单位应当设立安全生产管理机构，按照国家有关规定配备专职安全生产管理人员。施工现场必须有专职安全生产管理人员。专职安全生产管理人员负责对安全生产进行现场监督检查。发现生产安全事故隐患，应当及时向项目负责人和安全生产管理机构报告；对违章指挥、违章操作的，应当立即制止。

根据《水利水电工程施工安全管理导则》(SL 721—2015)的规定，水利水电工程施工企业应当成立安全生产领导小组，设置安全生产管理机构，配备专职安全生产管理人员，并报项目法人备案。

水利水电工程施工企业安全生产管理机构负责人依据企业安全生产实际，适时修订企业安全生产规章制度，调配各级安全生产管理人员，监督、指导并评价企业各部门或分支机构的安全生产管理工作，配合有关部门进行事故的调查处理等。

水利水电工程施工企业安全生产管理机构工作人员负责安全生产相关数据统计、安全防护和劳动保护用品配备及检查、施工现场安全督查等。

5.2.2 安全生产管理机构职责

水利水电工程施工企业安全生产领导小组应每季度召开一次会议，并形成会议纪要，印发相关单位，其应主要履行下列职责：

(1) 贯彻国家有关法律、法规、规章、制度和标准，建立完善施工安全管理制度；

(2) 组织制订安全生产目标管理计划，建立健全项目安全生产责任制；

(3) 部署安全生产管理工作，决定安全生产重大事项，协调解决安全生产重大问题；

(4) 组织编制施工组织设计、专项施工方案、安全技术措施计划、事故应急救援预案和安全生产费用使用计划；

(5) 组织安全生产绩效考核等。

水利水电工程施工企业安全生产管理机构应主要履行下列职责：

(1) 贯彻执行国家有关法律、法规、规章、制度、标准；

(2) 组织或参与拟订安全生产规章制度、操作规程和生产安全事故应急救援预案，制订安全生产费用使用计划，编制施工组织设计、专项施工方案、安全技术措施计划，检查安全技术交底工作；

(3) 组织重大危险源监控和生产安全事故隐患排查治理提出改进安全生产管理的建议；

(4) 负责安全生产教育培训和管理工作，如实记录安全生产教育和培训情况；

(5) 组织事故应急救援预案的演练工作；

(6) 组织或参与安全防护设施、设施设备、危险性较大的单项工程验收；

(7) 制止和纠正违章指挥、违章作业和违反劳动纪律的行为；

(8) 负责项目安全生产管理资料的收集、整理、归档，按时上报各种安全生产报表和材料；

(9) 统计、分析和报告生产安全事故，配合事故的调查和处理等。

水利水电工程施工企业应每周由项目负责人主持召开一次安全生产例会，分析现场安全生产形势，研究解决安全生产问题。各部门负责人、各班组长、分包单位现场负责人等参加会议。会议应作详细记录，并形成会议纪要。

5.2.3 安全管理人员配备

《安全生产法》第二十一条规定，矿山、金属冶炼、建筑施工、道路运输单位、建筑施工单位和危险物品的生产、经营、储存单位，应当设置安全生产管理机构或者配备专职安全生产管理人员。

水利水电工程施工企业主要负责人，是指对本企业日常生产经营活动和安全生产工作全面负责、有生产经营决策权的人员，包括企业法定代表人、经理、企业分管安全生产工作副经理等，主要负责人依法对本企业安全生产工作全面负责。水利水电工程施工企业应当建立健全安全生产责任制度和安全生产教育培训制度，制定安全生产规章制度和操作规程，保证本单位建立和完善安全生产条件所需资金的投入，对所承担的水利工程进行定期和专项安全检查，并做好安全检查记录。

水利水电工程施工企业项目负责人，是指由企业法定代表人授权，负责水利水电工程项目施工管理的负责人。

水利水电工程施工企业专职安全生产管理人员，是指在企业专职从事安全生产管理工作的人员，包括企业安全生产管理机构的负责人及其工作人员和施工现场专职安全员。

水利水电工程施工企业安全生产管理人员要能较好地履行所规定的安全生产管理职责，必须达到一定的学历，具备一定的安全生产专业知识和实际工作经验，熟悉所服务的水利水电工程施工企业的工艺、设备、作业人员和经营管理情况，经水行政主管部门安全生产考核，考核合格取得安全生产考核合格证书后，方可担任相应职务。另外，由于安全生产管理人员要经常深入现场进行安全检查和隐患及事故调查、分析，其身心健康状况应良好，不得有妨碍其履行职责的生理和心理疾患。

施工现场专职安全生产管理人员负责施工现场安全生产巡视督查，并做好记录。发现现场存在安全隐患时，应及时向企业安全生产管理机构和工程项目经理报告；对违章指挥、违章操作的，应立即制止。

1. 水利水电工程施工企业专职安全生产管理人员配备

《建筑施工企业安全生产管理机构设置及专职安全生产管理人员配备办法》(建质

〔2008〕91 号）第八条规定，建筑施工企业安全生产管理机构专职安全生产管理人员的配备应满足下列要求，并应根据企业经营规模、设备管理和生产需要予以增加：

（1）建筑施工总承包资质序列企业：特级资质不少于 6 人；一级资质不少于 4 人；二级和二级以下资质企业不少于 3 人。

（2）建筑施工专业承包资质序列企业：一级资质不少于 3 人；二级和二级以下资质企业不少于 2 人。

（3）建筑施工劳务分包资质序列企业：不少于 2 人。

（4）建筑施工企业的分公司、区域公司等较大的分支机构（以下简称分支机构）应依据实际生产情况配备不少于 2 人的专职安全生产管理人员。

2. 水利工程建设项目专职安全管理人员配备

水利水电工程施工企业应当按以下标准在项目部配备专职安全管理人员：

（1）总承包单位

《建筑施工企业安全生产管理机构设置及专职安全生产管理人员配备办法》（建质〔2008〕91 号）第十三条规定，总承包单位配备项目专职安全生产管理人员应当满足下列要求：

1）建筑工程、装修工程，按照建筑面积配备：

① 1 万 m^2 以下的工程不少于 1 人；

② 1 万～5 万 m^2 的工程不少于 2 人；

③ 5 万 m^2 及以上的工程不少于 3 人，且按专业配备专职安全生产管理人员。

2）土木工程、线路管道、设备安装工程，按照工程合同价配备：

① 5 000 万元以下的工程不少于 1 人；

② 5 000 万～1 亿元的工程不少于 2 人；

③ 1 亿元及以上的工程不少于 3 人，且按专业配备专职安全生产管理人员。

（2）分包单位

《建筑施工企业安全生产管理机构设置及专职安全生产管理人员配备办法》（建质〔2008〕91 号）第十四条规定，分包单位配备项目专职安全生产管理人员应当满足下列要求：

1）专业承包单位应当配置至少 1 人，并根据所承担的分部分项工程的工程量和施工危险程度增加。

2）劳务分包单位：

① 施工人员在 50 人以下的，应当配备 1 名专职安全生产管理人员；

② 50 人～200 人的，应当配备 2 名专职安全生产管理人员；

③ 200 人及以上的，应当配备 3 名及以上专职安全生产管理人员，并根据所承担的分部分项工程施工危险实际情况增加，不得少于工程施工人员总人数的 5‰。

（3）采用新技术、新工艺、新材料或致害因素多、施工作业难度大的工程项目，项目专职安全生产管理人员的数量应当根据施工实际情况，在第十三条、第十四条规定的配备标准上增加。

（4）建筑施工企业应当实行建设工程项目专职安全生产管理人员委派制度。

5.3　安全费用管理

《建设工程安全生产管理条例》第二十二条规定:“施工单位对列入建设工程概算的安全作业环境及安全施工措施所需费用,应当用于施工安全防护用具及设施的采购和更新、安全施工措施的落实、安全生产条件的改善,不得挪作他用。”水利水电工程施工企业应当建立健全安全生产费用管理制度,保证本企业安全生产条件所需资金的投入,落实安全生产费用的提取、使用和管理。

5.3.1　安全生产费用的提取

根据《企业安全生产费用提取和使用管理办法》(财企〔2012〕16号)规定,建设工程施工企业以建筑安装工程造价为计提依据,水利水电工程安全费用提取标准为2.0%。水利水电工程施工企业应按规定提取安全生产所需的费用,并列入工程造价,在竞标时,不得删减,列入标外管理。总包单位应当将安全费用按比例直接支付分包单位并监督使用,分包单位不再重复提取。

根据《水利水电工程施工安全管理导则》(SL 721—2015)规定,水利工程建设项目招标文件中应包含安全生产费用项目清单,明确投标方应按有关规定计取,单独报价,不得删减。水利水电工程施工企业应根据现行标准,按照招标文件要求结合自身的施工技术水平,管理水平对增加的安全生产项目进行报价。总承包单位实行分包的,分包合同中应明确分包工程的安全生产费用,由总承包单位监督使用。

5.3.2　安全生产费用的使用

水利水电工程施工企业应建立安全生产费用管理制度,制度应明确安全费用使用、管理的程序、职责及权限等。

水利水电工程施工企业应当保证安全生产条件所需资金的投入,按规定及时足额使用安全生产费用,企业法定代表人是安全投入管理的第一责任人,对由于安全生产所必需的资金投入不足而导致的后果承担责任。

(1) 编制使用计划

1) 水利水电工程施工企业各管理层应根据安全生产管理需要,编制安全生产费用使用计划,明确费用使用的项目、类别、额度、实施单位及责任者、完成期限等内容,并应经审核批准后执行。

2) 水利水电工程施工企业各管理层相关负责人必须在其管辖范围内,按专款专用、及时足额的要求,组织实施安全生产费用使用计划。

(2) 使用范围

水利水电工程施工企业安全生产费用不得挪作他用,应当按照以下范围使用:

1) 完善、改造和维护安全防护设施设备支出,包括施工现场临时用电系统、洞口、临边、机械设备、高处作业防护、交叉作业防护、防火、防爆、防尘、防毒、防雷、防台风、防地质灾害、地下工程有害气体监测、通风、临时安全防护等设施设备支出;

2) 配备、维护、保养应急救援器材、设备支出和应急演练支出;

3）开展重大危险源和事故隐患评估、监控和整改支出；

4）安全生产检查、咨询、评价和标准化建设支出；

5）配备和更新现场作业人员安全防护用品支出；

6）安全生产宣传、教育、培训支出；

7）安全生产新技术、新装备、新工艺、新标准的推广应用支出；

8）安全设施及特种设备检测检验支出；

9）安全生产信息化建设及相关设备支出；

10）其他与安全生产直接相关的支出。

5.3.3 安全生产费用的管理

水利水电工程施工企业应在项目开工前编制安全生产费用使用计划，经监理单位审核报项目法人同意执行。水利水电工程施工企业提取的安全费用应专门核算，建立安全费用使用台账，台账应按月度统计，年度汇总。水利水电工程施工企业应按照安全生产措施计划和安全生产费用使用计划开展安全生产工作、使用安全生产措施费用；并在施工月报中反映安全生产工作开展情况、危险源监测管理情况、事故隐患排查治理情况、现场安全生产状况和安全生产费用使用情况。

水利水电工程施工企业应当明确安全生产费用的使用范围、管理程序、监督程序，每年完成后应及时总结项目和费用的完成情况。

(1) 水利水电工程施工企业各管理层应建立安全生产费用分类使用台账，并定期统计上报上一级管理层。

(2) 水利水电工程施工企业各管理层应定期对下一级管理层安全生产费用使用计划的实施情况进行监督审查和考核。

(3) 水利水电工程施工企业各管理层应对安全生产费用管理情况进行年度汇总分析，并及时调整安全生产费用的比例。

5.4 安全生产规章制度

5.4.1 安全生产规章制度

(1) 编制目的

安全生产规章制度是水利水电工程施工企业规章制度中的一个重要组成部分，水利水电工程施工企业安全生产规章制度是国家安全生产方针、政策和安全法规在企业中的延伸和具体化，是企业规章制度的重要组成部分。水利水电工程施工企业有了科学的、健全的安全管理规章制度，才能有序地、协调地实现安全的目标。

建立健全安全生产规章制度，形成用制度管理安全生产的机制，通过制度规范企业领导、管理人员直至全体员工的行为，做到安全管理有章可循，同时要求采取措施确保制度的有效落实，做到有章必循，有法可依，违法必究，确保企业生产的安全，是搞好安全管理工作的基础。

(2) 编制依据

1）依据《安全生产法》和国家相关法律法规；

2）依据行业规范、标准和地方政府的法规、标准；

3）依据生产过程的危险有害因素辨识和事故教训；

4）依据国内外先进的安全管理方法。

（3）编制计划

制度的名称、编制的目的、主要内容、责任部门、进度安排。

（4）编制流程

起草、会签、审核、签发、发布五个步骤。

制度发布后，要组织相关人员学习、培训、考试，考试合格方能上岗。

（5）制度内容

1）工作内容；

2）责任人（部门）的职责与权限；

3）基本工作程序及标准。

（6）安全生产规章制度体系的建立

水利水电工程施工企业应建立但不限于下列安全生产规章制度：

1）安全生产目标管理制度；

2）安全生产责任制度；

3）安全生产考核奖惩制度；

4）安全生产费用管理制度；

5）意外伤害保险管理制度；

6）安全技术措施审查制度；

7）用工管理、安全生产教育培训制度；

8）安全防护用品、设施安全管理制度；

9）生产设备、设施安全管理制度；

10）分包（供）方管理制度；

11）安全作业管理制度；

12）安全生产事故隐患排查治理制度；

13）危险物品和重大危险源管理制度；

14）安全例会、技术交底制度；

15）危险性较大的单项工程管理制度；

16）文明施工、环境保护制度；

17）消防安全、社会治安管理制度；

18）职业卫生、健康管理制度；

19）应急管理制度；

20）事故管理制度；

21）安全生产档案管理制度等。

5.4.2　安全生产责任制

《安全生产法》第四条明确规定："生产经营单位必须……建立、健全安全生产责任制……"

安全生产责任制是水利水电工程施工企业各项安全生产规章制度的核心，是行政岗位责任制和经济责任制度的重要组成部分，也是最基本的职业安全健康管理制度。安全生产责任制按照"安全第一、预防为主、综合治理"的方针和"管生产，同时必须管安全"的原则，将各级负责人员、各职能部门及其工作人员和各岗位生产工人在职业安全健康方面应做的事情和应负的责任加以明确规定的一种制度。

水利水电工程施工企业应建立健全以主要负责人为核心的安全生产责任制，明确各级负责人、各职能部门和各岗位的责任人员、责任范围和考核标准。

水利水电工程施工企业制定的安全生产责任制应经监理单位审核报项目法人备案。监理、设计及其他有关参建单位制定的安全生产责任制应报项目法人备案。

水利水电工程施工企业的安全生产责任制应以文件形式印发。

水利水电工程施工企业每季度应对各部门、人员安全生产责任制落实情况进行检查、考核，并根据考核结果进行奖惩。

水利水电工程施工企业应根据评审情况更新并保证安全生产责任制的适宜性，更新后的安全生产责任制应按规定进行备案并以文件形式重新印发。

1. 安全生产责任制的制定程序

水利水电工程施工企业在制定安全生产责任制时，建议采用图 5-3 所示的程序。

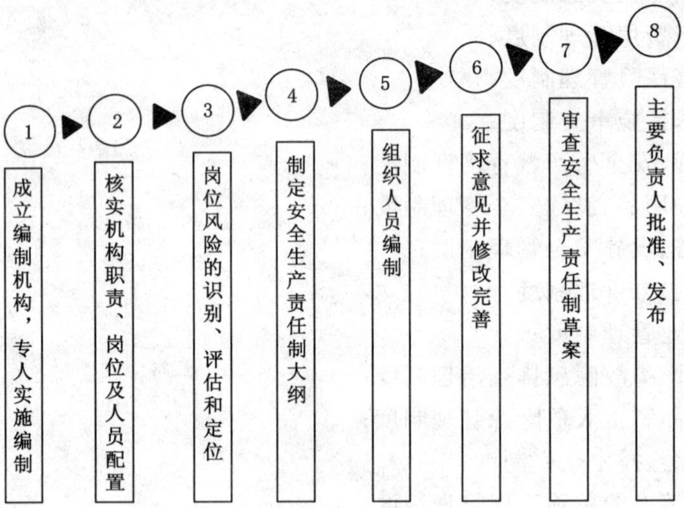

图 5-3　安全生产责任制的制定程序性

2. 安全生产责任制的制定注意事项

(1) 安全生产责任制在编制时应遵循"管生产，同时必须管安全""谁管理、谁主管、谁审批、谁负责"的基本原则。

(2) 安全生产责任制应满足"纵向到底，横向到边；人人有责，监督考核；责任无盲区，管理无死角"的基本要求，从主要负责人到全体员工，要覆盖企业的所有方面。

(3) 安全生产责任制应真正落实到实处，建立配套的监督管理、奖惩处罚和责任追究制度，将安全生产责任制度作为事故责任追究、承担法律责任的基本依据。

5.4.3　三类人员安全生产职责

1. 主要负责人的安全生产职责

水利水电工程施工企业主要负责人是企业安全生产工作的第一责任人，依法对本企业安全生产工作全面负责，其职责主要包括：

(1) 贯彻执行国家法律、法规、规章、制度和标准，建立健全安全生产责任制，组织制定安全生产管理制度、安全生产目标计划、生产安全事故应急救援预案；

(2) 保证安全生产费用的足额投入和有效使用；

(3) 组织安全教育和培训，依法为从业人员办理保险；

(4) 组织编制，落实安全技术措施和专项施工方案；

(5) 组织危险性较大的单项工程、重大事故隐患治理和特种设备验收；

(6) 组织事故应急救援演练；

(7) 组织安全生产检查，制定隐患整改措施并监督落实；

(8) 及时、如实报告生产安全事故组织生产安全事故现场保护与抢救工作，组织、配合事故的调查等。

2. 项目负责人的安全生产职责

水利水电工程施工企业的项目负责人是建设工程项目安全生产的第一责任人，应当由取得相应执业资格的人员担任，对建设工程项目的安全施工负责。其主要职责包括：

(1) 贯彻、执行国家有关安全生产的方针政策和法规、规范；

(2) 落实本单位安全生产责任制和安全生产规章制度；

(3) 建立工程项目安全生产保证体系，配备与工程项目相适应的安全管理人员；

(4) 保证安全防护和文明施工资金投入，为作业人员提供必要的个人劳动保护用具和符合安全、卫生标准的生产、生活环境；

(5) 落实本单位安全生产检查制度，对违反安全技术标准、规范和操作规程的行为及时予以制止或纠正；

(6) 落实本单位施工现场消防安全制度，确定消防责任人，按照规定配备消防器材、设施；

(7) 落实本单位安全教育培训制度，组织岗前和班前安全生产教育；

(8) 落实本单位制定的和组织制定安全技术措施，按规定程序进行安全技术交底；

(9) 使用符合要求的安全防护用具及机械设备，定期组织检查、维修、保养，保证安全防护设施有效，机械设备安全使用；

(10) 组织对施工现场易发生重大事故的部位和环节进行监控；

(11) 按照本单位或总承包单位制定的施工现场生产安全事故应急救援预案，建立应急救援组织或者配备应急救援人员、器材、设备等，并组织演练；

(12) 发生事故后，积极组织抢救人员，采取措施防止事故扩大，同时保护好事故现场，按照规定的程序及时如实报告，积极配合事故的调查处理。

3. 专职安全生产管理人员的安全生产职责

水利水电工程施工企业安全生产管理机构专职安全生产管理人员在施工现场检查过

程中具有以下职责：

(1) 组织或参与制定安全生产各项管理规章制度、操作规程和生产安全事故应急救援预案；

(2) 协助施工单位主要负责人签订安全生产目标责任书并进行考核；

(3) 参与编制施工组织设计和专项施工方案，制定并监督落实重大危险源安全管理和重大事故隐患治理措施；

(4) 协助项目负责人开展安全教育培训、考核；

(5) 负责安全生产日常检查，建立安全生产管理台账；

(6) 制止和纠正违章指挥，强令冒险作业规程和劳动纪律的行为；

(7) 编制安全生产费用使用计划并监督落实；

(8) 参与或监督班前安全活动和安全技术交底；

(9) 参与事故应急救援演练；

(10) 参与安全设施设备、危险性较大的单项工程、重大事故隐患治理验收；

(11) 及时报告生产安全事故，配合调查处理；

(12) 负责安全生产管理资料收集、整理和归档等。

5.4.4 安全操作规程

《安全生产法》第十八条规定：……（二）组织制定本单位安全生产规章制度和操作规程；……

《建设工程安全生产管理条例》第二十二条规定：……生产经营的安全生产管理机构……组织或者参与拟订本单位安全生产规章制度、操作规程，……

根据各个岗位生产特点，在充分识别、评价岗位存在的安全风险、危险有害因素，有针对性地提出控制措施的基础上，编制岗位安全操作规程，规范从业人员的操作行为。岗位安全操作规程可以组织熟悉岗位作业的操作人员和专业技术人员，按照作业前、作业中、作业后的作业顺序中存在的安全风险进行编制。

《水利水电工程施工通用安全技术规程》(SL 398—2007)、《水利水电工程土建施工安全技术规程》(SL 399—2007)、《水利水电工程机电设备安装安全技术规程》(SL 400—2016)、《水利水电工程施工作业人员安全操作规程》(SL 401—2007)等四个规程规定了水利水电工程施工的基本安全技术要求，是水利水电工程施工企业管理和操作人员必须学习掌握的基本内容。

水利水电工程施工企业应根据作业、岗位、工种特点和设备安全技术要求，引用或编制齐全、完善、适用的岗位安全操作规程。岗位安全操作规程应发放到相关班组、岗位，并对员工进行培训和考核并报监理单位备案。

5.5 安全教育培训

安全教育培训是加强水利水电工程施工企业安全生产基础建设，提高安全管理水平和从业人员安全素质，防止违章指挥、违规作业和违反劳动纪律行为，减少生产安全事故的根本性举措。

《安全生产法》第二十五条规定："生产经营单位应当对从业人员进行安全生产教育和培训，保证从业人员具备必要的安全生产知识，熟悉有关的安全生产规章制度和安全操作规程，掌握本岗位的安全操作技能，了解事故应急处理措施，知悉自身在安全生产方面的权利和义务。未经安全生产教育和培训合格的从业人员，不得上岗作业。"

5.5.1　安全管理人员教育培训的要求及主要内容

水利水电工程施工企业的主要负责人、项目负责人、专职安全生产管理人员必须取得省级以上水行政主管部门颁发的安全生产考核合格证书，方可参与水利水电工程投标，从事施工管理工作。

1. 安全管理人员教育培训的要求

主要负责人、项目负责人、专职安全生产管理人员初次安全培训时间不少于32学时，每年再培训时间不少于12学时。

2. 安全管理人员教育培训的主要内容

(1) 主要负责人安全生产教育培训应包括下列内容：

1) 国家安全生产方针、政策和有关安全生产的法律、法规、规章；

2) 安全生产管理基本知识、安全生产技术；

3) 重大危险源管理、重大生产安全事故防范、应急管理及事故管理的有关规定；

4) 职业危害及其预防措施；

5) 国内外先进的安全生产管理经验；

6) 典型事故和应急救援案例分析；

7) 其他需要培训的内容等。

(2) 安全生产管理人员安全生产教育培训应包括下列内容：

1) 国家安全生产方针、政策和有关安全生产的法律、法规、规章及标准；

2) 安全生产管理、安全生产技术、职业卫生等知识；

3) 伤亡事故统计、报告及职业危害防范、调查处理方法；

4) 危险源管理、专项方案及应急预案编制、应急管理及事故管理知识；

5) 国内外先进的安全生产管理经验；

6) 典型事故和应急救援案例分析；

7) 其他需要培训的内容等。

5.5.2　从业人员、相关方的安全教育培训要求及主要内容

1. 特种作业人员安全教育培训的要求及内容

《特种作业人员安全技术培训考核管理规定》第三条规定："特种作业，是指容易发生事故，对操作者本人、他人的安全健康及设备、设施的安全可能造成重大危害的作业。特种作业的范围由特种作业目录规定。特种作业人员，是指直接从事特种作业的从业人员。"

特种作业人员必须经专门的安全技术培训并考核合格，取得《中华人民共和国特种作业操作证》(以下简称特种作业操作证)后，方可上岗作业。

特种作业操作证有效期为6年，在全国范围内有效。特种作业操作证每3年复审1次。

特种作业人员在特种作业操作证有效期内，连续从事本工种10年以上，严格遵守有关安全生产法律法规的，经原考核发证机关或者从业所在地考核发证机关同意，特种作业操作证的复审时间可以延长至每6年1次。

特种作业操作证申请复审或者延期复审前，特种作业人员应当参加必要的安全培训并考试合格。

特种作业人员安全培训时间不少于8个学时，主要培训内容为法律、法规、标准、事故案例和有关新工艺、新技术、新装备等知识。

2. 新员工安全教育培训的要求及内容

水利水电工程施工企业对新进场的工人，必须进行企业、项目、班组三级安全教育培训，经考核合格后，方能允许上岗。三级安全教育培训应包括下列主要内容：

(1) 企业级安全教育培训：国家和地方有关安全生产法律、法规、规章、制度、标准、企业安全管理制度和劳动纪律、从业人员安全生产权利和义务等。教育培训的时间不得少于15学时。

(2) 项目安全教育培训：工地安全生产管理制度、安全职责和劳动纪律、个人防护用品的使用和维护、现场作业环境特点、不安全因素的识别和处理、事故防范等。教育培训的时间不得少于15学时。

(3) 班组安全教育培训：本工种的安全操作规程和技能、劳动纪律、安全作业与职业卫生要求、作业质量与安全标准、岗位之间衔接配合注意事项、危险点识别、事故防范和紧急避险方法等。培训教育的时间不得少于20学时。

3. 其他人员安全教育培训的要求及内容

(1) 新工艺、新技术、新材料、新装备、新流程安全教育培训

水利水电工程施工企业在采用新工艺、新技术、新材料、新装备、新流程投入使用前，对有关管理、操作人员进行有针对性的安全技术和操作技能培训，主要内容有：

1) 新技术、新工艺、新设备、新材料的特点、特性和使用方法；

2) 新技术、新工艺、新设备、新材料投产使用后可能导致的新的危害因素及其防护方法；

3) 新产品、新设备的安全防护装置的特点和使用；

4) 新技术、新工艺、新设备、新材料的安全管理制度及安全操作规程；

5) 采用新技术、新工艺、新设备、新材料应注意的事项。

(2) 转场、转岗和复岗安全教育培训

水利水电工程施工企业作业人员进入新的岗位或者新的施工现场前，应当接受安全生产教育培训。未经教育培训或者教育培训考核不合格的人员，不得上岗作业。

1) 转场安全教育培训

转场是指作业人员从原来工作岗位转入另一个工程项目工作岗位。建设工程地理位置、结构形式、气候条件、施工环境千差万别，施工现场安全生产状况也存在很大差异。作业人员进入新的施工现场前，必须根据新的施工作业特点接受有针对性的安全生产教育，

熟悉安全生产规章制度，了解工程作业特点和安全生产注意事项，并经考核合格后方可上岗。

转场安全教育内容有：

① 本工程项目安全生产状况及施工条件。

② 施工现场中危险部位的防护措施及典型事故案例。

③ 本工程项目的安全管理体系、规定及制度。

2）转岗安全教育培训

转岗是指作业人员进入新的岗位。建筑施工工序间的作业环境、设备操作均有较大差别。因此，施工单位在作业人员进入新的岗位、从事新的工种作业前，必须进行有针对性的安全教育培训，熟悉新岗位的安全操作规程和注意事项，掌握安全操作技能，并经考核合格方可上岗。属于特种作业人员的，还必须按照有关规定取得特种作业操作资格证书后，方可上岗作业。

转岗安全教育主要内容是：

① 新工作岗位或生产班组安全生产概况、工作性质和职责。

② 新工作岗位必要的安全知识。各种机具设备及安全防护设施的性能、作用和安全防护要求。

③ 新工作岗位、新工种的安全技术操作规程。

④ 新工作岗位易发生事故及有毒有害的地方。

⑤ 新工作岗位个体防护用品的使用和保管。

总之，要确保每一个变换工种的职工在重新上岗工作前，熟悉并掌握将要工作岗位的安全技能要求。

3）复岗安全教育培训

复岗是指作业人员离开原作业岗位6个月以上，又回到原作业岗位。教育内容应当具有针对性。

① 伤后的复岗安全教育

对发生的事故做全面分析，找出主要原因，作出预防对策，进而对复岗者进行安全意识教育、岗位操作技能教育、预防措施和安全对策教育等。

② 休假后复岗安全教育

职工休假容易造成情绪波动、身体疲乏、精神分散等，在复杂的施工环境中容易产生不安全行为，导致事故发生。因此，要根据复岗者的具体情况进行教育。

③ 复岗后转场安全教育

复岗后不能在原施工现场作业的，除进行离岗教育外，还应进行转场安全教育。

(3) 每年对在岗的作业人员进行不少于12学时的经常性安全生产教育和培训。

4. 外协队伍的安全教育培训要求及主要内容

(1) 各用工单位使用的外协施工队伍，必须接受三级安全教育，经过考试合格方可上岗作业，未经安全教育或考试不合格者，严禁上岗作业。

(2) 外协施工队伍施工人员上岗作业前的三级安全教育，分别由项目部、施工作业队、班组负责组织实施，总学时不得少于24学时。

(3) 外协施工队伍人员上岗前须由项目部劳资部门负责将外协施工人员名单提供给安全部门,由安全部门负责组织安全生产教育,授课时间不得少于8学时。

(4) 项目部必须在外协队伍进场后,由负责劳务的人员组织并及时将注册名单提交现场安全管理人员,由现场安全管理人员负责对外协施工队伍进行安全生产教育,时间不得少于8学时。

5. 外来人员的安全教育培训要求及主要内容

水利水电工程施工企业应对进入企业从事服务和作业活动的承包商、供应商的从业人员和接收的中等职业学校、高等学校实习生,进行入场安全教育培训,并保存记录。

外来人员进入作业现场前,应由作业现场所在企业对其进行安全教育培训,并保存记录。主要内容包括:外来人员入场有关安全规定、可能接触到的危害因素、所从事作业的安全要求、作业安全风险分析及安全控制措施、职业病危害防护措施、应急知识等。

企业应对进入企业检查、参观、学习等外来人员进行安全教育,主要内容包括安全规定、可能接触到的危险有害因素、职业病危害防护措施、应急知识等。

5.5.3 安全教育培训记录、档案管理、监督的要求

1. 制订安全培训计划

确定了与企业职业健康安全方针一致的安全培训指导思想后,企业必须依据年度承接任务的情况编制企业的安全教育与培训计划。安全教育培训计划要确定培训内容、培训的对象和时间,对培训的经费作出概算。

安全教育培训主要的内容涉及以下几个方面:

(1) 通用安全知识培训

1) 法律法规的培训,企业在对使用的法律法规作出评价后,应开展法律法规的专门培训;

2) 安全基础知识培训;

3) 企业安全生产规章制度和操作规程培训、同行业或本企业历史事故的培训。

(2) 专项安全知识培训

1) 岗位安全培训;

2) 分阶段的危险源专项培训。

内容确定后,应确定培训的对象和时间,一般来说,培训对象方面主要分为管理人员、特殊工种人员、一般性操作工人;培训的时间可分为定期(如管理人员和特殊工种人员的年度培训)和不定期培训(如一般性操作工人的安全基础知识培训、企业安全生产规章制度和操作规程培训、分阶段的危险源专项培训等)。

培训的内容、对象和时间确定后,安全教育和培训计划还应对培训的经费作出概算,这也是确保安全教育和培训计划实施的物质保障。

2. 选择安全培训方式

目前安全教育和培训的教学方法,主要是沿袭传统的课堂教学方法,“教师讲,学员听”。管理人员一般具有丰富实践经验,有的员工在某些问题上的见解,不一定不如某些教师,因此,应积极研究和推广交互式教学等现代培训方法。从培训手段看,目前多数还是授课的传统手段,运用多媒体技术开展培训的不太普遍。从解决行业内较大的培训需

求和培训资源相对不足的矛盾看，采取多媒体技术开展培训，大范围开展培训势在必行。

特别是对于一般性操作工人的安全基础知识培训方面，应遵循易懂、易记、易操作、趣味性的原则，建议采用发放图文并茂的安全知识小手册，播放安全教育多媒体教程的方式增加培训效果。

安全教育多媒体培训系统可采用计算机和投影相结合的方式在工人进场时进行，通过采用多媒体教育的方式，在最大程度上使安全教育与培训工作寓教于乐，取得最大的培训效果。

另外，班组班前活动作为安全教育与培训的重要补充，应予以充分重视，班组成员通过了解当日存在的危险源及采取的相应措施、并作为自己在施工时的指南，当天作业完后由班组长牵头对本组工人当日安全施工情况进行安全讲评。

3. 安全培训考核

考核是评价培训效果的重要环节，依据考核结果，可以评定员工接受培训的认知程度和采用的教育与培训方式的适宜程度，也是改进安全与培训效果的重要输入信息。

考核的形式一般主要有以下几种：

1）书面形式开卷，适宜普及性培训的考核，如针对一般性操作工人的安全教育培训。

2）书面形式闭卷，适宜专业性较强的培训，如管理人员和特殊工种人员的年度考核。

3）计算机联考，将试卷用计算机程序编制好，并放在企业局域网上，公司管理人员或特殊工种人员可以通过在本地网或通过远程登录的方式在计算机上答题，这种模式一般适用于公司管理人员和特殊工种人员。计算机联考便于培训档案管理，具有到期提醒功能。

4. 建立培训档案

培训档案的管理是安全教育与培训的重要环节，通过建立培训档案，在整体上对培训的人员的安全素质作必要的跟踪和综合评估，在招收员工时可以与历史数据进行比对，比对的结果可以作为是否录用或发放安全上岗证的重要依据。培训档案可以使用计算机程序进行管理，并通过该程序完成以下功能：个人培训档案录入、个人培训档案查询、个人安全素质评价、企业安全教育与培训综合评价。

5. 评估安全培训效果

开展安全培训效果的评估的目的在于为改进安全教育与培训的诸多环节提供信息输入。评估的内容主要从间接培训效果、直接培训效果和现场培训效果三个方面来进行：间接培训效果主要是在培训完后通过问卷的方式对培训采取的方式、培训的内容、培训的技巧方面进行评价；直接培训效果的评价依据主要为考核结果，以参加培训的人员的考核分数来确定安全教育与培训的效果；现场培训效果主要是根据在生产过程中出现的违章情况和发生的安全事故的频数来确定。

5.6　安全文化建设

水利水电工程施工企业安全文化是企业生产经营过程中逐步形成、凝结起来的一种文化氛围，是企业全体员工的安全观念、安全意识、安全态度，是员工对生命安全和健康价值的理解和领会，以及所认同的安全原则和接受的安全生产或安全生活的行为方式。

水利水电工程施工企业安全文化建设以提高企业全员的安全素质为主要任务，通过创造一种良好的安全人文氛围和协调的人-环关系，对人的观念、意识、态度、行为等形成从无到有的影响，逐步形成全体员工所认同并遵守的、带有本企业价值观、愿景、宗旨的安全理念，引导全体从业人员养成好的安全行为习惯，树立良好的安全态度，从而对人的不安全行为产生控制作用，达到减少人为事故的效果。

5.6.1 安全文化建设模式

根据《企业安全文化建设导则》(AQ/T 9004—2008)规定，水利水电工程施工企业在安全文化建设过程中，应充分考虑自身内部的和外部的文化特征，引导全体员工的安全态度和安全行为，实现在法律和政府监管要求之上的安全自我约束，通过全员参与，实现企业安全生产水平持续进步。

水利水电工程施工企业安全文化建设的总体模式如图 5-4 所示。

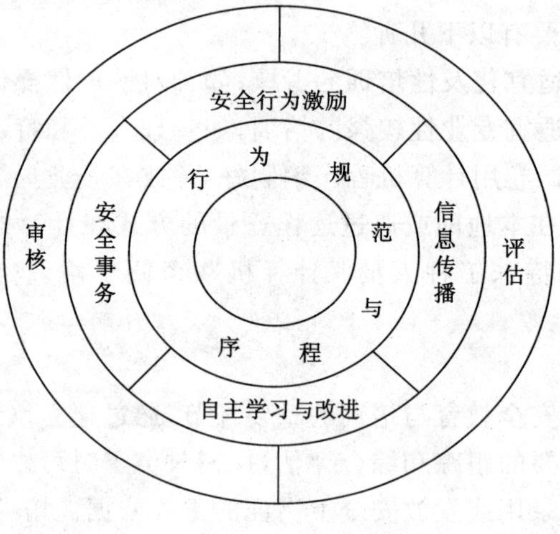

图 5-4 水利水电工程施工企业安全文化建设的总体模式

5.6.2 水利水电工程施工企业安全文化建设

1. 水利水电工程施工企业开展安全文化建设要围绕的四个核心内容

(1) 构建安全文化理念体系，提高职工安全文化素质。

(2) 构建安全文化制度体系，把安全文化融入企业管理全过程。

(3) 构建安全文化行为体系，培养良好的安全行为规范。

(4) 构建安全文化物质体系，创造好的工作环境。

2. 企业安全文化建设基本要素所表示的主要工作

(1) 安全承诺

建立安全价值观、安全愿景、安全使命和安全目标等。

(2) 行为规范与程序

建立清晰界定的组织结构、安全职责体系和必要的程序，有效控制与安全相关的所有活动和全体员工的行为。

(3) 安全行为激励

建立激励机制，运用奖罚(正负激励)措施推动安全生产工作。

(4) 安全信息传播与沟通

综合利用各种传播途径和方式，有效传播安全信息，确保企业与政府监管机构和相关方、各级管理者与员工、员工相互之间的沟通。

(5) 自主学习与改进

建立有效的安全学习模式，使企业安全绩效得到持续改进。

(6) 安全事务参与

让员工和分包方参与安全事务，使其对安全作出贡献。

(7) 审核与评估

对自身安全文化建设情况进行定期的全面审核与评估，以便给予及时的控制和改进。

(8) 推进与保障

由企业负责人组织制订推动本企业安全文化建设的长期规划和阶段性计划，并提供充分的资源与必要的保障条件。

3. 安全文化建设的载体

(1) 文学艺术，如安全文艺、安全文学等；

(2) 宣传教育，如编写企业文化宣讲材料，对安全法律法规、方针、目标的宣传，对事故及防范措施的宣传教育等；

(3) 科学技术，如安全科学的普及，发展安全科学技术；

(4) 管理，如采用行政管理手段、法制管理手段、经济管理手段等，推行现代的安全管理模式；

(5) 安全文化活动，如安全生产月(周)活动、安全文艺晚会、安全电视节目、安全表彰会、安全技能演练活动、安全宣传活动、安全文化知识竞赛、安全建议征集活动等。

5.7　事故隐患排查和治理

安全生产事故隐患，是指生产经营单位违反安全生产法律、法规、规章、标准、规程和安全生产管理制度的规定，或者因其他因素在生产经营活动中存在可能导致事故发生的物的危险状态、人的不安全行为和管理上的缺陷。

隐患分为两类，一类是“违反”型隐患，所有违法、违标、违规等行为和状态均视为事故隐患。将各种“违反”的概念规定为事故隐患，为在安全生产管理领域增强对遵守各种规定的“执行力”奠定了坚实的基础。另一类是由于某些因素而引起的三种现实表现：物的危险状态、人的不安全行为和管理上的缺陷。企业与生产经营相关的所有场所、所有环境、所有人员、所有设备等都会发生物、人、管理方面的缺陷。

水利部关于印发《水利工程生产安全重大事故隐患判定标准(试行)》的通知(水安监〔2017〕344号)规定，事故隐患排查治理是水利建设各参建单位和运行管理单位安全生产工作的重点，科学判定隐患级别是排查治理的基础。水利建设各参建单位和运行管理单位是事故隐患判定工作的主体，要根据有关法律法规、技术标准和判定标准对排查出的事故隐患进行科学合理判定。对于判定出的重大事故隐患,有关单位要立即组织整改,不能立即整改的,要做到整改责任、资金、措施、时限和应急预案“五落实”。重大事故隐患及其整改进展情况需经本单位负责人同意后报有管辖权的水行政主管部门。水利工程生产安全重大事故隐患判定分为直接判定法和综合判定法,应先采用直接判定法,不能用直接判定法的,采用综合判定法判定。

5.7.1 生产安全事故隐患排查

水利水电工程施工企业是事故隐患排查的责任主体,应建立健全事故隐患排查制度,逐级建立并落实从主要负责人到每个从业人员的事故隐患排查责任制。

水利水电工程施工企业主要负责人对本企业的事故隐患排查治理工作全面负责,任何单位和个人发现重大事故隐患,均有权向项目主管部门和安全生产监督机构报告。

水利水电工程施工企业应根据事故隐患排查制度开展事故隐患排查,排查前应制定排查方案,明确排查的目的、范围和方法。企业应采用定期综合检查、专项检查、季节性检查、节假日检查和日常检查等方式开展隐患排查,并将排查出的事故隐患及时书面通知有关单位,定人、定时、定措施进行整改,并按照事故隐患的等级建立事故隐患信息台账。

1. 事故隐患排查治理职责

《安全生产事故隐患排查治理暂行规定》(总局令第16号)第二章规定,生产经营单位应当依照法律、法规、规章、标准和规程的要求从事生产经营活动。严禁非法从事生产经营活动。生产经营单位是事故隐患排查、治理和防控的责任主体,应当履行的事故隐患排查治理和监控职责为:

(1) 建立健全事故隐患排查治理和建档监控等制度,逐级建立并落实从主要负责人到每个从业人员的隐患排查治理和监控责任制。

(2) 保证事故隐患排查治理所需的资金,建立资金使用专项制度。

(3) 定期组织安全生产管理人员、工程技术人员和其他相关人员排查本企业的事故隐患。对排查出的事故隐患,应当按照事故隐患的等级进行登记,建立事故隐患信息档案,并按照职责分工实施监控治理。

(4) 建立事故隐患报告和举报奖励制度,鼓励、发动职工发现和排除事故隐患,鼓励社会公众举报。对发现、排除和举报事故隐患的有功人员,应当给予物质奖励和表彰。

(5) 将生产经营项目、场所、设备发包、出租的,应当与承包、承租单位签订安全生产管理协议,并在协议中明确各方对事故隐患排查、治理和防控的管理职责。生产经营单位对承包、承租单位的事故隐患排查治理负有统一协调和监督管理的职责。

(6) 安全监管监察部门和有关部门的监督检查人员依法履行事故隐患监督检查职责时,生产经营单位应当积极配合,不得拒绝和阻挠。

(7) 生产经营单位应当每季、每年对本单位事故隐患排查治理情况进行统计分析,并分别于下一季度15日前和下一年1月31日前向安全监管监察部门和有关部门报送书面统计分析表。统计分析表应当由生产经营单位主要负责人签字。对于重大事故隐患,生产经营单位除依照前款规定报送外,应当及时向安全监管监察部门和有关部门报告。

(8) 对于一般事故隐患,由生产经营单位(车间、分厂、区队等)负责人或者有关人员立即组织整改。对于重大事故隐患,由生产经营单位主要负责人组织制定并实施事故隐患治理方案。

(9) 生产经营单位在事故隐患治理过程中,应当采取相应的安全防范措施,防止事故发生。事故隐患排除前或者排除过程中无法保证安全的,应当从危险区域内撤出作业人员,并疏散可能危及的其他人员,设置警戒标志,暂时停产停业或者停止使用;对暂时难以停产或者停止使用的相关生产储存装置、设施、设备,应当加强维护和保养,防止事故发生。

(10) 生产经营单位应当加强对自然灾害的预防。对于因自然灾害可能导致事故灾难的隐患,应当按照有关法律、法规、标准和本规定的要求排查治理,采取可靠的预防措施,制定应急预案。在接到有关自然灾害预报时,应当及时向下属单位发出预警通知;发生自然灾害可能危及生产经营单位和人员安全的情况时,应当采取撤离人员、停止作业、加强监测等安全措施,并及时向当地人民政府及其有关部门报告。

(11) 地方人民政府或者安全监管监察部门及有关部门挂牌督办并责令全部或者局部停产停业治理的重大事故隐患,治理工作结束后,有条件的生产经营单位应当组织本单位的技术人员和专家对重大事故隐患的治理情况进行评估;其他生产经营单位应当委托具备相应资质的安全评价机构对重大事故隐患的治理情况进行评估。

经治理后符合安全生产条件的,生产经营单位应当向安全监管监察部门和有关部门提出恢复生产的书面申请,经安全监管监察部门和有关部门审查同意后,方可恢复生产经营。

2. 事故隐患排查的方式

隐患排查的组织方式主要有综合检查、专业专项检查、季节性检查、节假日检查和日常检查等。

(1) 综合检查。综合性安全检查是以落实岗位安全责任制为重点、各专业共同参与的全面检查,主要查安全监督组织、安全思想、安全活动、安全规程和制度的执行等。水利水电工程施工企业应至少每两月自行组织一次安全生产综合检查。

(2) 专业专项检查。专业专项检查主要是对锅炉、压力容器、电气设备、机械设备、安全装备、监测仪器、危险物品、运输车辆等系统分别进行的专业检查,及在装置开、停机前,新装置竣工及试运转等时期进行的专项安全检查。

(3) 季节性检查。季节性检查是根据各季节特点开展的专项检查。春季安全大检查以防雷、防静电、防解冻跑漏为重点;夏季安全大检查以防暑降温、防食物中毒、防台风、防洪防汛为重点;秋季安全大检查以防火、防冻保温为重点;冬季安全大检查以防火、防爆、防煤气中毒、防冻、防凝、防滑为重点。

(4) 节假日检查。节假日检查主要是节前对安全、保卫、消防、机械设备、安全设备设施、备品备件、应急预案等进行的检查,特别是对节日干部、检维修队伍的值班安排和原辅料、备品备件、应急预案的落实情况等应进行重点检查。

(5) 日常检查。包括现场安全规程执行情况,安全措施是否可行,安全工器具是否合格,作业人员是否符合要求、有无违章规作业,检查现场安全情况,作业现场安全措施是否正确完备,作业环境是否符合有关规定要求。

3. 事故隐患排查的主要内容

隐患排查的范围包括所有与施工有关的所有场所、环境、人员和设备设施。就某一次隐患排查而言，应包括本次排查目的、限定范围内的所有场所、所有环境、所有人员、所有设备。

4. 重大事故隐患报告的内容

《安全生产事故隐患排查治理暂行规定》(总局令〔2007〕16号)第十四条规定，对于重大事故隐患，生产经营单位除依照前款规定报送外，应当及时向安全监管监察部门和有关部门报告。重大事故隐患报告内容应当包括：

(1) 隐患的现状及其产生因素；

(2) 隐患的危害程度和整改难易程度分析；

(3) 隐患的治理方案。

5.7.2 生产安全事故隐患治理

1. 隐患治理要求

水利水电工程施工企业应建立健全事故隐患治理和建档监控等制度，逐级建立并落实隐患治理和监控责任制。对于危害和整改难度较小，发现后能够立即整改排除的一般事故隐患，应立即组织整改。重大事故隐患治理方案应由水利工程建设项目主要负责人组织制定，经监理单位审核，报项目法人同意后实施。项目法人应将重大事故隐患治理方案报项目主管部门和安全生产监督机构备案。

《安全生产事故隐患排查治理暂行规定》(总局令〔2007〕第16号)第十六条规定，生产经营单位在事故隐患治理过程中，应当采取相应的安全防范措施，防止事故发生。事故隐患排除前或者排除过程中无法保证安全的，应当从危险区域内撤出作业人员，并疏散可能危及的其他人员，设置警戒标志，暂时停产停业或者停止使用；对暂时难以停产或者停止使用的相关生产储存装置、设施、设备，应当加强维护和保养，防止事故发生。

2. 重大事故隐患治理方案

(1) 重大事故隐患描述；

(2) 治理的目标和任务；

(3) 采取的方法和措施；

(4) 经费和物资的落实；

(5) 负责治理的机构和人员；

(6) 治理的时限和要求；

(7) 安全措施和应急预案等。

3. 隐患治理措施

(1) 治理措施的基本要求

1) 能消除或减弱生产过程中产生的危险、有害因素。

2) 处置危险和有害物，降低到国家规定的限值内。

3) 预防生产装置失灵和操作失误产生的危险、有害因素。

4) 能有效地预制重大事故和职业危害的发生。

5) 发生意外事故时，能为遇险人员提供自救和互救条件。

(2) 工程技术措施

工程技术措施的实施等级顺序是直接安全技术措施、间接安全技术措施、指示性安全技术措施等。选择安全技术措施应遵循的具体原则应按消除、预防、减弱、隔离、连锁、警告的等级顺序进行。

具体如下：

1) 消除:尽可能从根本上消除危险、有害因素,如采用无害化工艺技术,生产中以无害物质代替有害物质、实现自动化作业、遥控技术等。

2) 预防:当消除危险、有害因素有困难时,可采取预防性技术措施,预防危险、危害的发生,如使用安全阀、安全屏护、漏电保护装置、安全电压、熔断器、防爆膜、事故排放装置等。

3) 减弱:在无法消除危险、有害因素和难以预防的情况下,可采取减少危险、危害的措施,如局部通风排毒装置、生产中以低毒性物质代替高毒性物质、降温措施、避雷装置、消除静电装置、减振装置、消声装置等。

4) 隔离:在无法消除、预防、减弱的情况下,应将人员与危险、有害因素隔开和将不能共存的物质分开,如遥控作业、安全罩、防护屏、隔离操作室、安全距离、事故发生时的自救装置(如防护服、各类防毒面具)等。

5) 连锁:当操作者失误或设备运行一旦达到危险状态时,应通过连锁装置终止危险、危害发生。

6) 警告:在易发生故障和危险性较大的地方,配置醒目的安全色、安全标志,必要时设置声、光或声光组合报警装置。

7) 个体防护:在易发生危险的作业中,穿戴防护用品,如戴安全帽、穿防护服等。

(3) 安全管理措施

安全管理措施往往能系统地解决很多普遍和长期存在的隐患,需要在实施隐患治理时,主动地和有意识地研究分析隐患产生原因中的管理因素,发现和掌握其管理规律,除了提高安全意识、加强培训教育和加强安全检查等措施外,更需要通过修订并贯彻执行有关规章制度和操作规程,从根本上解决问题。

事故隐患治理工作要"闭环"管理,按照"排查—发现—评估—报告—治理(控制)—验收—销号"的流程形成闭环管理,消除管理中的缺陷,要求治理措施完成后,水利水电工程施工企业主管部门和人员对其结果进行验证和效果评估。验证就是检查措施的实现情况,是否按方案和计划的要求一一落实了;效果评估是对完成的措施是否起到了隐患治理和整改的作用,是彻底解决了问题,还是部分的、达到某种可接受程度的解决问题,是否真正能做到"预防为主"。当然不可忽略的还有是否隐患的治理措施会带来或产生新风险。

4. 预测预警

水利水电工程施工企业应采取多种途径及时获取水文、气象等信息,在接到自然灾害预报时,及时发出预警信息。每季、每年对本企业事故隐患排查治理情况进行统计分析,开展安全生产预测预警。

《安全生产事故隐患排查治理暂行规定》(总局令〔2007〕第16号)第十七条规定,生产经营单位应当加强对自然灾害的预防。对于因自然灾害可能导致事故灾难的隐患,应当按照有关法律、法规、标准和本规定的要求排查治理，采取可靠的预防措施，制定应急预案。在接到有关自然灾害预报时，应当及时向下属单位发出预警通知；发生自然灾害可能危及生产经营单位和人员安全的情况时，应当采取撤离人员、停止作业、加强监测等安全措施，并及时向当地人民政府及其有关部门报告。

5.8 重大危险源管理

《安全生产法》（主席令〔2014〕第13号）第一百一十二条规定，重大危险源是指长期地或者临时地生产、搬运、使用或者储存危险物品，且危险物品的数量等于或者超过临界量的单元（包括场所和设施）。

《危险化学品重大危险源辨识》（GB 18218—2009）第3.4条规定，危险化学品重大危险源是指长期地或临时地生产、加工、使用或储存危险化学品时，且危险化学品的数量等于或超过临界量的单元。

《水电水利施工重大危险源辨识及评价导则》（DL/T 5274—2012）第2.0.1条规定，水利水电工程施工重大危险源指水电水利工程施工中可能导致人员死亡或严重伤害、财产严重损失或环境严重破坏的根源或状态。

水利水电工程施工企业应依据《安全生产法》（主席令〔2014〕第13号）《危险化学品重大危险源辨识》（GB 18218—2009）、《建设工程安全生产管理条例》（国务院令〔2003〕第393号）、《水利工程建设安全生产管理规定》（水利部令〔2005〕第26号）、《水电水利施工重大危险源辨识及评价导则》（DL/T 5274—2012）等相关文件，结合实际情况，建立健全重大危险源管理的规章制度，明确重大危险源辨识、评价、监控、事故应急的职责、方法、流程等要求，做好本企业重大危险源管理和监控工作。

5.8.1 重大危险源辨识与评价

危险源是导致事故的根源、状态或行为。危险源辨识是发现、识别系统中的危险源是否存在并确定其性质的过程，是管理和控制危险源的基础，是从源头抓好安全生产的一项基本工作。只有正确辨识了危险源，才能有的放矢地考虑如何采取措施控制危险源。

1. 危险源辨识的方法

水利水电工程施工企业通常可由安全生产管理部门组织，各部门（基层单位）参加，鼓励员工参与开展危险源辨识工作，以系统地识别危险源的存在并确定其特性，以便进一步对其风险进行评价。危险源辨识通常可采用以下方法：

（1）询问、交谈

通常由安全生产管理部门和工会组织，通过召开职工代表座谈会、走访、调查等形式，收集各部门（基层单位）工作活动中存在的没有得到控制的危险源，再组织评价，确定控制措施。

（2）现场观察

由安全管理人员、工会职工代表对作业现场观察或检查，发现存在的危险源，再评价风险的大小，确定控制措施。要求从事现场观察的人员应具有安全技术知识，熟悉有关安全法律法规、标准规程。

(3) 工作分析法

组成专业组,通过分析组织成员工作任务中所涉及的危害,识别出有关的危险源,再进行评价,确定控制措施。

(4) 查阅有关资料和记录

查组织内以往事故记录,可从中发现存在的危险源。

(5) 获取外部的信息

从有关类似组织、文献资料、专家咨询等方面获取有关危险源的信息,加以分析研究,确定控制措施。

(6) 安全检查表

对于组织已识别的危险源,编写成检查表,列出问题清单,逐一调查填写,通过进行系统的安全检查,发现企业存在的危险源,再进行评价,确定控制措施。

2. 重大危险源辨识对象及范围

根据《水电水利施工重大危险源辨识及评价导则》(DL/T 5274—2012)规定,水利水电工程施工重大危险源辨识对象及范围包括:

(1) 施工作业活动类:明挖施工,洞挖施工,石方爆破,填筑工程,灌浆工程,斜井竖井开挖,地质缺陷处理,砂石料生产,混凝土生产,混凝土浇筑,脚手架工程,模板工程,金属结构制作、安装及机电设备安装,建筑物拆除等。

(2) 大型设备类:通勤车辆,大型施工设备等。

(3) 设施、场所类:存弃渣场,爆破器材库,油库油罐区,材料设备仓库,供水系统,供风系统,供电系统,金属结构厂、转轮厂、修理厂及钢筋厂等金属结构制作场所,道路桥梁隧洞等。

(4) 危险环境类:不良地质地段,潜在滑坡区,超标准洪水、粉尘、有毒有害气体及有毒化学品泄漏环境等。

(5) 其他。

3. 重大危险源辨识区域划分

根据《水电水利施工重大危险源辨识及评价导则》(DL/T 5274—2012)规定,水利水电工程施工重大辨识按区域宜划分为:生产、施工作业区,物质仓储区,生活、办公区。

4. 水利工程重大危险源

水利工程施工的重大危险源应主要从下列几方面考虑:

(1) 高边坡作业:

1) 土方边坡高度大于30 m或地质缺陷部位的开挖作业;

2) 石方边坡高度大于50 m或滑坡地段的开挖作业。

(2) 深基坑工程:

1) 开挖深度超过3 m(含)的深基坑作业;

2) 开挖深度虽未超过3 m,但地质条件、周围环境和地下管线复杂,或影响毗邻建筑(构筑)物安全的深基坑作业。

(3) 洞挖工程:

1）断面大于 20 m^2 或单洞长度大于 50 m 以及地质缺陷部位开挖；

2）不能及时支护的部位，地应力大于 20 MPa 或大于岩石强度的 1/5 或埋深大于 500 m 部位的作业；

3）洞室临近相互贯通时的作业；当某一工作面爆破作业时，相邻洞室的施工作业。

（4）模板工程及支撑体系：

1）工具式模板工程：包括滑模、爬模、飞模工程；

2）混凝土模板支撑工程：搭设高度 5 m 及以上；搭设跨度 10 m 及以上；施工总荷载 10 kN/m^2 及以上；集中线荷载 15 kN/m^2 及以上；

3）承重支撑体系：用于钢结构安装等满堂支撑体系。

（5）起重吊装及安装拆卸工程：

1）采用非常规起重设备、方法，且单件起吊重量在 10 kN 及以上的起重吊装工程；

2）采用起重机械进行安装的工程；

3）起重机械设备自身的安装、拆卸作业。

（6）脚手架工程：

1）搭设高度 24 m 以上的落地式钢管脚手架工程；

2）附着式整体和分片提升脚手架工程；

3）悬挑式脚手架工程；

4）吊篮脚手架工程；

5）自制卸料平台、移动操作平台工程；

6）新型及异型脚手架工程；

（7）拆除爆破工程：

1）围堰拆除作业；爆破拆除作业；

2）可能影响行人、交通、电力设施、通信设施或其他建、构筑物安全的拆除作业；

3）文物保护建筑、优秀历史建筑或历史文化风貌区控制范围的拆除作业。

（8）储存、生产和供给易燃易爆、危险品的设施、设备及易燃易爆、危险品的储运，主要分布于工程项目的施工场所：

1）油库（储量：汽油 20 t 及以上；柴油 50 t 及以上）；

2）炸药库（储量：炸药 1 t）；

3）压力容器（P_{max}不小于 0.1 MPa 和 V 不小于 100 m^3）；

4）锅炉（额定蒸发量 1.0 t/h 及以上）；

5）重件、超大件运输。

（9）人员集中区域及突发事件：

1）人员集中区域（场所、设施）的活动；

2）可能发生火灾事故的居住区、办公区、重要设施、重要场所等。

（10）其他：

1）开挖深度超过 16 m 的人工挖孔桩工程；

2）地下暗挖、顶管作业、水下作业工程及存在上下交叉的作业；

3）截流工程、围堰工程；

4）变电站、变压器；

5）采用新技术、新工艺、新材料、新设备及尚无相关技术标准的危险性较大的单项工程；

6）其他特殊情况下可能造成生产安全事故的作业活动、大型设备、设施和场所等。

5. 重大危险源分级

水利工程施工重大危险源应按发生事故的后果分为下列四级：

(1) 可能造成特别重大安全事故的危险源为一级重大危险源；

(2) 可能造成重大安全事故的危险源为二级重大危险源；

(3) 可能造成较大安全事故的危险源为三级重大危险源；

(4) 可能造成一般安全事故的危险源为四级重大危险源。

6. 重大危险源评价

水利水电工程施工重大危险源评价按层次可分为总体评价、分部评价及专项评价，按阶段可划分为预评价、施工期评价。预评价对象有物质仓储区，设施、场所，危险环境，待开工的施工作业；施工期评价对象有生产、施工作业。

水利水电工程施工重大危险源评价宜选用安全检查表法、预先危险性分析法、作业条件危险性评价法(LEC)，作业条件-管理因子危险性评价法(LECM)或层次分析法。不同阶段、层次应采用相应的评价方法，必要时可采用不同评价方法相互验证。

安全检查表法适用于施工期评价，作业条件危险性评价法(LEC)、作业条件-管理因子危险性评价法(LECM)适用于各阶段评价，预先危险性分析法适用于预评价，层次分析法适用于施工过程风险评价。

5.8.2　重大危险源监控和管理

《安全生产法》(主席令〔2014〕第13号)第三十七条规定，生产经营单位对重大危险源应当登记建档，进行定期检测、评估、监控，并制定应急预案，告知从业人员和相关人员在紧急情况下应当采取的应急措施。

生产经营单位应当按照国家有关规定将本单位重大危险源及有关安全措施、应急措施报有关地方人民政府安全生产监督管理部门和有关部门备案。

1. 重大危险源登记建档与备案

水利水电工程施工企业应在开工前，对施工现场危险设施或场所组织进行重大危险源辨识，并将辨识成果及时报监理单位和项目法人。经过辨识确定的各级危险源，责任单位应当逐项进行登记，有关辨识、评价和控制过程资料应当归档备案。

水利水电工程施工企业要对本企业的各类危险源逐项进行登记，建立危险源管理档案，并按照国家和地方有关部门和本办法规定的危险源和登记申报的具体要求，每个项目开工前，将有关材料报送至建设单位备案。

水利水电工程施工企业应根据项目重大危险源管理制度制定相应管理办法，并报监理单位、项目法人备案。

水利水电工程施工企业应针对重大危险源制订防控措施，并应登记建档。

2. 重大危险源的监控

(1) 明确重大危险源管理的责任部门和责任人，严格落实分级管控措施；

(2) 对重大危险源的安全状况进行定期检查、评估和监控,并做好记录;

(3) 安排专人巡视,并如实记录监控情况;

(4) 在重大危险源现场设置明显的安全警示标志和警示牌,警示牌内容应包括危险源名称、地点、责任人员、可能的事故类型、控制措施等。

3. 重大危险源的管理

(1) 按照国家有关规定,定期对重大危险源的安全设施和安全监测监控系统进行检测、检验并进行经常性维护、保养,保证安全设施和安全监测监控系统有效、可靠运行。维护、保养、检测应作好记录,并由有关人员签字。

(2) 组织对重大危险源的管理人员进行培训,使其了解重大危险源的危险特性,熟悉重大危险源安全管理规章制度,掌握安全操作技能和应急措施。

(3) 制定重大危险源事故应急预案,建立应急救援组织或配备应急救援人员、必要的防护装备及应急救援器材、设备、物资,并保障其完好和方便使用。

(4) 将重大危险源可能发生的事故后果和应急措施等信息,以适当方式告知可能受影响的单位、区域及人员。

(5) 对可能导致安全事故的险情,按规定进行上报。

(6) 根据施工进展加强重大危险源的日常监督检查,对危险源实施动态的辨识、评价和控制。

5.9 职业健康管理

5.9.1 常见职业危害因素及可能导致的职业病

1. 水利水电工程常见的职业危害因素

水利工程建设项目施工中的职业危害主要有粉尘、毒物、红外、紫外辐射、噪声、振动及高温。施工中受辐射、噪声、振动危害的主要有电焊工、风钻工、模板校平工、推土机、混凝土平板振动器等操作工种;受粉尘危害的工种主要有掘进工、风钻工、炮工、混凝土搅拌机司机、水泥上料工、钢模板校平工、河砂运料上料工等;受有毒物质影响的工种有驾驶员、汽修工、焊工、爆破工等。

水利工程建设项目施工中接触的粉尘主要是岩尘、电焊尘、水泥尘等。吸入人体的粉尘有97%~98%可通过人体呼吸道的清除功能排出体外,余下的沉积于肺内。粉尘对人体健康最普遍且严重的危害是引起各种尘肺病,其次是粉尘沉着症、粉尘性支气管炎、肺炎、支气管哮喘以及中毒等病症。

此外,由于水利工程施工多为野外作业,自然环境恶劣,还易受到蚊虫叮咬、野物袭击等其他有害因素的危害,此时除注意个体防护外,还应根据具体情况选择合适的防护措施。

以上职业危害因素可以多种并存,加重危害程度,如施工过程中的振动与噪声的共同作用,可加重听力损伤;粉尘在高温环境下可增加肺通气量,增加粉尘吸入,对人体产生不利影响。

2. 粉尘引起的职业病

生产性粉尘的种类繁多，理化性状不同，对人体所造成的危害也是多种多样。就其病理性质可概况如下几种：

(1) 全身中毒性。例如铅、锰、砷化物等粉尘。

(2) 局部刺激性。例如生石灰、漂白粉、水泥、烟草等粉尘。

(3) 变态反应性。例如大麻、黄麻、面粉、羽毛、锌烟等粉尘。

(4) 光感应性。例如沥青粉尘。

(5) 感染性。例如破烂布屑、兽毛、谷粒等粉尘有时附有病菌。

(6) 致癌性。例如铬、镍、砷、石棉及某些光感应性和放射性物质粉尘尘肺，如矽尘、矽酸盐尘。

其中以尘肺的危害最为严重，至2000年我国已发生各种尘肺病例近60万人，死亡近13万人，尚有隐患40余万人。

尘肺是由于吸入生产性粉尘引起的以肺的纤维化为主的职业病。由于粉尘的性质、成分不同，对肺所造成的损害，引起纤维化程度也有所不同，从病因上分析，可将尘肺分为六类，即矽肺(吸入含有游离二氧化硅粉尘)、硅酸盐肺、炭尘肺、金属尘肺、混合性尘肺和有机尘肺。

2002卫生部与劳动保障部联合发布的《职业病目录》(卫法监发〔2002〕108号)公布的职业病名单中，列出了十二种法定尘肺，即矽肺、煤工尘肺、尘肺、炭黑尘肺、石棉肺、滑石尘肺、水泥尘肺、云母尘肺、陶工尘肺、铝尘肺、电焊工尘肺和铸工尘肺。

5.9.2　职业危害预防措施

1. 防尘措施

防尘措施可分为以湿式作业为主的防尘措施和在干法生产条件下采取的密闭、通风、除尘措施两种。

(1) 湿式作业

湿式作业防尘的特点是：防尘效果可靠，易于管理，已为厂矿广泛应用，如石粉厂的水磨石英、陶瓷厂、玻璃厂的原料水辗、湿法拌料，机械制造工业中的水力清砂、水爆清砂等。

(2) 密闭、通风、除尘系统

干法生产(粉碎、拌料等)容易造成粉尘飞扬，可采取密闭、通风、除尘的办法，但首先必须对生产过程进行改革，理顺生产流程，实现机械化生产的条件下，才使密闭、通风、除尘的措施有了基础，在手工生产、流程紊乱的情况下，密闭、通风、除尘设备是无法奏效的。密闭、通风、除尘系统是由密闭设备、吸尘罩、通风管、除尘器等几个部分组成。

工程建设施工现场粉尘防护措施如下所列：

1) 混凝土搅拌站，木加工、金属切削加工、锅炉房等产生粉尘的场所，必须装置除尘器或吸尘罩，将尘粒捕捉后送到储仓内或经过净化后排放，以减少对大气的污染；

2) 施工和作业现场经常洒水、控制和减少灰尘飞扬；

3) 采取综合防尘措施或采用低尘的新技术、新工艺、新设备，使作业场所的粉尘浓度不超过国家的卫生标准。

在水利工程实践中，人们总结了以下防尘措施：

1）钻孔采取湿式作业或采取干式捕尘措施，不打干钻。

2）水泥储存、运送、混凝土拌和等作业采取隔离、密封措施。

3）密闭容器、构件及狭窄部位进行电焊作业时加强通风，并佩戴防护电焊烟尘的防护用品。

4）地下洞室施工配置强制通风设施，确保洞内粉尘、烟尘、废气及时排出。

5）作业人员配备防尘口罩等防护用品。

6）在砂石加工系统等重点排放源安装袋式除尘器，洒水防尘。

2. 防毒措施

控制工业毒物应掌握下列几条原则：

1）控制与消除有毒物质，用无毒或低毒物质代替有毒或高毒物质；改革生产工艺、生产设备，尽量将手工操作变为机械化、密闭化、自动化和遥控化操作。

2）降低生产性毒物的浓度，避免有毒物质与人体接触；对生产过程中无法避免的有毒物质，通过安装合理的通风、排毒设备，使毒物得到有效控制。

3）生产过程使用密闭、通风排毒系统，系统由密闭罩、通风管、净化装置和通风机构成。其设计原理和原则与防尘的密闭、通风、除尘系统基本上是相同的。

4）个体防护。接触毒物作业工人的个体防护有特殊意义，毒物侵入人体的途径，除呼吸道外，还有口腔、皮肤。因此，应根据毒物的特性，选择有效的个人防护用品。凡是接触毒物的作业都应规定有针对性的个人健康制度，必要时应列入操作规程，如不准在作业场所吸烟、吃东西，班后洗澡、不准将工作服带回家等。这不仅是为了保护操作者自身，而且也是避免家庭成员、特别是儿童，间接受害。

5）根据国家有关标准结合职工数量和工作性质建立合理的卫生设施，设置盥洗设备，并教育职工养成良好卫生习惯。

6）对从事有毒作业的职工进行定期体检，定期监测作业环境中的有毒有害物质浓度，保证有毒有害物质浓度在国家允许范围内。

7）严格遵守安全操作规程，避免中毒事件的发生。

基于以上原则，控制工业毒物的措施有：

（1）生产工艺改革

生产过程的密闭化、自动化是解决毒物危害的根本途径，用无毒、低毒物质代替剧毒物质是从根本上解决毒物危害的首选办法。但不是所有毒物都能找到无毒、低毒的代替物，因此在生产过程中控制毒物的卫生工程技术措施就很重要了。例如，在水利工程施工过程中，可采用先进爆破地方式并减少炸药用量来控制爆破过程中产生的粉尘和毒物。

（2）密闭、通风净化系统

系统由密闭罩、通风管、净化装置和通风机构成。整个系统必须注意安全、防火、防爆问题；正确地选择气体的净化和回收利用，防止二次污染，防止环境污染。

（3）局部排气罩

就地密闭，就地排出，就地净化，是通风防毒工程的一个重要的技术准则。排气罩是实施毒源控制、防止毒物扩散的具体技术装置。

1）密闭罩

在工艺条件允许的情况下，尽可能将毒源密闭起来，然后通过通风管将含毒空气吸出，送往净化装置，若通风量不足，密闭罩内保持不了负压状态，则毒物可能溢出罩外，起不到控制作用。

2）开口罩

在生产工艺操作不可能采取密闭罩排气时，可按生产设备和操作的特点，设计开口式排气罩，开口罩按结构形式分为上吸罩、侧吸罩和下吸罩。

开口罩的排气量是由毒物的种类、毒源扩散状态和开口罩吸入速度场的特性所决定的。

3）伞形罩

伞形罩是一种典型的上吸罩，罩口是否有吸入效果，可用发烟剂来检查。检查时，注意观察烟气被吸入罩口的范围，判断是否将排出物吸入罩内。

4）通风橱

通风橱是密闭与侧吸罩相结合的一种特殊排气罩。可以将产生有害物的操作和设备完全放在通风橱内。通风橱排风量的设计，关键在于保证操作小门具备必要的吸入风速。一般对无毒有害物吸入风速可在0.25～0.37 m/s，有毒、有危险的有害物或极毒、少量放射性有害物必须在0.5～0.6 m/s以上。

（4）排出气体的净化

工业排气的无害化排放，是通风防毒工程必须遵守的重要准则。根据输送介质特性和生产工艺的不同，有害气体的净化方法也有所不同，大致分为洗涤法、吸附法、袋滤法、静电法、燃烧法和高空排放法。确定净化方案的原则是：

1）设计前，必须确定有害物质的成分、含量、毒性等理化指标。

2）确定有害物质的净化目标和综合利用方向，应符合卫生标准和环境保护标准的规定。

3）净化设备的工艺特性，必须与有害介质的特性相一致。

4）落实防火、防爆的特殊要求。

（5）个体防护

属于作业场所的保护用品有防护眼服装、防尘口罩和防毒面具等。

1）防护服装

包括防护服、鞋、帽、眼镜、手套等。为防止毒物经皮肤侵入人体或损伤人体，对防护服装的选择、设计应有利防毒、轻便、耐用，不影响体温调节。防护服应有专用柜存放，禁止穿防护服去食堂、浴室、宿舍等。防护服应经常清洗、保持健康，必要时进行化学处理。

2）防毒口罩和防毒面具

防毒口罩和防毒面具属呼吸防护器，种类很多，防护原理可分为过滤式和隔离式两大类。

① 过滤式。将空气中的有害物质过滤净化，达到防护目的。在作业场所空气中有害物质的浓度不很高的情况下，佩戴此类防护器。这类防护器分为机械过滤式和化学过滤式两种。

② 隔离式。佩戴者呼吸所需的空气（氧气），不直接从现场空气中吸取，而是由另外

的供气系统供给。按照供气的方式可分为自给式与输入式两种。

3. 防红外线、紫外线措施

(1) 红外辐射的防护

红外辐射防护的重点是对眼睛的保护,严禁裸眼直视强光源。生产操作中应戴绿色防护镜,镜片中应含有氧化亚铁或其他可滤过红外线的成分。

(2) 紫外辐射的防护

水利工程建设中的紫外辐射主要来自电焊作业,操作者必须佩戴专用的防护面罩、防护眼镜以及防护手套,皮肤不得裸露。电焊工工作时应用可移动的屏障围住作业区,以免周围其他人受照射。在操作中与助手要密切配合,防止助手猝不及防遭受照射。

因此,在水利工程金属焊接和热切割作业中,应注意以下几点:

1) 焊工应按规定正确穿戴工作鞋、防护手套等劳动防护用品;

2) 从事电焊工作时,必须使用镶有滤光镜片的面罩;气焊、气割作业时,必须佩戴有色眼镜,防止火花灼伤眼睛;

3) 作业场所要加强通风排尘,防止有害气体和粉尘积聚;

4) 夏季炎热季节作业时,要采取防暑降温措施,加强通风。

4. 防止噪声危害措施

控制生产性噪声的措施如下:

(1) 消除或减弱引起噪声的振动,主要应在设计、制造生产工具或机械过程中,尽力采取消声措施,如将金属铆接改为焊接、锤击成型改为液压成型等。为了防止地板和墙壁的振动,机器设备不可直接安装在地板上,而应装在隔绝的物质上,如空气层、橡皮、软木、砂石等与房屋地基隔开。

(2) 消除或减少噪声、振动的传播,如消声、吸声、隔声、隔振、阻尼。

(3) 加强个人防护和健康监护,对吊车司机、汽车司机,应有良好的弹簧坐垫,以减少振动对机体的影响。加强个人防护,常用的有耳塞、耳罩、防声帽等。

水利工程施工过程中对噪声职业危害的防护措施主要有:

1) 在筛分楼、破碎车间、制砂车间、空压机站、水泵房、拌和楼等生产性噪声危害作业场所设隔音值班室,作业人员佩戴防噪耳塞、耳罩或防噪声的头盔等防护用品。

2) 对木工机械、风动工具、喷砂除锈、锻造、铆焊等临时性噪声危害严重的作业人员,配备防噪耳塞、耳罩或防噪声的头盔等防护用品。

5. 防止振动危害措施

防止振动危害的措施主要有:

(1) 控制振动源。应在设计、制造生产工具和机械时采用减振措施,使振动降低到对人体无害的水平。

(2) 改革工艺,采用减振和隔振等措施。如采用焊接等新工艺代替铆接工艺;采用水力清砂代替风铲清砂;工具的金属部件采用塑料或橡胶材料,减少撞击振动。

(3) 限制作业时间和振动强度。

(4) 改善作业环境,加强个体防护及健康监护。

6. 防暑降温措施

解决高温作业危害的根本出路在于实现生产过程的自动化，现在的防暑降温措施主要是隔热、通风和个体防护。

(1) 隔热

用隔热材料(耐火、保温材料、水等)将各种热的炉体包起来，降低热源的表面温度，减少向车间散热和辐射热。

(2) 通风

1) 自然通风。利用通风天窗的自然通风对高温车间的散热有特殊意义。有组织的自然通风系统所形成的大量风量带走了大量热量，在效果上、经济上是机械通风无法比拟的，已列入高温车间设计规范。

2) 机械通风。高温车间一般选择全面送入式或全面排出式的机械通风。

(3) 个体防护

高温作业工人的防护服、帽、鞋、手套、眼镜等主要是为了防辐射热的。由于高温作业工人大量排汗，特别是每当暑季供应清凉饮料是有特殊意义的，并在饮料中适当地补充盐分和水溶性维生素。

水利工程施工过程中可从以下几方面减少高温作业的危害：

1) 合理调整作息时间，避开中午高温时间工作，严格控制工人加班加点，工作时间要适当缩短。保证工人有充足的休息和睡眠时间。

2) 对容器内和高温条件下的作业场所，要采取措施，搞好通风和降温。

3) 对露天作业集中和固定场所，应搭设歇凉棚，防止热辐射，并要经常洒水降温。高温、高处作业的工人，需经常进行健康检查，发现有作业禁忌征者应及时调离高温和高处作业岗位。

4) 要及时供应合乎卫生要求的茶水、清凉含盐饮料、绿豆汤等。

5) 要经常组织医护人员深入现场进行巡回医疗和预防工作。重视年老体弱、患过中暑者和血压较高的工人身体情况的变化。

6) 及时给职工发放防暑降温的急救药品和劳动保护用品。

5.9.3 职业危害申报

《职业病危害项目申报办法》(安监总局令〔2012〕第48号)规定，用人单位(煤矿除外)工作场所存在职业病目录所列职业病的危害因素的，应当及时、如实向所在地安全生产监督管理部门申报危害项目，并接受安全生产监督管理部门的监督管理。

职业病危害因素按照《职业病危害因素分类目录》确定。职业病危害项目申报工作实行属地分级管理的原则。用人单位申报职业病危害项目时，应当提交《职业病危害项目申报表》和下列文件、资料：

(1) 用人单位的基本情况；

(2) 工作场所职业病危害因素种类、分布情况以及接触人数；

(3) 法律、法规和规章规定的其他文件、资料。

职业病危害项目申报同时采取电子数据和纸质文本两种方式。

用人单位应当首先通过"职业病危害项目申报系统"进行电子数据申报，同时将《职业病危害项目申报表》加盖公章并由本单位主要负责人签字后，按照该办法第四条和第五条的规定，连同有关文件、资料一并上报所在地设区的市级、县级安全生产监督管理部门。

受理申报的安全生产监督管理部门应当自收到申报文件、资料之日起5个工作日内，出具《职业病危害项目申报回执》。

5.9.4 职业卫生"三同时"管理要求

《职业病防治法》(中华人民共和国主席令〔2001〕第60号公布，〔2011〕第52号修订，〔2016〕第48号修订、〔2017〕第81号修订)第十七条规定，新建、扩建、改建建设项目和技术改造、技术引进项目(以下统称建设项目)可能产生职业病危害的，建设单位在可行性论证阶段应当进行职业病危害预评价。

第十八条规定，建设项目的职业病防护设施所需费用应当纳入建设项目工程预算，并与主体工程同时设计，同时施工，同时投入生产和使用。建设项目的职业病防护设施设计应当符合国家职业卫生标准和卫生要求。建设项目在竣工验收前，建设单位应当进行职业病危害控制效果评价。建设项目的职业病防护设施应当由建设单位负责依法组织验收，验收合格后，方可投入生产和使用。安全生产监督管理部门应当加强对建设单位组织的验收活动和验收结果的监督核查。

5.9.5 建设过程中的职业健康管理

1. 作业场所管理

施工单位对存在职业危害的场所应加强管理，并遵守下列规定：

(1) 指定专人负责职业健康的日常监测，维护监测系统处于正常运行状态。

(2) 对存在粉尘、有害物质、噪声、高温等职业危害因素的场所和岗位，应制订专项防控措施，并按规定进行专门管理和控制；明确具有职业危害的有关场所和岗位，制订专项防控措施，进行专门管理和控制。

(3) 制订职业危害场所检测计划，定期对职业危害场所进行检测，并将检测结果公布、归档。

(4) 对可能发生急性职业危害的工作场所，应设置报警装置、标识牌、应急撤离通道和必要的泄险区，制定应急预案，配置现场急救用品、设备。

(5) 施工区内起重设施、施工机械、移动式电焊机及工具房、水泵房、空压机房、电工值班房等应符合职业卫生、环境保护要求。

(6) 定期对危险作业场所进行监督检查，并做好记录。

2. 作业人员管理

施工单位应对从事危险作业的人员加强职业健康管理，并遵守下列规定：

(1) 严格劳动保护用品的发放和使用管理；

(2) 不得安排未成年工从事接触职业危害的作业；不得安排孕期、哺乳期的女职工从事对本人、婴儿有害的作业；

(3) 根据职业危害类别，进行上岗前、在岗期间、离岗时的职业健康检查；

(4) 为相关岗位作业人员建立职业健康监护档案；

(5) 不得安排未经上岗前职业健康检查的作业人员从事接触职业病危害因素的作

业；不得安排有职业禁忌的作业人员从事其所禁忌的作业；

（6）按规定给予职业病患者及时的治疗、疗养；

（7）按规定及时为从业人员办理工伤保险和人身意外伤害保险等。

3. 作业环境管理

施工单位应为从业人员提供符合职业健康要求的工作环境和条件，并遵守下列规定：

（1）配备符合国家或者行业标准的劳动防护用品；

（2）对现场急救用品、设备和防护用品进行经常性检维修、检测；

（3）设置与职业危害防护相适应的卫生设施；

（4）施工现场的办公、生活区与作业区分开设置，并保持安全距离；

（5）膳食、饮水、休息场所等应符合卫生标准；

（6）在生产生活区域设置卫生清洁设施和管理保洁人员等。

4. 职业危害因素检测

水利水电工程施工企业应制定职业危害场所检测计划，定期对职业危害场所进行检测，并将检测结果存档。

《职业病防治法》（中华人民共和国主席令〔2001〕第 60 号公布，〔2011〕第 52 号修订，〔2016〕第 48 号修订、〔2017〕第 81 号修订）第二十六条规定，用人单位应当实施由专人负责的职业病危害因素日常监测，并确保监测系统处于正常运行状态。用人单位应当按照国务院安全生产监督管理部门的规定，定期对工作场所进行职业病危害因素检测、评价。检测、评价结果存入用人单位职业卫生档案，定期向所在地安全生产监督管理部门报告并向劳动者公布。发现工作场所职业病危害因素不符合国家职业卫生标准和卫生要求时，用人单位应当立即采取相应治理措施，仍然达不到国家职业卫生标准和卫生要求的，必须停止存在职业病危害因素的作业；职业病危害因素经治理后，符合国家职业卫生标准和卫生要求的，方可重新作业。

5. 防护设备设施和个人防护用品

水利水电工程施工企业应在可能发生急性职业危害的有毒、有害工作场所，设置报警装置，制定应急处置预案，配置现场急救用品，指定专人负责保管防护器具，并定期校验和维护，确保其处于正常状态。

《职业病防治法》（中华人民共和国主席令〔2001〕第 60 号公布，〔2011〕第 52 号修订，〔2016〕第 48 号修订、〔2017〕第 81 号修订）第二十二条规定，用人单位必须采用有效的职业病防护设施，并为劳动者提供个人使用的职业病防护用品。用人单位为劳动者个人提供的职业病防护用品必须符合防治职业病的要求；不符合要求的，不得使用。

第二十五条规定，对可能发生急性职业损伤的有毒、有害工作场所，用人单位应当设置报警装置，配置现场急救用品、冲洗设备、应急撤离通道和必要的泄险区。对职业病防护设备、应急救援设施和个人使用的职业病防护用品，用人单位应当进行经常性的维护、检修，定期检测其性能和效果，确保其处于正常状态，不得擅自拆除或者停止使用。

6. 履行告知义务

《职业病防治法》（中华人民共和国主席令〔2001〕第 60 号公布，〔2011〕第 52 号修订，〔2016〕第 48 号修订、〔2017〕第 81 号修订）第二十四条规定，产生职业病危害的用人单位，应当在醒目位置设置公告栏,公布有关职业病防治的规章制度、操作规程、职业病危害事故应急救援措施和工作场所职业病危害因素检测结果。对产生严重职业病危害的作业岗位,应当在其醒目位置,设置警示标识和中文警示说明。警示说明应当载明产生职业病危害的种类、后果、预防以及应急救治措施等内容。

第三十三条规定,用人单位与劳动者订立劳动合同(含聘用合同,下同)时,应当将工作过程中可能产生的职业病危害及其后果、职业病防护措施和待遇等如实告知劳动者,并在劳动合同中写明,不得隐瞒或者欺骗。

劳动者在已订立劳动合同期间因工作岗位或者工作内容变更,从事与所订立劳动合同中未告知的存在职业病危害的作业时,用人单位应当依照前款规定,向劳动者履行如实告知的义务,并协商变更原劳动合同相关条款。

第五十五条规定,医疗卫生机构发现疑似职业病病人时,应当告知劳动者本人并及时通知用人单位。

7. 职业健康监护

《职业病防治法》(中华人民共和国主席令〔2001〕第60号公布,〔2011〕第52号修订,〔2016〕第48号修订、〔2017〕第81号修订)第三十五条规定,对从事接触职业病危害的作业的劳动者,用人单位应当按照国务院安全生产监督管理部门、卫生行政部门的规定组织上岗前、在岗期间和离岗时的职业健康检查,并将检查结果书面告知劳动者。职业健康检查费用由用人单位承担。用人单位不得安排未经上岗前职业健康检查的劳动者从事接触职业病危害的作业;不得安排有职业禁忌的劳动者从事其所禁忌的作业;对在职业健康检查中发现有与所从事的职业相关的健康损害的劳动者,应当调离原工作岗位,并妥善安置;对未进行离岗前职业健康检查的劳动者不得解除或者终止与其订立的劳动合同。

第三十六条规定,用人单位应当为劳动者建立职业健康监护档案,并按照规定的期限妥善保存。劳动者离开用人单位时,有权索取本人职业健康监护档案复印件,用人单位应当如实、无偿提供,并在所提供的复印件上签章。

8. 职业卫生培训

《职业病防治法》(中华人民共和国主席令〔2001〕第60号公布,〔2011〕第52号修订,〔2016〕第48号修订、〔2017〕第81号修订)第三十四条规定,用人单位的主要负责人和职业卫生管理人员应当接受职业卫生培训,遵守职业病防治法律、法规,依法组织本单位的职业病防治工作。用人单位应当对劳动者进行上岗前的职业卫生培训和在岗期间的定期职业卫生培训,普及职业卫生知识,督促劳动者遵守职业病防治法律、法规、规章和操作规程,指导劳动者正确使用职业病防护设备和个人使用的职业病防护用品。

9. 职业危害事故的应急救援、报告与处理

《职业病防治法》(中华人民共和国主席令〔2001〕第60号公布,〔2011〕第52号修订,〔2016〕第48号修订、〔2017〕第81号修订)第三十七条规定,发生或者可能发生急性职业病危害事故时,用人单位应当立即采取应急救援和控制措施,并及时报告所在地安全生产监督管理部门和有关部门。对遭受或者可能遭受急性职业病危害的劳动者,用人单位应当及时组织救治、进行健康检查和医学观察,所需费用由用人单位承担。

5.10　应急管理

应急管理是为了预防、控制及消除紧急事件，减少事故对人员伤害、财产损失和环境破坏的程度而进行的计划、组织、指挥、协调和控制的活动。应急管理是对紧急事件的全过程管理，贯穿于事故发生前、中、后的各个过程，充分体现了“预防为主，常备不懈”的应急思想。

5.10.1　应急管理的过程

1. 应急管理的四个阶段

应急管理是一个动态的过程，包括预防、准备、响应和恢复等四个阶段。尽管在实际情况中，这些阶段往往是交叉的，但每一阶段都有自己明确的单独目标，并且成为下个阶段内容的一部分。预防、准备、响应和恢复的相互关联，构成了重大事故应急管理的循环过程。

事故应急管理的阶段如图 5-5 所示。

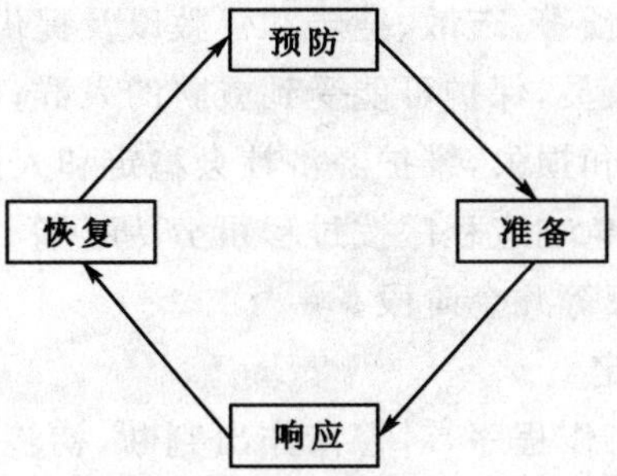

图 5-5　应急管理四个阶段

(1) 应急预防

应急预防是从应急管理的角度，为预防事故发生或恶化而做的预防性工作，避免应急行动的盲目性。预防是应急管理的首要工作，把事故消除在萌芽状态是应急管理的最高境界。在应急管理中，预防有两层含义：一是事故的预防工作，即通过安全管理和安全技术等手段，尽可能地防止事故的发生，实现本质安全化；二是在假定事故必然发生的前提下，通过预先采取的预防措施，来达到降低或减缓事故的影响或后果严重程度。任何企业都应该在生产过程中对预防工作引起高度的重视，防患于未然。

水利水电工程施工企业应当根据工程建设的施工特点和范围，加强对施工现场易发生重大事故的部位、环节进行监控，配备救援器材、设备，并定期组织演练。

对可能导致重大质量与安全事故后果的险情，项目法人和施工等知情单位应当按项目管理权限立即报告流域机构或水行政主管部门和工程所在地人民政府，必要时可越级上报至水利部工程建设事故应急指挥部办公室；对可能造成重大洪水灾害的险情，项目法人和施工单位等知情单位应当立即报告所在地防汛指挥部，必要时可越级上报至国家防汛抗旱总指挥部办公室。

项目法人、各级水行政主管部门接到可能导致水利工程建设重大质量与安全事故的信息后，及时确定应对方案，通知有关部门、单位采取相应行动预防事故发生，并按照预案做好应急准备。

水利部工程建设事故应急指挥部办公室接到可能导致水利工程建设重大质量与安全事故信息后，密切关注事态进展，及时给予指导协调，并按照预案做好应急准备工作。

(2) 应急准备

准备又称预备，是应急管理过程中的一个极其关键的过程。它是针对可能发生的事故，为迅速有效地开展应急行动而预先所做的各种准备。其目标是保障重大事故应急救援所需的应急能力，主要集中在发展应急操作计划及系统上。

(3) 应急响应

针对发生的事故，有关组织或人员采取的应急行动。

应急响应是在出现事故险情、事故发生状态下，在对事故情况进行分析评估的基础上，有关组织或人员按照应急救援预案立即采取的应急救援行动。应急响应包括事故的报警与通报、人员的紧急疏散、急救与医疗、消防和工程抢险措施、信息收集与应急决策和外部求援等。

响应的目的是通过发挥预警、疏散、搜寻和营救以及提供避难所和医疗服务等紧急事务功能，尽可能地抢救受害人员，保护可能受到威胁的人群；尽可能控制并消除事故，最大限度地减少事故造成的影响和损失，维护经济社会稳定和人民生命财产安全。

事故应急救援系统的应急响应程序按过程可分为接警、响应级别确定，应急启动，救援行动，应急恢复和应急结束等几个阶段。

(1) 接警与响应级别确定

接到事故报警后，按照工作程序，对警情作出判断，初步确定相应的响应级别。如果事故不足以启动应急救援体系的最低响应级别，响应就关闭。

(2) 应急启动

应急响应级别确定后，按所确定的响应级别启动应急程序，如通知应急中心有关人员到位、开通信息与通信网络、通知调配救援所需的应急资源(包括应急队伍和物资，装备等)、成立现场指挥部等。

(3) 救援行动

有关应急队伍进入事故现场后，迅速开展事故侦测、警戒、疏散、人员救助、工程抢险等有关应急救援工作，专家组为救援决策提供建议和技术支持，当事态超出响应级别无法得到有效控制时，向应急中心请求实施更高级别的应急响应。

(4) 应急恢复

救援行动结束后，进入临时应急恢复阶段。该阶段主要包括现场清理、人员清点和撤离、警戒解除、善后处理和事故调查等。

(5) 应急结束

执行应急关闭程序，由事故总指挥宣布应急结束。

水利部规定水利工程建设响应程序如下：

水利工程建设质量与安全事故发生后，各级应急指挥部应当根据项目管理权限立即启动应急预案，迅速赶赴事故现场。

1）水利部直管水利工程建设项目发生安全事故后，水利部工程建设事故应急指挥部在接到事故报告后，应当立即启动应急预案，有关部门和单位按职责认真开展应急处置工作。

启动Ⅰ级应急响应行动时，由水利部工程建设事故应急指挥部指挥长（分管工程建设的副部长）或副指挥长（水利部办公厅主任）率水利部工作组指导事故应急处置和事故调查工作。

启动Ⅱ、Ⅲ级应急响应行动时，由水利部工程建设事故应急指挥部办公室主任（水利部建设与管理司司长）或副主任（水利部建设与管理司分管工程建设的副司长）率水利部工作组指导事故应急处置和事故调查工作。

启动Ⅳ级应急响应行动时，由水利部工程建设事故应急指挥部办公室有关处长率水利部工作组指导事故应急处置和事故调查工作。

2）地方水行政主管部门负责建设管理的水利工程建设项目（包括跨省、自治区、直辖市的水利工程建设项目）发生质量与安全事故后，水利部工程建设事故应急指挥部在接到事故报告后，应当立即启动应急预案，协助和指导地方有关部门和单位按职责认真开展应急处置的工作。

启动Ⅰ、Ⅱ级应急响应行动时，由水利部工程建设事故应急指挥部办公室主任或副主任率水利部工作组协调、指导事故应急处置和事故调查工作。

启动Ⅲ、Ⅳ级应急响应行动时，由水利部工程建设事故应急指挥部办公室处长率水利部工作组协调、指导事故应急处置和事故调查工作。

（6）应急恢复

应急恢复是指在事故得到有效控制之后，为使生产、生活、工作和生态环境尽快恢复到正常状态，针对事故造成的设备损坏、厂房破坏、生产中断等后果，采取的设备更新、厂房维修、重新生产等措施。

恢复工作应在事故发生后立即进行，它首先使事故影响地区恢复相对安全的基本状态，然后继续努力逐步恢复到正常状态。要求立即开展的恢复工作包括事故损失评估、事故原因调查、清理废墟等；长期恢复工作包括厂区重建和社区的再发展以及实施安全减灾计划。

水利工程建设安全事故应急处置结束后，根据事故发生区域、影响范围，有关应急处置指挥机构要督促、协调、检查事故善后处置工作。

项目法人及事故发生单位应依法认真做好各项善后工作，妥善解决伤亡人员的善后处理，以及受影响人员的生活安排，按规定做好有关损失的补偿工作。

项目法人应当组织有关部门对事故产生的损失逐项核查，编制损失情况报告上报主管部门并抄送有关单位。

项目法人、事故发生单位及其他有关单位应当积极配合事故的调查、分析、处理和评估等工作。

项目法人应当组织有关单位共同研究，采取有效措施，修复或处理发生事故的工程项目，尽快恢复工程的正常建设。

2. 应急管理四个阶段的工作内容

(1) 应急预防阶段工作内容

风险辨识、评价与控制；

安全规划；

安全研究；

安全法规、标准制定；

危险源监测监控；

事故灾害保险；

税收激励和强制性措施等。

(2) 应急准备阶段工作内容

制定应急救援方针与原则；

应急救援工作机制；

编制应急救援预案；

应急救援物资、装备筹备；

应急救援培训、演习；

签订应急互助协议；

建立应急救援信息库等。

(3) 应急响应阶段工作内容

启动相应的应急系统和组织；

报告有关政府机构；

实施现场指挥和救援；

控制事故扩大并消除；

人员疏散和避难；

环境保护和监测；

现场搜寻和营救等。

(4) 应急恢复阶段工作内容

损失评估；

理赔；

清理废墟；

灾后重建；

应急预案复查；

事故调查。

5.10.2 应急救援体系

1. 基本概念

(1) 应急救援

在应急响应过程中，为最大限度地降低事故造成的损失或危害，防止事故扩大，而采取的紧急措施或行动。

应急救援是为预防、控制和消除事故与灾害对人类生命和财产可能造成的损害所采取的反应行动。

应急救援的主要目标是要控制紧急事件的发生与发展，并尽可能地消除事故，将事故对人、财产和环境的破坏减至最低程度。应急救援要做到迅速、准确、有效。

(2) 应急预案：

应急预案又称应急计划，是针对可能发生的重大事故(件)或灾害，为保证迅速、有序、高效地开展应急与救援行动、降低事故损失而预先制订的有关计划或方案。

它是在辨识和评估潜在的重大危险、事故类型、发生的可能性及发生过程、事故后果及影响程度的基础上，对应急机构职责、人员、技术、装备、设施(备)、物资、救援行动及其指挥与协调等方面预先作出的具体安排。应急预案实际上是一个透明和标准化的反应程序，使应急救援活动能按照预先周密的计划和最有效的实施步骤有条不紊地进行。这些计划和步骤是快速响应和有效救援的基本保证。应急预案应该有系统完整的设计、标准化的文本文件、行之有效的操作程序和持续改进的运行机制。

2. 应急救援的基本原则

(1) 集中领导、统一指挥的原则。事故的抢险救灾工作必须在应急救援领导指挥中心的统一领导、指挥下展开。应急预案应当贯彻统一指挥的原则。各类事故具有随机性、突发性和扩展迅速、危害严重的特点，因此应急救援工作必须坚持集中领导、统一指挥的原则。在紧急情况下，多头领导会导致一线救援人员无所适从、贻误战机的不利局面。

(2) 充分准备、快速反应、高效救援的原则。针对可能发生的事故，应做好充分的准备；一旦发生事故，要快速作出反应，尽可能减少应急救援组织的层次，以利于事故和救援信息的快速传递，减少信息的失真，提高救援的效率。

(3) 生命至上的原则。应急救援的首要任务是不惜一切代价，维护人员的生命安全。事故发生后，应当首先保护老弱病残人群、游客、顾客以及所有无关人员安全撤离现场，将他们转移到安全地点，并全力抢救受伤人员，以最大的努力减少人员伤亡，确保应急救援人员的安全。

(4) 单位自救和社会救援相结合的原则。在确保单位人员安全的前提下，事发单位和相关单位应首先立足自救，与社会救援相结合。单位熟悉自身各方面情况，又身处事故现场，有利于初期事故的救援，将事故消灭在初始状态。单位救援人员即使不能完全控制事态，也可为外部救援赢得时间。事故发生初期，事故单位必须按照本单位的应急预案积极组织抢险救援，迅速组织遇险人员疏散撤离，防止事故扩大。这是单位的法定义务。

(5) 分级负责、协同作战的原则。各级地方政府、有关单位应按照各自的职责分工实行分级负责、各尽其能、各司其职，做到协调有序、资源共享、快速反应，建立企业与地方政府、各相关方的应急联动机制，实现应急资源共享，共同积极做好应急救援工作。

(6) 科学分析、规范运行、措施果断的原则。科学分析是科学、准确地分析、预测、评估事故事态发展趋势、后果，是做好应急救援的前提。依法规范，加强管理，规范运行可以保证应急预案的有效实施。在事故现场，果断决策采取适当、有效的应对措施是保证应急救援成效的关键。

(7) 安全抢险的原则。在事故抢险过程中，采取有效措施，确保抢险救护人员的安全，严防抢险过程中发生二次事故；积极采用先进的应急技术及设施，避免次生、衍生事故发生。

3. 应急救援的基本任务

应急救援工作应在预防为主的前提下，贯彻统一指挥、分级负责、区域为主、单位自救和社会救援相结合的原则。其中预防工作是应急救援工作的基础，除了平时做好事故的预防工作，避免或减少事故的发生外，落实好救援工作的各项准备措施，做到预防有准备，一旦发生事故就能及时实施救援。

应急救援的基本任务包括下述几个方面：

(1) 立即组织营救受害人员，组织撤离或者采取其他措施保护危害区城内的其他人员。抢救受害人员是事故应急救援的首要任务。在应急救援行动中，快速、有序、有效地实施现场急救与安全转送伤员是降低伤亡率、减少事故损失的关键。由于重大事故发生突然、扩散迅速、涉及范围广、危害大，应及时指导和组织群众采取各种措施进行自我防护，必要时迅速撤离危险区或可能受到危害的区域。在撤离过程中，应积极组织群众开展自救和互救工作。

(2) 迅速控制危险源(危险状况)，并对事故造成的危害进行检测、监测，测定事故的危害区域和危害性质及危害程度。及时控制造成事故的危险源(危险状况)是应急救援工作的重要任务。只有及时控制住危险源(危险状况)，防止事故的继续扩展，才能及时、有效地进行救援。特别是对发生在城市或人口稠密地区的化学品事故，应尽快组织工程抢险队与事故单位技术人员一起及时控制事故继续扩大蔓延。

(3) 做好现场清洁和现场恢复，消除危害后果。针对事故对人体、动植物、土壤、水源、空气造成的现实危害和可能的危害，迅速采取封闭、隔离、洗消等技术措施。对事故外溢的有毒、有害物质和可能对人与环境继续造成危害的物质，应及时组织人员予以清除，消除危害后果，防止对人的继续危害和对环境的污染，应及时组织人员清理废墟和恢复基本设施，将事故现场恢复至相对稳定的状态。对危险化学品事故造成的危害进行监测、处置，直至符合国家环境保护标准。

(4) 查清事故原因，评估危害程度。

4. 应急救援体系构建框架

构建应急救援体系，应贯彻顶层设计和系统论的思想，以事件为中心，以功能为基础，分析和明确应急救援工作的各项需求，在应急能力评估和应急资源统筹安排的基础上，科学地建立规范化、标准化的应急救援体系，保障各级应急救援体系的统一和协调。图 5-7 为水利工程建设应急救援体系构建框架。

水利工程建设应急救援体系主要由组织体系、运作机制、预案体系、保障体系、法规制度等部分组成。

组织体系是水利工程建设应急救援体系的基础，主要包括水利部、地方各级人民政府、流域管理机构、各级水行政主管部门、工程参建单位。

运作机制是水利工程建设应急救援体系的重要保障，目标是加强事故应急救援体系内部的应急管理，明确和规范响应程序，保证应急救援体系运转高效、应急反应灵敏，取得良好的抢救效果。

预案体系是水利工程建设应急救援和事故应急演练的程序保障，是企业事故应急管理的综合性文件，包括综合预案、专项预案和现场预案。

保障体系是水利工程建设应急救援体系的有机组成部分，是体系运转的物质条件和手段，主要包括应急队伍保障、通信与信息保障、应急物资装备保障和资金保障等。

法规制度是水利工程建设应急救援体系的法制保障，也是开展事故应急活动的依据。

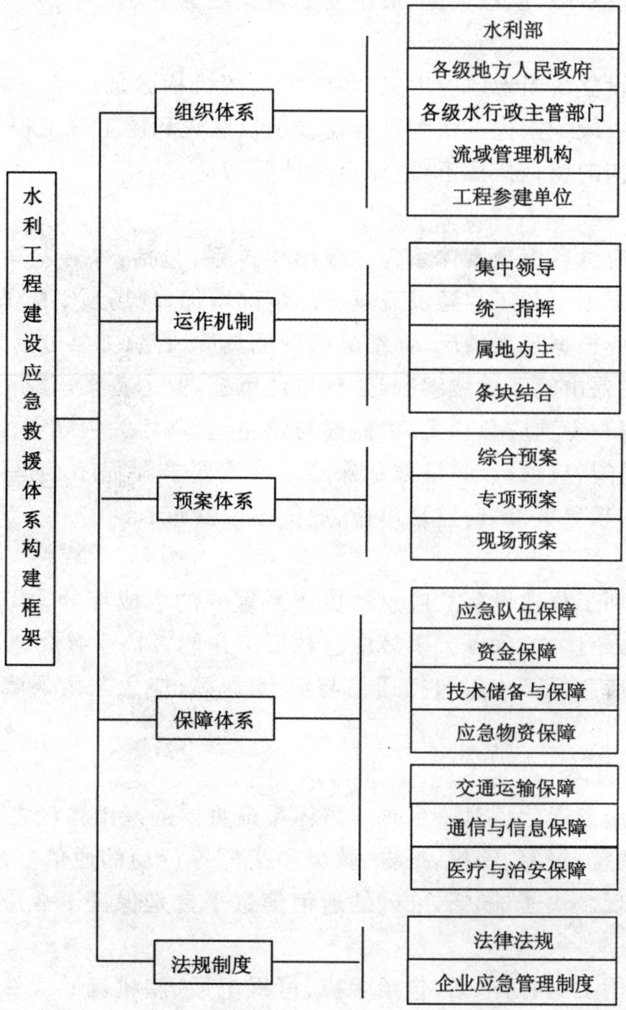

图 5-7　水利工程建设应急救援体系构建框架

(1) 应急组织体系

组织体系是水利工程建设应急救援体系的基础之一。通过建立分级的应急救援管理与指挥机构，确定各级应急救援负责人，形成完整的水利工程建设应急救援组织体系。水利工程建设重大安全事故应急组织指挥体系由水利部及流域机构、各级水行政主管部门的水利工程建设重大安全事故应急指挥部、地方各级人民政府、水利工程建设项目法人以及施工等工程参建单位的安全事故应急指挥部组成。

地方各级人民政府是水利工程建设安全事故应急处置的主体，承担处置事故的首要责任。水利部予以协调和指导，水利部所属流域机构、各级水行政主管部门各司其职，积极协调配合，动员力量，有组织地参与事故处置活动。

(2) 应急运作机制

水利工程建设事故应急运行机制始终贯穿于事故应急准备、初级反应、扩大应急和应急恢复等四个阶段的应急活动中，应急机制与这四个阶段的应急活动密切相关，涉及事故应急救援的运行机制众多，但最关键、最主要的是集中领导、统一指挥、属地为主、条块结合等机制。

事故现场应当设立由当地政府组建、各应急指挥机构参加的事故现场应急处置指挥机构，实行集中领导、统一指挥。水利工程建设项目法人和施工等工程参建单位在事故现场应急处置指挥机构的统一指挥下，进行事故处置活动。

(3) 应急预案体系

水利工程建设应急救援预案体系为三级结构体系，包括：综合预案、专项预案及现场预案。专项预案可根据水利工程建设现场实际情况增加，现场预案应与专项预案相对应。

水利工程建设应根据现场情况，详细分析现场具体风险（如某处易发生滑坡事故），编制现场应急预案，主要由施工单位编制，监理单位审核，业主备案；分析工程现场的风险类型（如高处坠落），编写专项应急预案，由监理与业主起草，相关领导审核，向各施工单位发布；综合分析现场风险，应急行动、措施和保障等基本要求和程序，编写综合应急预案，由业主单位编写，业主领导审批，向监理单位、业主单位发布。

(4) 应急保障体系

应急保障是水利工程建设事故应急救援体系重要的组成部分，是应急救援行动全面展开和顺利进行的强有力的保证。事故应急救援工作能否快速有效地开展依赖于应急保障是否到位。事故应急保障一般包括通信与信息 保障、应急队伍保障、应急物资装备保障、资金保障等。

1) 通信与信息保障

水利工程建设应急通信信息平台是应急体系最重要的基础建设之一。重大生产安全事故发生时，所有预警、报警、警报、报告、救援和指挥等行动的通信信息交流都要通过应急通信信息平台实现。快速、顺畅、准确的通信信息平台是保证事故应急工作高效、顺利进行的基础。

一般具有的通信工具有：电话（包括手机、可视电话、座机等）、无线电、电台、传真机、移动通信、甚至可能通过卫星进行通信等。

各级应急指挥机构部门及人员通信方式应当报上一级应急指挥部备案，其中省级水行政主管部门以及国家重点建设项目的项目法人应急指挥部的通信方式报水利部和流域机构备案。

水利部工程建设事故应急指挥部有关组成单位和人员名单由水利部工程建设事故应急指挥部办公室汇总编印分送各有关单位，需要上报的，报有关部门备案。通信方式发生变化的，应当及时通知水利部工程建设事故应急指挥部办公以便及时更新。

正常情况下，各级应急指挥机构和主要人员应当保持通信设备 24 小时正常畅通，重大质量与安全事故发生后，正常通信设备不能工作时，应立即启动通信应急预案，迅速调集力量抢修损坏的通信设施，启用备用应急通信设备，保证事故应急处置的信息畅通，为事故应急处置和现场指挥提供通信保障。

通信与信息联络的保密工作、保密范围及相应通信设备应当符合应急指挥要求及国家有关规定。

2）应急队伍保障

各级应急指挥部制应当组织好三支应急救援基本队伍：

① 工程设施抢险队伍，由工程施工等参建单位的人员组成，负责事故现场的工程设施抢险和安全保障工作。

② 专家咨询队伍，由从事科研、勘察、设计、施工、监理、质量监督、安全监督、质量检测等工作的技术人员组成，负责事故现场的工程设施安全性能评价与鉴定，研究应急方案、提出相应应急对策和意见；并负责从工程技术角度对已发事故还可能引起或产生的危险因素进行及时分析预测。

③ 应急管理队伍，由各级水行政主管部门的有关人员组成，负责接收同级人民政府和上级水行政主管部门的应急指令、组织各有关单位对水利工程建设重大质量与安全事故进行应急处置，并与有关部门进行协调和信息交换。

3）应急物资装备保障

① 根据可能突发的重大质量与安全事故性质、特征、后果及其应急预案要求，项目法人应当组织工程有关施工单位配备适量应急机械、设备、器材等物资装备，以保障应急救援调用。

② 重大质量与安全事故发生时，应当首先充分利用工程现场既有的应急机械、设备、器材。同时在地方应急指挥部的调度下，动用工程所在地公安、消防、卫生等专业应急队伍和其他社会资源。

4）资金保障

地方各级应急指挥部应当确保应急处置过程中的资金供给。

5）技术储备与保障

各级应急指挥部应当整合水利工程建设各级应急救援专家并建立专家库，常设专家技术组，根据工程重大质量与安全事故的具体情况，及时派遣或调整现场应急救援专家成员。

各级应急指挥部将组织有关单位对水利工程质量与安全事故的预防、预测、预警、预报和应急处置技术研究，提高应急监测、预防、处置及信息处理的技术水平，增强技术储备。

水利工程重大质量与安全事故预防、预测、预警、预报和处置技术研究和咨询依托有关专业机构。

6）其他保障

建立水利工程建设应根据事故应急工作的需要确定其他与事故应急救援相关的保障措施，如交通运输保障、治安保障、医疗保障和后勤保障等。

（5）应急法律法规体系

我国高度重视应急管理的立法工作。目前，应急管理的法律和行政法规主要有：《中华人民共和国突发公共事件应对法》《中华人民共和国安全生产法》《中华人民共和国消防法》《危险化学品安全管理条例》《国家突发公共事件总体应急预案》等。

水利工程建设应全面搜集水利工程建设应急管理相关法律法规，并根据相关条款对员工和现场人员进行培训，指导水利工程建设应急体系建设，如《中华人民共和国防洪法》《水库大坝安全管理条例》《中华人民共和国防汛条例》《工程建设安全生产管理条例》《工程建设质量管理条例》《水利工程质量管理规定》《水利工程质量事故处理暂行规定》和《水利工程建设安全生产管理规定》等法律、法规和有关规定。同时，水利工程建设项目根据单位与现场需要，制定本单位的应急救援管理制度，明确职责、任务与相关惩罚，保障公司应急救援体系的有效运行。

5.10.3 应急预案管理

1. 应急预案的类别

根据《生产经营单位安全生产事故应急预案编制导则》（AQ/T 9002—2006）、《生产经营单位生产安全事故应急预案编制导则》（GB/T 29639—2013）规定，应急预案分为综合应急预案、专项应急预案和现场处置方案。

综合应急预案，是指水利水电工程施工企业为应对各种生产安全事故而制定的综合性工作方案，是本企业应对生产安全事故的总体工作程序、措施和应急预案体系的总纲。

专项应急预案，是指水利水电工程施工企业为应对某一种或者多种类型生产安全事故，或者针对重要生产设施、重大危险源、重大活动防止生产安全事故而制定的专项性工作方案。

现场处置方案是针对具体的装置、场所或设施、岗位所制定的应急处置措施。现场处置方案应具体、简单、针对性强。现场处置方案应根据风险评估及危险性控制措施逐一编制，做到事故相关人员应知应会、熟练掌握，并通过应急演练，做到迅速反应、正确处置。

2. 应急预案的编制程序

1）概述

应急预案编制程序包括成立应急预案编制工作组、资料收集、风险评估、应急能力评估、编制应急预案和应急预案评审等6个步骤。

2）成立应急预案编制工作组

水利水电工程施工企业应结合本企业部门职能和分工，成立以主要负责人（或分管负责人）为组长，相关部门人员参加的应急预案编制工作组，明确工作职责和任务分工，制订工作计划，组织开展应急预案编制工作。

3）资料收集

应急预案编制工作组应收集与预案编制工作相关的法律法规、技术标准、应急预案、国内外同行业企业事故资料，同时收集本单位安全生产相关技术资料、周边环境影响、应急资源等有关资料。

4）风险评估

主要内容包括：

① 分析生产经营单位存在的危险因素，确定事故危险源；

② 分析可能发生的事故类型及后果，并指出可能产生的次生、衍生事故；

③ 评估事故的危害程度和影响范围，提出风险防控措施。

5）应急能力评估

在全面调查和客观分析生产经营单位应急队伍、装备、物资等应急资源状况基础上，开展应急能力评估，并依据评估结果，完善应急保障措施。

6）编制应急预案

依据水利水电工程施工企业风险评估及应急能力评估结果，组织编制应急预案。应急预案编制应注重系统性和可操作性，做到与相关部门和单位应急预案相衔接。

7）应急预案评审

根据《生产经营单位生产安全事故应急预案编制导则》(GB/T 29639—2013)规定，应急预案编制完成后，生产经营单位应组织评审。评审分为内部评审和外部评审，内部评审由生产经营单位主要负责人组织有关部门和人员进行。外部评审由生产经营单位组织外部有关专家和人员进行评审。应急预案评审合格后，由生产经营单位主要负责人（或分管负责人）签发实施，并进行备案管理。

3. 应急预案的编制要求

1）符合有关法律、法规、规章和标准的规定；

2）结合本地区、本企业、本部门的安全生产实际情况；

3）结合本地区、本企业、本部门的危险性分析情况；

4）应急组织和人员的职责分工明确，并有具体的落实措施；

5）有明确、具体的应急程序和处置措施，并与其应急能力相适应；

6）有明确的应急保障措施，并能满足本地区、本企业、本部门的应急工作要求；

7）预案基本要素齐全、完整，预案附件提供的信息准确；

8）预案内容与相关应急预案相互衔接。

4. 应急预案的管理要求

应急预案的管理要求包括应急预案备案、培训、演练、修订与更新等。

1）应急预案备案

《生产安全事故应急预案管理办法》(国家安全生产监督管理总局令〔2016〕第88号)规定：

第二十五条　地方各级安全生产监督管理部门的应急预案，应当报同级人民政府备案，并抄送上一级安全生产监督管理部门。

其他负有安全生产监督管理职责的部门的应急预案，应当抄送同级安全生产监督管理部门。

第二十六条　生产经营单位应当在应急预案公布之日起20个工作日内，按照分级属地原则，向安全生产监督管理部门和有关部门进行告知性备案。

中央企业总部（上市公司）的应急预案，报国务院主管的负有安全生产监督管理职责的部门备案，并抄送国家安全生产监督管理总局；其所属单位的应急预案报所在地的省、自治区、直辖市或者设区的市级人民政府主管的负有安全生产监督管理职责的部门备案，并抄送同级安全生产监督管理部门。

第二十七条　生产经营单位申报应急预案备案，应当提交下列材料：

（一）应急预案备案申报表；

（二）应急预案评审或者论证意见；

（三）应急预案文本及电子文档；

（四）风险评估结果和应急资源调查清单。

第二十八条　受理备案登记的负有安全生产监督管理职责的部门应当在5个工作日内对应急预案材料进行核对，材料齐全的，应当予以备案并出具应急预案备案登记表；材料不齐全的，不予备案并一次性告知需要补齐的材料。逾期不予备案又不说明理由的，视为已经备案。

对于实行安全生产许可的生产经营单位，已经进行应急预案备案的，在申请安全生产许可证时，可以不提供相应的应急预案，仅提供应急预案备案登记表。

第二十九条　各级安全生产监督管理部门应当建立应急预案备案登记建档制度，指导、督促生产经营单位做好应急预案的备案登记工作。

2）应急预案培训

《生产安全事故应急预案管理办法》（国家安全生产监督管理总局令〔2016〕第88号）规定：

第三十条　各级安全生产监督管理部门、各类生产经营单位应当采取多种形式开展应急预案的宣传教育，普及生产安全事故避险、自救和互救知识，提高从业人员和社会公众的安全意识与应急处置技能。

第三十一条　各级安全生产监督管理部门应当将本部门应急预案的培训纳入安全生产培训工作计划，并组织实施本行政区域内重点生产经营单位的应急预案培训工作。

生产经营单位应当组织开展本单位的应急预案、应急知识、自救互救和避险逃生技能的培训活动，使有关人员了解应急预案内容，熟悉应急职责、应急处置程序和措施。

应急培训的时间、地点、内容、师资、参加人员和考核结果等情况应当如实记入本单位的安全生产教育和培训档案。

3）应急预案演练

《生产安全事故应急预案管理办法》（国家安全生产监督管理总局令〔2016〕第88号）规定：

第三十二条　各级安全生产监督管理部门应当定期组织应急预案演练，提高本部门、本地区生产安全事故应急处置能力。

第三十三条　生产经营单位应当制定本单位的应急预案演练计划，根据本单位的事故风险特点，每年至少组织一次综合应急预案演练或者专项应急预案演练，每半年至少组织一次现场处置方案演练。

第三十四条　应急预案演练结束后，应急预案演练组织单位应当对应急预案演练效果进行评估，撰写应急预案演练评估报告，分析存在的问题，并对应急预案提出修订意见。

4）应急预案修订与更新

《生产安全事故应急预案管理办法》（国家安全生产监督管理总局令〔2016〕第88号）规定：

第三十五条　应急预案编制单位应当建立应急预案定期评估制度，对预案内容的针对性和实用性进行分析，并对应急预案是否需要修订作出结论。

矿山、金属冶炼、建筑施工企业和易燃易爆物品、危险化学品等危险物品的生产、经营、储存企业、使用危险化学品达到国家规定数量的化工企业、烟花爆竹生产、批发经营企业和中型规模以上的其他生产经营单位，应当每三年进行一次应急预案评估。

应急预案评估可以邀请相关专业机构或者有关专家、有实际应急救援工作经验的人员参加，必要时可以委托安全生产技术服务机构实施。

第三十六条　有下列情形之一的，应急预案应当及时修订并归档：

（一）依据的法律、法规、规章、标准及上位预案中的有关规定发生重大变化的；

（二）应急指挥机构及其职责发生调整的；

（三）面临的事故风险发生重大变化的；

（四）重要应急资源发生重大变化的；

（五）预案中的其他重要信息发生变化的；

（六）在应急演练和事故应急救援中发现问题需要修订的；

（七）编制单位认为应当修订的其他情况。

第三十七条　应急预案修订涉及组织指挥体系与职责、应急处置程序、主要处置措施、应急响应分级等内容变更的，修订工作应当参照本办法规定的应急预案编制程序进行，并按照有关应急预案报备程序重新备案。

5.10.4　应急预案培训与演练

1. 应急预案培训

(1) 应急预案培训的程序

1）制订应急培训与教育计划

培训计划在整个培训体系中占有比较重要的地位。一个科学的培训计划应该包含的内容主要有组织培训的目的是什么、培训的对象是谁、培训负责人和培训教师是谁、培训的内容如何确定、培训的时间和期限、培训的场地、培训的方法、如何评价培训的效果等八个要素。

① 培训的目的。在进行培训前，一定要明确培训的真正目的，即培训最终要达到的效果，并将培训目的与水利水电工程建设的应急救援要求紧密地结合起来。这样，可以使培训效果更好，针对性更强，使整个培训过程有的放矢。因此，培训计划中要将培训的目的用简洁、明了的语言描述出来，成为培训的纲领。

② 培训的负责人和培训教师。要明确具体的培训负责人，使之全身心地投入到培训的策划和运作中去，避免出现培训组织的失误。另外，在遴选培训讲师时，如公司内部有适当人选，则要优先聘请，如内部无适当人选，再考虑聘请外部讲师。受聘的讲师必须具有广泛的知识、丰富的经验及专业的技术，才能收到受训者的信赖与尊敬；同时，还要有卓越的训练技巧和对教育的执着、耐心与热心。

③ 培训的对象。培训对象，可依照阶层或职能加以区分。按阶层的不同，大致可分为具体操作组实施人员、应急小组负责人、应急指挥部人员；按职能区分培训又可以分为医疗救护组的急救知识培训、应急救援组的应急措施培训、保卫警戒组的疏散和人员清点培训等。策划培训计划时，首先应该决定培训对象，然后再决定培训内容、时间期限、培训场地以及授课讲师。

④ 培训内容。培训内容的拟定，依据先前进行的培训需求的分析调查，再了解应急救援人员的培训需要，即他们不足部分的知识或技能。

⑤ 培训的时间和期限。培训的时间和期限，一般而言，可以根据培训的目的、培训的场地、讲师、受训者的能力及上班时间等因素而决定。一般培训可以以应急救援人员所具有的能力、经验为标准来决定培训期限的长短。选定的培训时间应不影响正常工作。

⑥ 培训的场地。培训场地的选用可以因培训内容和方式的不同而有区别。大部分情况是在施工现场进行培训，对一些有特殊要求的培训，可在外部机构进行培训。

⑦ 培训的方法。从培训技巧的种类来说，可以划分为讲课型、研讨型、演练型和综合型，而每一类培训技巧中所包含的内容又各有不同。讲课型培训主要是对某一或某几个问题向受训的对象进行讲解，这种培训方法主要用于应急救援培训的早期入门培训；研讨型培训主要是就某一或某几个问题由培训对象进行讨论，通过集体智慧找出解决问题的方法，这种培训方法主要应用于各级应急救援负责人之间的协调问题的培训；演练型培训是针对预案的某一部分或整体进行演练，以便发现问题，解决问题。针对不同的培训对象、内容，所采取的培训方法也有区别。在各种训练方法中，选择哪些方法来实施训练，是培训计划的主要内容之一，也是培训成败的关键因素之一。

⑧ 培训效果的评价。对应急救援人员培训结束后的培训效果的评价，可通过两种方式进行：一是通过各种考核方式和手段，评价受训者的学习效果和学习成绩，主要评价学识有无增进或增进多少，技能有无获得或获得多少；二是在培训结束后，通过考核受训者在演练中或实践中的表现来评价培训的效果。如可对受训者前后的工作能力有没有提高或提高多少，效率有没有提升或提升多少等进行评价。

2）应急培训与教育实施

培训与教育者应按照制订的培训与教育计划，认真组织，精心安排，合理安排时间，充分利用不同方式开展安全生产应急培训与教育工作，使参与培训与教育的人员能够在良好的培训氛围中学习、掌握有关应急知识。

3）应急培训与教育效果评价和改进

应急培训与教育完成后，应尽可能进行考核。考核方式可以是考试、口头提问、实际操作等，以便对培训与教育效果进行评价，确保达到预期的培训与教育目的。通过与培训与教育人员交流、考核情况等，如果发现培训与教育中存在一些问题，如培训与教育内容不合适、课时安排不恰当、培训与教育方式需改进等，培训者要认真进行总结，采取措施避免这些问题在以后的培训与教育工作中再次发生，以提高培训与教育工作质量，真正达到应急培训与教育目的。

（2）应急预案培训的要求

对水利工程应急培训的要求如下：

① 按照分级管理的原则，由各级应急指挥机构统一组织培训，上级水行政主管部门负责对下级应急指挥机构有关工作人员进行培训。

② 水利部负责对流域机构、省级水行政主管部门以及国家重点建设项目的项目法人应急指挥机构有关工作人员进行培训。

③ 项目法人应组织工程建设各参建单位人员进行各类安全事故及应急预案教育，对

应急救援人员进行上岗前培训和常规性培训。培训工作应结合实际,采取多种形式,定期与不定期相结合,原则上每年至少组织一次。

④ 培训对象包括有关领导和有关应急人员等,培训工作应做到合理规范,保证培训工作质量和实际效果。

(3) 应急培训的基本内容

应急培训包括对参与应急行动所有相关人员进行的最低程度的应急培训与教育,要求应急人员了解和掌握如何识别危险、如何采取必要的应急措施、如何启动紧急情况警报系统、如何安全疏散人群等基本操作。

1) 报警

① 使应急人员了解并掌握如何利用身边的工具最快最有效地报警,比如用手机、电话、寻呼、无线电、网络,或其他方式报警。

② 使应急人员熟悉发布紧急情况通告的方法,如使用警笛、警钟、电话或广播等。

③ 当事故发生后,为及时疏散事故现场的所有人员,应急队员应掌握如何在现场贴发警报标志。

2) 疏散

为避免事故中不必要的人员伤亡,应培训与教育足够的应急人员在紧急情况下,安全、有序地疏散被困人员或周围人员。对人员疏散的培训可在应急演练中进行,通过演练还可以测试应急人员的疏散能力。

3) 火灾应急培训与教育

由于火灾的易发性和多发性,对火灾应急的培训与教育显得尤为重要,要求应急队员必须掌握必要的灭火技术以在着火初期迅速灭火,降低或减小导致灾难性事故的危险,掌握灭火装置的识别、使用、保养、维修等基本技术。由于灭火主要是消防队员的职责,因此,火灾应急培训与教育主要也是针对消防队员开展的。

2. 应急预案演练

(1) 应急预案演练的目的

应急演练的目的是通过评估应急预案的各部分或整体是否能有效地付诸实施,验证应急预案可能出现的各种紧急情况的适应性,找出应急准备工作中可能需要改善的地方,确保建立和保持可靠的信息渠道及应急人员的协同性,确保所有应急组织都熟悉并能够履行职责,找出需要改善的潜在问题。应急演练有助于:

1) 在事故发生前暴露预案和程序的缺点。

2) 辨识出缺乏的资源(包括人力和设备)。

3) 改善各种反应人员、部门和机构之间的协调水平。

4) 在企业应急管理的能力方面获得大众认可和信心。

5) 增强应急反应人员的熟练性和信心。

6) 明确每个人各自岗位和职责。

7) 努力增加企业应急预案与政府、社区应急预案之间的合作与协调。

8) 提高整体应急反应能力。

(2) 应急预案演练的要求

不同类型的应急演练虽有不同特点，但在策划演练内容、演练情景、演练频次、演练评价方法等方面的共同性要求包括：

1）应急演练必须遵守相关法律、法规、标准和应急预案规定。

2）领导重视、科学计划。开展应急演练工作必须得到有关领导的重视，给予财政等相应支持，必要时有关领导应参与演练过程并扮演与其职责相当的角色。应急演练必须事先确定演练目标，演练策划人员应对演练内容、情景等事项进行精心策划。

3）结合实际、突出重点。应急演练应结合当地可能发生的危险源特点、可能发生事故的类型、地点和气象条件及应急准备工作的实际情况进行。演练应重点解决应急过程中组织指挥和协同配合问题，解决应急准备工作的不足，以提高应急行动的整体效果。

4）周密组织、统一指挥。演练策划人员必须制定并落实保证演练达到目标的具体措施，各项演练活动在同一指挥下实施，参加人员要严守演练现场规则，确保演练过程的安全。演练不得影响生产经营单位的安全正常运行，不得使各类人员承受不必要的风险。

5）由浅入深、分步实施。应急演练应遵守由上而下、先分后合、分步实施的原则，综合性的应急演练应以若干次分练为基础。

6）讲究实效、注重质量的要求。应急演练指导机构应精干，工作程序要简明，各类演练文件要实用，避免一切形式主义的安排，以取得实效为检验演练质量的唯一标准。

7）应急演练原则上应避免惊动公众，如必须卷入有限量的公众，则应在公众教育得到普及、条件比较成熟时相机进行。

（3）应急预案演练的类型

应急演练的类型和方式有很多。

1）按演练规模划分，可分为局部性演练、区域性演练和全国性演练。

局部性演练针对特定地区，可根据区域特点，选择特定的突发事件，如某种具有区域特性的自然灾害，演练一般不涉及多级协调。

区域性演练针对某一行政区域，演练设定的突发事件可以较为复杂，如某一灾害或事故形成的灾难链，往往涉及多级、多部门的协调。

全国性演练一般针对较大范围突发事件，如影响了多个区域的大规模传染病，涉及地方与中央及各职能部门的协调。

2）按演练内容与尺度划分，应急演练可分为单项演练和综合演练。

单项演练，又称专项演练，是指根据情景事件要素，按照应急预案检验某项或数项应对措施或应急行动的部分应急功能的演练活动。单项演练类似部队的科目操练，如模拟某一灾害现场的某项救援设备的操作或针对特定建筑物废墟的人员搜救等，也可以是某一单一事故的处置过程的演练。

综合演练，是指根据情景事件要素，按照应急预案检验包括预警、应急响应、指挥与协调、现场处置与救援、保障与恢复等应急行动和应对措施的全部应急功能的演练活动。综合演练相对复杂，需模拟救援力量的派出，多部门、多种应急力量参与，一般包括应急反应的全过程，涉及大量的信息注入，包括对实际场景的模拟、单项实战演练、对模拟事件的评估等。

3）按演练形式划分，应急演练可分为模拟场景演练、实战演练和模拟与实战相结合的演练。

模拟场景演练，又称为桌面演练，是指设置情景事件要素，在室内会议桌面(图纸、沙盘、计算机系统)上，按照应急预案模拟实施预警、应急响应、指挥与协调、现场处置与救援等应急行动和应对措施的演练活动。模拟场景演练以桌面练习和讨论的形式对应急过程进行模拟和演练。

实战演练，又称现场演练，是指选择(或模拟)生产建设某个工艺流程或场所，现场设置情景事件要素，并按照应急预案组织实施预警、应急响应、指挥与协调、现场处置与救援等应急行动和应对措施的演练活动。实战演练可包括单项或综合性的演练，涉及实际的应急、救援处置等。

模拟与实战结合的演练形式是对前面两种形式的综合。

4) 按照演练的目的，可分为检验性演练、研究性演练。

检验性演练，是指不预先告知情景事件，由应急演练的组织者随机控制，参演人员根据演练设置的突发事件信息，按照应急预案组织实施预警、应急响应、指挥与协调、现场处置与救援等应急行动和应对措施的演练活动。

研究性演练，是指为验证突发事件发生的可能性、波及范围、风险水平以及检验应急预案的可操作性、实用性等而进行的预警、应急响应、指挥与协调、现场处置与救援等应急行动和应对措施的演练活动。

应急演练的形式多样，可以根据需要灵活选择，但要根据演练的目的、目标，选择最恰当的演练方式，并且牢牢抓住演练的关键环节，达到演练效果，重在对公众风险意识的培养、对紧急情况下逃生方法的掌握以及自救能力的提高。如高层住宅来不及撤出的居民的救援、危险区域内居民有秩序地疏散至安全区或安置区、受污染人员前往消洗去污点进行消毒清洗处理等。应急演练的组织者或策划者在确定采取哪种类型的演练方法时，应考虑以下因素：

① 应急预案和响应程序制定工作的进展情况。

② 本辖区面临风险的性质和大小。

③ 本辖区现有应急响应能力。

④ 应急演练成本及资金筹措状况。

⑤ 有关政府部门对应急演练工作的态度。

⑥ 应急组织投入的资源状况。

⑦ 国家及地方政府部门颁布的有关应急演练的规定。

无论选择何种演练方法，应急演练方案必须与辖区重大事故应急管理的需求和资源条件相适应。

(4) 应急预案的过程补充

应急演练是由多个组织共同参与的一系列行为和活动，应急演练过程可划分为演练准备、演练实施和演练总结三个阶段。

5.11 事故管理

事故管理是对事故的报告、调查、处理、统计分析、研究和档案管理等一系列工作的总称。事故管理是安全管理的一项重要工作，搞好事故管理，对掌握事故信息、认识潜在的危险隐患、提高安全管理水平、采取有效的防范措施、防止事故发生具有重要作用。

5.11.1 事故分类与常见事故类型

1. 事故分类

(1) 按伤害程度分类

依据《企业职工伤亡事故分类》(GB6441—1986)的规定，根据事故给受伤害者带来的伤害程度及其劳动能力丧失的程度可将事故分为轻伤、重伤和死亡三种类型。

1) 轻伤事故：只有轻伤的事故，或指损失工作日为1个工作日以上(含1个工作日)、105个工作日以下的失能伤害的事故。

2) 重伤事故：指造成职工肢体残缺或视觉、听觉等器官受到严重损伤，一般能导致人体功能障碍长期存在的，或损失工作日等于和超过105日(小于6 000日)，劳动力有重大损失的失能伤害事故。

3) 死亡事故：指事故发生后当即死亡(含急性中毒死亡)或负伤后在30天内死亡的事故。死亡的损失工作日为6 000日以上(含6 000日)。

(2) 按事故类别分类

依据《企业职工伤亡事故分类》(GB6441—1986)的规定，按事故类别即按致害原因进行的分类如下：

1) 物体打击：指失控物体的惯性力造成的人身伤害事故。

2) 车辆伤害：指本企业机动车辆引起的机械伤害事故。

3) 机械伤害：指机械设备或工具引起的绞、碾、碰、割、戳、切等伤害，但不包括车辆、起重设备引起的伤害。

4) 起重伤害：指从事各种起重作业时发生的机械伤害事故，但不包括上下驾驶室时发生的坠落伤害和起重设备引起的触电以及检修时制动失灵引起的伤害。

5) 触电：由于电流流经人体导致的生理伤害。

6) 淹溺：由于水大量经口、鼻进入肺内，导致呼吸道阻塞，发生急性缺氧而窒息死亡的事故。它适用于船舶、排筏、设施在航行、停泊、作业时发生的落水事故。

7) 灼烫：指强酸、强碱溅到身体上引起的灼伤，或因火焰引起的烧伤，高温物体引起的烫伤，放射线引起的皮肤损伤等事故。不包括电烧伤及火灾事故引起的烧伤。

8) 火灾：指造成人身伤亡的企业火灾事故。不适用于非企业原因造成的、属消防部门统计的火灾事故。

9) 高处坠落：指由于危险重力势能差引起的伤害事故。适用于脚手架、平台、陡壁施工等场合发生的坠落事故，也适用于由地面踏空失足坠入洞、沟、升降口、漏斗等引起的伤害事故。

10）坍塌：指建筑物、构筑物、堆置物等倒塌以及土石塌方引起的事故。不适用于矿山冒顶片帮事故及因爆炸、爆破引起的坍塌事故。

11）冒顶片帮：指矿井工作面、巷道侧壁由于支护不当、压力过大造成的坍塌（片帮）以及顶板垮落（冒顶）事故。适用于从事矿山、地下开采、掘进及其他坑道作业时发生的坍塌事故。

12）透水：指从事矿山、地下开采或其他坑道作业时，意外水源带来的伤亡事故。不适用于地面水害事故。

13）放炮：指由于放炮作业引起的伤亡事故。

14）瓦斯爆炸：指可燃性气体瓦斯、煤尘与空气混合形成的达到燃烧极限的混合物接触火源时引起的化学性爆炸事故。

15）火药爆炸：指火药与炸药在生产、运输、贮藏过程中发生的爆炸事故。

16）锅炉爆炸：指锅炉发生的物理性爆炸事故。适用于使用工作压力大于70 kPa、以水为介质的蒸汽锅炉，但不适用于铁路机车、船舶上的锅炉以及列车电站和船舶电站的锅炉。

17）受压容器爆炸：指压力容器破裂引起的气体爆炸（物理性爆炸）以及容器内盛装的可燃性液化气在容器破裂后立即蒸发，与周围的空气混合形成爆炸性气体混合物遇到火源时产生的化学爆炸。

18）其他爆炸：可燃性气体煤气、乙炔等与空气混合形成的爆炸；可燃蒸气与空气混合形成的爆炸性气体混合物引起的爆炸；可燃性粉尘以及可燃性纤维与空气混合形成的爆炸性气体混合物引起的爆炸；间接形成的可燃气体与空气相混合，或者可燃蒸气与空气相混合遇火源而爆炸的事故；炉膛爆炸、钢水包、亚麻粉尘的爆炸等亦属“其他爆炸”。

19）中毒和窒息：指人接触有毒物质或呼吸有毒气体引起的人体急性中毒事故，或在通风不良的作业场所，由于缺氧有时会发生突然晕倒甚至窒息死亡的事故。

20）其他伤害：指上述范围之外的伤害事故，如扭伤、跌伤、冻伤、野兽咬伤等等。

（3）按事故责任分类

按事故责任可分为责任事故、非责任事故和蓄意破坏事故。

1）责任事故：指因人的过失，违规、违章所造成的事故。施工生产经营过程发生的各类事故大多数属于责任事故，责任事故的特点是可以预见和避免。如：临边作业不挂安全带。导致高处坠落死亡事故；违反操作规程导致设备损坏或人员伤亡等。

2）非责任事故：指由于科学技术、管理条件不能预见的事故。其特点为不可预见或不可避免。常见的有三类：① 地震、滑坡、泥石流、台风、暴雨、冰雪、低温、洪水等地质、气象自然灾害；② 新产品、新工艺、新技术使用时无法预见的事故；③ 规程、规范、标准执行实施以外未规定的意外因素造成的事故。

3）蓄意破坏事故：指事故责任人为达到某种目的故意造成的事故。该类事故的事故费任人的行为是违反法律的、故意策划的，属于刑事案件，不属于事故范围。该类事故由公安部门进行调查处理。

2. 水利工程建设常见的事故类型

结合水利工程建设的实际，按照安全生产事故发生的过程、性质和机理，水利工程建设生产安全事故包括：

(1) 施工中土石方塌方和结构坍塌安全事故；

(2) 特种设备或施工机械安全事故；

(3) 施工围堰坍塌安全事故；

(4) 施工爆破安全事故；

(5) 施工场地内道路交通事故；

(6) 其他原因造成的水利工程建设安全事故。

5.11.2 事故等级

根据造成的人员伤亡或者直接经济损失，房屋市政工程生产安全事故分为以下 4 个等级：

(1) 特别重大事故，是指造成 30 人以上死亡，或者 100 人以上重伤，或者 1 亿元以上直接经济损失的事故；

(2) 重大事故，是指造成 10 人以上 30 人以下死亡，或者 50 人以上 100 人以下重伤，或者 5 000 万元以上 1 亿元以下直接经济损失的事故；

(3) 较大事故，是指造成 3 人以上 10 人以下死亡，或者 10 人以上 50 人以下重伤，或者 1 000 万元以上 5 000 万元以下直接经济损失的事故；

(4) 一般事故，是指造成 3 人以下死亡，或者 10 人以下重伤，或者 100 万元以上1 000 万元以下直接经济损失的事故。

注：前述所称的“以上”包括本数，所称的“以下”不包括本数。

5.11.3 事故报告

1. 事故报告时限

(1) 施工单位报告时限

事故发生后，事故现场有关人员应当立即向施工单位负责人报告；施工单位负责人接到报告后，应当于 1 小时内向事故发生地县级以建设主管部门和有关部门报告。

情况紧急时，事故现场有关人员可以直接向事故发生地县级以上建设主管部门和有关部门报告。

实行施工总承包的建设工程，由总承包单位负责上报事故。

(2) 建设主管部门报告时限

建设主管部门接到事故报告后，应当依照下列规定上报事故情况，并通知安全生产监督管理部门、公安机关、劳动保障行政主管部门、工会和人民检察院：

1) 较大事故、重大事故及特别重大事故逐级上报至国务院建设主管部门；

2) 一般事故逐级上报至省、自治区、直辖市建设主管部门；

3) 建设主管部门依照本条规定上报事故情况，应当同时报告本级人民政府。国务院建设主管部门接到重大事故和特别重大事故的报告后，应当立即报告国务院。

必要时，建设主管部门可以越级上报事故情况。

建设主管部门按照本规定逐级上报事故情况时，每级上报的时间不得超过 2 小时。

2. 事故报告内容

生产安全事故报告一般应当包括下列内容：

(1) 发生事故的工程名称、地点、建设规模和工期，事故发生的时间、地点、简要经过、事故类别、人员伤亡及直接经济损失初步估算；

(2) 有关项目法人、施工单位、监理单位、主管部门名称及负责人联系电话，施工、监理等单位的资质等级；

(3) 事故报告的单位、报告签发人及报告时间和联系电话等；

(4) 事故发生的初步原因；

(5) 事故发生后采取的应急处置措施及事故控制情况；

(6) 其他需要报告的有关事项等。

事故报告应当及时、准确、完整，任何单位和个人对事故不得迟报、漏报、谎报或者瞒报。事故报告后出现新情况，以及事故发生之日起30日内伤亡人数发生变化的，应当及时补报。

3. 事故月报内容

水利水电工程施工企业应每月按规定报送生产安全事故月报，并填写“水利行业生产安全事故月报表”。月报应包括下列几方面内容：

(1) 工程建设安全事故总体情况；

(2) 工程安全事故的详细情况；

(3) 特点分析；

(4) 趋势预测；

(5) 对策建议等。

4. 采取的措施

事故发生单位负责人接到事故报告后，应当立即启动事故相应应急预案，或者采取有效措施，组织抢救，防止事故扩大，减少人员伤亡和财产损失。同时，还应当妥善保护事故现场以及相关证据，任何单位和个人不得破坏事故现场、毁灭相关证据。因抢救人员、防止事故扩大以及疏通交通等原因，需要移动事故现场物件的，应当作出标志，绘制现场简图并作出书面记录，妥善保存现场重要痕迹、物证，有条件的可以拍照或录像。

5.11.4 事故调查处理

1. 事故调查组的组成

当前，生产安全事故由人民政府负责组织调查。建设主管部门组织或参与事故调查组对建筑施工生产安全事故进行调查。

(1) 特别重大事故由国务院或者国务院授权有关部门组织事故调查组进行调查。

(2) 重大事故、较大事故、一般事故分别由事故发生地省级、设区的市级人民政府、县级人民政府负责调查。省级人民政府、设区的市级人民政府、县级人民政府可以直接组织事故调查组进行调查，也可以授权或者委托有关部门组织事故调查组进行调查。

(3) 未造成人员伤亡的一般事故，县级人民政府也可以委托事故发生单位组织事故调查组进行调查。

根据事故的具体情况，事故调查组由有关人民政府、安全生产监督管理部门、负有安全生产监督管理职责的有关部门、监察机关、公安机关以及工会派人组成，并应当邀请人民检察院派人参加。

2．事故调查组的职责

对于施工生产安全事故，事故调查组应当履行下列职责：

(1) 核实事故项目基本情况，包括项目履行法定建设程序情况、参与项目建设活动各方主体履行职责的情况；

(2) 查明事故发生的经过、原因、人员伤亡及直接经济损失，并依据国家有关法律法规和技术标准分析事故的直接原因和间接原因；

(3) 认定事故的性质，明确事故责任单位和责任人员在事故中的责任；

(4) 依照国家有关法律、法规对事故的责任单位和责任人员提出处理建议；

(5) 总结事故教训，提出防范和整改措施；

(6) 提交事故调查报告。

事故调查组有权向有关单位和个人了解与事故有关的情况，并要求其提供相关文件、资料，有关单位和个人不得拒绝。事故发生单位的负责人和有关人员在事故调查期间不得擅离职守，并应当随时接受事故调查组的询问，如实提供有关情况。

事故调查中发现涉嫌犯罪的，事故调查组应当及时将有关材料或者其复印件移交司法机关处理。

事故调查中需要进行技术鉴定的，事故调查组应当委托具有国家规定资质的单位进行技术鉴定。必要时，事故调查组可以直接组织专家进行技术鉴定。

3．事故调查报告

(1) 事故调查报告的内容

1) 事故发生单位概况；

2) 事故发生经过和事故救援情况；

3) 事故造成的人员伤亡和直接经济损失；

4) 事故发生的原因和事故性质；

5) 事故责任的认定以及对事故责任者的处理建议；

6) 事故防范和整改措施。

事故调查报告应当附具有关证据材料。事故调查组成员应当在事故调查报告上签名。

(2) 事故调查的期限

事故调查组应当自事故发生之日起60日内提交事故调查报告；特殊情况下，经负责事故调查的人民政府批准，提交事故调查报告的期限可以适当延长，但延长的期限最长不超过60日。事故调查中需要进行技术鉴定的，技术鉴定所需时间不计入事故调查期限。

事故调查报告报送负责事故调查的人民政府后，事故调查工作即告结束。事故调查的有关资料应当归档保存。

4．事故处理

(1) 事故调查报告的批复

重大事故、较大事故、一般事故，负责事故调查的人民政府应当自收到事故调查报告之日起15日内作出批复；特别重大事故，30日内作出批复，特殊情况下，批复时间可以适当延长，但延长的时间最长不超过30日。

(2) 事故处理

对发生的生产安全事故，主管部门应当依据有关人民政府对事故的批复和有关法律、法规的规定，对事故相关责任者实施行政处罚。对因降低安全生产条件导致事故发生的施工单位给予暂扣或吊销安全生产许可证的处罚；对事故负有责任的相关单位给予罚款、停业整顿、降低资质等级或吊销资质证书的处罚。对事故发生负有责任的注册执业资格人员给予罚款、停止执业或吊销其注册执业资格证书的处罚。

5.11.5 伤害保险

目前，涉及施工安全的保险主要有工伤保险和意外伤害保险等。《安全生产法》(主席令〔2002〕第70号颁布，〔2014〕第13号修订)第四十八条规定：“生产经营单位必须依法参加工伤保险，为从业人员缴纳保险费。国家鼓励生产经营单位投保安全生产责任保险。”《建筑法》(主席令〔1997〕第91号颁布，〔2011〕第46号修订)第四十八条规定：“建筑施工企业应当依法为职工参加工伤保险缴纳工伤保险费。鼓励企业为从事危险作业的职工办理意外伤害保险，支付保险费。”

1. 工伤保险

(1) 工伤保险制度

工伤保险作为一项重要的劳动安全保障制度，是指职工在劳动过程中发生生产安全事故以及职业病，暂时或永久丧失劳动能力时，在医疗和生活上获得物质帮助的一种社会保险制度。

1) 水利水电工程施工企业必须及时为职工办理参加工伤保险手续，并依法缴纳工伤保险费。在职工发生工伤后，要做好工伤认定、劳动能力鉴定和工伤待遇支付工作。

2) 工伤保险是水利水电工程施工企业办理安全生产许可证的必要条件之一。

3) 水利水电工程施工企业对相对固定的职工，应按用人单位参加工伤保险；对不能按用人单位参保、建设项目使用的职工特别是农民工，按项目参加工伤保险。

4) 建设单位在办理施工许可手续时，应当提交建设项目工伤保险参保证明，作为保证工程安全施工的具体措施之一。

5) 按用人单位参保的水利水电工程施工企业应以工资总额为基数依法缴纳工伤保险费。以建设项目为单位参保的，可以按照项目工程总造价的一定比例计算缴纳工伤保险费。

6) 建设单位在工程概算中将工伤保险费用单独列支，作为不可竞争费，不参与竞标，并在项目开工前由施工总承包单位一次性代缴本项目工伤保险费，覆盖项目使用的所有职工，包括专业承包单位、劳务分包单位使用的农民工。

(2) 工伤认定

1) 工伤认定的申请

职工发生事故伤害或者按照职业病防治法规定被诊断、鉴定为职业病，所在单位应当自事故伤害发生之日或者被诊断、鉴定为职业病之日起30日内，向统筹地区社会保险行政部门提出工伤认定申请。遇有特殊情况，经报社会保险行政部门同意，申请时限可以适当延长。

用人单位未按上述规定提出工伤认定申请的，工伤职工或者其直系亲属、工会组织在事故伤害发生之日或者被诊断、鉴定为职业病之日起 1 年内，可以直接向用人单位所在地统筹地区社会保险行政部门提出工伤认定申请。

应当由省级社会保险行政部门进行工伤认定的事项，根据属地原则由用人单位所在地的设区的市级社会保险行政部门办理。

申请工伤认定需要提交的材料主要包括：

① 工伤认定申请表；

② 与用人单位存在劳动关系（包括事实劳动关系）的证明材料；

③ 医疗诊断证明或者职业病诊断证明书（或者职业病诊断鉴定书）。

2）工伤认定标准

① 职工有下列情形之一的，应当认定为工伤：

a. 在工作时间和工作场所内，因工作原因受到事故伤害的；

b. 工作时间前后在工作场所内，从事与工作有关的预备性或者收尾性工作受到事故伤害的；

c. 在工作时间和工作场所内，因履行工作职责受到暴力等意外伤害的；

d. 患职业病的；

e. 因工外出期间，由于工作原因受到伤害或者发生事故下落不明的；

f. 在上下班途中，受到非本人主要责任的交通事故或者城市轨道交通、客运轮渡、火车事故伤害的；

g. 法律、行政法规规定应当认定为工伤的其他情形。

② 职工有下列情形之一的，视同工伤：

a. 在工作时间和工作岗位，突发疾病死亡或者在 48 小时之内经抢救无效死亡的；

b. 在抢险救灾等维护国家利益、公共利益活动中受到伤害的；

c. 职工原在军队服役，因战、因公负伤致残，已取得革命伤残军人证，到用人单位后旧伤复发的。

③ 有下列情形之一的，不得认定为工伤或者视同工伤：

a. 故意犯罪的；

b. 醉酒或者吸毒的；

c. 自残或者自杀的。

3）工伤认定时限

对受理的事实清楚、权利义务关系明确的工伤认定申请，社会保险行政部门应当自受理工伤认定申请之日起 15 日内作出工伤认定决定。

（3）劳动能力鉴定

劳动能力鉴定是指对劳动功能障碍程度和生活自理障碍程度的等级鉴定。劳动功能障碍分为十个伤残等级，最重的为一级，最轻的为十级。生活自理障碍分为三个等级：生活完全不能自理、生活大部分不能自理和生活部分不能自理。

职工发生工伤，经治疗伤情相对稳定后存在残疾、影响劳动能力的，应当进行劳动能力鉴定。劳动能力鉴定由用人单位、工伤职工或者其近亲属向设区的市级劳动能力鉴定委员会提出申请，并提供工伤认定决定和职工工伤医疗的有关资料。

(4) 工伤保险待遇

1) 工伤保险待遇支付范围

① 职工因工作遭受事故伤害或者患职业病进行治疗,享受工伤医疗待遇。

② 职工住院治疗工伤期间所发生的食宿、交通补助费从工伤保险基金支付。

③ 工伤职工治疗非工伤引发的疾病,不享受工伤医疗待遇,按照基本医疗保险办法处理。

2) 工伤保险待遇支付

① 对认定为工伤的职工,各级社会保险经办机构和用人单位应依法按时足额支付各项工伤保险待遇。

② 对在参保项目施工期间发生工伤、项目竣工时尚未完成工伤认定或劳动能力鉴定的建筑业职工,其所在用人单位要继续保证其医疗救治和停工期间的法定待遇,待完成工伤认定及劳动能力鉴定后,依法继续享受参保职工的各项工伤保险待遇。

③ 经社会保险行政部门调查确认工伤的,在工伤认定完成之前发生的工伤待遇等有关费用由其所在用人单位负担。

④ 用人单位未在规定的时限内提交工伤认定申请,在此期间发生符合《工伤保险条例》规定的工伤待遇等有关费用由该用人单位负担。

⑤ 工伤保险待遇中由用人单位支付的,工伤职工所在用人单位要按时足额支付,也可根据其意愿一次性支付。

⑥ 针对建筑业工资收入分配的特点,工伤保险待遇中难以按本人工资作为计发基数的,可以参照统筹地区上年度职工平均工资作为计发基数。

⑦ 工伤职工到签订服务协议的医疗机构进行工伤康复的费用,符合规定的,从工伤保险基金支付。

⑧ 职工因工作遭受事故伤害或者患职业病需要暂停工作接受工伤医疗的,在停工留薪期内,原工资福利待遇不变,由所在单位按月支付。

⑨ 停工留薪期一般不超过12个月。伤情严重或者情况特殊,经设区的市级劳动能力鉴定委员会确认,可以适当延长,但延长不得超过12个月。

⑩ 工伤职工评定伤残等级后,停发原待遇,按照有关规定享受伤残待遇。工伤职工在停工留薪期满后仍需治疗的,继续享受工伤医疗待遇。

(5) 行政复议或诉讼标准

有下列情形之一的,有关单位或者个人可以依法申请行政复议,也可以依法向人民法院提起行政诉讼,行政复议和行政诉讼期间不停止支付工伤职工治疗工伤的医疗费用:

1) 申请工伤认定的职工或者其近亲属、该职工所在单位对工伤认定申请不予受理的决定不服的;

2) 申请工伤认定的职工或者其近亲属、该职工所在单位对工伤认定结论不服的;

3) 用人单位对经办机构确定的单位缴费费率不服的;

4) 签订服务协议的医疗机构、辅助器具配置机构认为经办机构未履行有关协议或者规定的;

5) 工伤职工或者其近亲属对经办机构核定的工伤保险待遇有异议的。

(6) 责任认定和追究

1) 未参加工伤保险的建设项目，职工发生工伤事故，依法由职工所在用人单位支付工伤保险待遇，施工总承包单位、建设单位承担连带责任。

2) 用人单位和承担连带责任的施工总承包单位、建设单位不支付的，由工伤保险基金先行支付，用人单位和承担连带责任的施工总承包单位、建设单位应当偿还；不偿还的，由社会保险经办机构依法追偿。

3) 建设单位、施工总承包单位或具有用工主体资格的分包单位将工程（业务）发包给不具备用工主体资格的组织或个人，该组织或个人招用的劳动者发生工伤的，发包单位与不具备用工主体资格的组织或个人承担连带赔偿责任。

2. 意外伤害保险

施工单位为施工现场从事危险作业的人员办理意外伤害保险时，意外伤害保险费应当由施工单位支付。实行施工总承包的，由总承包单位支付。

《关于加强建筑意外伤害保险工作的指导意见》（建质〔2003〕10 号）对建筑意外伤害保险工作提出了如下指导意见：

(1) 保险期限应涵盖工程项目开工之日到工程竣工验收合格日。提前竣工的，保险责任自行终止。因延长工期的，应当办理保险顺延手续。

(2) 保险费应当列入建筑安装工程费用，由施工企业支付，施工企业不得向职工摊派。

(3) 工程项目中有分包单位的由总承包施工企业统一办理，分包单位合理承担投保费用。业主直接发包的工程项目由承包企业直接办理。

(4) 施工企业和保险公司双方应本着平等协商的原则，根据各类风险因素商定建筑意外伤害保险费率，提倡差别费率和浮动费率。

5.12 安全生产标准化建设

企业通过落实安全生产主体责任，全员全过程参与，建立并保持安全生产管理体系，全面管控生产经营活动各环节的安全生产与职业卫生工作，实现安全健康管理系统化、岗位操作行为规范化、设备设施本质安全化、作业环境器具定置化，并持续改进。

水利水电工程施工企业应按照《企业安全生产标准化基本规范》（GB/T 33000—2016）、《水利安全生产标准化评审管理暂行办法》（水安监〔2013〕189 号）、《水利安全生产标准化评审管理暂行办法实施细则》（办安监〔2013〕168 号）、《水利部办公厅关于水利安全生产标准化评审工作有关事项的通知》（办安监函〔2017〕1088 号）等开展安全生产标准化建设工作。

1. 企业安全生产标准化建设原则

企业开展安全生产标准化工作，应遵循“安全第一、预防为主、综合治理”的方针，落实企业主体责任。以安全风险管理、隐患排查治理、职业病危害防治为基础，以安全生产责任制为核心，建立安全生产标准化管理体系，实现全员参与，全面提升安全生产管理水平，持续改进安全生产工作，不断提升安全生产绩效，预防和减少事故的发生，保障人身安全健康，保证生产经营活动的有序进行。

2. 企业安全生产标准化建立和保持

企业应采用“策划、实施、检查、改进”的“PDCA”动态循环模式，按照《企业安全生产标准化基本规范》(GB/T 33000—2016)的规定，结合企业自身特点，自主建立并保持安全生产标准化管理体系，通过自我检查、自我纠正和自我完善，构建安全生产长效机制，持续提升安全生产绩效。

3. 企业安全生产标准化建设的核心要求

(1) 目标职责（目标、机构和职责、全员参与、安全生产投入、安全文化建设、安全生产信息化建设）。

(2) 制度化管理（法规标准识别、规章制度、操作规程、文档管理）。

(3) 教育培训（教育培训管理、人员教育培训）。

(4) 现场管理（设备设施管理、作业安全、职业健康、警示标志）。

(5) 安全风险管控及隐患排查治理（安全风险管理、重大危险源辨识与管理、隐患排查治理、预测预警）。

(6) 应急管理（应急准备、应急处置、应急评估）。

(7) 事故查处（报告、调查和处理、管理）。

(8) 持续改进（绩效评定、持续改进）。

4. 安全生产标准化等级划分

水利安全生产标准化等级分为一级、二级和三级，依据评审得分确定，评审满分为100。具体标准为：

(1) 一级：评审得分90分以上（含），且各一级评审项目得分不低于应得分的70%。

(2) 二级：评审得分80分以上（含），且各一级评审项目得分不低于应得分的70%。

(3) 三级：评审得分70分以上（含），且各一级评审项目得分不低于应得分的60%。

(4) 不达标：评审得分低于70分，或任何一项一级评审项目得分低于应得分的60%。

5. 安全生产标准化评定自评

水利生产经营单位应按照《评审标准》组织开展安全生产标准化建设，自主开展等级评定，形成自评报告。自评报告内容应包括：单位概况及安全管理状况、基本条件的符合情况、自主评定工作开展情况，自主评定结果、发现的主要问题、整改计划及措施、整改完成情况等。

水利生产经营单位在策划、实施安全生产标准化工作和自主开展安全生产标准化等级评定时，可以聘请专业技术咨询机构提供支持。

6. 安全标准化评定申请

水利生产经营单位根据自主评定结果，按照下列规定提出评审书面申请，申请材料包括申请表和自评报告：

(1) 部属水利生产经营单位经上级主管单位审核同意后，向水利部提出评审申请；

(2) 地方水利生产经营单位申请水利安全生产标准化一级的，经所在地省级水行政主管部门审核同意后，向水利部提出评审申请；

(3) 上述两款规定以外的水利生产经营单位申请水利安全生产标准化一级的，经上级主管单位审核同意后，向水利部提出评审申请。

7. 安全生产标准化评定基本条件

申请水利安全生产标准化评审的单位应具备以下条件：

(1) 设立有安全生产行政许可的，应依法取得国家规定的相应安全生产行政许可；

(2) 水利工程项目法人所管辖的建设项目、水利水电施工企业在评审期(申请等级评审之日前1年)内，未发生较大及以上生产安全事故，不存在非法违法生产经营建设行为，重大事故隐患已治理达到安全生产要求；

(3) 水利工程管理单位在评审期内，未发生造成人员死亡、重伤3人以上或直接经济损失超过100万元以上的生产安全事故，不存在非法违法生产经营建设行为，重大事故隐患已治理达到安全生产要求。

考试习题

一、单项选择题(每小题有4个备选答案，其中只有1个是正确选项)

1. 制定(　　)，是安全目标管理的第一步，也是安全目标管理的核心。

A. 安全生产总目标　　B. 年度目标

C. 月度目标　　D. 中长期目标

正确答案：A

2. 水利水电工程施工企业的安全生产目标管理计划应经(　　)审核，项目法人同意，并由项目法人与施工单位签订安全生产目标责任书。

A. 监理单位　　B. 项目法人

C. 设计单位　　D. 施工单位

正确答案：A

3. 下列有关安全目标实施叙述不正确的是(　　)。

A. 建立分级负责的安全责任制度，明确各个部门、人员的权利和责任

B. 建立安全保证体系，使各层次互相配合、互相促进，推进目标管理顺利开展

C. 建立各级目标管理组织，加强对安全目标管理的组织领导工作

D. 建立所有分部分项工程跟踪监控体系，发现事故隐患及时进行整改

正确答案：D

4. 目标考核一般可用(　　)，其步骤分为确定各目标项目得分比重、给各目标项目打分、综合评定。

A. 打分法　　B. 评估法

C. 考试法　　D. 测评法

正确答案：A

5. 实行安全目标管理，充分体现了(　　)原则。

A. 安全第一，预防为主，综合治理　　B. 安全生产，人人有责

C. 生产必须安全，安全为了生产　　D. 安全责任重于泰山

正确答案:B

6. 企业应当建立以(　　)为负责人的安全生产委员会或安全生产领导小组。

A. 分管安全生产工作的副总经理　　B. 项目负责人

C. 总经理　　D. 法人代表

正确答案:D

7. 建筑施工劳务分包资质企业安全生产管理机构中,按照标准应配备不少于(　　)名专职安全管理人员。

A. 3　　B. 2

C. 4　　D. 5

正确答案:B

8. 1万 m^2 及以下的建筑工程至少应配备(　　)名专职安全生产管理人员。

A. 1　　B. 2

C. 3　　D. 无须配备

正确答案:A

9. 某劳务分包单位向某工程项目派遣了165名劳务作业人员,则该劳务分包单位在该项目至少应配备(　　)名专职安全生产管理人员。

A. 1　　B. 2

C. 3　　D. 无须配备

正确答案:B

10. 某项目设备安装合同造价为6 000万元,则承担该工程的总承包单位应至少配备(　　)名专职安全生产管理人员。

A. 1　　B. 2

C. 3　　D. 4

正确答案:B

11. 建筑施工企业的分公司、区域公司等较大的分支机构应依据实际生产情况配备不少于(　　)名的专职安全生产管理人员。

A. 1　　B. 2

C. 3　　D. 4

正确答案:B

12. 水利水电工程施工企业最基本的安全管理制度是(　　)。

A. 安全生产责任制度　　B. 群防群治制度

C. 安全生产教育培训制度　　D. 安全生产检查制度

正确答案:A

13. 水利水电工程施工企业中,负责编制安全技术措施并进行安全技术交底的部门是(　　)。

A. 生产计划部门　　B. 劳动人事部门

C. 技术管理部门　　D. 安全管理部门

正确答案:C

14. 水利水电工程施工单位在工程项目的安全生产第一责任人是(　　)。

A. 项目负责人　　B. 项目技术负责人

C. 项目专职安全生产管理人员　　D. 安全技术资料员

正确答案:A

15.(　　)对施工现场安全生产负有日常检查并做好记录的职责。

A. 项目负责人　　B. 项目技术负责人

C. 项目专职安全生产管理人员　　D. 企业安全管理人员

正确答案:C

16. 下列关于工程项目施工班组长的安全职责叙述不正确的是(　　)。

A. 具体负责本班组在施工过程中的安全管理工作

B. 向本工种作业人员进行安全技术措施交底

C. 组织本班组的班前安全活动

D. 组织对施工现场易发生重大事故的部位和环节进行监控

正确答案:D

17. 下列关于工程项目作业人员的安全职责叙述不正确的是(　　)

A. 严格执行安全技术操作规程

B. 严格按照安全技术交底进行作业

C. 对作业人员违规违章行为有权予以纠正或查处

D. 正确佩戴和使用劳动防护用品

正确答案:C

18. 施工单位承包工程后违反法律法规规定或者施工合同关于工程分包的约定,把单位工程或分部分项工程分包给其他单位或个人施工的行为是(　　)。

A. 违法发包　　B. 违法分包

C. 转包　　D. 挂靠

正确答案:B

19. 单位或个人以其他有资质的施工单位的名义,承揽工程的行为是(　　)。

A. 违法发包　　B. 违法分包

C. 转包　　D. 挂靠

正确答案:D

20. 建筑施工企业安全生产许可证暂扣期满前(　　)个工作日,需向颁发管理机关提出发还安全生产许可证申请。

A. 10　　B. 12

C. 14　　D. 6

正确答案:A

21. 安全生产许可证的有效期为(　　)年。

A. 3　　B. 4

C. 5　　D. 6

正确答案:A

22. 安全生产许可证有效期满需要延期的，企业应当于期满前(　　)个月向原安全生产许可证颁发管理机关申请办理延期手续。

A. 3　　B. 4

C. 5　　D. 6

正确答案：A

23. 同一建筑施工企业在12个月内连续发生(　　)次生产安全事故，将吊销安全生产许可证。

A. 4　　B. 3

C. 5　　D. 6

正确答案：B

24. 建筑施工企业在12个月内同一项目被责令停止施工(　　)次时，将根据情节轻重依法给予暂扣安全生产许可证30日至60日的处罚。

A. 1　　B. 2

C. 3　　D. 4

正确答案：B

25. 水利水电工程施工企业管理人员安全生产考核合格证书有效期为(　　)年。

A. 3　　B. 4

C. 2　　D. 1

正确答案：A

26. 水利水电工程施工企业管理人员安全生产考核内容包括安全生产知识和(　　)。

A. 安全生产技术水平　　B. 安全生产管理能力

C. 安全生产操作能力　　D. 以上均不正确

正确答案：B

27. 根据《特种作业人员安全技术培训考核管理规定》的规定，特种作业操作证有效期为(　　)年，在全国范围内有效。特种作业操作证每3年复审1次。

A. 5年　　B. 6年

C. 3年　　D. 2年

正确答案：B

28. 根据《特种作业人员安全技术培训考核管理规定》的规定，特种作业操作证每(　　)年复审1次。

A. 3年　　B. 2年

C. 1年　　D. 6年

正确答案：A

29. 根据《特种作业人员安全技术培训考核管理规定》的规定，作业人员离开原作业岗位6个月以上，又回到原作业岗位，需要进行(　　)。

A. 转岗安全教育培训　　B. 复岗安全教育培训

C. 节假日教育培训　　D. 转场安全教育培训

正确答案:B

30. 根据《企业安全生产费用提取和使用管理办法》的规定，建筑施工企业安全生产费用以建筑安装工程造价为计提依据，水利水电工程按(　　)提取。

A. 1.5%　　B. 2.0%

C. 2.5%　　D. 1.5%

正确答案:B

31. 企业安全投入管理的第一责任人是(　　)。

A. 企业财务部门负责人　　B. 企业技术负责人

C. 企业法定代表人　　D. 企业分管安全生产副总经理

正确答案:C

32. 根据危险源发生的概率、危害程度以及影响范围将其分为(　　)。

A. 一般危险源和特殊危险源　　B. 一般危险源和重大危险源

C. 较小危险源和较大危险源　　D. 次要危险源和主要危险源

正确答案:B

33.《水利水电工程施工安全管理导则》将施工危险等级划分为一、二、三、四级，其中Ⅰ级危险等级对应的事故后果是(　　)。

A. 不严重　　B. 严重

C. 很严重　　D. 特别严重

正确答案:D

34. 隐患排查的组织方式主要有(　　)检查、专业专项检查、季节性检查、节假日检查、日常检查等。

A. 综合　　B. 周

C. 年度　　D. 联合

正确答案:A

35. 水利水电工程施工企业应按照(　　)原则，为作业人员提供劳动防护用品。

A. 谁使用，谁负责　　B. 谁使用，谁购买

C. 谁用工，谁负责　　D. 按需分配

正确答案:C

36. 劳动防护用品主要是指劳动者在生产过程中为免遭或者减轻(　　)和职业危害所配备的个人防护装备。

A. 物体打击　　B. 高处坠落

C. 触电事故　　D. 事故伤害

正确答案:D

37. 劳动防护用品根据防护性能分为(　　)和(　　)。

A. 特种劳动防护用品；一般劳动防护用品　　B. 特种劳动防护用品；普通劳动防护用品

C. 特别劳动防护用品；一般劳动防护用品　　D. 特别劳动防护用品；普通劳动防护用品

正确答案:A

38. 红外辐射防护的重点是对(　　)的保护，严禁裸眼直视强光源。

A. 皮肤　　B. 耳朵
C. 头发　　D. 眼睛

正确答案：D

39. 下列(　　)不是申请工伤认定所需要提交的材料。

A. 工伤认定申请表　　B. 与用人单位存在劳动关系的证明材料
C. 医疗诊断证明或者职业病诊断证明书　　D. 职工户籍证明

正确答案：D

40. 职工因事故接受工伤医疗的，在停工留薪期内，原工资福利待遇不变，并由所在单位(　　)支付。

A. 按年　　B. 按季度
C. 每半年　　D. 按月

正确答案：D

41. 职工所在单位应当自事故伤害发生之日或者被诊断、鉴定为职业病之日起(　　)日内，向统筹地区社会保险行政部门提出工伤认定申请。

A. 7　　B. 15
C. 30　　D. 60

正确答案：C

42. 伤情严重或者情况特殊，经设区的市级劳动能力鉴定委员会确认，可以适当延长，但延长不得超过(　　)个月。

A. 3　　B. 6
C. 9　　D. 12

正确答案：D

43. 按工程项目参加工伤保险的，在项目开工前由(　　)一次性缴纳本项目工伤保险费。

A. 建设单位　　B. 总承包单位
C. 劳务分包单位　　D. 专业承包

正确答案：B

44. 实行总承包的工程项目，从事危险作业人员的意外伤害保险费由(　　)支付。

A. 建设单位　　B. 总承包单位
C. 分包单位　　D. 个人

正确答案：B

45. 针对某个专项问题或在施工中存在的某个突出性安全问题进行的单项或定向检查是(　　)。

A. 专项检查　　B. 定期检查
C. 季节性检查　　D. 不定期检查

正确答案：A

46. 针对气候特点可能给安全施工带来危害而组织的安全检查是(　　)。

A. 节假日检查　　B. 定期检查

C. 季节性检查　　　　　　　　　　D. 不定期检查

正确答案:C

47. 水利水电工程施工企业在跟踪企业及工程项目管理现状的状态下采取的时间灵活、随机性检查是指(　　)。

A. 专项检查　　　　　　　　　　B. 定期检查

C. 综合性检查　　　　　　　　　D. 不定期检查

正确答案:D

48. 根据安监总局印发的《安全生产事故隐患排查治理暂行规定》,事故隐患分为(　　)。

A. 一般事故隐患和重大事故隐患　　　B. 一般事故隐患和特殊事故隐患

C. 较小事故隐患和较大事故隐患　　　D. 普通事故隐患和重要事故隐患

正确答案:A

49. 施工单位建立健全事故隐患排查治理和建档监控等制度,逐级建立并落实从(　　)到每个从业人员的隐患排查治理和监控职责。

A. 项目负责人　　　　　　　　　B. 企业主要负责人

C. 安全管理人员　　　　　　　　D. 监理单位

正确答案:B

50. 根据安监总局印发的《安全生产事故隐患排查治理暂行规定》,下列不属于隐患排查治理报告应包含内容的是(　　)。

A. 隐患的现状及其产生原因　　　B. 隐患的危害程度和整改难易程度分析

C. 隐患的治理方案　　　　　　　D. 检查人员的相关信息

正确答案:D

51. 根据安监总局印发的《安全生产事故隐患排查治理暂行规定》,下列关于隐患排查治理说法错误的是(　　)。

A. 水利水电工程施工企业对技术难度大、风险大的重要工程应重点定期排查

B. 水利水电工程施工企业应建立资金使用专项制度,保证事故隐患排查治理所需资金的投入

C. 水利水电工程施工企业应当按照事故隐患的等级对排查出的事故隐患进行登记,并建立事故隐患信息档案

D. 水利水电工程施工企业在事故隐患治理过程中,对发现的重大事故隐患可以要求工程项目边施工边整改

正确答案:D

52. 企业应急预案内部评审由(　　)组织有关部门和人员进行。

A. 企业主要负责人　　　　　　　B. 企业技术负责人

C. 企业技术管理部门负责人　　　D. 企业安全管理部门负责人

正确答案:A

53. 根据《生产安全事故应急预案管理办法》规定,矿山、金属冶炼、建筑施工企业和易燃易爆物品、危险化学品等危险物品的生产、经营、储存企业、使用危险化学品达到国家

规定数量的化工企业、烟花爆竹生产、批发经营企业和中型规模以上的其他生产经营单位，应当每(　　)年进行一次应急预案评估。

A. 1　　B. 5

C. 2　　D. 3

正确答案:D

54. (　　)，是指根据情景事件要素，按照应急预案检验包括预警、应急响应、指挥与协调、现场处置与救援、保障与恢复等应急行动和应对措施的全部应急功能的演练活动。

A. 专项演练　　B. 综合演练

C. 现场处置演练　　D. 联合演练

正确答案:B

55. 根据《企业职工伤亡事故分类标准》，轻伤事故是指损失工作日低于(　　)日的失能伤害的事故。

A. 60　　B. 90

C. 100　　D. 105

正确答案:D

56. 根据《企业职工伤亡事故分类标准》，死亡事故是指事故发生后当即死亡(含急性中毒死亡)或负伤后在(　　)天内死亡的事故。

A. 100　　B. 60

C. 30　　D. 40

正确答案:C

57. 由机械设备或工具引起的绞、碾、碰、割、戳、切等伤害属于(　　)。

A. 机械伤害　　B. 触电

C. 起重伤害　　D. 车辆伤害

正确答案:A

58. 根据《生产安全事故报告和调查处理条例》，造成(　　)死亡的事故属于重大事故。

A. 3 人以上 10 人以下　　B. 10 人以上 20 人以下

C. 10 人以上 30 人以下　　D. 30 人以上

正确答案:C

59. 某事故造成 7 人重伤，则该事故属于(　　)。

A. 一般事故　　B. 重大事故

C. 较大事故　　D. 特别重大事故

正确答案:A

60. 某事故造成 132 人重伤，则该事故属于(　　)。

A. 一般事故　　B. 重大事故

C. 较大事故　　D. 特别重大事故

正确答案:D

61. 施工单位负责人接到报告后，应当于(　　)小时内向事故发生地县级以上人民政府建设主管部门和有关部门报告。

A. 2　　B. 3
C. 1　　D. 4

正确答案：C

62. 事故调查组应当自事故发生之日起(　　)日内提交事故调查报告；特殊情况下，经负责事故调查的人民政府批准，提交事故调查报告的期限可以延长，但延长时限最长不超过(　　)日。

A. 30,30　　B. 60,60
C. 60,90　　D. 15,15

正确答案：B

63. 水利安全生产标准化等级分为一级、二级和三级，依据评审得分确定，评审满分为100。二级：评审得分(　　)分以上(含)，且各一级评审项目得分不低于应得分的(　　)%。

A. 60,80　　B. 70,60
C. 90,70　　D. 80,70

正确答案：D

64. 安全生产标准化达标证书有效期为(　　)年。

A. 3　　B. 4
C. 5　　D. 6

正确答案：A

65. 安全生产标准化达标证书期满的，应于期满前(　　)个月申请延期。

A. 2　　B. 4
C. 3　　D. 6

正确答案：C

二、多项选择题(每小题有5个备选答案，其中至少有2个是正确选项)

1. 安全目标管理的要素包括(　　)等四部分。

A. 目标确定　　B. 目标分解
C. 目标实施　　D. 目标考核
E. 目标完成

正确答案：ABCD

2. 企业确定安全目标的主要依据是(　　)。

A. 国家与上级主管部门的安全工作方针、政策及下达的安全指标
B. 本企业的中、长期安全工作规划
C. 工伤事故和职业病统计资料和数据
D. 企业安全工作及劳动条件的现状及主要问题
E. 企业的经济条件及技术条件

正确答案：ABCDE

3. 企业安全目标的主要内容包括(　　)。

A. 生产安全事故控制目标　　B. 安全生产投入目标

C. 文明施工管理目标　　D. 项目管理目标

E. 大危险源监控目标

正确答案:ABCE

4. 实行施工总承包的,项目安全生产领导小组成员包括(　　)。

A. 施工总承包企业项目负责人　　B. 专业承包企业技术负责人

C. 劳务分包专职安全生产管理人员　　D. 专业承包企业专职安全生产管理人员

E. 施工总承包企业技术负责人

正确答案:ABCDE

5. 根据有关规定,下列水利水电工程施工总承包一级资质企业安全生产管理机构中配备的专职安全管理人员数量,符合要求的是(　　)。

A. 6名　　B. 4名

C. 2名　　D. 3名

E. 5名

正确答案:ABE

6. 按照一岗双责原则,水利水电工程施工企业中下列哪些部门负有安全生产责任(　　)。

A. 生产计划部门　　B. 劳动人事部门

C. 教育培训部门　　D. 财务部门

E. 消防保卫部门

正确答案:ABCDE

7. 下列属于水利水电工程施工企业安全生产管理部门职责的有(　　)。

A. 制订企业安全生产检查计划并组织实施

B. 监督在建项目安全生产费用的使用

C. 参与危险性较大工程安全专项施工方案专家论证会

D. 通报在建项目违规违章查处情况

E. 组织开展安全生产评优评先表彰工作

正确答案:ABCDE

8. 下列属于工程项目安全生产领导小组安全职责的有(　　)。

A. 编制项目生产安全事故应急救援预案并组织演练

B. 保证项目安全生产费用的有效使用

C. 组织编制危险性较大工程安全专项施工方案

D. 开展项目安全教育培训

E. 组织实施项目安全检查和隐患排查

正确答案:ABCDE

9. 下列属于建筑施工企业主要负责人安全职责的有(　　)。

A. 掌握本企业安全生产动态,定期研究安全工作

B. 建立、健全安全生产责任制,并领导、组织考核工作

C. 领导开展安全技术攻关活动,并组织技术鉴定和验收

D. 建立、健全安全生产保证体系，保证安全生产投入

E. 督促、检查安全生产工作，及时消除生产安全事故隐患

正确答案：ABDE

10. 下列属于水利水电工程施工企业项目负责人安全职责的有(　　)。

A. 落实本单位安全生产责任制和安全生产规章制度

B. 建立工程项目安全生产保证体系，配备与工程项目相适应的安全管理人员

C. 落实本单位安全生产检查制度，对违反安全技术标准、规范和操作规程的行为及时予以制止或纠正

D. 落实本单位施工现场消防安全制度，确定消防责任人，按照规定配备消防器材、设施

E. 落实本单位安全教育培训制度，组织岗前和班前安全生产教育

正确答案：ABCDE

11. 下列(　　)应当接受安全教育培训。

A. 企业各管理层的负责人　　B. 特种作业人员

C. 新上岗作业人员　　D. 待岗复工作业人员

E. 转岗作业人员

正确答案：ABCDE

12. 水利水电工程施工企业开展的教育培训类型主要有(　　)。

A. 年度安全教育培训

B. 新工人三级安全教育培训

C. 作业人员转场、转岗和复岗安全教育培训

D. 节假日安全教育培训

E. 季节性安全教育培训

正确答案：ABCDE

13. 施工单位在采用新技术、新工艺、新设备、新材料时，应当对作业人员进行相应的安全教育培训，主要内容包括(　　)。

A. 新技术、新工艺、新设备、新材料的特点、特性和使用方法

B. 新技术、新工艺、新设备、新材料投产使用后可能导致的新的危害因素及其防护方法

C. 新产品、新设备的安全防护装置的特点和使用

D. 新技术、新工艺、新设备、新材料的安全管理制度及安全操作规程

E. 采用新技术、新工艺、新设备、新材料应注意的事项

正确答案：ABCDE

14. 根据《企业安全生产费用提取和使用管理办法》规定，水利水电工程施工企业安全生产费用可用于(　　)。

A. 安全生产检查相关费用支出

B. 配备和更新现场作业人员安全防护用品支出

C. 发生生产安全事故时，可用于医疗费用支付

D. 安全生产宣传,教育培训支出
E. 当企业资金不足时,可用于农民工工资发放

正确答案:ABD

15. 施工现场危险源识别可采用的方法有(　　)
A. 现场交谈询问　B. 经验判断
C. 查阅事故案例　D. 工作任务和工艺过程分析
E. 安全检查表法

正确答案:ABCDE

16. 下列(　　)属于建筑施工现场使用的劳动防护用品。
A. 安全帽　B. 安全带
C. 安全网　D. 绝缘手套
E. 绝缘鞋

正确答案:ABCDE

17. 有下列(　　)情形之一的,应当认定为工伤。
A. 在工作时间和工作场所内,因工作原因受到事故伤害的
B. 患职业病的
C. 因工外出期间,由于工作原因受到伤害或者发生事故下落不明的
D. 在上下班途中,受到本人主要责任的交通事故的
E. 在工作时间和工作场所内,因履行工作职责受到暴力等意外伤害的

正确答案:ABCE

18. 有下列(　　)情形之一的,不得认定为工伤或者视同工伤。
A. 故意犯罪的
B. 工作时间前后在工作场所内,从事与工作有关的预备性或者收尾性工作受到事故伤害的
C. 醉酒或者吸毒的
D. 自残或者自杀的
E. 在抢险救灾等维护国家利益、公共利益活动中受到伤害的

正确答案:ACD

19. 水利水电工程施工企业对工程项目安全检查的方式主要包括(　　)。
A. 综合性检查　B. 定期检查
C. 经常性检查　D. 季节性检查
E. 不定期检查

正确答案:ABCDE

20. 根据安监总局印发的《安全生产事故隐患排查治理暂行规定》,事故隐患治理方案的内容应当包括(　　)。
A. 治理的目标和任务　B. 采取的方法和措施
C. 经费和物资的落实　D. 负责治理的机构和人员
E. 治理的时限和要求

正确答案:ABCDE

21. 根据《生产经营单位生产安全事故应急预案编制导则》(GB/T 29639—2013)规定,应急预案分为(　　)。

A. 综合应急预案
B. 专项应急预案
C. 现场处置方案
D. 火灾应急预案
E. 触电应急预案

正确答案:ABC

22. 根据造成的人员伤亡或者直接经济损失,下列属于较大事故的是(　　)。

A. 一次造成 2 人死亡的事故
B. 一次造成 2 000 万元直接经济损失的事故
C. 一次造成 15 人重伤的事故
D. 一次造成 6 人死亡的事故
E. 一次造成 9 人重伤的事故

正确答案:BCE

23. 事故报告应当包括的内容有(　　)。

A. 事故发生的时间、地点
B. 工程项目、企业名称
C. 事故发生的简要经过
D. 对事故责任人的处理意见
E. 伤亡人数和直接经济损失的初步估计

正确答案:ABCE

24. 下列(　　)属于事故调查报告的内容。

A. 事故基本情况和概况
B. 事故发生后采取的措施
C. 事故原因和事故性质
D. 对事故责任单位和责任人的处理建议
E. 事故的教训和防止类似事故再次发生所应采取措施的建议

正确答案:ABCDE

25.《职业病防治法》第十八条规定,建设项目的职业病防护设施所需费用应当纳入建设项目工程预算,并与主体工程(　　)。

A. 同时设计
B. 同时施工
C. 同时投入生产和使用
D. 同时运营
E. 同时使用

正确答案:ABC

26. 企业通过落实安全生产主体责任,全员全过程参与,建立并保持安全生产管理体系,全面管控生产经营活动各环节的安全生产与职业卫生工作,实现(　　),并持续改进。

A. 安全健康管理系统化
B. 岗位操作行为规范化
C. 岗位操作行为规范化
D. 岗位操作行为规范化
E. 作业标准化

正确答案:ABCD

三、判断题(答案 A 表示说法正确,答案 B 表示说法不正确)

1. 目标分解的形式有纵向目标分解、横向目标分解、时序目标分解。(　　)

正确答案:A

2. 目标分解横向到边就是把安全总目标自上而下地一层一层分解,明确责任,使责任落实到人。 ( )

正确答案:B

3. 安全目标体系由总目标、分目标和子目标组成。 ( )

正确答案:A

4. 施工单位和工程项目部都应建立安全目标管理考核机构。 ( )

正确答案:A

5. 项目部专职安全管理人员的安全目标考核应由企业安全管理机构执行。 ( )

正确答案:B

6. 施工单位根据安全目标管理层层分解的原则,保证措施也要层层相应落实。 ( )

正确答案:A

7. 水利水电工程施工企业作出涉及安全生产的经营决策,应当听取安全生产管理机构以及安全生产管理人员的意见。 ( )

正确答案:A

8. 水利水电工程施工企业在其承包建设的工程项目中可以不建立安全生产领导小组,只要配备满足要求的专职安全管理人员即可。 ( )

正确答案:B

9. 水利水电工程施工专业承包一级资质企业,应配备不少于5名专职安全生产管理人员。 ( )

正确答案:B

10. 总承包单位建筑工程、装修工程,按照建筑面积配备,5万 m^2 及以上的工程配备不少于3名专职安全生产管理人员。 ( )

正确答案:A

11. 采用新技术、新工艺、新材料或致害因素多、施工作业难度大的工程项目,不用增加项目专职安全生产管理人员的数量。 ( )

正确答案:B

12. 建设工程项目专职安全生产管理人员应当由水利水电工程施工企业委派。 ( )

正确答案:A

13. 安全生产责任制是水利水电工程施工企业所有安全规章制度的核心。 ( )

正确答案:A

14. 安全生产人人有责、各负其责是保证水利水电工程施工企业的生产经营活动安全进行的重要基础。 ( )

正确答案:A

15. 水利水电工程施工企业设备管理部门负责各类安全防护用具、设施的采购。 ( )

正确答案:A

16. 水利水电工程施工企业工会组织发现危及从业人员生命安全的情况,有权向本企业建议组织从业人员撤离危险场所。（　）

正确答案:A

17. 企业专职安全生产管理人员应当监督作业人员安全防护用品的配备及使用情况。（　）

正确答案:A

18. 水利水电工程施工企业安全责任制考核实行一票否决制。（　）

正确答案:A

19. 实行总承包的,分包单位应按照分包合同的约定对建设单位承担安全生产责任。（　）

正确答案:B

20. 水利水电工程施工企业安全生产教育培训应贯穿于生产经营的全过程。（　）

正确答案:A

21. 根据有关要求,专职安全管理人员每年接受安全培训的时间,不得少于40学时。（　）

正确答案:A

22. 防火安全知识应当作为冬季安全教育培训的一项主要内容。（　）

正确答案:A

23. 水利水电工程施工企业应将职工的年度安全生产教育培训情况记入个人档案,培训考核不合格的人员,不得上岗。（　）

正确答案:A

24. 施工企业安全生产费用列入工程造价,在竞标时,不得删减,列入标外管理。（　）

正确答案:A

25. 企业用于施工现场防雷、防台风的费用可以从安全生产费用中列支。（　）

正确答案:A

26. 施工现场起重机械检验检测费用不得从企业安全生产费用中支取。（　）

正确答案:B

27. 水利水电工程施工企业各管理层应定期对下一级管理层安全生产费用使用计划的实施情况进行监督审查和考核。（　）

正确答案:A

28. 水利水电工程施工企业应建立施工现场重大危险源公示制度,并在施工现场设置重大危险源公示牌。（　）

正确答案:A

29. 劳动防护用品不但可以以实物形式发放,也可以以货币或其他物品替代。（　）

正确答案:B

30. 水利水电工程施工企业可以采购和使用无厂家名称,但有产品合格证和安全标志的劳动防护产品。 ( )

正确答案:B

31. 达到使用年限或报废标准的劳动防护用品可以由作业人员自行处理。 ( )

正确答案:B

32. 工伤职工或者其近亲属不得直接向用人单位所在地统筹地区社会保险行政部门提出工伤认定申请。 ( )

正确答案:B

33. 劳动功能障碍分为十个伤残等级,最重的为一级,最轻的为十级。 ( )

正确答案:A

34. 水利水电工程施工企业办理安全生产许可证的必要条件之一是工伤保险。 ( )

正确答案:A

35. 停工留薪期一般不超过9个月。 ( )

正确答案:B

36. 生活自理障碍分为三个等级:生活完全不能自理、生活大部分不能自理和生活部分不能自理。 ( )

正确答案:A

37. 在支付职工工伤保险待遇时,用人单位和承担连带责任的施工总承包单位、建设单位不支付的,由工伤保险基金先行支付。 ( )

正确答案:A

38. 保险费应当列入建筑安装工程费用,由施工企业支付,不得向职工摊派。( )

正确答案:A

39. 安全检查是消除事故隐患、落实整改措施、防止伤亡事故发生、改善劳动条件的重要手段。 ( )

正确答案:A

40. 工程项目部每周应结合施工动态,实行安全巡查。 ( )

正确答案:B

41. 水利水电工程施工企业对安全检查中发现的问题和隐患,应定人、定时间、定措施组织整改,并跟踪复查。 ( )

正确答案:A

42. 建设单位是水利水电工程施工事故隐患排查、治理和防控的责任主体。 ( )

正确答案:B

43. 一般事故隐患是指危害和整改难度较小,发现后能够立即整改排除的隐患。 ( )

正确答案:A

44. 施工单位应当鼓励、发动职工发现和排除事故隐患,鼓励社会公众举报。( )

正确答案:A

45. 应急救援预案一旦制定就应该严格实施，无须修订。 （ ）

正确答案：B

46. 事故应急救援预案中只需要包括企业内部职能部门和人员的联系方式。（ ）

正确答案：B

47. 施工规模较小、从业人员较少的施工企业，可以配备兼职人员担任应急救援人员。 （ ）

正确答案：A

48. 应急救援演练的目的之一是检验救援人员是否明确自己的职责和应急行动程序，以及反应队伍的协同反应水平和实战能力。 （ ）

正确答案：A

49. 根据《企业职工伤亡事故分类标准》，职工受伤后，损失工作日等于和超过 100 日（小于 6 000 日）属于重伤事故。 （ ）

正确答案：B

50. 某人在施工现场被狗咬伤不应算作生产安全事故。 （ ）

正确答案：B

51. 某施工现场塔式起重机司机上下驾驶室时，发生的坠落伤害应属于起重伤害事故。 （ ）

正确答案：B

52. 某事故直接经济损失达 8 000 万元，则该事故属于特别重大事故。 （ ）

正确答案：B

53. 发生生产安全事故后，实行施工总承包的建设工程，由总承包单位负责上报事故。 （ ）

正确答案：A

54. 某施工现场发生生产安全事故情况紧急时，现场有关人员可以直接向事故发生地县级水利行政主管部门和有关部门报告。 （ ）

正确答案：A

55. 事故报告后出现新情况，以及事故发生之日起 15 日内伤亡人数发生变化的，应当及时补报。 （ ）

正确答案：B

56. 事故发生后，因抢救人员、防止事故扩大的需要，移动事故现场物件时，可不作出标志。 （ ）

正确答案：B

57. 一般生产安全事故应按程序逐级上报至国务院建设主管部门。 （ ）

正确答案：B

第 6 章　施工现场安全管理

本章要点　本章主要介绍了施工现场的平面布置与划分、封闭管理与施工场地、临时设施、安全标志、消防安全、防洪度汛管理、危险性较大的单项工程管理等，并对施工现场的卫生防疫、环境保护、安全技术交底、安全资料管理、机械设备管理、临时用电管理、特种作业管理、交通安全管理进行了简要介绍。

施工现场安全管理是单位安全生产的重要内容，是施工单位一项基础性管理工作。施工现场是指施工活动所占用的场地，主要包括施工区、办公区和生活区。在施工生产过程中，要改善职工作业和生活环境，保证职工的生命财产安全，使单位安全生产、文明施工不断规范化、标准化。

6.1　施工现场的平面布置与划分

施工现场的平面布置与划分是施工组织设计的重要组成部分，对规范施工现场管理、提高施工效率、提高文明施工水平至关重要。

6.1.1　施工总平面图编制的依据

(1) 工程所在地区的原始资料，包括建设、勘察、设计以及规划等单位提供的有关资料；

(2) 原有建筑物和拟建工程的位置和尺寸；

(3) 施工方案、施工进度和资源需要计划；

(4) 全部施工设施建造方案；

(5) 项目法人可提供的房屋和其他设施；

(6) 现行施工及验收规范、规程、定额、技术规定和技术经济指标；

(7) 国家有关的规定；

(8) 其他的调查资料。

6.1.2　施工平面布置原则

(1) 贯彻执行合理利用土地的方针。

(2) 因地制宜、因时制宜、有利生产、方便生活、易于管理、安全可靠、经济合理。

(3) 注重环境保护、减少水土流失。

(4) 充分体现人与自然的和谐相处。

6.1.3　施工总平面图表示的内容

(1) 施工用地范围。

(2) 一切地上和地下的已有和拟建的建筑物、构筑物及其他设施的平面位置与尺寸。

(3) 永久性和半永久性坐标位置,必要时标出建筑场地的等高线。

(4) 场内取土和弃土的区域位置。

(5) 为施工服务的各种临时设施的位置。这些设施包括:

1) 施工导流建筑物,如围堰、隧洞等;

2) 交通运输系统,如公路、铁路、车站、码头、车库、桥涵等;

3) 料场及其加工系统,如土料场、石料场、沙砾料场、骨料加工厂等;

4) 各种仓库、料堆、弃料场等;

5) 混凝土制备及浇筑系统;

6) 机械修配系统;

7) 金属结构、机电设备和施工设备安装基地;

8) 风、水、电供应系统;

9) 其他施工工厂,如钢筋加工厂、木材加工厂、预制构件厂等;

10) 办公及生活用房,如办公室、试验室、宿舍等;

11) 安全防火设施及其他,如消防站、警卫室、安全警戒线等。

6.1.4 施工现场功能区域划分及设置

(1) 施工现场按照功能可划分为施工区、办公区和生活区等区域。

1) 施工区又分为施工作业区、辅助作业区、材料存放区;

2) 办公区一般包括办公室、资料室、会议室、档案室等;

3) 生活区是指工程建设作业人员集中居住、生活的场所,包括施工现场以内和施工现场以外独立设置的生活区。

(2) 现场施工总体规划布置应遵循合理使用场地、有利施工、便于管理等基本原则。分区布置,应满足防洪、防火等安全要求及环境保护要求。

(3) 生产、生活、办公区和危险化学品仓库的布置,应遵守下列规定:

1) 与工程施工顺序和施工方法相适应;

2) 选址地质稳定,不受洪水、滑坡、泥石流、塌方及危石等威胁;

3) 交通道路畅通,区域道路宜避免与施工主干线交叉;

4) 生产车间,生活、办公房屋,仓库的间距应符合防火安全要求;

5) 危险化学品仓库应远离其他区布置。

(4) 施工区内起重设施、施工机械、移动式电焊机及工具房、水泵房、空压机房、电工值班房等布置应符合安全、卫生、环境保护要求。

(5) 混凝土、砂石料等辅助生产系统和制作加工维修厂、车间的布置,应符合以下要求:

1) 单独布置,基础稳固,交通方便、畅通。

2) 应设置处理废水、粉尘等污染的设施。

3) 应减少因施工生产产生的噪声对生活区、办公区的干扰。

(6) 生产区仓库、堆料场布置应符合以下要求:

1) 单独设置并靠近所服务的对象区域,进出交通畅通。

2）存放易燃、易爆、有毒等危险物品的仓储场所应符合有关安全的要求。

3）应有消防通道和消防设施。

(7) 生产区大型施工机械与车辆停放场的布置应与施工生产相适应，要求场地平整、排水畅通、基础稳固，并应满足消防安全要求。

(8) 弃渣场布置应满足环境保护、水土保持和安全防护的要求。

(9) 生活区应遵守下列规定：

1）噪声应符合表 6-1 规定。

表 6-1　生产性噪声传播至非噪声作业地点噪声声级的限值

地点名称	卫生限值[dB(A)]	等效限值[dB(A)]
噪声车间办公室	75	不得超过 55
非噪声车间办公室	60	
会议室	60	
计算机、精密加工室	70	

2）大气环境质量不应低于《环境空气质量标准》(GB3095—2012)三级标准。

3）生活饮用水符合国家饮用水标准。

(10) 各区域应根据人群分布状况修建公共厕所或设置移动式公共厕所。

(11) 各区域应有合理排水系统，沟、管、网排水畅通。

(12) 有关单位宜设立医疗急救中心(站)，医疗急救中心(站)宜布置在生活区内。施工现场应设立现场救护站。

(13) 施工平面布置图应与现场实际情况保持一致，随现场布局的改变，施工平面布置图 应作相应调整。

(14) 施工设施的设置应符合防汛、防火、防砸、防风、防雷及职业卫生等要求。

(15) 设备、原材料、半成品、成品等应分类存放、标识清晰、稳固整齐，并保持通道畅通。

(16) 作业场所应保持整洁、无积水；排水管、沟应保持畅通，施工作业面应做到工完场清。

(17) 隧洞作业应保持照明、通风良好、排水畅通，应采取必要的安全措施。

(18) 施工照明及线路，应遵守下列规定：

1）露天施工现场宜采用高效能的照明设备。

2）施工现场及作业地点，应有足够的照明，主要通道应装设路灯。

3）在存放易燃、易爆物品场所或有瓦斯的巷道内，照明设备应符合防爆要求。

6.2　封闭管理与施工场地

施工现场的作业条件差，不安全因素多，容易对场内人员造成伤害。因此，必须在施工现场关键区域(如水轮发电机组安装区、变电所等)和危险区域(如爆破区、滑坡险情区、拌和楼拆除作业区等)周围设置连续性围挡,实施封闭式管理,将施工现场与外界隔离,防止无关人员随意进入场地,既解决了“扰民”又防止了“民扰”,同时起到了保护环境、美化市容的作用。

6.2.1 封闭管理

(1) 大门

1) 施工现场应当有固定的出入口,出入口处应设置大门;

2) 施工现场的大门应牢固美观,两侧应当设置门垛并与围挡连续,大门上方应有单位名称或单位标识;

3) 出入口处应当设置门卫值班室,配备专职门卫,制定门卫管理制度及交接班记录制度;

4) 施工现场的施工人员应当佩戴工作卡。

(2) 围挡

1) 围挡分类

施工现场的围挡按照安装位置及功能主要分为外围封闭性围挡和作业区域隔离围挡,常用的主要有砌体围挡、彩钢板围挡、工具式围挡等。

2) 围挡的设置

① 材质:施工现场的围挡用材应坚固、稳定、整洁、美观,封闭性围挡宜选用砌体、金属材板等硬质材料,禁止使用竹笆或安全网。

② 高度:围挡的安装应符合规范要求,围挡高度不低于 1.8 m;在市区施工时,主要路段的工地高度不低于 2.5 m,其他一般路段不低于 1.8 m。

③ 使用:禁止在围挡内侧堆放泥土、砂石等散状材料,严禁将围挡作挡土墙用。

(3) 公示标牌

标牌是施工现场重要标志的一项内容,不但内容应有针对性,而且标牌制作、挂设应规范整齐、美观、字体工整,宜设置在施工现场进口处。

1) 五牌二图

① 五牌:工程概况牌、消防保卫牌、安全生产牌、文明施工牌、管理人员名单及监督电话牌。

② 二图:施工现场总平面布置图、安全管理网络图。

2) 两栏一报

施工现场应设置“两栏一报”,即读报栏、宣传栏和黑板报,丰富学习内容,表扬好人好事。

3) 重大危险源公示(警示)牌

水利水电工程施工单位应建立重大危险源公示制度,在施工现场醒目位置设立重大危险源公示(警示)牌,公示施工中不同部位、不同时段的重大危险源。公示牌一般包括危险源名称、地点、责任人员、可能的事故类型、控制措施等内容,尺寸规格可结合本地区、本单位及本工程特点设置。

6.2.2 场地管理

(1) 场地硬化

施工现场的场地应当清除障碍物，进行整平处理并采取硬化措施，使施工场地平整坚实，无坑洼和凹凸不平，雨季不积水，大风天不扬尘。有条件的可以做混凝土地面，无条件的可以采用石屑、焦渣、细石等方式硬化。

(2) 场地绿化

施工现场应根据季节情况采取相应的绿化措施，达到美化环境和降低扬尘的效果。办公区域、生活区域必须进行植株绿化；场内闲置、裸露土地应优先采用草坪进行绿化。

(3) 场内排水

施工现场应具有良好的排水系统，办公生活区、主干道路两侧、脚手架基础等部位应设置排水沟及沉淀池；现场废水不得直接排入河流和市政污水管网。

(4) 场地清理

作业区及建筑物楼层(如管理房)内，要做到工完料净场地清；施工现场的垃圾应分类集中堆放，应采用容器或搭设专用封闭式垃圾道的方式清运。

(5) 材料堆放

1) 一般要求

① 材料的堆放应当根据用量大小、使用时间长短、供应与运输情况确定，用量大、使用时间长、供应运输方便的，应当分期分批进场，以减少堆场和仓库面积；

② 施工现场各种工具、构件、材料的堆放必须按照总平面图规定的位置放置；

③ 位置应选择适当，便于运输和装卸，尽量减少二次搬运；

④ 地势较高、坚实、平坦，回填土应分层夯实，要有排水措施，符合安全、防火的要求；

⑤ 应当按照品种、规格分类堆放，并设明显标牌，标明名称、规格和产地等；

⑥ 各种材料物品必须堆放整齐；

⑦ 易燃易爆物品应分类储藏在专用库房内，并应制定防火措施。

2) 主要材料半成品的堆放

① 施工现场的材料应按照总平面布置图的布局分类存放，并挂牌标明；

② 大型工具，应当一头见齐；

③ 钢筋应当堆放整齐，用方木垫起，不宜放在潮湿和暴露在外受雨水冲淋；

④ 砖应当码成方垛，不得超高，距沟槽坑边不小于 0.5 m，防止坍塌；

⑤ 砂应堆成方，石子应当按不同粒径规格分别堆放成方；

⑥ 各种模板应当按规格分类堆放整齐，地面应平整坚实，叠放高度一般不宜超过 2 m；大模板存放应放在经专门设计的存架上，应当采用两块大模板面对面存放，当存放在施工建（构）筑物上时，应当满足自稳角度并有可靠的防倾倒措施；

⑦ 混凝土构件堆放场地应坚实、平整，按规格、型号分类堆放，垫木位置要正确，多层构件的垫木要上下对齐，垛位不准超高；混凝土墙板宜设插放架，插放架要焊接或绑扎牢固，防止倒塌。

6.2.3 道路

(1) 永久性机动车辆道路、桥梁、隧道，应按照《公路工程质量检验评定标准》(JTGF 801—2012)的有关规定，并考虑施工运输的安全要求进行设计修建。

(2) 铁路专用线应按国家有关规定进行设计、布置、建设。

(3) 施工生产区内机动车辆临时道路应符合下列规定：

1) 道路纵坡不宜大于8%，进入基坑等特殊部位的个别短距离地段最大纵坡不应超过15%；道路最小转弯半径不应小于15 m；路面宽度不应小于施工车辆宽度的1.5倍，且双车道路面宽度不宜窄于7.0 m，单车道不宜窄于4.0 m。单车道应在可视范围内设有会车位置。

2) 路基基础及边坡保持稳定。

3) 在急弯、陡坡等危险路段及岔路、涵洞口应设有相应警示标志。

4) 悬崖陡坡、路边临空边缘除应设有警示标志外还应设有安全墩、挡墙等安全防护设施。

5) 路面应经常清扫、维护和保养并应做好排水设施，不应占用有效路面。

(4) 交通繁忙的路口和危险地段应有专人指挥或监护。

(5) 施工现场的轨道机车道路，应遵守下列规定：

1) 基础稳固，边坡保持稳定。

2) 纵坡应小于3%。

3) 机车轨道的端部应设有钢轨车挡，其高度不低于机车轮的半径，并设有红色警示灯。

4) 机车轨道的外侧应设有宽度不小于0.6 m的人行通道，人行通道临空高度大于2.0 m时，边缘应设置防护栏杆。

5) 机车轨道、现场公路、人行通道等的交叉路口应设置明显的警示标志或设专人值班监护。

6) 设有专用的机车检修轨道。

7) 通信联系信号齐全、可靠。

(6) 施工现场临时性桥梁，应根据桥梁的用途、承重载荷和相应技术规范进行设计修建，并符合以下要求：

1) 宽度不小于施工车辆最大宽度的1.5倍。

2) 人行道宽度应不小于1.0 m，并应设置防护栏杆。

(7) 施工现场架设临时性跨越沟槽的便桥和边坡栈桥，应符合以下要求：

1) 基础稳固、平坦畅通。

2) 人行便桥、栈桥宽度不应小于1.2 m。

3) 手推车便桥、栈桥宽度不应小于1.5 m。

4) 机动翻斗车便桥、栈桥，应根据荷载进行设计施工，其最小宽度不应小于2.5 m。

5) 设有防护栏杆。

(8) 施工现场的各种桥梁、便桥上不应堆放设备及材料等物品，应及时维护、保养，定期进行检查。

(9) 施工交通隧道，应符合以下要求：

1) 隧道在平面上宜布置为直线。

2) 机车交通隧道的高度应满足机车以及装运货物设施总高度的要求，宽度不应小于车体宽度与人行通道宽度之和的1.2倍。

3）汽车交通隧道洞内单线路基宽度应不小于 3.0 m，双线路基宽度应不小于 5.0 m。

4）洞口应有防护设施，洞内不良地质条件洞段应进行支护。

5）长度 100 m 以上的隧道内应设有照明设施。

6）应设有排水沟，排水畅通。

7）隧道内斗车路基的纵坡不宜超过 1.0%。

（10）施工现场工作面、固定生产设备及设施处所等应设置人行通道，并应符合以下要求：

1）基础牢固、通道无障碍、有防滑措施并设置护栏，无积水。

2）宽度不应小于 0.6 m。

3）危险地段应设置警示标志或警戒线。

6.3　临时设施

施工现场的临时设施主要是指施工期间暂设性使用的各种临时建筑物或构筑物。临时设施必须合理选址、正确用材，确保满足使用功能，达到安全、卫生、环保、消防的要求。

6.3.1　临时设施的种类

施工现场的临时设施较多，按照使用功能可分为：

（1）办公设施，包括办公室、会议室、资料室、门卫值班室；

（2）生活设施，包括宿舍、食堂、厕所、淋浴室、阅览室、娱乐室、卫生保健室；

（3）生产设施，包括材料仓库、防护棚、加工棚（如混凝土搅拌、砂浆搅拌、木材加工、钢筋加工、金属加工和机械维修厂站）、操作棚；

（4）辅助设施，包括道路、现场排水设施、围挡、大门、供水处、吸烟处。

6.3.2　临时设施的结构设计

施工现场搭建临时设施应采用以概率理论为基础的极限状态设计方法，以分项系数设计表达式进行计算，绘制施工图纸并经单位技术负责人审批方可搭建。《施工现场临时建筑物技术规范》（JGJ/T 188—2009）规定，临时建筑的结构安全等级不应低于三级，结构重要性系数不应小于 0.9，临时建筑设计使用年限应为 5 年，临时建筑结构设计应满足抗震、抗风要求，并应进行地基和基础承载力计算。

（1）围挡的结构设计要求

1）彩钢板围挡应符合以下规定：

① 围挡高度不宜超过 2.5 m；

② 当高度超过 1.5 m 时，宜设置斜撑，斜撑与水平地面的夹角以 45°为宜；

③ 立柱的间距不宜大于 3.6 m；

④ 横梁与立柱之间应采用螺栓可靠连接，围挡应采取抗风措施。

2）砌体围挡应符合以下规定：

① 砌体围挡不应采用空斗墙砌筑方式；

② 砌体围挡厚度不宜小于 200 mm，并应在两端设置壁柱，壁柱尺寸不宜小于 370

mm×490mm，壁柱间距不应大于 5.0 m；

③ 单片砌体围挡长度大于 30 m 时，宜设置变形缝，变形缝两侧均应设置端柱；

④ 围挡顶部应采取防雨水渗透措施；

⑤ 壁柱与墙体间应设置拉结钢筋，拉结钢筋直径不应小于 6 mm，间距不应大于 500 mm，伸入两侧墙内的长度均不应小于 1000 mm。

(2) 活动房和砌体建筑的结构设计要求

1) 活动房应符合以下规定：

① 活动房节点应按照通用性强、连接可靠、坚固耐用，适应多次拆装的原则进行设计；各结构构件之间的连接应采用螺栓连接，不得采用现场焊接。可按刚接平板支承设计；基柱脚地脚螺栓的直径不应小于 12 mm，数量不少于 4 根。

② 钢柱脚可采用预埋锚栓与柱脚板连接的外露式做法，并应符合下列规定：

a. 柱脚底面应至少高出室内底面 50 mm；

b. 门式钢架结构承重体系可采用铰接柱脚；钢排架、钢框架承重体系应采用刚接柱脚；

c. 柱脚锚栓应采用 Q235 钢或 Q345 钢制作，直径不宜小于 16 mm，数量不应少于 4 根。锚固长度不宜小于锚栓直径的 25 倍；当锚栓的锚固长度小于锚栓直径的 25 倍时，可加锚板，锚板厚度不宜小于 12 mm。

③ 活动房的节点构造应符合下列要求：

a. 活动房杆件的轴线宜汇交于节点中心；

b. 钢排架承重体系中梁与柱或主梁与次梁之间应采用直径不小于 12 mm 的螺栓连接，连接螺栓的数量应根据计算确定，并不应少于 2 个。

④ 活动房的柱间垂直支撑宜分布均匀，其形心宜靠近侧向力(风荷载)的作用线，并应符合下列规定：

a. 当采用钢排架轻型钢结构承重体系时，在山墙、端跨应设置外墙柱间垂直支撑，中间跨应间隔设置柱间垂直支撑。长度超过 18 m 应增设一道隔墙，并应符合山墙的规定。

b. 当采用钢框架或门式钢架轻型钢结构承重体系时，在山墙、两端跨河外墙纵向长度每 45 m 应设置一道柱间垂直支撑。

c. 当采用带花篮式调节螺栓的交叉圆钢作为外墙柱间垂直支撑时，圆钢的直径不应小于 10 mm，圆钢与构件的夹角应在 30°～60°之间，宜为 45°。

d. 当房屋高度大于 1.6 倍的柱距时，柱间垂直支撑宜分层设置。

⑤ 当采用钢排架轻型钢结构承重体系时，应设置屋面垂直支撑，并应符合下列规定：

a. 在设置纵向柱间垂直支撑的开间应同时设置屋面垂直支撑；

b. 当屋架跨度不大于 6 m 时，沿跨度方向设置的屋面垂直支撑不应少于 2 道；

c. 当屋架跨度大于 6 m 时，沿跨度方向设置的屋面垂直支撑不应少于 3 道。

⑥ 活动房屋面水平支撑的设置应符合下列规定：

a. 设置纵向柱间支撑的开间宜同时设置屋面横向水平支撑。当采用钢排架轻型钢结构承重体系时，宜在屋架的上、下弦同时设置屋面横向水平支撑。

b. 未设置屋面垂直支撑的屋架间，相应于屋面垂直支撑的屋架上、下弦节点处应沿房屋纵向设置通长的刚性系杆。

c. 在柱顶、屋脊处应设置沿房屋纵向通长的刚性系杆，刚性系杆可有檩条兼作，檩条应按压弯杆件验算其强度、刚度和稳定性。

d. 由支撑斜杆组成的水平桁架，其直腹杆应按刚性系杆考虑。

⑦ 山墙屋架的腹杆与山墙立柱宜上下对齐，在立柱与腹杆连接处沿立杆内、外两侧应设置长度不小于 2 m 的条形连接件，并采用螺栓连接。

⑧ 楼板、屋面板应与主体结构可靠连接，并应符合下列规定：

a. 采用木楼板时，宜将木格栅和木楼板预制成标准的装配单元，木楼板装备单元的支承长度不应小于 35 mm。木格栅的间距不应大于 600 mm。木格栅可采用矩形、木基材工字形截面，截面尺寸应通过计算确定。

b. 上弦节点处的檩条与屋架上弦应通过檩托板用螺栓连接。

c. 穿透屋面螺栓处应采取防渗漏措施。

⑨ 活动房结构构件的厚度应符合下列规定：

a. 主要承重构件的钢板厚度不应小于 2.0 mm；且不宜大于 6.0 mm；用于檩条和墙梁的冷弯薄壁型钢的壁厚不宜小于 1.5 mm；

b. 结构构件中受压板件的最大宽厚比应符合现行国家标准《冷弯薄壁型钢结构技术规范》(GB50018—2002)的规定。

⑩ 构件的允许长细比不宜超过表 6-2 的限值。

表 6-2　　构件的允许长细比

构件类别	允许长细比
主要承重构件(如受压柱、梁式桁架中的受压杆等)	150
其他构件及支撑	200
受拉构件	350
门式刚架	180

注：张紧的圆钢拉条的长细比不受此限。

⑪ 活动房的层间位移不宜大于柱高的 1/150，当采用门式刚架时，层间位移不宜大于柱高的 1/60。

⑫ 受弯构件的允许挠度应符合表 6-3 的规定。

表 6-3　　受弯构件的允许挠度

构 件 类 别	允许竖向挠度
楼(屋)面梁、桁架	L/200
檩条、楼面板、屋面板、围护墙板	L/150
门式刚架	L/180
悬挑构件	L/400

注：L 为受弯构件的长度。

⑬ 走道托架应采用螺栓与结构柱可靠连接，当走廊宽度超过 1.0 m 时，走道托架端部应设置落地柱。

⑭ 活动房结构构件不宜采取对接焊接的方式进行拼接，当需要采用焊接时，焊接的形式、焊缝质量等级要求、焊接质量保证措施等除应满足现行国家标准《冷弯薄壁型钢结构技术规范》(GB50018—2002)的要求外，尚应符合下列规定：

a. 梁、柱的拼接应设置在杆件内力较小的节间内，且应与杆件等强；

b. 每根构件的接头不应超过 1 个；

c. 焊接材料应与主体金属材料相匹配，当不同强度等级的钢材连接时，可采用与低强度钢材相适应的焊条；

d. 焊缝的布置宜对称于构件的形心轴。

2) 砌体建筑应符合以下规定：

① 砌体建筑的结构静力计算应采用刚性方案，横墙间距不应大于 16 m，并应符合下列规定：

a. 墙体布置应闭合纵横墙的布置宜均匀对称，在平面内宜对齐；同一轴线上的窗间墙宽度宜均匀；纵、横墙交接处应有拉结措施，烟道、通风道等竖向孔道不应削弱墙体承载力。

b. 横墙中开有洞口时，洞口的水平截面积不应超过横墙面积的 50%。

c. 横墙长度不宜小于其高度。

d. 承重墙厚度不宜小于 180 mm。

② 砌体建筑的屋盖宜采用钢木或轻钢屋架；

③ 砌体建筑应在屋架下设置闭合的钢筋混凝土圈梁，并应符合下列规定：

a. 圈梁宽度应与墙厚相同，高度不应小于 120 mm，圈梁纵向配筋不应少于 $4\phi10$，钢筋搭接长度按受拉钢筋确定，箍筋宜为 $\phi6$@250mm；

b. 纵横墙交接处的圈梁应有可靠的连接；

c. 圈梁与屋盖之间应采取可靠的锚固措施。

④ 砌体建筑应在外墙、大房间四角设置钢筋混凝土构造柱，并符合下列规定：

a. 构造柱与墙体的连接处的墙体应砌成马牙搓；

b. 应沿墙高每隔 500 mm 设 $2\phi6$ 拉结钢筋，每边伸入墙内不少于 1 m。

⑤ 屋盖应有足够的承载力和刚度；屋架端部必须用直径不小于 $\phi14$ 的锚栓与圈梁或构造柱锚固，锚栓的数量须经过计算确定，且不少于 2 根。

⑥ 檩条与桁架上弦锚固应根据屋架跨度、支撑方式及使用条件选用螺栓或其他可靠的锚固方法。

⑦ 屋盖应根据结构的形式和跨度、屋面构造及荷载等情况选用上弦横向支撑或垂直支撑。

6.3.3 临时设施的选址与布置原则

(1) 办公生活临时设施的选址应考虑与作业区相隔离，保持安全距离，同时保证周边环境具有安全性。

(2) 合理布局，协调紧凑，充分利用地形，节约用地。

(3) 尽量利用项目法人在施工现场或附近能提供的现有房屋和设施。

(4) 临时房屋应本着厉行节约的目的,充分利用当地材料,尽量采用活动式或容易拆装的房屋。

(5) 临时房屋布置应方便生产和生活。

(6) 临时房屋的布置应符合安全、消防和环境卫生要求;应布置在不受山洪、江洪、滑坡、塌方及危石等威胁的区域,基础坚固,稳定性好,周围排水畅通。

(7) 生活性临时房屋可布置在施工现场以外,若在场内,一般应布置在现场的四周或集中于一侧。

(8) 行政管理的办公室等应靠近工地,或是在工地现场出入口。

(9) 生产性临时设施应根据生产需要,全面分析比较后选择适当位置。

6.3.4　临建房屋的结构类型

(1) 活动式临时房屋,如钢骨架活动房屋、彩钢板房。

(2) 固定式临时房屋,主要为砖木结构、砖石结构和砖混结构。

(3) 临时房屋应优先选用钢骨架彩钢板房(芯材的燃烧性能为A级),生活、办公设施不宜选用菱苦土板房。

6.3.5　临时设施的搭设与使用管理

(1) 办公室

施工现场应设置办公室,办公室内布局应合理,文件资料宜归类存放,并应保持室内清洁卫生。办公室内净高不应低于2.5 m,人均使用面积不宜小于4 m^2。

(2) 会议室

施工现场应根据工程规模设置会议室,并应当设置在临时用房的首层,其使用面积不宜小于30 m^2。会议室内桌椅必须摆放整齐有序、干净卫生,并制定会议管理制度。

(3) 职工夜校

施工现场应设置职工夜校,经常对职工进行各类教育培训,并应配置满足教学需求的各类物品,建立职工学习档案,制定职工夜校管理制度。

(4) 职工宿舍

1) 宿舍应当选择在通风、干燥的位置,防止雨水、污水流入,不得在尚未竣工建筑物内设置员工集体宿舍。

2) 宿舍内应保证有必要的生活空间,室内净高不得小于2.5 m,通道宽度不得小于0.9 m,每间宿舍居住人员不应超过16人,人均使用面积不宜小于2.5 m^2。

3) 宿舍必须设置可开启式外窗,床铺不得超过2层,高于地面0.3 m,间距不得小于0.5 m,严禁使用通铺。

4) 宿舍内应有防暑降温措施,宿舍应设生活用品专柜、鞋柜或鞋架、垃圾桶等生活设施。

5) 宿舍周围应当搞好环境卫生,应设置垃圾桶。

6) 生活区内应为作业人员提供晾晒衣物的场地。

7) 房屋外应道路平整、硬化,晚间有良好的照明。

8）施工现场宜采用集中供暖，使用炉火取暖时应采取防止一氧化碳中毒的措施。彩钢板活动房严禁使用炉火或明火取暖。

9）宿舍临时用电宜使用安全电压，采用强电照明的宜使用限流器。生活区宜单独设置手机充电柜或充电房间。

10）制定宿舍管理制度，并安排专人管理，床头宜设置姓名卡。

（5）食堂

1）食堂应当选择在通风、干燥、清洁、平整的位置，防止雨水、污水流入，应当保持环境卫生，距离厕所、垃圾站、有毒有害场所等污染源不宜小于 15 m，且不应设在污染源的下风侧，装修材料必须符合环保、消防要求。

2）食堂应设置独立的制作间、储藏间；门扇下方应设不低于 0.2 m 的防鼠挡板。制作间灶台及周边应采取宜清洁、耐擦洗措施，墙面处理高度大于 1.5 m，地面应做硬化和防滑处理，并保持墙面、地面整洁。

3）食堂应配备必要的排风设施和冷藏设施；宜设置通风天窗和油烟净化装置，油烟净化装置应定期清理。

4）食堂宜使用电炊具。使用燃气的食堂，燃气罐应单独设置存放间并应加装燃气报警装置，存放间应通风良好并严禁存放其他物品；供气单位资质应齐全，气源应有可追溯性。

5）食堂制作间的炊具宜存放在封闭的橱柜内，刀、盆、案板等炊具必须生熟分开；做好 48 小时的留样管理。

6）食堂制作间、锅炉房、可燃材料库房及易燃易爆危险品库房等应采用单层建筑，应与宿舍和办公用房分别设置，并应按相关规定保持安全距离；

（6）厕所

1）厕所大小应根据施工现场作业人员的数量设置，按照男厕所 1∶50、女厕所 1∶25 的比例设置蹲便器，蹲便器间距不小于 0.9 m，并且应在男厕每 50 人设置 1 m 长小便槽；

2）高层建筑施工超过 8 层以后，每隔 4 层宜设置临时厕所；

3）施工现场应设置水冲式或移动式厕所，厕所地面应硬化，门窗齐全并通风良好；

4）厕位宜设置隔板，隔板高度不宜低于 0.9 m；

5）厕所应设专人负责，定时进行清扫、冲刷、消毒，防止蚊蝇滋生，化粪池应及时清掏。

（7）淋浴室

1）淋浴室内应设置储衣柜或挂衣架，室内使用安全电压，设置防水防爆灯具；

2）淋浴间内应设置满足需要的淋浴器，淋浴器与员工的比例宜为 1∶20，间距不小于 1 m；

3）应设专人管理，并有良好的通风换气措施，定期打扫卫生。

（8）防护棚

施工现场的防护棚较多，如加工站厂棚、机械操作棚、通道防护棚等。

大型站厂棚可用砖混、砖木结构，应当进行结构计算，保证结构安全。小型防护棚一般可用钢管、扣件、脚手架材料搭设，并应当严格按照《建筑施工扣件式钢管脚手架安全技术规范》(JGJ 130—2011)要求搭设。防护棚顶应当满足承重、防雨要求。在施工坠落半径之内的,棚顶应当具有抗冲击能力,可采用多层结构。最上层材料强度应能承受 10 kPa 的均布静荷载,也可采用 50 mm 厚木板双层架设,间距应不小于 600 mm。

(9) 搅拌站

1) 搅拌站应有后上料场地,应当综合考虑砂石堆场、水泥库的设置位置,既要相互靠近,又要便于材料的运输和装卸。

2) 搅拌站应当尽可能设置在垂直运输机械附近,在塔式起重机吊运半径内,尽可能减少混凝土、砂浆水平运输距离;采用塔式起重机吊运时,应当留有起吊空间,使吊斗能方便地从出料口直接挂钩起吊和放下;采用小车、翻斗车运输时,应当设置在施工道路附近,以方便运输。

3) 搅拌站场地四周应当设置沉淀池、排水沟,避免清洗机械时,造成场地积水;清洗机械用水应沉淀后循环使用,节约用水;避免将未沉淀的污水直接排入城市排水设施和河流。

4) 搅拌站应当搭设搅拌棚,挂设搅拌安全操作规程和相应的警示标志、混凝土配合比牌。

5) 搅拌站应当采取封闭措施,以减少扬尘的产生,冬期施工还应考虑保温、供热等。

(10) 仓库

1) 仓库的面积应根据在建工程的实际情况和施工阶段的需要计算确定;

2) 水泥仓库应当选择地势较高、排水方便、靠近搅拌站的地方;

3) 仓库内工具、器件、物品应分类放置,设置标牌,标明规格、型号;

4) 易燃、易爆物品仓库的布置应当符合防火、防爆安全距离要求,并建立严格的进出库制度,设专人管理。爆破器材仓库必须符合《爆破安全规程》(GB6722—2014)的有关规定。

(11) 油库、加油站还必须符合以下规定:

1) 独立建筑,与其他建筑、设施之间的防火安全距离不应小于 50 m。

2) 加油站四周应设有不低于 2 m 高的实体围墙,或金属网等非燃烧体栅栏。

3) 设有消防安全通道,油库内道路宜布置成环行道,车道宽应不小于 4 m。

4) 露天的金属油罐、管道上部应设有阻燃物的防护棚。

5) 库内照明、动力设备应采用防爆型,装有阻火器等防火安全装置。

6) 装有保护油罐贮油安全的呼吸阀、阻火器等防火安全装置。

7) 油罐区安装有避雷针等避雷装置,其接地电阻不得大于 10 Ω,且应定期检测。

8) 金属油罐及管道应设有防静电接地装置,接地电阻应不大于 30 Ω,且应定期检测。

9) 配备有泡沫、干粉灭火器及沙土等灭火器材。

10) 设有醒目的安全防火、禁止吸烟等警告标志。

11) 设有与安全保卫消防部门联系的通信设施。

12) 库区内严禁一切火源,严禁吸烟及使用手机。

13) 工作人员应熟悉使用灭火器材和消防常识。

14) 运输使用的油罐车应密封,并有防静电设施。

(12) 现场值班房、移动式工具房、抽水房、空压机房、电工值班房等应符合以下规定:

1）值班房搭设应避开可能坠落物区域，特殊情况无法避开时，房顶应设置有效的隔离防护层。

2）值班房高处临边位置应设有防护栏杆。

3）移动式工具房应设有4个经过验算的吊环。

4）配备有灭火装置或灭火器材。

6.4 安全标志

施工现场应当根据工程特点及施工的不同阶段，在容易发生事故或危险性较大的作业场所，有针对性地设置、悬挂安全标志。

6.4.1 安全标志的定义与分类

根据《安全标志及其使用导则》(GB2894—2008)规定，安全标志是用于表达特定信息的标志，由图形符号、安全色、几何图形（边框）或文字组成。安全标志包括提醒人们注意的各种标牌、文字、符号以及灯光等，以此表达特定的安全信息。其目的是引起人们对不安全因素的注意，防止发生事故。安全标志主要包括安全色和安全标志牌等。

(1) 安全色

根据《安全色》(GB2893—2008)规定，安全色是表达安全信息含义的颜色，安全色分为红、黄、蓝、绿四种颜色，分别表示禁止、警告、指令和提示。

(2) 安全标志

安全标志分禁止标志、警告标志、指令标志和提示标志。建筑施工现场设置、悬挂的安全标志较多，建筑施工现场常用的安全标志见表6-4。

表6-4　　常见的安全标志

序号	安全标志内容	序号	安全标志内容	序号	安全标志内容
	一、禁止标志	24	禁止穿带钉鞋	47	当心障碍物
1	禁止吸烟		二、警告标志	48	当心滑倒
2	禁止烟火	25	注意安全		三、指令标志
3	禁止带火种	26	当心火灾	49	必须戴防护眼镜
4	禁止用水灭火	27	当心爆炸	50	必须戴遮光护目镜
5	禁止放置易燃物	28	当心腐蚀	51	必须戴防尘口罩
6	禁止堆放	29	当心中毒	52	必须戴防毒面具
7	禁止启动	30	当心触电	53	必须戴护耳器
8	禁止合闸	31	当心电缆	54	必须戴安全帽
9	禁止转动	32	当心机械伤人	55	必须系安全带
10	禁止乘人	33	当心跌落	56	必须穿防护服
11	禁止靠近	34	当心塌方	57	必须戴防护手套
12	禁止入内	35	当心冒顶	58	必须穿防护鞋

续表 6-4

序号	安全标志内容	序号	安全标志内容	序号	安全标志内容
13	禁止停留	36	当心坑洞	59	必须加锁
14	禁止通行	37	当心落物	60	必须接地
15	禁止跨越	38	当心吊物		四、提示标志
16	禁止攀登	39	当心碰头	61	紧急出口
17	禁止跳下	40	当心挤压	62	避险处
18	禁止依靠	41	当心伤手	63	可动火区
19	禁止蹬踏	42	当心夹手	64	击碎板面
20	禁止触摸	43	当心扎脚	65	急救点
21	禁止伸入	44	当心弧光	66	应急电话
22	禁止抛物	45	当心车辆		
23	禁止戴手套	46	当心坠落		

注：表 6-4 中常用安全标志参见附录。

安全标志的图形、尺寸、颜色、文字说明和制作材料等，均应符合国家标准规定。一般来说，安全标志应当明显，便于作业人员识别。如果是灯光标志，要求明亮显眼；如果是文字图形标志，则要求明确易懂。

1）禁止标志

禁止标志是禁止人们不安全行为的图形标志。

禁止标志的基本型式是带斜杠的圆边框，框内为白底黑色图案，并在正下方用文字补充说明禁止的行为模式。

2）警告标志

警告标志是提醒人们对周围环境或活动引起注意，以避免可能发生危险的图形标志。

几何图形为黄底黑色图形加三角形黑边的图案，并在正下方用文字补充说明当心的行为模式。

3）指令标志

指令标志是强制人们必须做出某种动作或采用防范措施的图形标志。

几何图形为蓝底白色图形的圆形图案，并在正下方用文字补充说明必须执行的行为模式。

4）提示标志

提示标志是向人们提供某种信息（如标明安全设施或场所等）的图形标志。

图形以长方形、绿底（防火为红底）白线条加文字说明，如“安全通道”“灭火器”“火警电话”等。

6.4.2　安全标志平面布置图

施工单位应当根据工程项目的规模、施工现场的环境、工程结构形式以及设备、机具的位置等情况，确定危险部位，有针对性地设置安全标志。施工现场应绘制安全标志布置总平面图，根据不同阶段的施工特点，组织人员有针对性地进行设置、悬挂和增减。

安全标志布置总平面图,是重要的安全工作内业资料之一,当使用一张图不能完全表明时可以分层表明或分层绘制。安全标志布置总平面图应由绘制人员签名,项目负责人审批。

6.4.3 安全标志的设置与悬挂

按照规定,施工现场应当根据工程特点及施工阶段,有针对性地在施工现场的危险部位和有关设备、设施上设置明显的安全警示标志,提醒、警示进入施工现场的管理人员、作业人员和有关人员,时刻认识到所处环境的危险性,随时保持清醒和警惕,避免事故发生。

(1) 安全标志的设置位置与方式

1) 高度

安全标志牌的设置高度应与人眼的高度一致,“禁止烟火”“当心坠物”等环境标志牌下边缘距离地面高度不能小于 2 m;“禁止乘人”“当心伤手”“禁止合闸”等局部信息标志牌的设置高度应视具体情况确定。

2) 角度

标志牌的平面与视线夹角应接近 90°,观察者位于最大观察距离时,最小夹角不小于 75°。

3) 位置

标志牌应设在与安全有关的醒目和明亮地方,并使大家看见后,有足够的时间来注意它所表示的内容。环境信息标志宜设在有关场所的入口处和醒目处;局部信息标志应设在所涉及的相应危险地点或设备(部件)附近的醒目处。标志牌一般不宜设置在可移动的物体上,以免这些物体位置移动后,看不见安全标志。标志牌前不得放置妨碍认读的障碍物。

4) 顺序

同一位置必须同时设置不同类型的多个标志牌时,应当按照警告、禁止、指令、提示的顺序,先左后右、先上后下的排列设置。

5) 固定

建筑施工现场设置的安全标志牌的固定方式主要为附着式、悬挂式两种。在其他场所也可采用柱式。悬挂式和附着式的固定应稳固不倾斜,柱式的标志牌和支架应牢固地连接在一起。

(2) 危险部位安全标志的设置

根据《安全生产法》《建设工程安全管理条例》的有关规定,施工现场入口处、施工起重机械、临时用电设施、脚手架、出入通道口、楼梯口、电梯井口、孔洞口、桥梁口、隧道口、基坑边沿、爆破物及有害危险气体和液体存放处等属于危险部位,应当设置明显的安全标志。安全标志的类型、数量应当根据危险部位的性质,设置相应的安全警示标志。如在爆破物及有害危险气体和液体存放处设置“禁止烟火”“禁止吸烟”等禁止标志;在施工机具旁设置“当心触电”“当心伤手”等警告标志,在施工现场入口处设置“必须戴安全帽”等指令标志;在通道口处设置“安全通道”等指示标志。

在施工现场还应根据需要设置“荷载限值”“距离限值”等安全标识。如应根据卸料平台承载力计算结果,在平台内侧设置“荷载限值”标识;外电线路防护时,设置符合规范要求的“距离限值”标识等。在施工现场的沟、坎、深基坑等处,夜间要设红灯示警。

(3) 安全标志登记

安全标志设置后应当进行统计记录，并填写施工现场安全标志登记表。

6.5 消防安全

施工现场是消防的重点场所。施工现场堆放的各种建筑材料，设备的仓库或堆场，办公室、宿舍、食堂、更衣室等临时设施，临时变电所(配电箱)、乙炔发生器间、油漆间、木工间、电工间、易燃易爆危险物品仓库等都是重点消防部位。水利水电工程施工单位应当在施工现场建立消防安全责任制度，确定消防安全责任人，制定用火、用电、使用易燃易爆物品材料等各项消防安全管理制度和操作规程，确保施工现场防火布局合理，规范设置临建房屋、消防通道、消防水源及灭火器材。

6.5.1 防火原则和基本概念

(1) 防火原则

防火是指防止火灾发生和(或)限制其影响的措施。我国消防工作的方针是“预防为主，防消结合”。

“预防为主”就是要把预防火灾的工作放在首要地位，要开展防火安全教育，提高人民群众对火灾的警惕性；健全防火组织，严密防火制度，进行防火检查，消除火灾隐患，贯彻建筑防火措施等。

“防消结合”就是在积极做好防火工作的同时，在组织上、思想上、物质上和技术上做好灭火战斗的准备。一旦发生火灾，就能迅速地赶赴现场，及时有效地将火灾扑灭。

“防”和“消”是相辅相成的两个方面，是缺一不可的，因此，这两方面的工作都要积极做好。

(2) 火灾分类

火灾是指在时间和空间上失去控制的燃烧所造成的灾害。

根据《火灾分类》(GB/T 4968—2008)，火灾根据可燃物的类型和燃烧特性，分为 A、B、C、D、E、F 六类。

A 类火灾：指固体物质火灾。这种物质通常具有有机物质性质，一般在燃烧时能产生灼热的余烬。如木材、煤、棉、毛、麻、纸张等火灾。

B 类火灾：指液体或可熔化的固体物质火灾。如煤油、柴油、原油，甲醇、乙醇、沥青、石蜡等火灾。

C 类火灾：指气体火灾。如煤气、天然气、甲烷、乙烷、丙烷、氢气等火灾。

D 类火灾：指金属火灾。如钾、钠、镁、铝镁合金等火灾。

E 类火灾：带电火灾。如物体带电燃烧的火灾。

F 类火灾：烹饪器具内的烹饪物(如动植物油脂)火灾。

(3) 火灾等级

按照一次火灾事故所造成的人员伤亡和直接经济损失，火灾可分为特别重大、重大、较大和一般火灾四个等级，其标准是：

1）特别重大火灾

是指造成30人以上死亡，或者100人以上重伤，或者1亿元以上直接财产损失的火灾。

2）重大火灾

是指造成10人以上30人以下死亡，或者50人以上100人以下重伤，或者5 000万元以上1亿元以下直接财产损失的火灾。

3）较大火灾

是指造成3人以上10人以下死亡，或者10人以上50人以下重伤，或者1 000万元以上5 000万元以下直接财产损失的火灾。

4）一般火灾

是指造成3人以下死亡，或者10人以下重伤，或者1 000万元以下直接财产损失的火灾。

注："以上"包括本数，"以下"不包括本数。

（4）燃烧条件

燃烧是一种剧烈的氧化反应。发生燃烧必须具备以下三个条件：

1）可燃物质。凡能与空气中的氧或其他氧化剂起剧烈化学反应的物质，一般都称为可燃物质。如：木材、纸张、汽油、酒精、氢气、钠、镁等。

2）助燃物质。凡能和可燃物发生反应并引起燃烧的物质，称为助燃物质。如：空气、氧、氯、过氧化钠等。

3）有着火源。凡能引起可燃物质燃烧的热能源，称为火源。如：明火、高温、赤热体、火星、聚焦的日光、机械热、雷电、静电、电火花等。

（5）自燃

自燃是指可燃物质在没有外来热源作用的情况下，由其本身所进行的生物、物理或化学作用而产生热。在达到一定的温度和氧量时，发生自动燃烧。

在一般情况下，能自燃的物质有植物产品、油脂、煤及硫化铁等。

（6）爆炸

物质自一种状态迅速地转变为另一种状态，并在极短的时间内放出巨大能量的现象，称为爆炸。爆炸中，温度与压力急剧升高，产生爆破或者冲击作用。

爆炸可分为核爆炸、物理爆炸和化学爆炸三种形式。

（7）动火等级

根据建筑工程选址位置、施工现场平面布置、作业周围环境、施工工艺的不同，将动火等级分为一、二、三级。

1）一级动火

凡属下列情况之一的动火，均为一级动火：

① 禁火区域内；

② 油罐、油箱、油槽车和储存过可燃气体、易燃液体的容器及与其连接在一起的辅助设备；

③ 各种受压设备；

④ 危险性较大的登高焊、割作业；

⑤ 比较密封的室内、容器内、地下室等场所；

⑥ 现场堆有大量可燃和易燃物质的场所。

2）二级动火

凡属下列情况之一的动火，均为二级动火：

① 在具有一定危险因素的非禁火区域内进行临时焊、割等用火作业。

② 小型油箱等容器。

③ 登高焊、割等用火作业。

3）三级动火

在非固定的、无明显危险因素的场所进行用火作业，均属三级动火作业。

6.5.2 防火与灭火基本方法

（1）防火

根据燃烧的条件，防火要从防止燃烧入手，即控制可燃物、隔离助燃物、消除着火源、阻止火势蔓延等。

1）控制可燃物——使用难燃或不燃的材料代替可燃材料，设置易燃化学品和易燃材料的专储仓库，控制易燃物品的储量。

2）隔离助燃物——对使用、生产易爆化学品的生产设备实行密闭操作，防止与空气接触形成可燃混合物，隔绝空气。

3）禁止明火源——在爆炸危险场所安装整体防爆电气设备，仓库、油库严禁吸烟，严禁明火作业、防静电。

4）阻止火势蔓延——设置防火墙或留防火间距，初期扑救、防止新的燃烧条件生成。

（2）灭火

根据燃烧的特点，灭火的方法主要有冷却法、隔离法、窒息法和抑制法等。

1）冷却法——将灭火剂（如水）直接喷洒到燃烧物上，把燃烧物的温度降低到其燃点以下，使燃烧停止，或者将灭火剂喷洒在火源附近的物体上，使其不受火焰辐射的威胁，避免形成新火点等。

2）隔离法——将正在燃烧物质和未燃烧的物质隔离，中断可燃物质的供给，使火势不能蔓延。例如，将火源附近的可燃、易燃和助燃的物品搬走，关闭可燃气体、液体管路的阀门，设法阻拦流散的液体等。

3）窒息法——隔绝空气，使可燃物质无法获得氧化剂助燃而停止燃烧。如二氧化碳灭火器，就是利用喷射出来的灭火剂隔绝空气或稀释燃烧区域空气中的含氧量，使可燃物得不到充分的氧气而熄灭。

4）抑制法——根据燃烧的游离基连锁反应机理，将有抑制作用的灭火剂喷洒到燃烧区，使燃烧反应过程产生的游离基消失，从而终止燃烧反应。如干粉、1211等均属这类灭火剂。

6.5.3 施工现场防火布局

（1）一般要求

1）临时用房、临时设施的布置，应满足现场防火、灭火及人员安全疏散的要求。

2）施工现场的出入口、围墙、围挡，场内临时道路，给水管网或管路和配电线路敷设或架设的走向、高度，施工现场办公用房、宿舍、发电机房、变配电房、可燃材料库房、易燃易爆危险品库房、可燃材料堆场及其加工场、固定动火作业场，临时消防车道、消防救援场地和消防水源等临时用房和临时设施应纳入施工现场总平面布局。

3）施工现场出入口应满足消防车通行要求，宜在不同方向布置，其数量不宜少于2个。当确有困难只能设置1个出入口时，应在施工现场内设置满足消防车通行的环形道路。

4）施工现场临时办公、生活、生产、物料存贮等功能区宜相对独立布置，防火间距应符合规定。

5）固定动火作业场应布置在可燃材料堆场及其加工场、易燃易爆危险品库房等全年最小频率风向的上风侧，并宜布置在临时办公用房、宿舍、可燃材料库房、在建工程等全年最小频率风向的上风侧。

6）易燃易爆危险品库房应远离明火作业区、人员密集区和建筑物相对集中区。

7）可燃材料堆场及其加工场、易燃易爆危险品库房不应布置在架空电力线下。

（2）防火间距

施工现场库房、在建工程、临时用房和临时设施之间应保持一定的防火间距。防火间距的设计应符合下列要求：

1）易燃易爆危险品库房与在建工程的防火间距不应小于15 m，可燃材料堆场及其加工场、固定动火作业场与在建工程的防火间距不应小于10 m，其他临时用房、临时设施与在建工程的防火间距不应小于6 m。

2）施工现场主要临时用房、临时设施的防火间距不应小于表6-5的规定，当办公用房、宿舍成组布置时，其防火间距可适当减小，但应符合下列规定：

① 每组临时用房的栋数不应超过10栋，组与组之间的防火间距不应小于8 m。

② 组内临时用房之间的防火间距不应小于3.5 m，当建筑构件燃烧性能等级为A级时，其防火间距可减少到3 m。

表6-5　施工现场主要临时用房、临时设施的防火间距　m

	办公用房、宿舍	发电机房、变配电房	可燃材料库房	厨房操作间、锅炉房	可燃材料堆场及其加工场	固定动火作业场	易燃易爆危险品库房
办公用房、宿舍	4	4	5	5	7	7	10
发电机房、变配电房	4	4	5	5	7	7	10
可燃材料库房	5	5	5	5	7	7	10
厨房操作间、锅炉房	5	5	5	5	7	7	10
可燃材料堆场及其加工场	7	7	7	7	7	10	10
固定动火作业场	7	7	7	7	10	10	12
易燃易爆危险品库房	10	10	10	10	10	12	12

注：1. 临时用房、临时设施的防火间距应按临时用房外墙外边线或堆场、作业场、作业棚边线间的最小距离计算，当临时用房外墙有突出可燃构件时，应从其突出可燃构件的外缘算起；

2. 两栋临时用房相邻较高一面的外墙为防火墙时，防火间距不限；

3. 本表未规定的，可按同等火灾危险性的临时用房、临时设施的防火间距确定。

(3) 消防车道

施工现场内应设置临时消防车道，临时消防车道与在建工程、临时用房、可燃材料堆场及其加工场的距离不宜小于 5 m，且不宜大于 40 m；施工现场周边道路满足消防车通行及灭火救援要求时，施工现场内可不设置临时消防车道。

1）临时消防车道的设置规定

① 临时消防车道宜为环形，设置环形车道确有困难时，应在消防车道尽端设置尺寸不小于 12 m×12 m 的回车场。

② 临时消防车道的净宽度和净空高度均不应小于 4 m。

③ 临时消防车道的右侧应设置消防车行进路线指示标识。

④ 临时消防车道路基、路面及其下部设施应能承受消防车通行压力及工作荷载。

2）下列建筑应设置环形临时消防车道，设置环形临时消防车道确有困难时，应按规定设置临时消防救援场地：

① 建筑高度大于 24 m 的在建工程。

② 建筑工程单体占地面积大于 3 000 m^2 的在建工程。

③ 超过 10 栋，且成组布置的临时用房。

3）临时消防救援场地的设置规定

① 临时消防救援场地应在在建工程装饰装修阶段设置。

② 临时消防救援场地应设置在成组布置的临时用房场地的长边一侧及在建工程的长边一侧。

③ 临时救援场地宽度应满足消防车正常操作要求，且不应小于 6 m，与在建工程外脚手架的净距不宜小于 2 m，且不宜超过 6 m。

6.5.4　临时用房防火

临时用房应采取可靠的防火分隔和安全疏散等防火技术措施，防火设计应根据其使用性质及火灾危险性等情况进行确定。

(1) 宿舍、办公用房的防火

宿舍、办公用房等临时用房的防火设计应符合下列规定：

1）建筑构件的燃烧性能等级应为 A 级。当采用金属夹芯板材时，其芯材的燃烧性能等级应为 A 级。

2）建筑层数不应超过 3 层，每层建筑面积不应大于 300 m^2。

3）层数为 3 层或每层建筑面积大于 200 m^2 时，应设置至少 2 部疏散楼梯，房间疏散门至疏散楼梯的最大距离不应大于 25 m。

4）单面布置用房时，疏散走道的净宽度不应小于 1.0 m；双面布置用房时，疏散走道的净宽度不应小于 1.5 m。

5）疏散楼梯的净宽度不应小于疏散走道的净宽度。

6）宿舍房间的建筑面积不应大于 30 m^2，其他房间的建筑面积不宜大于 100 m^2。

7）房间内任一点至最近疏散门的距离不应大于 15 m，房门的净宽度不应小于 0.8 m；房间建筑面积超过 50 m^2 时，房门的净宽度不应小于 1.2 m。

8）隔墙应从楼地面基层隔断至顶板基层底面。

9）宿舍、办公用房不应与厨房操作间、锅炉房、变配电房等组合建造。

10）会议室、文化娱乐室等人员密集的房间应设置在临时用房的第一层，其疏散门应向疏散方向开启。

（2）易燃易爆危险品库房的防火

发电机房、变配电房、厨房操作间、锅炉房、可燃材料库房及易燃易爆危险品库房的防火设计应符合下列规定：

1）建筑构件的燃烧性能等级应为A级。

2）层数应为1层，建筑面积不应大于200 m^2。

3）可燃材料库房单个房间的建筑面积不应超过30 m^2，易燃易爆危险品库房单个房间的建筑面积不应超过20 m^2。

4）房间内任一点至最近疏散门的距离不应大于10 m，房门的净宽度不应小于0.8 m。

6.5.5　在建工程防火

在建工程应采取可靠的防火分隔和安全疏散等防火技术措施，其防火设计应根据施工性质、建筑高度、建筑规模及结构特点等情况进行确定。

（1）临时疏散通道的设置

在建工程作业场所的临时疏散通道应采用不燃、难燃材料建造，并应与在建工程结构施工同步设置，也可利用在建工程施工完毕的水平结构、楼梯。在建工程作业场所临时疏散通道的设置应符合下列规定：

1）耐火极限不应低于0.5 h。

2）设置在地面上的临时疏散通道，其净宽度不应小于1.5 m；利用在建工程施工完毕的水平结构、楼梯作临时疏散通道时，其净宽度不宜小于1.0 m；用于疏散的爬梯及设置在脚手架上的临时疏散通道，其净宽度不应小于0.6 m。

3）临时疏散通道为坡道，且坡度大于25°时，应修建楼梯或台阶踏步或设置防滑条。

4）临时疏散通道不宜采用爬梯，确需采用时，应采取可靠固定措施。

5）临时疏散通道的侧面为临空面时，应沿临空面设置高度不小于1.2 m的防护栏杆。

6）临时疏散通道设置在脚手架上时，脚手架应采用不燃材料搭设。

7）临时疏散通道应设置明显的疏散指示标识。

8）临时疏散通道应设置照明设施。

（2）既有建筑进行扩改建施工的防火要求

既有建筑进行扩建、改建施工时，必须明确划分施工区和非施工区。施工区不得营业、使用和居住；非施工区继续营业、使用和居住时，应符合下列规定：

1）施工区和非施工区之间应采用不开设门、窗、洞口的、耐火极限不低于3.0 h的不燃烧体隔墙进行防火分隔。

2）非施工区内的消防设施应完好和有效，疏散通道应保持畅通，并应落实日常值班及消防安全管理制度。

3）施工区的消防安全应配有专人值守，发生火情应能立即处置。

4）施工单位应向居住和使用者进行消防宣传教育，告知消防设施、疏散通道的位置及使用方法，同时应组织疏散演练。

（3）脚手架的防火要求

1）外脚手架搭设不应影响安全疏散、消防车正常通行及灭火救援操作，外脚手架搭设长度不应超过该建筑物外立面周长的1/2。

2）外脚手架、支模架的架体宜采用不燃或难燃材料搭设，高层建筑、既有建筑改造工程的外脚手架、支模架的架体应采用不燃材料搭设。

3）高层建筑外脚手架的安全防护网、既有建筑外墙改造时，其外脚手架的安全防护网安全防护网和临时疏散通道的安全防护网应采用阻燃型安全防护网。

（4）作业场所的防火要求

1）作业场所应设置明显的疏散指示标志，其指示方向应指向最近的临时疏散通道入口。

2）作业层的醒目位置应设置安全疏散示意图。

6.5.6　临时消防设施

（1）一般要求

1）施工现场应设置灭火器、临时消防给水系统和应急照明等临时消防设施。

2）临时消防设施应与在建工程的施工同步设置。房屋建筑工程中，临时消防设施的设置与在建工程主体结构施工进度的差距不应超过3层。

3）在建工程可利用已具备使用条件的永久性消防设施作为临时消防设施。当永久性消防设施无法满足使用要求时，应增设临时消防设施，并应符合《建设工程施工现场消防安全技术规范》(GB 50720—2011)、《建筑设计防火规范》(GB 50016—2014)、《水利工程设计防火规范》(GB 50987—2014)的有关规定。

4）施工现场的消火栓泵应采用专用消防配电线路。专用消防配电线路应自施工现场总配电箱的总断路器上端接入，且应保持不间断供电。

5）地下工程的施工作业场所宜配备防毒面具。

6）临时消防给水系统的贮水池、消火栓泵、室内消防竖管及水泵接合器等应设置醒目标识。

（2）灭火器的种类与配置

1）灭火器概述

灭火器一般由筒体、筒盖、药剂胆、喷嘴等组成。

① 灭火器型号标识

《消防产品型号编制方法》(GN 11—1982)规定，灭火器的型号标识由类、组、特征代号及主要参数等组成。类、组、特征代号用大写汉语拼音字母表示；主要参数代表灭火器的充装量，用阿拉伯字母表示，一般单位为千克或升。

a. 类，M代表灭火器。

b. 组，代表灭火剂类型。其中，F代表干粉、FL代表磷铵干粉、T代表二氧化碳、Y代表卤代烷，P代表泡沫、QP代表轻水泡沫、SQ代表清水。

c. 特征，代表灭火器型式。其中，B代表背负式，T代表推车式，Z代表鸭嘴式，手提式和手轮不作标注。

d. 主要参数，代表灭火剂的充装量，用阿拉伯字母表示，一般单位为千克或升。

如 MPT40，表示容量为 40 L 的推车式泡沫灭火器。

② 灭火器的种类

a. 按其移动方式可分为手提式和推车式。

b. 按驱动灭火剂的动力来源可分为储气瓶式、储压式和化学反应式。

c. 按所充装的灭火剂则又可分为：干粉类的灭火器；泡沫型灭火器；二氧化碳灭火器；卤代烷型灭火器(俗称“1211”灭火器和“1301”灭火器)；水型灭火器。

2) 灭火器的适用范围

① 干粉灭火器

碳酸氢钠干粉(BC 类)灭火器适用于易燃、可燃液体、气体及带电设备的初起火灾；磷酸铵盐干粉(ABC 类)灭火器除可用于上述几类火灾外，还可扑救固体类物质的初起火灾。但都不能扑救金属燃烧火灾。

② 化学泡沫灭火器

适用于扑救一般 B 类火灾，如油制品、油脂等火灾，也可适用于 A 类火灾，但不能扑救 B 类火灾中的水溶性可燃、易燃液体的火灾，如醇、酯、醚、酮等物质火灾；也不能扑救带电设备及 C 类和 D 类火灾。

③ 空气泡沫灭火器

适用范围基本上与化学泡沫灭火器相同。但空气泡沫灭火器还能扑救水溶性易燃、可燃液体的火灾如醇、醚、酮等溶剂燃烧的初起火灾。

④ 二氧化碳灭火器

适用于扑救易燃、可燃液体(B 类火灾)、易燃、可燃气体(C 类火灾)及物体带电燃烧(E 类火灾)的火灾。特别适用于扑救图书、档案、贵重设备、精密仪器、600 V 以下电气设备及油类的初起火灾。

⑤ 卤代烷型灭火器

主要适用于扑灭易燃、可燃液体(B 类火灾)、易燃、可燃气体(C 类火灾)及带电设备的初起火灾(D 类火灾)；也可以对固体物质如木、竹、织物、纸张等表面火灾(A 类火灾)进行扑灭；还可以用于扑灭精密仪器、贵重物资仓库、珍贵文物、图书档案、电器仪表等初起火灾。

3) 灭火器的选择

选择灭火器应考虑下列因素：

① 灭火器配置场所的火灾种类；

② 灭火器配置场所的危险等级；

③ 灭火器的灭火效能和通用性；

④ 灭火剂对保护物品的污损程度；

⑤ 灭火器设置点的环境温度；

⑥ 使用灭火器人员的体能。

在同一灭火器配置场所，配置灭火器应遵循以下原则：宜选用相同类型和操作方法的灭火器；当存在不同火灾种类时，应选用通用型灭火器；当选用两种或两种以上类型灭火器时，应采用灭火剂相容的灭火器。

4）灭火器的配置

① 在建工程及临时用房的下列场所应配置灭火器：

a. 易燃易爆危险品存放及使用场所；

b. 动火作业场所；

c. 可燃材料存放、加工及使用场所；

d. 厨房操作间、锅炉房、发电机房、变配电房、设备用房、办公用房、宿舍等临时用房；

e. 其他具有火灾危险的场所。

② 施工现场灭火器配置应符合下列规定：

a. 类型应与配备场所可能发生的火灾类型相匹配；

b. 最低配置标准应符合表 6-6 的规定；

c. 配置数量应按现行国家标准《建筑灭火器配置设计规范》(GB50140—2005)的有关规定经计算确定，且每个场所的灭火器数量不应少于 2 具。

d. 灭火器的最大保护距离应符合表 6-7 的规定。

表 6-6　　灭火器的最低配置标准

项目	固体物质火灾		液体或可融化固体物质火灾、气体火灾	
	单具灭火器最小灭火级别	单位灭火级别最大保护面积/(m^2/A)	单具灭火器最小灭火级别	单位灭火级别最大保护面积/(m^2/B)
易燃易爆危险品存放及使用场所	3A	50	89B	0.5
固定动火作业场	3A	50	89B	0.5
临时动火作业点	2A	50	55B	0.5
可燃材料存放、加工及使用场所	2A	75	55B	1.0
厨房操作间、锅炉房	2A	75	55B	1.0
自备发电机室	2A	75	55B	1.0
变配电房	2A	75	55B	1.0
办公用房、宿舍	1A	100	—	—

表 6-7　　灭火器的最大保护距离　　m

灭火器配置场所	固体物质火灾	液体或可熔化固体物质火灾、气体火灾
易燃易爆危险品存放及使用场所	15	9
固定动火作业场	15	9
临时动火作业点	10	6
可燃材料存放、加工及使用场所	20	12
厨房操作间、锅炉房	20	12
发电机房、变配电房	20	12
办公用房、宿舍	25	—

(3) 临时消防给水系统的设置

1) 施工现场或其附近应设置稳定、可靠的水源。

2) 临时消防用水量应为临时室外消防用水量与临时室内消防用水量之和。

3) 临时室外消防用水量应按1次火灾时临时用房和在建工程的临时室外消防用水量的较大者确定。

4) 临时用房建筑面积之和大于1 000 m^2 或在建工程单体体积大于10 000 m^3 时,应设置临时室外消防给水系统。当施工现场处于市政消火栓150 m保护范围内,且市政消火栓的数量满足室外消防用水量要求时,可不设置临时室外消防给水系统。

5) 临时用房的临时室外消防用水量不应小于表6-8的规定。

表6-8　临时用房的临时室外消防用水量

临时用房的建筑面积之和	火灾延续时间/h	消火栓用水量/(L/s)	每支水枪最小流量/(L/s)
1 000 m^2<面积≤5 000 m^2	1	10	5
面积>5 000 m^2		15	5

6) 在建工程的临时室外消防用水量不应小于表6-9的规定。

表6-9　在建工程的临时室外消防用水量

在建工程(单体)体积	火灾延续时间/h	消火栓用水量/(L/s)	每支水枪最小流量/(L/s)
10 000 m^3<体积≤30 000 m^3	1	15	5
体积>30 000 m^3	2	20	5

7) 施工现场临时室外消防给水系统的设置应符合下列规定:

① 给水管网宜布置成环状。

② 临时室外消防给水干管的管径,应根据施工现场临时消防用水量和干管内水流计算速度计算确定,且不应小于DN100。

③ 室外消火栓应沿在建工程、临时用房和可燃材料堆场及其加工场均匀布置,与在建工程、临时用房和可燃材料堆场及其加工场的外边线的距离不应小于5 m。

④ 消火栓的间距不应大于120 m。

⑤ 消火栓的最大保护半径不应大于150 m。

8) 建筑高度大于24 m或单体体积超过30 000 m^3 的在建工程,应设置临时室内消防给水系统。在建工程的临时室内消防用水量不应小于表6-10的规定。

表6-10　在建工程的临时室内消防用水量

建筑高度、在建工程体积(单体)	火灾延续时间/h	消火栓用水量/(L/s)	每支水枪最小流量/(L/s)
24 m<建筑高度≤50 m 或30 000 m^3<体积≤50 000 m^3	1	10	5
建筑高度>50 m 或体积>50 000 m^3	1	15	5

9）在建工程临时室内消防竖管的设置应符合下列规定：

① 消防竖管的设置位置应便于消防人员操作，其数量不应少于2根，当结构封顶时，应将消防竖管设置成环状。

② 消防竖管的管径应根据在建工程临时消防用水量、竖管内水流计算速度计算确定，且不应小于DN100。

10）设置室内消防给水系统的在建工程，应设置消防水泵接合器。消防水泵接合器应设置在室外便于消防车取水的部位，与室外消火栓或消防水池取水口的距离宜为15～40 m。

11）设置临时室内消防给水系统的在建工程，各结构层均应设置室内消火栓接口及消防软管接口，并应符合下列规定：

① 消火栓接口及软管接口应设置在位置明显且易于操作的部位。

② 火栓接口的前端应设置截止阀。

③ 消火栓接口或软管接口的间距，多层建筑不应大于50 m，高层建筑不应大于30 m。

12）在建工程结构施工完毕的每层楼梯处应设置消防水枪、水带及软管，且每个设置点不应少于2套。

13）高度超过100 m的在建工程，应在适当楼层增设临时中转水池及加压水泵。中转水池的有效容积不应少于10 m^3，上、下两个中转水池的高差不宜超过100 m。

14）临时消防给水系统的给水压力应满足消防水枪充实水柱长度不小于10 m的要求；给水压力不能满足要求时，应设置消火栓泵，消火栓泵不应少于2台，且应互为备用；消火栓泵宜设置自动启动装置。

15）当外部消防水源不能满足施工现场的临时消防用水量要求时，应在施工现场设置临时贮水池。临时贮水池宜设置在便于消防车取水的部位，其有效容积不应小于施工现场火灾延续时间内一次灭火的全部消防用水量。

16）施工现场临时消防给水系统应与施工现场生产、生活给水系统合并设置，但应设置将生产、生活用水转为消防用水的应急阀门。应急阀门不应超过2个，且应设置在易于操作的场所，并应设置明显标识。

17）严寒和寒冷地区的现场临时消防给水系统应采取防冻措施。

（4）应急照明

1）施工现场的下列场所应配备临时应急照明：

① 自备发电机房及变配电房；

② 水泵房；

③ 无天然采光的作业场所及疏散通道；

④ 高度超过100 m的在建工程的室内疏散通道；

⑤ 发生火灾时仍需坚持工作的其他场所。

2）作业场所应急照明的照度不应低于正常工作所需照度的90%，疏散通道的照度值不应小于0.5 lx。

3）临时消防应急照明灯具宜选用自备电源的应急照明灯具，自备电源的连续供电时间不应小于 60 min。

6.5.7 防火管理

1. 一般管理要求

1）消防安全责任制

① 施工单位应建立防火责任制，将防火安全的责任落实到每个水利水电工程施工现场、每一个施工人员，明确分工，划分区域，不留防火死角，真正落实防火责任。施工单位或者工程项目应当履行下列消防安全职责：

a. 制定消防安全制度、消防安全操作规程；

b. 建立防火档案，确定消防安全重点部位[指火灾危险性大、发生火灾损失大、伤亡大、影响大（以下简称“四大”）的部位和场所，一般指燃料油罐区、控制室、调度室、通信机房、计算机房、档案室、锅炉燃油及制粉系统、汽轮机油系统、氢气系统及制氢站、变压器、电缆间及隧道、蓄电池室、易燃易爆物品存放场所以及各单位主管认定的其他部位和场所]和场所、配置消防设施和器材，设置防火标志；

c. 实行定期或者不定期的防火安全检查，必要时实行每月防火巡查，及时消除火灾隐患，并建立检查（巡查）记录；

d. 对职工进行消防安全培训；

e. 制定灭火和应急疏散预案，定期组织消防演练。

② 施工现场的消防安全管理应由施工单位负责。实行施工总承包时，应由总承包单位负责。分包单位应向总承包单位负责，并应服从总承包单位的管理，同时应承担国家法律、法规规定的消防责任和义务。

③ 施工单位应根据建设项目规模、现场消防安全管理的重点，在施工现场建立消防安全管理组织机构及义务消防组织，并应确定消防安全负责人和消防安全管理人员，同时应落实相关人员的消防安全管理责任。

④ 监理单位应对施工现场的消防安全管理实施监理。

2）消防安全措施

① 领导措施。各级领导应当高度重视消防工作，将防火工作纳入安全生产中的一项重要工作，单位的主要领导是消防安全的第一责任人，建立健全防火预警机制，防止避免火灾事故的发生。

② 组织措施。应当建立消防安全领导小组，定期研究、布置、检查消防工作，并设立管理部门或者配备专职人员负责消防工作，有条件的单位应当建立义务消防队伍。

③ 技术措施。根据国家消防安全法规和技术标准，结合防火重点部位，制定本单位的消防安全管理制度和安全操作规程，积极开展防火安全培训，提高人员消防安全意识。搜集和掌握新的防火安全技术，推广和应用科学的先进的消防安全技术，从施工工艺、技术上提高预防火灾事故的防范能力。

④ 物质保障。在消防安全上要舍得投入，每年做出消防设施的建立、消防器材的购置计划，定期更换过期的消防器材，推广和使用新型的防火建筑材料，淘汰易燃可燃的建筑材料，从新阻燃材料和物质上解决火灾的危险源。

3）消防安全管理制度

施工单位应针对施工现场可能导致火灾发生的施工作业及其他活动，制定消防安全管理制度。消防安全管理制度应包括下列主要内容：

① 消防安全教育与培训制度；

② 可燃及易燃易爆危险品管理制度；

③ 用火、用电、用气管理制度；

④ 消防安全检查制度；

⑤ 应急预案演练制度。

4）防火技术方案

施工单位应编制施工现场防火技术方案，并应根据现场情况变化及时对其修改、完善。防火技术方案应包括下列主要内容：

① 施工现场重大火灾危险源辨识；

② 施工现场防火技术措施；

③ 临时消防设施、临时疏散设施配备；

④ 临时消防设施和消防警示标识布置图。

5）消防安全技术交底

施工作业前，施工现场的施工管理人员应向作业人员进行消防安全技术交底。消防安全技术交底应包括下列主要内容：

① 施工过程中可能发生火灾的部位或环节；

② 施工过程应采取的防火措施及应配备的临时消防设施；

③ 初起火灾的扑救方法及注意事项；

④ 逃生方法及路线。

6）消防安全教育

施工人员进场时，施工现场的消防安全管理人员应向施工人员进行消防安全教育和培训。消防安全教育和培训应包括下列内容：

① 施工现场消防安全管理制度、防火技术方案、灭火及应急疏散预案的主要内容；

② 施工现场临时消防设施的性能及使用、维护方法；

③ 扑灭初起火灾及自救逃生的知识和技能；

④ 报警、接警的程序和方法。

7）消防安全检查

施工过程中，施工现场的消防安全负责人应定期组织消防安全管理人员对施工现场的消防安全进行检查。消防安全检查应包括下列主要内容：

① 可燃物及易燃易爆危险品的管理是否落实；

② 动火作业的防火措施是否落实；

③ 用火、用电、用气是否存在违章操作，电、气焊及保温防水施工是否执行操作规程；

④ 临时消防设施是否完好有效；

⑤ 临时消防车道及临时疏散设施是否畅通。

8）火灾险情的处置

在日常生活和生产中，因意外情况发生火灾事故，千万不要惊慌，应一方面叫人迅速打电话报警，一方面组织人力积极扑救。

现在我国基本建立火警电话号码为“119”的救援信息系统。火警电话拨通后，要讲清起火的单位和详细地址，也要讲清起火的部位、燃烧的物质和火灾的程度着火的周边环境等情况，以便消防部门根据情况派出相应的灭火力量。

报警后，起火单位要尽量迅速地清理通往火场的道路，以便消防车能顺利迅速地进入现场。同时，并应派人在起火地点的附近路口或单位门口迎候消防车辆，使之能迅速准确地到达火场，投入灭火战斗。

火势蔓延较大，火势燃烧严重的建筑物，施工单位熟悉或者了解建筑物的技术人员，应当及时将受损建筑物的构造、结构情况向消防官兵通报，并提出有关扑救工作建议，保障救火官兵的生命安全，防止火灾事故所造成的损失进一步扩大。

9）灭火及应急疏散预案和演练

施工单位应编制施工现场灭火及应急疏散预案。灭火及应急疏散预案应包括下列主要内容：

① 应急灭火处置机构及各级人员应急处置职责；

② 报警、接警处置的程序和通信联络的方式；

③ 扑救初起火灾的程序和措施；

④ 应急疏散及救援的程序和措施。

施工单位应依据灭火及应急疏散预案，定期开展灭火及应急疏散的演练。工期较长的施工现场应当按照灭火和应急疏散预案，至少每半年进行一次演练，并结合实际，不断完善预案。

消防演练时，应当设置明显标识并事先告知演练范围内的人员。消防演练后，应记录消防演练情况并存档。

2. 可燃物及易燃易爆危险品管理

1）用于在建工程的保温、防水、装饰及防腐等材料的燃烧性能等级应符合设计要求。

2）可燃材料及易燃易爆危险品应按计划限量进场。进场后，可燃材料宜存放于库房内；露天存放时，应分类成垛堆放，垛高不应超过 2 m，单垛体积不应超过 50 m^3，垛与垛之间的最小间距不应小于 2 m，且应采用不燃或难燃材料覆盖；易燃易爆危险品应分类专库储存，库房内应通风良好，并应设置严禁明火标志。

3）室内使用油漆及其有机溶剂、乙二胺、冷底子油等易挥发产生易燃气体的物资作业时，应保持良好通风，作业场所严禁明火，并应避免产生静电。

4）施工产生的可燃、易燃建筑垃圾或余料，应及时清理。

3. 施工现场用火管理

1）动火作业应办理动火许可证，动火许可证必须注明动火地点、动火时间、动火人、现场监护人、批准人和防火措施；动火许可证的签发人收到动火申请后，应前往现场查验并确认动火作业的防火措施落实后，再签发动火许可证。

2）动火操作人员应具有相应资格。

3）焊接、切割、烘烤或加热等动火作业前，应对作业现场的可燃物进行清理；作业现场及其附近无法移走的可燃物应采用不燃材料对其覆盖或隔离。

4）施工作业安排时，宜将动火作业安排在使用可燃建筑材料的施工作业前进行。确需在使用可燃建筑材料的施工作业之后进行动火作业时，应采取可靠的防火措施。

5）裸露的可燃材料上严禁直接进行动火作业。

6）焊接、切割、烘烤或加热等动火作业应配备灭火器材，并应设置动火监护人进行现场监护，每个动火作业点均应设置 1 个监护人。

7）5 级（含 5 级）以上风力时，应停止焊接、切割等室外动火作业；确需动火作业时，应采取可靠的挡风措施。

8）动火作业后，应对现场进行检查，并应在确认无火灾危险后，动火操作人员再离开。

9）具有火灾、爆炸危险的场所严禁明火。

10）施工现场不应采用明火取暖。

11）厨房操作间炉灶使用完毕后，应将炉火熄灭，排油烟机及油烟管道应定期清理油垢。

12）施工现场应设置专门的吸烟处，严禁随意吸烟。

（4）其他防火管理要求

1）施工现场的重点防火部位或区域应设置防火警示标识。

2）施工单位应做好施工现场临时消防设施的日常维护工作，对已失效、损坏或丢失的消防设施应及时更换、修复或补充。

3）临时消防车道、临时疏散通道、安全出口应保持畅通，不得遮挡、挪动疏散指示标识，不得挪用消防设施。

4）施工期间，不应拆除临时消防设施及临时疏散设施。

5）施工现场应设置专门的吸烟处，严禁随意吸烟。

6.6　卫生与防疫

6.6.1　卫生保健

（1）施工现场宜设置卫生保健室，配备保健医药箱、常用药及绷带、止血带、颈托、担架等急救器材。

（2）施工现场宜配备兼职或专职急救人员，处理伤员和负责职工保健，对生活卫生进行监督和定期检查食堂、饮食等卫生情况。

（3）施工现场应利用黑板报、宣传栏等形式向职工介绍卫生防疫的知识和方法，针对季节性流行病、传染病等做好对职工卫生防病的宣传教育工作。

（4）当施工现场人员发生法定传染病、食物中毒、急性职业中毒时，必须在 2 h 内向事故发生地建设主管部门和卫生防疫部门报告，并应积极配合调查处理。

（5）现场施工人员患有法定的传染病或病源携带者时，应及时进行隔离，并由卫生防疫部门进行处置。

（6）根据 2012 年国家安监总局等四部门联合印发的《防暑降温措施管理办法》，施工单位在下列高温天气期间，应当合理安排工作时间，减轻劳动强度，采取有效措施，保障劳动者身体健康和生命安全：

1）日最高气温达到40 ℃以上，应当停止当日室外露天作业；

2）日最高气温达到37 ℃以上、40 ℃以下时，用人单位全天安排劳动者室外露天作业时间累计不得超过6小时，连续作业时间不得超过国家规定，且在气温最高时段3小时内不得安排室外露天作业；

3）日最高气温达到35 ℃以上、37 ℃以下时，用人单位应当采取换班轮休等方式，缩短劳动者连续作业时间，并且不得安排室外露天作业劳动者加班。

6.6.2 现场保洁

(1) 办公生活区应设专职或兼职保洁员，负责卫生清扫和保洁。

(2) 办公生活区应采取灭鼠、蚊、蝇、蟑螂等措施，并定期投放和喷洒药物。

6.6.3 食堂卫生

(1) 食堂应取得相关部门颁发的许可证，制定食堂卫生制度，认真落实《食品安全法》及其实施条例的具体要求。

(2) 炊事人员必须体检合格并持证上岗，上岗应穿戴洁净的工作服、工作帽和口罩，并保持个人卫生。

(3) 非炊事人员不得随意进入食堂制作间。

(4) 食堂的炊具、餐具和饮水器皿必须及时清洗消毒。

(5) 施工现场应加强食品、原料的进货管理，做好进货登记，严禁购买无照、无证商贩经营的食品和原料，施工现场的食堂严禁出售变质食品。

(6) 工地食堂要依据食品安全事故处理的有关规定，制定食品安全事故应急预案，提高防控食品安全事故能力和水平。

6.6.4 饮水卫生

(1) 施工现场饮水可采用市政水源或自备水源。

(2) 生活饮用水池(箱)应与其他用水的水池(箱)分开设置，且应有明显的标识。

(3) 生活饮用水池(箱)应采用独立的结构形式，不宜埋地设置，并应采取防污染措施。

(4) 生活区应设置开水炉、电热水器或保温水桶，施工区应配备流动保温水桶。开水炉、电热水器、保温水桶应上锁由专人负责管理。

6.7 交通安全管理

水利工程建设道路交通系统的基本要素是指人(包括驾驶人、行人、乘客等)、车(包括机动车和非机动车等)、路(包括施工道路、出入口道路及其相关设施)和环境(路外管理设施、安全标志和气候条件等)。建设工程施工道路的复杂程度以及危险性往往与工程的大小、地质环境有决定性关系，而水利工程建设项目往往施工地质条件极其复杂，道路交通安全问题十分突出。

6.7.1　驾驶员管理

在人、车、路和环境四要素中，驾驶员是系统的理解者和指令的发出者及操作者，他是系统的核心，其他因素必须通过人才能起作用。因此，现场交通安全管理的核心是对驾驶员的进行管理。

(1) 各参建单位应根据工作需要配置驾驶员，其人员进场时应经所在单位安全保卫部门(或指定管理部门)审核，并办理资质审查、技能考核等相关手续。并保证施工机动车辆的驾驶人员，须经相关部门组织的专业技术、安全操作考试合格。

(2) 各单位应定期组织机动车驾驶员安全活动，进行交通安全法规、交通安全知识的宣传教育。监理单位定期检查施工单位驾驶员安全教育、培训情况。对于危险化学品运输车辆驾驶员应经过危险化学品安全运输培训。

(3) 各单位应按计划组织驾驶员的年检年审工作，保证驾驶员、操作人员各类证件的有效性。监理单位定期检查施工单位驾驶人员各类证件的有效性。

(4) 制定相关的管理制度，并采取一定的奖惩措施，要求驾驶员遵守《道路交通管理条例》及地方政府的道路交通管理规定，并服从道路交通管理人员的指挥。

6.7.2　车辆管理

项目法人应对施工现场机动车辆实行统一的通行证管理，设定制定的部门办理车辆通行证，这样能很好地对现场施工车辆进行一定程度上的控制，对于不符合要求的车辆限制进入工地。

一般机动车辆通行证管理由项目法人委托专业现场安全保卫单位统一管理。对于供货商、设备厂家或视察检查人员进场车辆，实行临时通行证制度。同时，对车辆携带物资或拉运设备等出门时，应办理出门证，具体按物资出门有关管理规定执行。

各参建单位对各自负责区域内的车辆进行安全管理，应遵守下列规定：

(1) 项目工程施工现场、交通道路、厂门、弯道以及单行道交叉等禁止各种车辆停放，并结合现场的具体情况设置禁止车辆停放标记。

(2) 对施工场地狭小、车辆和行人来往频繁的道路应设置临时交通指挥。

(3) 严禁在道路上堆放材料、设备，禁止在路面上进行阻碍交通的作业，如确因施工需要临时占用路面或破土施工时，必须报公司和监理、总包单位批准后方可占用。

(4) 道路两旁堆放的设备材料要距离道路 2 m 以上，跨越道路拉设钢丝绳或架设电缆时高度不得低于 7 m。

(5) 施工用的机动车辆和特种车辆(吊车、叉车、翻斗车等)的车况必须良好。进场应严格检查，并按公安、交通、管理部门的规定定期年审，除发给的年审证外，还应持有经公司安全部门考核的司机上岗证，司机必须持“三证”上岗。

(6) 运输易燃、易爆危险物品(氧气、乙炔气)的机动车辆，还需持省市安全部门签发的危险物品专用运输证。

(7) 项目工地内各种机动车辆限速行驶：

1) 机动车辆进出装置大门及转弯处为 5 km/h，直线行 10～15 km/h。

2) 运输危险物品的机动车和进出装置的机动车，其排气管应装阻火器，装危险物品的车辆还必须挂“危险品”标志牌。行车过程中，保持安全车速和保持一定的车距，严禁超车、超速、强行会车。

(8) 机动车辆载货规定：

1) 不准超过驾驶证上核定的载货量。

2) 散装及粉状或滴漏的物品，不能散荡、到处飞物、滴漏在车外，必须用帆布等封盖严密。

3) 货车不准人、货混装，除驾驶室内可以按额定人员定座外，其他部位（驾驶室顶部、脚踏板、叶子板等处）不准载人。

(9) 施工作业现场及机械设备附近不准停放自行车、三轮车，自行车必须按指定的地点停放。

(10) 吊车在吊装作业时，360 度旋转区域和吊车扒杆底下禁止站人。

(11) 吊装作业时应有专人统一指挥。

(12) 为提高机动车辆安全生产管理，确保现场交通安全，对施工项目部及机动车辆驾驶人员实行奖惩制度。对全年安全无事故的项目部及驾驶人员给予奖励；对发生事故的项目部及驾驶人员除承担事故赔偿责任外还要给予经济上的处罚，造成重大、特大人员伤亡的依法移交安全机关处理并强制解聘驾驶人员等。

6.7.3 交通安全设施管理

交通安全设施对于保障行车安全、减轻潜在事故严重程度起着重要作用。道路交通安全设施包括：交通标志、路面标线、护栏、隔离栅、照明设备、视线诱导标、防眩设施等。

(1) 道路交通标志有警告标志、禁令标志、指示标志、指路标志、旅游区标志、道路施工安全标志、辅助标志等。设置交通标志的目的是给道路通行人员提供确切的信息，保证交通安全畅通。

(2) 路面标线有禁止标线、指示标线、警告标线，是直接在路面上用涂料喷刷或用混凝土预制块等铺列成线条、符号，与道路标志配合的交通管制设施。路面标线种类较多，有行车道中线、停车线标线、路缘线等。标线有连续线、间断线、箭头指示线等，多使用白色或黄色。

(3) 护栏按地点不同可分为路侧护栏、中央隔离带护栏和特殊地点护栏三种；按结构可分为柔性护栏、半刚性护栏和刚性护栏三类。公路上的安全护栏既要阻止车辆越出路外，防止车辆穿越中央分隔带闯入对向车道，同时具备诱导驾驶人视线的功能。

(4) 隔离栅是阻止人畜进入高速车道的基础设施之一，它使高速车道全封闭得以实现。它可有效地排除横向干扰，避免由此产生的交通延误或交通事故，保障高速车道运行安全和效益的发挥。隔离栅按其使用材料的不同，可分为金属网、钢板网、刺铁丝和常青绿篱几大类。

(5) 道路照明主要是为保证夜间交通的安全与畅通，可分为连续照明、局部照明及隧道照明。照明条件对道路交通安全有着很大的影响，统计资料表明，安装照明设施后，高速道路的事故率明显下降。

(6) 视线诱导标一般沿道路两侧设置，具有明示道路线形、诱导驾驶人视线等用途。

(7) 防眩设施的用途是遮挡对向车前照灯的眩光，分防眩网和防眩板两种。防眩网通过网股的宽度和厚度阻挡光线穿过，减少光束强度而达到防止对向车前照灯炫目的目的；防眩板是通过其宽度部分阻挡对向车前照灯的光束。

上述设施一般会在工程准备阶段设置，由项目法人统一负责进行规划和布置，并要求行驶道路设计应符合《工业企业厂内铁路、道路运输安全规程》(GB4387—2008)和相关规定，并监督落实。

6.8　环境保护

施工企业应当按照《环境保护法》《大气污染防治法》《固体废物污染环境防治法》《环境噪声污染防治法》等法律法规要求，保护和改善施工现场环境，防治扬尘、噪声等各类污染。

6.8.1　防治施工扬尘污染

(1) 施工现场的主要道路要进行硬化处理，定期清扫、洒水；裸露的场地和堆放的土方应采取覆盖、固化或绿化等措施。

(2) 施工现场道路施工进行铣刨、切割以及拆除建筑物或构筑物等作业时，应采用隔离、洒水等防止扬尘措施，并应在规定期限内将废弃物清理完毕。

(3) 从事土方、渣土和施工垃圾运输应采用密闭式运输车辆或采取覆盖措施；施工现场出口处应设置车辆冲洗设施，并应对驶出的车辆进行清洗。

(4) 在规定区域内的施工现场应使用预拌制混凝土及预拌砂浆；采用现场搅拌混凝土或砂浆的场所应采取封闭、降尘、降噪措施；水泥和其他易飞扬的细颗粒建筑材料应密闭存放或采取覆盖等措施。

(5) 建筑物内施工垃圾的清运，应采用专用封闭式容器吊运或传送，严禁凌空抛撒。

(6) 施工现场应设置密闭式垃圾站，施工垃圾、生活垃圾应分类存放，并及时清运出场。

(7) 拆除建筑物或者构筑物时，应采用隔离、洒水等降噪、降尘措施，并及时清理废弃物。

6.8.2　防治大气污染

(1) 严禁在施工现场焚烧各类废弃物；不得在施工现场熔融沥青。

(2) 城区、旅游景点、疗养区、重点文物保护地及人口密集区的施工现场应使用清洁能源。

(3) 施工现场的机械设备、车辆的尾气排放应符合国家环保排放标准要求。

(4) 当环境空气质量指数达到中度及以上的污染时，施工现场应增加洒水频次，加强覆盖措施，减少易造成大气污染的施工作业。

6.8.3　防治水土污染

(1) 废弃的降水井应及时回填，并应封闭井口，防止污染地下水。

(2) 施工现场应设置排水沟及沉淀池，施工污水经沉淀后方可排入市政污水管道或河流。

(3) 施工现场临时厕所的化粪池应进行防渗漏处理。

(4) 施工现场存放的油料和化学溶剂等物品应设置专用库房,地面应进行防渗漏处理。

(5) 食堂应设置隔油池,并应定期清理。

(6) 施工现场的危险废物应按国家有关规定处理,严禁填埋。

6.8.4 防治噪声和光线污染

(1) 施工现场场界噪声排放应符合现行国家标准《建筑施工场界环境噪声排放标准》(GB12523—2011)的规定。施工现场应对场界噪声排放进行监测、记录和控制,并应采取降低噪声的措施。

(2) 施工现场宜选用低噪声、低振动的设备,强噪声设备宜设置在远离居民区的一侧,并应采用隔声、吸声材料搭设的防护棚或屏障。

(3) 对因生产工艺要求或其他特殊需要,确需在夜间进行强噪声施工的,应尽量采取降噪措施,事先做好周围群众的工作,施工前项目法人应向有关部门提出申请,经批准后方可进行施工。

(4) 夜间运输材料的车辆进入施工现场,严禁鸣笛,装卸材料应做到轻拿轻放。

(5) 施工现场边界线处的等效声级测量应当按照相关要求进行。

(6) 夜间施工严格按照水利行政主管部门和有关部门的规定执行,对施工照明器具的种类、灯光亮度加以严格控制,特别是在城市市区居民居住区内,减少施工照明对城市居民的危害。

6.9 施工临时用电管理

水利工程建设施工工地的外部环境条件是较恶劣的,在施工临时用电中存在安全隐患。施工中常存在的临时用电安全隐患有:

(1) 工地环境复杂,如风吹日晒、尘土飞扬和季节性的阴雨潮湿,使工地用电设备的绝缘性能下降;同时,夏季炎热多雨、人体多汗绝缘阻抗下降,而且这些人多为非专业电气人员,缺乏用电安全知识。有的甚至不遵守安全规程违章作业,凡此种种,均易导致电气故障及触电伤亡事故。

(2) 用电设备和机械的多样性和工作状态的不稳定性。

(3) 很多施工单位并未严格遵守《施工现场临时用电安全技术规范》,用电线路缺少保护接地或保护接零的设置,员工在临时用电过程中往往由于接触设备金属外壳而发生触电事故。

6.9.1 施工临时用电组织设计

(1) 工程开始前,水利水电工程施工单位应依据《施工现场临时用电安全技术规范(附条文说明)》(JGJ 46—2005)、《建设工程施工现场供用电安全规范》(GB50194—2014)和水利安全建设相关要求,结合施工现场实际情况,编制《施工临时用电组织设计》,对工程现场电气线路和装置进行设计,并交项目法人组织监理单位和设计单位审核,经批准后执行。

(2) 现场电气线路、电气装设完毕后，由项目法人组织监理方、设计方、施工方共同进行验收，然后投入使用。

6.9.2 施工临时用电设施要求

(1) 现场施工用电的配电柜(箱)、漏电保护器等应采用当地安监部门的推荐产品或标准配电柜(箱)，电缆电线也应采用当地安监部门的推荐产品或合格产品，已保证使用质量。

(2) 为保障用电安全，便于管理，现场施工用电应将重要负荷与非重要负荷、生产用电与生活区用电分开配电，使其在使用过程中互不干扰。配电箱应作分级设置，即在总配电箱下，设分配电箱，分配电箱以下设开关箱，开关箱以下就是用电设备，形成三级配电。照明配电与动力配电分别设置，自成独立系统，不致因动力停电影响照明。

(3) 施工过程中必须与外电线路保持一定安全距离，当因受现场作业条件限制达不到安全距离时，必须采取屏护措施，防止发生因碰触造成的触电事故。如果因工程建设需要，必须对已建成的供、受电设施进行迁移、改造或者采取防护措施时，由用电管理部门或与产权用户协商处理。

6.9.3 施工临时用电控制检查

水利水电工程施工单位安全管理部门应根据《水利水电工程施工安全管理导则》(SL 721—2015)、《建筑施工安全检查标准》(JGJ 59—2011)等规范和施工现场实际情况制定出施工现场临时施工用电的控制制度，统一实行记录制度，各单位按要求执行，其内容包括：

(1) 安全员在运行过程中对查出的事故隐患，应定人、定时间、定措施进行整改，跟踪验证并做好记录。

(2) 电工应做好维修记录。

(3) 在《水利水电工程施工安全管理导则》(SL 721—2015)、《建筑施工安全检查标准》(JGJ 59—2011)中要求有测量记录的，应分项测量，并作好记录。

施工单位应对电工维修记录、有关测量记录和事故隐患措施整改记录进行检查。

定期对施工现场用电进行检查，对临时用电情况做日常监督检查，检查内容按《水利水电工程施工安全管理导则》(SL 721—2015)、《建筑施工安全检查标准》(JGJ 59—2011)的有关内容执行。

(4) 施工现场临时用电必须建立安全技术档案，其内容应包括：

1) 临时用电施工组织设计全部资料；

2) 修改临时用电施工组织设计资料；

3) 技术交底资料；

4) 临时用电工程检查验收表；

5) 电气设备的试、检验凭单和调试记录；

6) 接地电阻测定记录表；

7) 定期检(复)查表；

8）电工维修工作记录。

6.10　机械设备管理

根据《水利水电工程施工安全管理导则》(SL 721—2015)的规定，施工现场机械设备的管理应遵守下列规定。

6.10.1　基础管理

(1) 施工单位应建立设施设备安全管理制度，包括购置、租赁、安装、拆卸、验收、检测、使用、保养、维修、改造和报废等内容。

(2) 施工单位应设置施工设施设备管理部门，配备管理人员，明确管理职责和岗位责任，对施工设备（设施）的采购、进场、退场实行统一管理。

(3) 施工现场所有设施设备应符合有关法律、法规、制度和标准要求；安全设施应与建设项目主体工程同时设计、同时施工、同时投入生产和使用。

(4) 施工单位设施设备投入使用前，应报监理单位验收。验收合格后，方可投入使用。

进入施工现场设施设备的牌证应齐全、有效。

(5)《特种设备安全法》规定，施工起重机械验收前，应经具备资质的检验检测机构检验。施工单位应自施工起重机械和整体提升脚手架、模板等自升式架设设施验收合格之日起 30 日内，向建设行政主管部门或者其他有关部门登记。登记、检验结果应报监理单位备案。

(6) 施工单位应建立设施设备的安全管理台账，记录下列内容：

1) 来源、类型、数量、技术性能、使用年限等信息；

2) 设施设备进场验收资料；

3) 使用地点、状态、责任人及检测检验、日常维修保养等信息；

4) 采购、租赁、改造计划及实施情况等。

(7) 施工单位应在特种设备作业人员（含分包商、租赁的特种设备作业人员）进场时确认其证件的有效性，经监理单位审核确认，报项目法人备案。

(8) 项目法人、监理单位应定期对施工单位施工设施设备安全管理制度执行情况、施工设施设备使用情况、操作人员持证情况进行监督检查，规范对施工设备的安全管理。

6.10.2　运行管理

(1) 施工单位在设施设备运行前应进行全面检查；运行过程中应定期对安全设施、器具进行维护、更换，每周应对主要施工设备安全状况进行一次全面检查（包含停用一个月以上的起重机械在重新使用前），并做好记录，以确保其运行可靠。项目法人、监理单位应定期监督检查设施设备的运行状况、人员操作情况、运行记录。

(2) 施工单位设施设备运行管理必须符合下列要求：

1) 在使用现场明显部位设置设备负责人及安全操作规程等标牌；

2) 在负荷范围内使用施工设施设备；

3）基础稳固，行走面平整，轨道铺设规范；

4）制动可靠、灵敏；

5）限位器、联锁联动、保险等装置齐全、可靠、灵敏；

6）灯光、音响、信号齐全可靠，指示仪表准确、灵敏；

7）在传动转动部位设置防护网、罩，无裸露；

8）接地可靠，接地电阻值符合要求；

9）使用的电缆合格，无破损情况；

10）各种设施设备已履行安装验收手续等。

（3）大、中型设备应坚持定人、定机、定岗，设立人机档案卡和运行记录。大型设备必须实行机长负责制。

（4）施工单位应根据作业场所的实际情况，按照规定在有较大危险性的作业场所和设施设备上，设置明显的安全警示标志，告知危险的种类、后果及应急措施等。

施工单位应在设施设备检维修、施工、吊装、拆卸等作业现场设置警戒区域和警示标志，对现场的坑、井、洼、沟、陡坡等场所设置围栏和警示标志。

施工单位应对所有设备的润滑进行定点、定质、定时、定量、定人管理，并做好记录。

（5）施工单位现场的木加工、钢筋加工、混凝土加工场所及卷扬机械、空气压缩机必须搭设防砸、防雨棚。

施工现场的氧气瓶、乙炔瓶及其他易燃气瓶、油脂等易燃、易爆物品应分别存放，保持安全距离，不得同车运输。氧气瓶、乙炔瓶应有防震圈和安全帽，不得倒置，不得在强烈日光下暴晒；氧气瓶不得用吊车吊转运。

（6）施工单位应制订设施设备检维修计划，检维修前应制定包含作业行为分析和控制措施的方案，检维修过程中应采取隐患控制措施，并监督实施。

安全设施设备不得随意拆除、挪用或弃置不用（如防护罩）；确因检查维修拆除的，应采取临时安全措施，检查维修完毕后立即复原。

检维修结束后应组织验收，合格后方可投入使用，并做好维修保养记录。

（7）施工起重机械、缆机等大型施工设备达到国家规定的检验检测期限的，必须经具有专业资质的检验检测机构检测。经检测不合格的，不得继续使用。相邻起重机械等大型施工设备应按规定保持防冲撞安全距离。

（8）施工单位应执行生产设备报废管理制度，设备存在严重安全隐患，无改造、维修价值，或者超过规定使用年限的，应及时报废；已报废的设备应及时拆除，或退出施工现场。

拆除的生产设施设备涉及危险物品的，必须制定危险物品处置方案和应急措施，并严格组织实施。

（9）施工单位在安装、拆除大型设施设备时，应遵守下列规定：

1）安装、拆除单位应具有相应资质；

2）应编制专项施工方案，报监理单位审批；

3）安装、拆除过程应确定施工范围和警戒范围，进行封闭管理，由专业技术人员现场监督；

4）拆除作业开始前，应对风、水、电等动力管线妥善移设、防护或切断，拆除作业应自上而下进行，严禁多层或内外同时拆除。

（10）施工单位使用外租施工设施设备时，应签订租赁合同和安全协议书，明确出租方提供的施工设施设备应符合国家相关的技术标准和安全使用条件，确定双方的安全责任。

6.11 特种作业管理

（1）按照《特种设备作业人员监督管理办法》（国家质检总局令〔2011〕第140号）、《特种作业人员安全技术培训考核管理规定》（国家安全生产监督管理总局令〔2010〕第30号）的规定，特种作业人员必须持证上岗。

（2）特种作业类型主要包括：电工作业；金属焊接切割作业；起重机械（含电梯）作业；场内机动车辆驾驶；登高架设作业；锅炉作业（含水质化验）；压力容器操作；制冷作业；爆破作业；矿山通风作业（含瓦斯检验）；矿山排水作业（含尾矿坝作业）；由省、自治区、直辖市安全生产综合管理部门或国务院行项目法人管部门提出，并经国家经济贸易委员会批准的其他作业。

（3）特种作业只能由具有上岗资质的特种作业人员完成，特种作业人员前需取得培训合格证明，并具备合格操作技能；参加入场教育；接受作业安全技术交底；了解所操作设备性能；作业时有专人监护。

（4）水利工程建设施工现场涉及的主要特种作业类型有：电工作业、金属焊接切割作业、起重机械作业、登高架设作业、爆破作业、场内机动车辆驾驶和其他危险性较大的作业。严禁无证上岗，违章作业。特种作业人员实行入场登记管理，作为现场管理重点监控对象。

（5）特种作业人员必须持证上岗，施工单位应检查特种作业操作证原件，并将复印件加盖项目公章存档并向项目法人报备存档。项目法人监督监理和总包单位落实特种作业持证上岗的核查管控情况，发现无证上岗，项目法人有权要求清退违规作业人员。

6.12 防洪度汛管理

根据《水利水电工程施工通用安全技术规程》（SL 398—2007）及《水利水电工程施工安全管理导则》（SL 721—2015）等有关规程规范，防洪度汛管理应遵循以下规定：

6.12.1 一般规定

（1）项目法人应根据工程情况和工程度汛需要，组织制定工程度汛方案和超标准洪水应急预案，报有管辖权的防汛指挥机构批准或备案。

（2）项目法人应和有关参建单位签订安全度汛目标责任书，明确各参建单位防汛度汛责任，并组织成立有各参建单位参加的工程防汛机构，负责工程安全度汛工作。

（3）设计单位应于汛前提出工程度汛标准、工程形象面貌及度汛要求。

(4) 施工单位应按批准的度汛方案和超标准洪水应急预案，制订防汛度汛及抢险措施，报项目法人批准，并按批准的措施落实防汛抢险队伍和防汛器材、设备等物质准备工作，做好汛期值班，保证汛情、工情、险情信息渠道畅通。

(5) 项目法人应做好汛期水情预报工作，准确提供水文气象信息，预测洪峰流量及到来时间和过程，及时通告各单位。

(6) 项目法人在汛前应组织有关参建单位，对生活、办公、施工区域内进行全面检查，围堰、子堤、人员聚集区等重点防洪度汛部位和有可能诱发山体滑坡、垮塌和泥石流等灾害的区域、施工作业点进行安全评估，制订和落实防范措施。

(7) 防汛期间，施工单位应组织专人对围堰、子堤、人员聚集区等重点防汛部位巡视检查，观察水情变化，发现险情，及时进行抢险加固或组织撤离。

(8) 防汛期间，超标洪水来临前，施工淹没危险区的施工人员及施工机械设备，应及时组织撤离到安全地点。

(9) 施工单位在汛期应加强与上级主管部门和地方政府防汛部门的联系，听从统一防汛指挥。

(10) 洪水期间，如发生主流改道，航标漂流移位、熄灭等情况，施工运输船舶应避洪停泊于安全地点。

(11) 施工单位在堤防工程防汛抢险时，应遵循前堵后导、强身固脚、减载平压、缓流消浪的原则。

(12) 防汛期间，施工单位在抢险时应安排专人进行安全监视，确保抢险人员的安全。

(13) 台风来临前由项目部组织一次安全检查。塔吊、施工电梯、井架等施工机械，要采取加固措施。塔吊吊钩收到最高位置，吊臂处于自由旋转状态。在建工程作业面和脚手架上的各种材料应堆放、绑扎固定，以防止被风吹落伤人。施工临时用电除保证生活照明外，其余供电一律切断电源。做好工地现场围墙和工人宿舍生活区安全检查，疏通排水沟，保证现场排水畅通。台风、暴雨后，应进行安全检查，重点是施工用电、临时设施、脚手架、大型机械设备，发现隐患，及时排除。

(14) 项目法人应建立汛期值班和检查制度，建立接收和发布气象信息的工作机制，保证汛情、工情、险情信息渠道畅通。

(15) 项目法人应至少每年组织一次防汛应急演练。

(16) 施工单位应落实汛期值班制度，开展防洪度汛专项安全检查，及时整改发现的问题。

6.12.2 度汛方案的主要内容

度汛方案应包括防汛度汛指挥机构设置、度汛工程形象、汛期施工情况、防汛度汛工作重点，人员、设备、物资准备和安全度措施，以及雨情、水情、汛情的获取方式和流信保险方式等内容。防汛度汛指挥机构应由项目法人、监理单位、施工单位、设计单位主要负责人组成。

6.12.3 超标准洪水应急预案的主要内容

超标准洪水应急预案应包括超标准洪水可能导致的险情预测、应急抢险指挥机构设置、应急抢险措施、应急队伍准备及应急演练等内容。

6.12.4 防汛检查的内容

(1) 建立防汛组织体系与落实责任

1) 防汛组织体系。成立临时防汛领导小组,下设防汛办公室和抗洪抢险队(每个施工项目经理部均应设立)。

2) 明确防洪任务。根据建设工程所在地实际情况,明确防洪标准、计划、重点和措施。

3) 落实防汛责任。项目法人、设计、监理、施工等单位的防汛责任明确,分工协作,配合有力。各级防汛工作岗位责任制明确。

(2) 检查防汛工作规章制度情况

1) 上级有关部门的防汛文件齐备。

2) 防汛领导小组、防汛办公室及抗洪抢险队工作制度健全。

3) 汛前检查及汛期管理制度完善,针对性、可操作性强。

4) 建立汛期值班、巡视、联系、通报、汇报制度,相关记录齐全,具有可追溯性。

5) 建立灾情(损失)统与报告制度

6) 建立汛期通信管用制度,确保信息传递及时、迅速,24 小时畅通。

7) 建立防汛物资管理制度,做到防物资与工程建设物资的相互匹配,在汛期应保正相关物资的可靠储备,确保汛情发生时相关物资及时到位。

8) 防汛工作奖惩办法和总结报告制度。

9) 制定防汛工作手册。手册中应明确防汛工作职责、工作程序、应急措施内容。

10) 上述制度、手册应根据工程建设所在地的实际情况制定,及时修编。

(3) 检查建设工程度汛措施及预案

1) 江河堤坝等地区钻孔作业,要密切关注孔内水位变化,并备有必要的压孔物资(如沙袋等),严防管涌等事故的发生。

2) 江(河)滩中施工作业,应事先制订水位暴涨时人员、物资安全撤离的措施。

3) 山区施工作业,应事先制定严防泥石流伤害的技术和管理措施。

4) 现场临时帐篷等设施避免搭建在低洼处,实行双人值班,配备可靠的通信工具。

5) 检查在超标准暴雨情况下,保护建设工程成品(半成品)、机具设备和人员疏散的预案。预案应按规定报上级单位审批或备案。

6) 检查工程建设进度是否达到度汛要求,如达不到要求应制定相应的应急预案。

(4) 生活及办公区域防汛

1) 工程项目部及材料库应设在具有自然防汛能力的地点,建筑物及构筑物具有防淹没、防冲刷、防倒塌措施。

2) 生活及办公区域的排水设备与设施应可靠。

3) 低洼地的防水淹措施和水淹后的人员转移安置方案。

4) 项目部防汛图(包括排水、挡水设备设施、物资储备、备用电源等)。

5) 防汛组织网络图(包括指挥系统、抢修抢险系统、电话联络等)。

(5) 防汛物资与后勤保障检查

1）防汛抢险物资和设备储备充足，台账明晰，专项保管。

2）防汛交通、通信工具应确保处于完好状态。

3）有必要的生活物资和医药储备。

（6）与地方防汛部门的联系和协调检查

1）按照管理权限接受防汛指挥部门的调度指挥，落实地方政府的防汛部署，积极向有关部门汇报有关防汛问题。

2）加强与气象、水文部门的联系，掌握气象和水情信息。

（7）防汛管理及程序

1）每年汛前项目法人组织对本工程的防汛工作进行全面检查。

2）项目法人对所属建设工程进行汛前安全检查，发现影响安全度汛的问题应限期整改，检查结果应及时报上级主管部门。

3）上级部门根据情况对有关基建工程的防汛准备工作进行抽查。

6.13　危险性较大的单项工程管理

根据《水利水电工程施工安全管理导则》（SL 721—2015）的规定，危险性较大的单项工程指施工过程中存在的、可能导致作业人员群死群伤或造成重大不良社会影响的单项工程。

危险性较大的单项工程专项施工方案指在编制施工组织设计的基础上，针对危险性较大的单项工程应单独编制安全技术措施文件。

6.13.1　危险性较大的单项工程

（1）达到一定规模的危险性较大的单项工程，主要包括下列工程：

1）基坑支护、降水工程。开挖深度超过 3（含 3）～5 m 或虽未超过 3 m 但地质条件和周边环境复杂的基坑（槽）支护、降水工程。

2）土方和石方开挖工程。开挖深度超过 3（含 3）～5 m 的基坑（槽）的土方和石方开挖工程。

3）模板工程及支撑体系。

① 大模板等工具式模板工程；

② 混凝土模板支撑工程：搭设高度 5～8 m；搭设跨度 10（含）～18 m；施工总荷载 10（含）～15 kN/m^2；集中线荷载 15（含）～20 kN/m；高度大于支撑水平投影宽度且相对独立无联系构件的混凝土模板支撑工程；

③ 承重支撑体系：用于钢结构安装等满堂支撑体系。

4）起重吊装及安装拆卸工程。

① 采用非常规起重设备、方法，且单件起吊重量在 10（含）～100 kN 及以上的起重吊装工程；

② 采用起重机械进行安装的工程；

③ 起重机械设备自身的安装、拆卸；

5）脚手架工程。

① 搭设高度24(含)～50 m的落地式钢管脚手架工程；

② 附着式整体和分片提升脚手架工程；

③ 悬挑式脚手架工程；

④ 吊篮脚手架工程；

⑤ 自制卸料平台、移动操作平台工程；

⑥ 新型及异型脚手架工程。

6）拆除、爆破工程。

7）围堰工程。

8）水上作业工程。

9）沉井工程。

10）临时用电工程。

11）其他危险性较大的工程。

（2）超过一定规模的危险性较大的单项工程，主要包括下列工程：

1）深基坑工程。

① 开挖深度超过5 m(含5 m)的基坑(槽)的土方开挖、支护、降水工程；

② 开挖深度虽未超过5 m，但地质条件、周围环境和地下管线复杂，或影响毗邻建筑(构筑)物安全的基坑(槽)的土方开挖、支护、降水工程。

2）模板工程及支撑体系。

① 工具式模板工程：包括滑模、爬模、飞模工程；

② 混凝土模板支撑工程：搭设高度8 m及以上；搭设跨度18 m及以上；施工总荷载15 kN/m^2 及以上；集中线荷载20 kN/m及以上；

③ 承重支撑体系：用于钢结构安装等满堂支撑体系，承受单点集中荷载700 kg以上。

3）起重吊装及安装拆卸工程。

① 采用非常规起重设备、方法，且单件起吊重量在100 kN及以上的起重吊装工程；

② 起重量300 kN及以上的起重设备安装工程；高度200 m及以上内爬起重设备的拆除工程。

4）脚手架工程。

① 搭设高度50 m及以上落地式钢管脚手架工程；

② 提升高度150 m及以上附着式整体和分片提升脚手架工程；

③ 架体高度20 m及以上悬挑式脚手架工程。

5）拆除、爆破工程。

① 采用爆破拆除的工程；

② 可能影响行人、交通、电力设施、通信设施或其他建、构筑物安全的拆除工程；

③ 文物保护建筑、优秀历史建筑或历史文化风貌区控制范围的拆除工程。

6）其他。

① 开挖深度超过16 m的人工挖孔桩工程；

② 地下暗挖工程、顶管工程、水下作业工程；

③ 采用新技术、新工艺、新材料、新设备及尚无相关技术标准的危险性较大的分部分项工程。

6.13.2　基本规定

(1) 项目法人在办理安全监督手续时，应当提供危险性较大的单项工程清单和安全生产管理措施。

(2) 项目法人及监理单位应建立危险性较大的单项工程验收制度；施工单位应建立危险性较大的单项工程管理制度。

(3) 监理单位应编制危险性较大的单项工程监理规划和实施细则，制定工作流程、方法和措施。

(4) 专项施工方案应由施工单位技术负责人组织施工技术、安全、质量等部门的专业技术人员进行审核。经审核合格的，由施工单位技术负责人签字确认。实行分包的，应由总承包单位和分包单位技术负责人共同签字确认。无须专家论证的专项施工方案，经施工单位审核合格后应报监理单位，由项目总监理工程师审核签字，并报项目法人备案。

(5) 施工单位应在施工前，对达到一定规模的危险性较大的单项工程编制专项施工方案；对于超过一定规模的危险性较大的单项工程，施工单位应组织专家对专项施工方案进行审查论证。

(6) 施工单位的施工组织设计应包含危险性较大的单项工程安全技术措施及其专项施工方案。

(7) 施工单位应根据审查论证报告修改完善专项施工方案，并经施工单位技术负责人、总监理工程师、项目法人单位负责人审核签字后，方可组织实施。

(8) 施工单位应严格按照专项施工方案组织施工，不得擅自修改、调整专项施工方案。

如因设计、结构、外部环境等因素发生变化确需修改的，修改后的专项施工方案应当重新审核。对于超过一定规模的危险性较大的单项工程的专项施工方案，施工单位应重新组织专家进行论证。

6.13.3　专项施工方案的编制和审查

(1) 编制原则

专项施工方案的编制，必须考虑现场的实际情况、施工特点及周围作业环境，措施要有针对性。凡施工过程中有可能发生的危险因素及周围外部的不利因素等，都必须从技术上采取具体且有效的措施予以预防。

(2) 专项施工方案内容

1) 工程概况：危险性较大的单项工程概况、施工平面布置、施工要求和技术保证条件等。

2) 编制依据：相关法律、法规、规章、制度、标准及图纸(国标图集)、施工组织设计等。

3) 施工计划：包括施工进度计划、材料与设备计划等。

4) 施工工艺技术：技术参数、工艺流程、施工方法、质量标准、检查验收等。

5）施工安全保证措施：组织保障、技术措施、应急预案、监测监控等。

6）劳动力计划：专职安全生产管理人员、特种作业人员等。

7）设计计算书及相关图纸等。

（3）专项施工方案编制应注意的事项

1）专项施工方案的编制应将安全与质量相互联系，有机结合。

2）文本格式应规范，要有完整的目录、页码，包括计算书、附图的目录、页码。附表、附图的名称及页码要对应说明。能用图表说明的，尽量使用图表。

3）引用规范、标准的尽量以明确名称编号及具体条文号为宜，但要确定区间值。引用地质考察报告、设计要求要注意针对性，对引用的数据要进行分析比较，确保数据引用安全可靠。

4）引用单位标准、工法时，要注意单位标准、工法的有效性、合法性，并提供相应证明文件。对涉及施工安全技术措施的内容，要重点说明。

5）对周边环境有影响的超过一定规模的危险性较大单项工程（如爆破、基坑、施工机械使用等），要特别注意周边环境调查及影响范围。

6）涉及淘汰或禁止使用的施工技术措施，禁止使用；存在明显安全隐患和危险的内容施工内容（如人工挖孔桩施工遇到流沙、毒气时），不应采用施工技术措施解决，要作为应急预案处理，并有相应监测监控措施。

7）使用计算机软件进行设计验算的，要说明软件名称、版本号、有效期等信息，便于核查比对。

8）采用新技术、新工艺、新材料、新设备及尚无相关技术标准的危险性较大的单项工程的专项方案，要提供相关技术数据的来源，如技术鉴定报告、检测报告等证明文件。

6.13.4　专项施工方案的审查论证

（1）超过一定规模的危险性较大的单项工程专项施工方案由施工单位组织召开审查论证会。审查论证会由下列人员参加：

1）专家组成员；

2）项目法人单位负责人或技术负责人；

3）监理单位项目总监理工程师及相关人员；

4）施工单位分管安全的负责人、技术负责人、项目负责人、项目技术负责人、专项施工方案编制人员、项目专职安全生产管理人员；

5）勘察、设计单位项目技术负责人及相关人员。

（2）专家组应由5名及以上符合相关专业要求的专家组成，各参建单位人员不得以专家身份参加审查论证会。

（3）专家组成员应具备下列基本条件：

1）诚实守信、作风正派、学术严谨；

2）从事相关专业工作15年以上或具有丰富的专业经验；

3）具有高级专业技术职称。

（4）审查论证会应就以下主要内容进行审查论证，并提交论证报告。审查论证报告应对审查论证的内容提出明确的意见，并经专家组成员签字。

1）专项施工方案是否完整、可行，质量、安全标准是否符合工程建设标准强制性条文规定；

2）设计计算书是否符合有关标准规定；

3）施工的基本条件是否符合现场实际等。

6.13.5 专项施工方案的实施、检查与验收

（1）监理、施工单位应指定专人对专项施工方案实施情况进行旁站监督。发现未按专项施工方案施工的，应要求其立即整改；存在危及人身安全紧急情况的，施工单位应立即组织作业人员撤离危险区域。

（2）总监理工程师、施工单位技术负责人应定期对专项施工方案实施情况进行巡查。危险性较大的单项工程合成后，监理单位或施工单位应组织有关人员进行验收。验收合格的，经施工单位技术负责人及总监理工程师签字后，方可进行后续工程施工。

（3）监理单位发现未按专项施工方案实施的，应责令整改；施工单位拒不整改的，应及时向项目法人报告；如有必要，可直接向有关部门报告。项目法人接到监理单位报告后，应立即责令施工单位停工整改；施工单位仍不停工整改的，项目法人应及时向项目主管部门和安全监督机构报告。

6.13.6 危险性较大的单项工程的安全保证措施

1. 建立安全管理体系

（1）危险性较大的单项工程，各级应牢固树立“安全第一、预防为主、综合治理”的思想，坚决贯彻“管生产必须管安全”的原则，把安全生产放在重点议事日程上，作为头等大事来抓，并认真落实“安全生产、文明施工”的规定。

（2）建立健全并全面贯彻安全管理制度和各岗位安全责任制，根据工程性质、特点，成立三级安全管理机构。

项目部安全生产领导小组，每周召开一次会议，部署各项安全管理工作和改善安全技术措施，具体检查各部门存在安全隐患问题提出改进安全技术问题，落实安全生产责任制和严格控制工人按安全规程作业，确保施工安全生产。

安全值日员，每天检查工人上、下班是否佩戴安全帽和个人防护用品，对工人操作面进行安全检查，保证工人按安全操作规程作业，及时检查安全存在问题，消除安全隐患。

（3）安全技术有针对性、现场内的各种材料施工设计，须按施工平面图进行布置，现场的安全、卫生、防水设施要齐全有效。

（4）要切实保证职工在安全条件下进行作业，施工在搭设的各种脚手架等临时设施，均要符合国家规程和标准，在施工现场安装的机电要保持良好的技术状态，严禁带“病”运转。

（5）加强对职工的安全技术教育，坚持制止违章指挥和违章作业，凡进入施工现场的人员，须戴安全帽，高处作业应系好安全带，施工现场的危险部位要高悬安全色标、标语或宣传画，随时提醒职工注意安全。

（6）严肃对待施工现场发生的已遂、未遂事故，把一般事故当作重大事故来抓，未遂事故当成已遂事故来抓。对查出的事故、隐患，要做到“三定一落实”，并做到抓一个典型，

教育一批的效果。

2. 建立安全生产管理制度

(1) 危险性较大的单项工程应建立安全生产责任制，严格执行有关规定。各级领导，在管理生产的同时，必须负责管理安全工作，逐级建立安全责任制，使落实安全生产的各项规章制度成为全体职工的自觉行动。

(2) 建立安全技术措施计划，包括改善劳动条件，防止伤亡事故，预防职业病和职业中毒为目的各项技术组织措施，创造一个良好的安全生产环境。

(3) 建立严格的劳力管理制度。严格执行劳务管理制度。新入场的工人接受入场安全教育后方可上岗操作。特种作业人员全部持证上岗。

3. 建立安全生产教育、培训制度

(1) 建立安全生产教育制度，对新进场工人进行三级安全教育、上岗安全教育、特殊工种安全技术教育(如登高架设、机械操作等工种的考核教育)，变换工种必须进行变换工种教育，方可上岗。工地建立职工三级教育登记卡和特殊作业，变换工种作业登记卡，卡中必须有工人概况、考核内容、批准上岗的工人签字，进行经常性的安全生产活动教育。

(2) 实行逐级安全技术交底履行签字手续，开工前由公司技术负责人将工程概况、施工方法、安全技术措施等情况问题项目负责人、施工员及全体职工进行详细交底，单项工程由工长、施工员向参加施工的全体成员进行有针对性的安全技术交底。

(3) 建立安全生产的定期检查制度。施工单位在施工生产时，为了及时发现事故隐患，堵塞事故漏洞，防患于未然，须建立安全检查制度。安全检查工作，项目部每周定期进行一次，班组每日上班领导检查。要以自查为主，互查为辅。以查思想、查制度、查纪律、查领导、查隐患为主要内容。要结合季节特点，开展防洪、防雷电、防坍塌、防高处堕落、防中毒等“五防”检查，安全检查要贯彻领导与群众相结合的原则，做到边检边改并做好检查记录。存在隐患严格按“三定一落实”整改反馈。

(4) 根据工地实际情况建立班前安全活动制度，对危险性较大的单项工程、施工现场的安全生产及时进行讲评，强调注意事项，表扬安全生产中的好人好事并做好班前安全活动记录。

(5) 施工用电、搅拌机、钢筋机械等在中型机械及脚手架、卸料平台要挂安全网、洞口临边防护设施等，安装或搭设好后及时组织有关人员验收，验收合格方准投入使用。

(6) 建立伤亡事故的调查和处理制度调查处理伤亡事故，要做到“四不放过”，即事故原因未查清不放过、责任人员未处理不放过、责任人和群众未受教育不放过、整改措施未落实不放过，对事故和责任者要严肃处理。对于那些玩忽职守，不顾工人死活，强迫工人违章冒险作业，而造成伤亡事故的领导，一定要给予纪律处分，严重的应依法惩办。

6.14 安全技术交底

安全技术交底应依据国家有关法律法规和有关标准、工程设计文件、施工组织设计和安全技术规划、专项施工方案和安全技术措施、安全技术管理文件等要求进行。施工单位应建立分级、分层次的安全技术交底制度。

1. 概念

安全技术交底，是指交底方向被交底方对预防和控制生产安全事故发生及减少其危害的技术措施、施工方法等进行说明的技术活动。

2. 程序和要求

(1) 工程开工前，施工单位技术负责人应就工程概况、施工方法、施工工艺、施工程序、安全技术措施和专项施工方案，向施工技术人员、施工作业队(区)负责人、工长、班组长和作业人员进行安全交底。

(2) 单项工程或专项施工方案施工前，施工单位技术负责人应组织相关技术人员、施工作业队(区)负责人、工长、班组长和作业人员进行全面、详细的安全技术交底。

(3) 各工种施工前，技术人员应进行安全作业技术交底。

(4) 每天施工前，班组长应向工人进行施工要求、作业环境的安全交底。

(5) 交叉作业时，项目技术负责人应根据工程进展情况定期向相关作业队和作业人员进行安全技术交底。

(6) 施工过程中，施工条件或作业环境发生变化的，应补充交底；相同项目连续施工超过一个月或不连续重复施工的，应重新交底。

(7) 安全技术交底应填写安全交底单，由交底人与被交底人签字确认。安全交底单应及时归档。

(8) 安全技术交底必须在施工作业前进行，任何项目在没有交底前不得进行施工作业。

(9) 项目法人、监理单位和施工单位应当定期组织对安全技术交底情况进行检查，并填写检查记录。

3. 主要内容

(1) 工程项目和单项的概况；

(2) 施工过程的危险部位和环节及可能导致生产安全事故的因素；

(3) 针对危险部位采取的具体防范措施；

(4) 作业中应注意的安全事项；

(5) 作业人员应遵守的安全操作规程和规范；

(6) 作业人员发现事故隐患后应采取的措施；

(7) 发生事故后应及时采取的避险和救援措施。

6.15 安全资料管理

施工安全技术资料，是指施工单位在项目施工过程中为加强生产安全和文明施工所形成的各种形式的信息，包括纸质和音像资料等。安全技术资料建档起止时限，应从工程施工准备阶段到工程竣工验收合格止。

安全资料是工程项目施工现场技术资料的重要组成部分，它是项目实现安全生产管理措施、技术措施的记录控制。加强安全资料管理是预防生产安全事故和提高项目安全管理水平的有效措施。根据《水利水电工程施工安全管理导则》(SL 721—2015)的规定，安全资料的管理应遵守下列规定。

1. 管理要求

(1) 各参建单位应将安全生产档案管理纳入日常工作,明确管理部门、人员及岗位职责,健全制度,安排经费,确保安全生产档案管理正常开展。

(2) 建立安全管理资料的管理制度,规范安全管理资料的形成、收集、整理、组卷等工作,应随施工现场安全管理工作同步形成,做到真实、准确、完整。

(3) 施工现场安全管理资料应字迹清晰,签字、盖章等手续齐全,计算机形成的资料可打印、手写签名。

(4) 施工现场安全管理资料应为原件,因故不能为原件时,可为复印件。复印件上应注明原件存放处,加盖原件存放单位公章,有经办人签字并注明时间。

(5) 施工现场安全管理资料应分类整理和组卷,由各参与单位工程项目部保存备查至工程竣工。

(6) 项目法人在签订有关合同、协议时,应对安全生产档案的收集、整理、移交提出明确要求。

检查施工安全时,要同时检查安全生产档案的收集、整理情况。

进行技术鉴定、重要阶段验收与竣工验收时,要同时审查、验收安全生产档案的内容与质量,并作出评价。

(7) 项目法人对安全生产档案管理工作负总责,应做好自身安全生产档案的收集、整理、归档工作,并加强对各参建单位安全生产档案管理工作的监督、检查和指导。

(8) 专业技术人员和管理人员是归档工作的直接责任人,应做好安全生产文件材料的收集、整理和归档工作。如遇工作变动,应做好安全生产档案资料的交接工作。

(9) 监理单位应对施工单位提交的安全生产档案材料履行审核签字手续。凡施工单位未按规定要求提交安全生产档案的,不得通过验收。

2. 主要职责

(1) 在施工组织设计中列出安全管理资料的管理方案,按规定列出各阶段安全管理资料的项目。

(2) 指定施工现场安全管理资料责任人,负责安全管理资料的收集、整理和组卷。

(3) 施工现场安全管理资料应随工程建设进度同步形成,保证资料的真实性、有效性和完整性。

(4) 实行总承包施工的工程项目,总包单位应督促检查各分包单位施工现场安全管理资料的管理。分包单位应负责其分包范围内施工现场安全管理资料的形成、收集和整理。

(5) 施工单位的安全生产专项措施资料应遵循"先报审、后实施"的原则,实施前向项目法人和监理单位报送有关安全生产的计划、方案、措施等资料,得到审查认可后方可实施。

3. 主要内容

安全资料内容通常包括安全生产责任制、施工组织设计及专项施工方案、安全技术交底、安全检查、安全教育、应急救援、安全生产目标、安全生产管理机构和职责、安全生产费用管理、职业卫生与环境保护、安全生产管理制度、机械设备管理、分包单位安全管理、持证上岗、安全费用、保险、文明施工、安全标志、相关文件、证件及人员信息等。

项目法人、监理单位、施工单位安全生产档案目录详见 SL 721—2015 附录 B～附录 D。

考试习题

一、单项选择题(每小题有 4 个备选答案,其中只有 1 个是正确选项)

1. 下列不符合施工平面布置原则的是(　　)。

A. 必须考虑绿化用地

B. 贯彻执行合理利用土地的方针。

C. 因地制宜、因时制宜、有利生产、方便生活、易于管理、安全可靠、经济合理。

D. 注重环境保护、减少水土流失。

正确答案:A

2. 下列关于施工现场功能区域划分的叙述,不正确的是(　　)。

A. 施工现场的办公区、生活区应当与作业区分开设置

B. 办公生活区应当设置于在建建筑物坠落半径之外,不允许设置在在建建筑物坠落半径范围内

C. 办公区、生活区与施工区间应采取相应的防护隔离措施,设置明显的指示标识,

D. 功能区的规划设置时应考虑交通、水电、消防和环保等因素

正确答案:B

3. 施工现场的围挡高度,一般路段应高于(　　)。

A. 1.5 m　　B. 1.8 m

C. 2.0 m　　D. 2.5 m

正确答案:B

4. 施工现场"五牌二图"中的"二图"是指(　　)。

A. 施工现场总平面图和安全管理网络图　B. 建筑工程立面效果图

C. 施工现场安全标志平面图　　D. 施工现场排水平面图

正确答案:A

5. 施工现场应该设置"两栏一报"通常是指(　　)。

A. 读报栏、公示栏栏和简报　　B. 读报栏、宣传栏和黑板报

C. 公示栏、张贴栏和黑板报　　D. 公示栏、信息栏和简报

正确答案:B

6. 下列不属于施工现场的硬化场地可采用的材料的是(　　)。

A. 混凝土　　B. 石屑

C. 焦渣　　D. 素土

正确答案:D

7. 下列关于施工现场主要材料半成品的堆放的叙述,不正确的是(　　)。

A. 钢筋应当堆放整齐,用方木垫起,不宜放在潮湿和暴露在外受雨水冲淋

B. 砂应堆成方,石子应当按不同粒径规格分别堆放成方

C. 模板应当按规格分类堆放整齐,叠放高度一般不宜超过 3 m

D. 混凝土构件堆放场地应坚实、平整

正确答案:C

8. 根据临时设施分类,下列属于施工现场辅助设施的是(　　)。

A. 办公室　　B. 厕所

C. 加工棚　　D. 围挡

正确答案:D

9. 施工现场搭建临时设施时绘制的施工图纸由(　　)审批,方可搭建。

A. 项目负责人　　B. 企业主要负责人

C. 项目安全负责人　　D. 企业技术负责人

正确答案:D

10. 下列属于施工现场活动式临时房屋的是(　　)。

A. 砖木结构房屋　　B. 彩钢板房

C. 砖石结构房屋　　D. 砖混结构房屋

正确答案:B

11. 下列关于建筑施工现场食堂的叙述,不正确的是(　　)。

A. 食堂应当选择在通风、干燥、清洁的位置,离厕所、垃圾站等场所等污染源 25 m 以外

B. 食堂应配备必要的排风设施和冷藏设施

C. 食堂应设置独立的制作间、储藏间

D. 食堂的燃气罐应单独设置存放间,存放间应通风良好并严禁存放其他物品

正确答案:A

12. 根据《施工现场临时建筑物技术规范》(JGJ/T 188—2009)的规定,施工现场应根据工程规模设置会议室,并应当设置在临时用房的首层,会议室使用面积不宜小于(　　)。

A. 20 m^2　　B. 30 m^2

C. 50 m^2　　D. 60 m^2

正确答案:B

13. 施工现场食堂门下方应设不低于(　　)的防鼠挡板。

A. 0.2 m　　B. 0.3 m

C. 0.5 m　　D. 0.6 m

正确答案:C

14. 根据《施工现场临时建筑物技术规范》(JGJ/T 188—2009)的规定,施工现场淋浴室内淋浴头数量应满足(　　)人的要求,淋浴器间距不宜小于 1 m。

A. 1∶30　　B. 1∶25

C. 1∶20　　D. 1∶15

正确答案:C

15. 施工现场某种安全标志几何图形为黄底黑色图形加三角形黑边的图案,则该安全标志是(　　)。

A. 禁止标志　　B. 警告标志

C. 指令标志　　D. 提示标志

正确答案:B

16. 根据《安全标志》(GB2894—2008)的规定,安全标志禁止抛物、当心扎脚、必须戴防尘口罩分别属于(　　)。

A. 警告标志、禁止标志、指令标志　　B. 禁止标志、指令标志、警告标志

C. 禁止标志、指令标志、提示标志　　D. 禁止标志、警告标志、指令标志

正确答案:D

17. 下列关于安全标志含义的叙述,不正确的是(　　)。

A. 禁止标志,含义是禁止人们某种不安全行为

B. 警告标志,含义是提醒人们对周围环境或活动引起注意

C. 指令标志,含义是强制人们必须做出某种动作或采用防范措施

D. 提示标志,含义是提示人们不能做出某种行为

正确答案:D

18. 施工现场安全标志布置总平面图应由绘制人员签名,(　　)审批。

A. 企业技术负责人　　B. 项目负责人

C. 项目技术负责人　　D. 项目专职安全生产管理人员

正确答案:B

19. 标志牌的平面与视线夹角应接近(　　),观察者位于最大观察距离时,最小夹角不小于75°。

A. 45°　　B. 65°

C. 75°　　D. 90°

正确答案:D

20. 施工现场必须同时设置不同类型多个标志牌时,应当按照警告、禁止、指令、提示的顺序,(　　)的排列设置。

A. 先左后右、先下后上　　B. 先上后下、先左后右

C. 先右后左、先上后下　　D. 先左后右、先上后下

正确答案:D

21. 我国消防工作的方针是(　　)。

A. 安全第一,预防为主　　B. 防消结合,综合治理

C. 预防为主,综合治理　　D. 预防为主,防消结合

正确答案:D

22. 施工现场出入口应满足消防车通行要求,且宜在不同方向布置,其总数不宜少于(　　)个。

A. 2　　B. 3

C. 4　　D. 5

正确答案:A

23. 施工现场可燃材料堆场及其加工场、固定动火作业场与在建工程的防火间距不应小于(　　)。

A. 5 m　　B. 6 m

C. 8 m　　D. 10 m

正确答案:D

24. 施工现场宿舍、办公室等临时用房建筑构件的燃烧性能等级应为(　　);当采用金属夹芯板材时,其芯材的燃烧性能等级应为(　　)。

A. A 级,A 级　　B. A 级,B 级

C. B 级,B 级　　D. B 级,C 级

正确答案:A

25. 施工现场临时用房层数为(　　)层,或每层建筑面积大于 200 m^2 时,应设置至少 2 部疏散楼梯。

A. 2　　B. 3

C. 4　　D. 5

正确答案:B

26. 建筑高度大于(　　),或单体体积超过(　　)的在建工程,应设置临时室内消防给水系统。

A. 24 m,10 000 m^3　　B. 24 m,30 000 m^3

C. 18 m,30 000 m^3　　D. 18 m,10 000 m^3

正确答案:B

27. 为了防止影响安全疏散、消防车正常通行及灭火救援操作,既有建筑在进行扩建、改建施工时,施工现场外脚手架搭设长度不应超过该建筑物外立面周长的(　　)。

A. 1/2　　B. 1/3

C. 1/4　　D. 1/5

正确答案:A

28. 当施工现场处于市政消火栓(　　)保护范围内,且市政消火栓的数量满足室外消防用水量要求时,可不设置临时室外消防给水系统。

A. 110 m　　B. 150 m

C. 120 m　　D. 130 m

正确答案:B

29. 在建工程室内消防给水系统消火栓接口或软管接口的间距,多层建筑不应大于(　　),高层建筑不应大于(　　)。

A. 30 m,50 m　　B. 50 m,30 m

C. 20 m,40 m　　D. 40 m,20 m

正确答案:B

30. 临时室外消防给水干管的管径，应根据施工现场临时消防用水量和干管内水流计算速度计算确定，且不应小于(　　)。

A. DN120　　B. DN110

C. DN100　　D. DN75

正确答案：C

31. 某在建工程建筑高度为48 m，则临时室内消防给水系统中，消防栓用水量不应小于(　　)。

A. 5 L/s　　B. 10 L/s

C. 15 L/s　　D. 20 L/s

正确答案：B

32. 我国火灾报警电话是(　　)。

A. 110　　B. 119

C. 120　　D. 122

正确答案：B

33. 当施工现场人员发生法定传染病、食物中毒、急性职业中毒时，必须在(　　)小时内向事故发生地建设主管部门和卫生防疫部门报告。

A. 1　　B. 2

C. 3　　D. 4

正确答案：B

34. 吊车在吊装作业时，(　　)度旋转区域和吊车扒杆底下禁止站人。

A. 30　　B. 60

C. 180　　D. 360

正确答案：D

35. 道路两旁堆放的设备材料要距离道路(　　)以上，跨越道路拉设钢丝绳或架设电缆时高度不得低于7m。

A. 3 m　　B. 2 m

C. 5 m　　D. 6 m

正确答案：B

36. 噪声超过(　　)的设施场所，应为劳动者配备有足够衰减值、佩戴舒适的护耳器。

A. 75 dB(A)　　B. 85 dB(A)

C. 88 dB(A)　　D. 90 dB(A)

正确答案：B

37. 下列不属于施工现场防控噪声危害措施的是(　　)。

A. 消除和减弱噪声源　　B. 控制噪声传播

C. 加强个人防护　　D. 以上均不属于

正确答案：D

38. 施工单位应采取的职业病危害防护措施不包括(　　)。

A. 选择不产生或少产生职业病危害的建筑材料、施工设备和施工工艺

B. 配备有效的个人防护用品

C. 制定合理的劳动制度，加强施工过程职业卫生管理和教育培训

D. 以上均不正确

正确答案：D

39. 下列关于水利行业用人单位职业健康监护说法不正确的是（　　）。

A. 组织接触职业危害的作业人员进行上岗前职业健康体检

B. 禁止有职业禁忌征的劳动者从事其所禁忌的职业活动

C. 职业健康监护档案应符合要求，并妥善保管

D. 及时辞退有职业健康损害的作业人员

正确答案：D

40. 为了防止施工扬尘，施工现场裸露的场地和堆放的土方应采取的措施，不包括（　　）。

A. 覆盖　　B. 固化

C. 绿化　　D. 亮化

正确答案：D

41. 确需在夜间进行强噪声施工的，施工前（　　）应向有关部门提出申请，经批准后方可进行施工。

A. 建设单位　　B. 施工单位

C. 监理单位　　D. 分包单位

正确答案：A

42. 配电箱应作分级设置，即在总配电箱下，设分配电箱，分配电箱以下设开关箱，开关箱以下就是用电设备，形成（　　）级配电。

A. 4　　B. 2

C. 3　　D. 多

正确答案：C

43. 根据《水利水电工程施工安全管理导则》(SL 721—2015)的规定，施工单位设施设备投入使用前，应报（　　）单位验收。验收合格后，方可投入使用。

A. 监理　　B. 设计

C. 法人　　D. 勘察

正确答案：A

44. 根据《水利水电工程施工安全管理导则》(SL 721—2015)的规定，施工单位在设施设备运行前应进行全面检查；运行过程中应定期对安全设施、器具进行维护、更换，每（　　）应对主要施工设备安全状况进行一次全面检查(包含停用一个月以上的起重机械在重新使用前)，并做好记录，以确保其运行可靠。

A. 月　　B. 周

C. 季　　D. 日

正确答案：B

45. 根据《水利水电工程施工安全管理导则》(SL 721—2015)的规定，（　　）应根据

工程情况和工程度汛需要，组织制定工程度汛方案和超标准洪水应急预案，报有管辖权的防汛指挥机构批准或备案。

A. 设计单位　　　　B. 监理单位
C. 项目法人　　　　D. 施工单位

正确答案：C

46. 根据《水利水电工程施工安全管理导则》(SL 721—2015)的规定，项目法人应至少(　　)组织一次防汛应急演练。

A. 每年　　　　B. 每季度
C. 每月　　　　D. 每两年

正确答案：A

47. 根据《水利水电工程施工安全管理导则》(SL 721—2015)的规定，专项施工方案应由(　　)技术负责人组织施工技术、安全、质量等部门的专业技术人员进行审核。

A. 设计单位　　　　B. 监理单位
C. 项目法人　　　　D. 施工单位

正确答案：D

48. 根据《水利水电工程施工安全管理导则》(SL 721—2015)的规定，(　　)、施工单位技术负责人应定期对专项施工方案实施情况进行巡查。

A. 监理工程师　　　　B. 总监理工程师
C. 项目工程师　　　　D. 项目经理

正确答案：B

49. (　　)，是指交底方向被交底方对预防和控制生产安全事故发生及减少其危害的技术措施、施工方法等进行说明的技术活动。

A. 班前交底　　　　B. 设计交底
C. 技术交底　　　　D. 安全技术交底

正确答案：D

50. 安全技术交底必须在施工作业(　　)进行，任何项目在没有交底前不得进行施工作业。

A. 前　　　　B. 后
C. 时　　　　D. 完成后

正确答案：A

51. 根据《水利水电工程施工安全管理导则》(SL 721—2015)的规定，(　　)对安全生产档案管理工作负总责，应做好自身安全生产档案的收集、整理、归档工作，并加强对各参建单位安全生产档案管理工作的监督、检查和指导。

A. 监理单位　　　　B. 设计单位
C. 项目法人　　　　D. 施工单位

正确答案：C

52. (　　)应对施工单位提交的安全生产档案材料履行审核签字手续。

A. 监理单位　　　　B. 设计单位

C. 项目法人　　D. 监督单位

正确答案:A

二、多项选择题(每小题有5个备选答案,其中至少有2个是正确选项)

1. 施工总平面图编制的主要依据有(　　)。

A. 工程所在地区的原始资料

B. 施工方案、施工进度和资源需要计划

C. 原有建筑物和拟建建筑工程的位置和尺寸

D. 项目法人可提供房屋和其他设施

E. 全部施工设施建造方案

正确答案:ABCDE

2. 下列(　　)属于施工总平面图中应表示的内容。

A. 一切地上和地下的已有和拟建的建筑物、构筑物及其他设施的平面位置与尺寸

B. 永久性和半永久性坐标位置,必要时标出建筑场地的等高线

C. 场内取土和弃土的区域位置

D. 场内取土和弃土的区域位置

E. 施工用地范围

正确答案:ABCDE

3. 下列关于建筑施工现场封闭管理的说法,正确的是(　　)。

A. 施工现场的围挡主要分为外围封闭性围挡和作业区域隔离围挡

B. 在围挡上必须插彩旗,美化环境,渲染气氛

C. 解决了扰民和民扰两个问题

D. 起到保护环境、美化市容和文明施工的作用

E. 防止不安全因素扩散到场外,减少扬尘外泄

正确答案:ACDE

4. 施工现场五牌二图中的五牌是指工程概况牌、(　　)。

A. 管理人员名单及监督电话牌　　B. 文明施工牌

C. 施工升降机验收合格牌　　D. 消防保卫牌

E. 安全生产牌

正确答案:ABDE

5. 下列(　　)属于施工现场建筑材料堆放的一般要求。

A. 应当根据用量大小、使用时间长短、供应与运输情况堆放

B. 位置应选择适当,便于运输和装卸

C. 各种材料物品必须堆放整齐,并符合安全、防火的要求

D. 应当按照品种、规格堆放,并设明显标牌,标明名称、规格、产地等

E. 要有排水措施、符合安全防火的要求

正确答案:ABCDE

6. 下列关于施工现场道路设置的说法,正确的是(　　)。

A. 施工现场应尽可能设置循环干道,满足运输、消防要求

B. 主干道应当做好硬化处理，保证不沉陷、不扬尘

C. 道路中间应起拱，两侧设排水设施

D. 施工现场设置的道路必须能够作为永久性道路使用

E. 要与现场的仓库（料场）、吊车位置协调配合

正确答案：ABCE

7. 根据《施工现场临时建筑物技术规范》（JGJ/T 188—2009），下列（　）属于彩钢板围挡结构设计应符合的规定。

A. 彩钢板的基板不应有裂纹，涂层不应有肉眼可见的裂纹、剥落等缺陷

B. 当高度超过 1.5 m 时，宜设置斜撑，斜撑与水平地面的夹角以 45°为宜

C. 立柱的间距不宜大于 3.6 m

D. 横梁与立柱之间应采用螺栓可靠连接，围挡应采取抗风措施

E. 围挡顶部应采取防雨水渗透措施

正确答案：ABCD

8. 下列关于施工现场临时设施的选址与布置说法正确的是（　）。

A. 办公生活临时设施的选址应考虑与作业区相隔离

B. 合理布局，协调紧凑，充分利用地形，节约用地

C. 临时房屋的布置应符合安全、消防和环境卫生要求

D. 行政管理的办公室等应靠近工地，或是在工地现场出入口

E. 生产性临时设施应根据生产需要，全面分析比较后选择适当位置

正确答案：ABCDE

9. 下列关于水利水电工程施工现场职工宿舍的叙述，正确的是（　）。

A. 宿舍必须设置可开启式外窗

B. 宿舍内应保证有必要的生活空间，室内通道宽度不得小于 0.9 m

C. 宿舍内床铺不得超过 2 层

D. 严禁使用通铺

E. 宿舍临时用电宜使用安全电压，采用强电照明的宜使用限流器。

正确答案：ABCDE

10. 在施工坠落半径之内的，防护棚顶应当具有抗砸能力，下列对防护棚顶材料的说法，正确的是（　）。

A. 棚顶最上层材料强度应能承受 10 kPa 的均布静荷载

B. 可采用 50 mm 厚木板架设

C. 严禁使用钢管、扣件、脚手架材料搭设防护棚

D. 大型站厂棚可用砖混、砖木结构，并进行结构计算

E. 棚顶最上层材料强度应能承受 8 kPa 的均布静荷载

正确答案：ABD

11. 下列关于水利水电工程施工现场安全标志的设置的叙述，正确的是（　）。

A. 在爆破物及有害危险气体和液体存放处设置禁止烟火、禁止吸烟等标志

B. 在施工机具旁设置当心触电、当心伤手、当心坠落等标志

C. 在施工现场人口处设置必须戴安全帽等标志

D. 在楼层临边、基坑周边等处，设置当心坠落等标志

E. 在通道口处设置提示性标志

正确答案：ACDE

12. 根据燃烧的特点，灭火的方法主要包括（　　）。

A. 冷却法　　B. 隔离法

C. 窒息法　　D. 抑制法

E. 加热法

正确答案：ABCD

13. 下列关于施工现场消防车道设置陈述正确的有（　　）

A. 临时消防车道的左侧应设置消防车行进路线指示标识

B. 施工现场周边道路满足消防车通行及灭火救援要求时，施工现场内可不设置临时消防车道

C. 临时消防车道的净宽度和净高度均不应小于 4 m

D. 施工现场临时消防车道与在建工程、临时用房、可燃材料堆场及其加工场的距离不宜小于 5 m，且不宜大于 40 m

E. 施工现场确有困难只能设置 1 个出入口时，应在施工现场内设置满足消防车通行的环形道路

正确答案：BCDE

14. 既有建筑物在进行扩建、改建施工时，应符合下列（　　）等防火要求。

A. 明确划分施工区和非施工区，施工区不得营业、使用和居住

B. 非施工区内的消防设施应完好和有效，疏散通道应保持畅通

C. 施工区的消防安全应配有专人值守，发生火情应能立即处置

D. 向非施工区居住和使用者进行消防宣传教育

E. 在施工区和非施工区之间设置不燃烧体隔墙进行防火分隔

正确答案：ABCDE

15. 施工现场选择灭火器时，应考虑下列（　　）等因素。

A. 灭火器配置场所的火灾种类　　B. 灭火器配置场所的危险等级

C. 灭火器的灭火效能和通用性　　D. 灭火剂对保护物品的污损程度

E. 灭火器设置点的环境温度

正确答案：ABCDE

16. 水利水电工程施工企业项目部应当建立的消防安全管理制度是（　　）。

A. 消防安全教育与培训制度　　B. 可燃及易燃易爆危险品管理制度

C. 治安保卫制度　　D. 消防安全检查制度

E. 应急预案演练制度

正确答案：ABDE

17. 下列关于施工现场防火管理说法正确的有（　　）。

A. 具有火灾、爆炸危险的场所严禁明火

B. 裸露的可燃材料上严禁直接进行动火作业

C. 动火作业前应对作业现场的可燃物进行清理

D. 易挥发产生易燃气体的物资作业时,严禁明火

E. 用于在建工程的保温、防水、装饰及防腐等材料的燃烧性能等级应符合设计要求

正确答案:ABCDE

18. 施工现场消防安全检查内容应包括(　　)。

A. 可燃物及易燃易爆危险品的管理是否落实

B. 动火作业的防火措施是否落实

C. 用火、用电、用气是否存在违章操作

D. 临时消防设施是否完好有效

E. 临时消防车道及临时疏散设施是否畅通

正确答案:ABCDE

19. 夏季高温季节,施工现场可采取的防暑降温措施是(　　)。

A. 采取轮流作业方式,降低劳动强度

B. 为劳动者提供含盐清凉饮料

C. 在罐、釜等容器内作业时,采取通风和降温措施

D. 在施工现场附近设置工间休息室和浴室,休息室内配备空调或电扇

E. 合理调节作息时间

正确答案:ABCDE

20. 施工现场宜设置卫生保健室,配备(　　)等急救器材。

A. 保健医药箱　　B. 常用药及绷带

C. 止血带　　D. 颈托

E. 担架

正确答案:ABCDE

21. 炊事人员必须体检合格并持证上岗,上岗应穿戴洁净的(　　),并保持个人卫生。

A. 绝缘鞋　　B. 工作服

C. 工作帽　　D. 口罩

E. 绝缘手套

正确答案:BCD

22. 在(　　)四要素中,驾驶员是系统的理解者和指令的发出者及操作者,他是系统的核心,其他因素必须通过人才能起作用,因此,现场交通安全管理的核心是对驾驶员的进行管理。

A. 人　　B. 车

C. 路　　D. 环境

E. 天气

正确答案:ABCD

23. 施工现场宜选用(　　)的设备,强噪声设备宜设置在远离居民区的一侧,并应采用隔声、吸声材料搭设的防护棚或屏障。

A. 低噪声　　B. 低振动
C. 高振动　　D. 高噪声
E. 强噪声

正确答案:AB

24. 施工现场临时用电必须建立安全技术档案,其内容应包括(　　)。

A. 技术交底资料　　B. 临时用电工程检查验收表
C. 电气设备的试、检验凭单和调试记录　　D. 接地电阻测定记录表
E. 定期检(复)查表

正确答案:ABCDE

25. 施工单位应对所有设备的润滑进行(　　)管理,并做好记录。

A. 定点　　B. 定质
C. 定时　　D. 定量
E. 定人

正确答案:ABCDE

26. 施工单位设施设备运行管理必须符合的要求是(　　)。

A. 基础稳固,行走面平整,轨道铺设规范
B. 制动可靠、灵敏
C. 限位器、联锁联动、保险等装置齐全、可靠、灵敏
D. 灯光、音响、信号齐全可靠,指示仪表准确、灵敏
E. 在传动转动部位设置防护网、罩,无裸露

正确答案:ABCDE

27. 水利工程建设施工现场涉及的主要特种作业类型有(　　)。

A. 电工作业　　B. 金属焊接切割作业
C. 起重机械作业　　D. 登高架设作业
E. 爆破作业

正确答案:ABCDE

28. 防汛度汛指挥机构应由(　　)主要负责人组成。

A. 项目法人　　B. 监理单位
C. 施工单位　　D. 设计单位
E. 监督单位

正确答案:ABCD

29. 施工单位应根据审查论证报告修改完善专项施工方案,并经(　　)审核签字后,方可组织实施。

A. 现场工程师　　B. 项目技术负责人
C. 施工单位技术负责人　　D. 总监理工程师
E. 项目法人单位负责人

正确答案:CDE

30. 单项工程或专项施工方案施工前,施工单位技术负责人应组织相关(　　)进行

全面、详细的安全技术交底。

A. 技术人员　　B. 施工作业队(区)负责人

C. 工长　　D. 班组长

E. 作业人员

正确答案:ABCDE

三、判断题(答案A表示说法正确,答案B表示说法不正确)

1. 材料、构配件等堆放位置不是施工平面布置时应考虑的。 (　)

正确答案:B

2. 施工现场外围道路及环境不用在施工总平面图上表示。 (　)

正确答案:B

3. 生活区是指施工现场范围内设置的工程建设作业人员集中居住、生活的场所,不包括现场以外独立设置的生活区。 (　)

正确答案:B

4. 施工现场的围挡内侧可以堆放泥土、沙石等散状材料,也可以将围挡作挡土墙使用。 (　)

正确答案:B

5. 在市区主要路段施工现场设置的围挡高度不低于2.5 m。 (　)

正确答案:A

6. 施工现场出入口处应当设置门卫值班室,配备专职门卫。 (　)

正确答案:A

7. 施工现场堆放的砖应当码成方垛,不得超高,距沟槽坑边不小于0.3 m。 (　)

正确答案:B

8. 施工现场的宿舍、食堂、厕所、淋浴室、门卫值班室都属于生活设施。 (　)

正确答案:B

9.《施工现场临时建筑物技术规范》(JGJ/T 188—2009)规定,施工现场设置的临时建筑设计使用年限应为3年。 (　)

正确答案:B

10. 根据《施工现场临时建筑物技术规范》(JGJ/T 188—2009)的规定,施工现场设置砌体围挡时,其墙体厚度不宜小于200 mm,并应在两端设置壁柱。 (　)

正确答案:A

11. 施工现场生活性临时房屋若在场地内,一般应布置在现场的四周或集中于一侧。 (　)

正确答案:A

12. 施工现场生活、办公设施不得选用菱苦土板房。 (　)

正确答案:A

13. 施工现场职工宿舍每间居住人员不应超过20人。 (　)

正确答案:B

14. 施工现场生活区淋浴室内应设置储衣柜或挂衣架,室内使用安全电压,设置防水

防爆灯具。 （ ）

正确答案:A

15. 施工现场的会议室应根据需要设置,不必设置在首层。 （ ）

正确答案:B

16. 施工现场食堂制作间的炊具宜存放在封闭的橱柜内,刀、盆、案板等炊具必须生熟分开。 （ ）

正确答案:A

17. 彩钢板活动房内严禁使用炉火或明火取暖。 （ ）

正确答案:A

18. 搅拌站应当搭设搅拌棚,挂设搅拌安全操作规程和相应的警示标志、混凝土配合比牌。 （ ）

正确答案:A

19. 安全标志必须穿防护服、必须穿防护鞋均属于警告标志。 （ ）

正确答案:B

20. 施工现场某种安全标志几何图形为蓝底白色图形的圆形图案,则该安全标志是提示标志。 （ ）

正确答案:B

21. 施工现场应当根据工程特点,有针对性地设置、悬挂安全标志。 （ ）

正确答案:A

22. 建筑施工现场设置的安全标志牌的固定方式主要有附着式、悬挂式两种。 （ ）

正确答案:A

23. 根据水利水电工程选址位置、施工现场平面布置、作业周围环境、施工工艺的不同,将动火等级分为一、二、三级。 （ ）

正确答案:A

24. 某施工现场一次火灾事故未造成人员伤亡,但造成 3 000 万元直接财产损失,则该火灾为一般火灾事故。 （ ）

正确答案:B

25. 施工现场易燃易爆危险品库房与在建工程的防火间距不应小于 10 m。 （ ）

正确答案:B

26. 当施工现场带电设备发生火灾时,可采用化学泡沫灭火器进行灭火。 （ ）

正确答案:B

27. 当水利水电工程施工现场发生易燃、可燃气体火灾时,可以使用二氧化碳灭火器进行灭火。 （ ）

正确答案:A

28. 施工现场裸露的可燃材料上严禁直接进行动火作业。 （ ）

正确答案:A

29. 动火作业时,作业现场及其附近无法移走的可燃物应采用不燃材料对其覆盖或

隔离。 ( )

正确答案:A

30. 根据国家安监总局等四部门联合印发的《防暑降温措施管理办法》,日最高气温达到 40 ℃以上时,用人单位应当停止当日室外露天作业。 ( )

正确答案:A

31. 办公生活区应设专职或兼职保洁员,负责卫生清扫和保洁。 ( )

正确答案:A

32. 施工现场内的食堂应取得相关部门颁发的许可证。 ( )

正确答案:A

33. 项目专职安全生产管理人员可以随意进出食堂制作间。 ( )

正确答案:B

34. 施工现场的开水炉、电热水器、保温水桶应上锁由专人负责管理。 ( )

正确答案:A

35. 根据《用人单位职业健康监护监督管理办法》的规定,未进行离岗职业健康体检的职工,用人单位不得解除或者终止劳动合同。 ( )

正确答案:A

36. 施工现场出入口处应采取保证车辆清洁的措施。 ( )

正确答案:A

37. 当在建工程周边没有人员的情况下,可以采用凌空抛撒的方式清运楼内建筑垃圾。 ( )

正确答案:B

38. 为了减少建筑垃圾运输量,可以在施工现场将部分焚烧后再清运。 ( )

正确答案:B

39. 施工现场的危险性废弃物应就地填埋,严禁运出施工现场。 ( )

正确答案:B

40. 当环境空气质量指数达到中度及以上的污染时,施工现场应增加洒水频次,加强覆盖措施,减少易造成大气污染的施工作业。 ( )

正确答案:A

41. 施工现场存放的油料和化学溶剂等应设置专用库房,并对地面进行防渗漏处理。 ( )

正确答案:A

42. 施工现场的强噪声设备宜设置在靠近居民区的一侧。 ( )

正确答案:B

43. 吊车在吊装作业时,360°旋转区域和吊车扒杆底下禁止站人。 ( )

正确答案:A

44. 夜间运输材料的车辆进入施工现场,严禁鸣笛,装卸材料应做到轻拿轻放。 ( )

正确答案:A

45. 现场电气线路、电气装设完毕后，由项目法人组织监理方、设计方、施工方共同进行验收，然后投入使用。（　　）

正确答案：A

46. 施工单位应在特种设备作业人员（含分包商、租赁的特种设备作业人员）进场时确认其证件的有效性，经监理单位审核确认，报项目法人备案。（　　）

正确答案：A

47. 项目法人监督监理和总包单位落实特种作业持证上岗的核查管控情况，发现无证上岗，项目法人无权要求清退违规作业人员。（　　）

正确答案：B

48. 施工单位应落实汛期值班制度，开展防洪度汛专项安全检查，及时整改发现的问题。（　　）

正确答案：A

49. 施工单位应在施工前，对达到一定规模的危险性较大的单项工程编制专项施工方案；对于超过一定规模的危险性较大的单项工程，施工单位应组织专家对专项施工方案进行审查论证。（　　）

正确答案：A

50. 施工单位应严格按照专项施工方案组织施工，不得擅自修改、调整专项施工方案。（　　）

正确答案：A

51. 每天施工前，班组长应向工人进行施工要求、作业环境的安全交底。（　　）

正确答案：A

第 7 章　典型案例分析

本章要点　本章主要选取了 2009 年以后发生的典型水利水电工程施工生产安全事故案例，包括坍塌、高处坠落、中毒和窒息、淹溺、物体打击、机械伤害、触电等，重点分析了事故发生的原因，总结了事故教训，提出了防范措施。

7.1　水库坝体塌陷事故

1. 事故过程

2013 年 2 月 15 日 7 时许，临汾市洪洞县某水库左岸灌溉洞出现大流量漏水。2 月 16 日 10 时许，水库坝体塌陷贯通过水，成为一起水库坝体塌陷较大事故，造成直接经济损失 4 763.45 万元。

该库位于临汾市洪洞县城东南 15 km 处，是一座以灌溉、防洪为主，兼顾养殖等综合利用的中型水库。该库于 1959 年 11 月动工兴建，1960 年 6 月拦洪蓄水，后经多次改建、加固。事故发生前，水库控制流域面积 127.5 km^2，设计总库容 3 449 万 m^3，灌溉面积 10.56 万亩。水库枢纽工程由大坝、溢洪道、左岸灌溉洞、右岸灌溉洞等四部分组成。大坝为均质土坝，最大坝高 49 m，坝顶宽 8 m，坝顶长 952 m，坝顶高程 561.73 m，溢洪道和左岸灌溉洞位于大坝南端，右岸灌溉洞位于大坝北端。导致“2·15”坝体塌陷事故发生是左岸灌溉洞坝体内部。该库及灌区的运行管理由洪洞县南垣水利管理处(以下简称南垣水管处)负责。

2013 年 2 月 15 日上午 7 时许，南垣水管处发现险情，电话向洪洞县政府办、洪洞县水利局分别报告情况，并关闭了入库引水渠闸门，开启溢洪道闸门及右岸灌溉洞闸门下泄库水。

7:26，洪洞县水利局向县政府报告曲亭水库险情。8:51，洪洞县政府向临汾市政府报告险情。9 时许，洪洞县委、县政府领导、临汾市防汛办、临汾市水利局专家先后到达现场，成立抢险 100 余人的抢险服务队、26 辆运输车陆续到达现场投入抢险。12 时许，洪洞县政府成立了水库抢险指挥部，现场抢险人员达到 300 余人、装载机械 7 台、自卸汽车 30 余辆、农用车和三轮车 70 余辆。

12:23，临汾市防汛办将险情上报省防办。13:00，省水利厅将险情报告省政府值班室。14:30，临汾市委、市政府及省水利厅领导先后到达现场，随即成立了“临汾市某水库抢险指挥部”，公安消防、武警官兵投入抢险。

18 时许，副省长郭迎光到达现场，与临汾市委、市政府领导会商抢险工作及下游群众安全撤离方案。20:55，指挥部启动一级应急响应，紧急撤离下游群众，汾河洪洞县下游橡胶坝全部塌坝运行。

2月16日凌晨，省政府常务副省长高建民、水利部有关领导及专家到达现场，组织指导抢险工作。10时许，左岸灌溉洞上方坝体坍塌过水，塌陷缺口迅速扩大，下泄流量迅猛增加，进水塔随即倒塌，抢险人员、设备撤离。实测水库水位降幅与时间关系，推算在11:20至11:40时段内，水库平均下泄流量达最大值，为每秒1 460 m^3 左右。12:00开始，随着水库水位降低，下泄流量逐渐减小，14:00水库基本泄空，大流量泄水结束，形成坝体塌陷缺口约130 m。

抢险救援工作结束后，临汾市委、市政府，洪洞县委、县政府立即成立灾后恢复指挥部，积极做好群众回迁安置、过水清淤、恢复交通、治安稳定和群众生活、生产等工作。至2月17日下午15:00，霍侯一级路正式恢复通车，16:00南同蒲铁路正式恢复通车。

2. 事故原因分析

(1) 直接原因

该库左岸灌溉洞进口下游约35 m处浆砌石洞身破坏，在库水渗透压力作用下，库水击穿洞身上部覆土，涌入洞内形成压力出流，超出灌溉洞许可的无压运行条件，使下游洞段从出口处开始塌陷，进而向上游逐渐发展，坝体随洞段塌陷而塌陷，最终导致坝体在灌溉洞位置全部塌陷。

(2) 间接原因

1) 左岸灌溉洞第一、第二洞段未按批复设计进行除险加固，实施的工程对浆砌石洞身产生不利影响；坝基高喷防渗墙施工钻孔穿过左岸灌溉洞，对浆砌石洞身结构有扰动；水库蓄水位偏高。

2) 水库运行管理单位自2009年以来未对左岸灌溉洞进行系统有效检查，在水库水位出现异常下降后，未及时发现，及早采取针对性措施，失去了抢险保坝的有利时机。

3) 该库始建于20世纪五六十年代，限于当时的经济、技术等原因，采用水中倒土法筑坝，坝体密度不够，抗冲能力较差；左岸灌溉洞坐落在Q3湿陷性黄土台地上，为坝下浆砌石埋涵结构，先天不足；水库运行超过设计期限，老化严重。

4) 除险加固工程管理混乱。项目法人、参建单位(监理、设计、施工)工程质量管理责任制不落实。存在施工计划批复滞后；设计单位未经公开招投标；项目法人及参建单位擅自变更设计；工程验收不严格、不规范；资金管理使用混乱，市县配套资金未按期足额到位等问题。

5) 对水库安全运行管理、监管不力，管理人员素质低，对该库长期存在的安全隐患特别是对上级部门稽查、挂牌督办提出的问题未高度重视，未进行认真整改。

3. 事故性质

调查认定，临汾市洪洞县某水库"2·15"坝体塌陷较大事故是一起责任事故。

4. 事故预防措施

(1) 严格执行设计运行方式

无压泄水孔水面以上必须留有一定的净空，看通气条件良好，在恒定流情况下，洞内水面线以上的空间不小于隧洞断面面积的15%，且高度不应小于400 mm。应避免出现时而有压、时而无压的明满流交替流态，明满流交替容易引起震动和空蚀，洞壁承压，水流拍打，易使洞身破坏，同时对泄流能力也有不利影响。为了保证洞内为稳定的无压流态，门后洞顶一般高出洞内水面一定高度，并在工作门后设通气孔，主要作用是排水补气、充水排气，以防止管壁在内部出现真空时失稳。设计或运行不当，使无压流变成半有压或压力流，有可能给工程安全带来严重隐患。以下情况需引起重视：

1）未留通气孔或通气面积不够，洞内水流在高速流动过程中，由于掺气作用，使进口掺气水流的水面线升至洞顶形成半有压流或有压流。

2）无压洞出口下游水位超过设计高程，形成缓流或淹没出流，受下游水位的顶托而封闭洞口，形成间断性的半有压流。

3）设计选用的糙率取值和谢才系数与实际不完全吻合，洞内实际水深比计算值大，水面以上空间部分不满足规范要求，发生水面碰顶现象，使洞壁受到间歇性动水压力作用而引起洞身的破坏。

4）无压洞超标准运用成有压或半有压，使洞内产生明满流交替的半有压状态，洞内发出"咕隆隆"的阵发性响声，使洞身遭受破坏。有些有压涵洞由于操作的错误也会产生很大的水锤压力而破坏洞身。

（2）加强水库安全监测

水工建筑物建成后，处在复杂的自然条件影响和各种外力的作用下，其状态和工作情况始终在不断地变化着。安全监测是水库管理人员的耳目，是水库管理工作中必不可少的重要组成部分。对水库进行认真系统的安全监测，能及时掌握水库状态的变化，发现设计缺陷及运行中的不正常情况，及时采取加固补强措施，把事故消灭在萌芽状态，以确保水库安全运用。事物的发展必然有一个由量变到质变的过程，不少垮坝实例证明，水库发生破坏前都是有前兆的。如果不对水库进行检查监测，不了解水库的工作情况和状态变化，盲目地运用是十分危险的。由于缺乏必要的监测工作，以致有些水库的工程缺陷没有能及时发现而迅速发展成最后的垮坝失事，酿成巨大的灾害。

检查巡查也是安全监测的主要内容。包括日常检查、年度检查、定期检查、应急检查。日常检查中发现异常情况，应立即提交检查报告。年度检查和定期检查工作结束后，应及时提交检查报告。如发现异常，应立即提交检查报告，并分析原因。应根据大坝的运行情况和阶段制定现场检查程序，规定检查的时间、路线、设备、内容、方法与人员等。现场检查中如发现大坝有异常现象，应分析原因并及时上报。详细检查水库各部分：坝面及防浪墙有无裂缝、错动、沉陷；相邻坝段之间有无错动；伸缩缝开合状况、止水设施工作状况；排水设施工作状况；廊道有无裂缝、位移、漏水、溶蚀、剥落；伸缩缝开合状况、止水设施工作状况；照明通风状况；排水孔工作状况；排水量、水体颜色及浑浊度。混凝土坝和砌石坝的集水井、排水管是否正常，有无堵塞现象；导流洞堵头运行情况等。检查放水洞时应注意洞内声音是否正常。输水期间，要经常注意观察和倾听洞内有无异常声响，如听到洞内有"咕咚咚"阵发性的响声或"轰隆隆"的爆炸声，说明洞内有明满流交替的情况，或者有的部位产生了气蚀。当水位升到最高时，全管呈有压流，这时洞内异常声音均告消失，振动减弱。

（3）加强土坝（包括堆石坝）的养护修理工作

1）在坝面上不得种植树木、农作物、放牧、铲草皮以及搬动护坡和导渗设施的砂石材料等。

2）在坝顶、坝坡、戗台上不得大量堆放物料，坝面不得作为航运过坝转运码头，不得利用坝顶、坝坡、坝脚作输水渠道。

3）在坝上或坝的上、下游影响工程安全的范围内，不得任意挖坑、建鱼池、打井或进行其他对工程有害的活动。

4）维护坝顶、坝坡、防浪墙的完整；保护各种观测设施的完好；排水沟要经常清淤，保持畅通；防止雨水对坝面的侵蚀和冲刷；维护坝体滤水设施和坝后减压设施的正常运用。

5）处理坝坡渗漏、坝端接触渗漏、绕坝渗流以及透水坝基的不正常渗漏。常用的处理方法是上游堵截渗漏、灌浆堵漏以及下游用滤料导渗等方法。对岩石坝基漏水的还可采用帷幕灌浆方法处理。

① 坝基渗漏与绕坝渗漏。一般坝基往往存在不同程度的缺陷，其渗透性多不能满足设计要求，水库蓄水后常易产生坝基渗漏现象，通常均要求对坝基进行灌浆处理。由于山体岩石破碎或在大坝施工时山体出现滑坡等，在坝体施工中处理不够，以及水库蓄水后产生绕坝渗漏现象，在水库运行期需进行处理。

② 处理坝体裂缝，应根据不同情况，分析裂缝原因，分别采取不同措施。对表面干缩裂缝和冰冻裂缝，一般可做封闭处理其他裂缝多用开挖回填夯实和灌浆等措施处理，但对滑坡裂缝不宜采用灌浆办法。

③ 对坝体的滑坡处理，应根据其产生的原因、部位、大小、坝型、严重程度及水库内水位高低等情况，进行具体分析，采取适当措施。

对均质土坝或黏土心墙坝的滑坡，一般可采用透水性较大的砂石料压住坝脚或采取其他措施，使滑坡体稳定，将裂缝处理好后，再填筑夯实，并适当放缓边坡或在坡脚加筑戗台。对已蓄水的黏土斜墙坝的滑坡，可向水中大量抛土，增加坝坡稳定和防渗能力；待库水位降低后，再将松散的滑坡体清除，重新回填夯实。在坝的下游脚坡要做好排水反滤、导渗设施，以排除坝体内多余水分。

④ 堆石坝的堆石体发生局部下陷时应及时填补。

7.2 水库大坝临时通道拆除施工作业人员坠落死亡事故

1. 事故过程

2011 年 10 月 26 日 12:40 左右，某水库引水渠系工程大坝临时通道拆除施工工地，作业人员进行焊弧切割临时通道作业（大约 1 263.00 m 高程），开始时作业人员均安全防护到位。12:40 左右，1 根被割断的钢管落在过道上，1 名作业人员担心被切割通道落下的钢管反弹伤人，准备把管子移开，在此过程中，嫌保险带碍事，便解开保险带，将保险带的挂钩顺手挂在被切割的爬梯栏杆上，当被切割的爬梯突然切断时，作业人员连同被切割的爬梯一道落下至 1 223.50 m 高程平台（最下方平台）当场死亡。

2. 事故原因分析

施工人员进行高处作业，虽系了安全带，但却将安全带挂在爬梯栏杆上，爬梯栏杆正在被切割，属于不牢固的物件。一旦安全带被拴在不牢固的物件上，而且爬梯被切断坠落时，将带着作业人员一起坠落，安全带不但起不到保护的作用，反而成了造成事故的原因。选择悬挂安全带的物件，必须牢固可靠。一起工作的人员要互相监护，认真检查，发现安全带悬挂不牢固时，要及时纠正，督促其摘下，重新选择牢固可靠的物件。

3. 事故预防措施

根据《水利水电工程施工通用安全技术规程》(SL 398—2007)规定，防止高处坠落应采取如下防范措施。

(1) 人员行为

进入施工现场，应按规定穿戴安全帽、工作服、工作鞋等防护用品。正确使用安全绳、安全带等安全防护用具及工具，安全绳、安全带必须系在牢固的物体上。严禁穿拖鞋、高跟鞋或赤脚进入施工现场。安全绳、安全帽应定期检验合格。

(2) 安全防护

1) 高处临边、临空作业应设置安全网，安全网距离工作面的最大高度不应超过 3.0 m，水平投影宽度应不小于 2.0 m。安全网应挂设牢固，并随工作面升高而升高。安全网距工作面过高会导致人员坠落后冲击力过大而可能使安全网破损失去保护作用，安全网水平投影面积过小导致安全网防护面积过小而可能失去保护作用。安全检查应检测实际安全网距工作面距离和其水平投影面积应符合本要求。

2) 高处作业前，应检查排架、脚手板、通道、马道、梯子和防护设施等应符合安全要求。高处作业使用的脚手架平台，应铺设固定脚手板，临空边缘设高度不低于 1 m 的防护栏杆。排架支撑应稳固不晃动，脚手板、通道、马道、梯子应有一定宽度，铺设应固定。

(3) 加强监督检查，纠正不安全行为

高处作业前，应有专职安全员对照安全规定和要求逐一检查，纠正不安全行为，待符合安全要求后，方准施工作业。

7.3　水电站较大中毒窒息事故

1. 事故过程

2013 年 11 月 29 日 9:16 许，某水电站 2 号机组水轮机进行年度例行检修过程中，发生一起较大中毒窒息事故，造成 4 人死亡，直接经济损失 260 余万元。

该水电站位于化州市某镇，隶属于化州市某水库工程管理处(以下简称管理处)，该库工程建于 1958 年，总库容 3 099 万 m^3，属中型水库，以农业灌区为主，兼有防洪、发电、人畜饮水等综合效益。近年来，该库上游不断发展畜牧养殖业务，现有规模以上(100 头以上)养猪场 30 余家，生猪粪便直接排入河道，流入该库。该库水面长满了水浮莲，库水呈深褐色，发出难闻的气味。电站总装机容量 525 kW(1×125+1×400)。发生事故的 1 号机组水轮机蜗室高度约 5 m，面积约 13 m^2。1 号机组水轮机蜗室引水涵管(压力钢管直径 1.6 m)至 2 号机组引水涵管分岔口长约 10 m。至“11・29”中毒窒息事故发生前，该电站未发生任何伤亡事故。

2013 年 11 月 29 日 8:30 左右，管理处副主任兼该水电站站长李宇海电话请示管理处副主任李志伟(负责管理处全面工作)同意,带领电站职工邱××、陈××、李××、刘××等4人对长湾河水电站2号机组水轮机进行年度例行检修(因2号机组高程低,须从1号机组水轮机蜗室进人孔进入引水涵管中,将2号机组的引水涵管岔口堵住,方可对2号机组进行检修)。邱××、陈××用扳手将1号机组水轮机蜗室进人孔封闭盖(70 cm×70 cm)打开,将长约7 m的竹梯放入到水轮机蜗室底部(水深约1 m),李××从电站值班室拿来电风扇,向蜗室吹风通气(据李宇海反映吹了大约15~20分钟),李宇海电话通知管理处职工陈国浩对大坝闸门进行调整,控制水流。8:50左右,邱××想下去蜗室涵管内作业,李宇海叫邱××、陈××、李××、刘××等一下,并安排李××去对2号机组电线进行标号。李宇海交代完后,就到电站值班室拿手电筒和卫生纸。9:00许,李宇海从值班室出来,发现邱××已下到蜗室涵管内,陈××、刘××站在进人孔上面观察。过了约2分钟,陈××看见邱××脸朝上浮在水面,从引水涵管内慢慢飘浮出来。陈××马上下到蜗室拉邱××,因拉不动,叫人下来帮忙;李宇海叫刘××、李××不要再下去了,就到2号机组下面去拿绳子(电线)。约2分钟后,李××发现陈××也晕倒,怀疑是触电,李宇海急忙将电站内的电闸及电站门外的变压器总闸关闭(整个过程用时约10分钟),回到电站内后,发现李××、刘××也不在上面了,李宇海从进人孔往下看,看到有人浮在水面上。9:16左右,李宇海分别打电话报告管理处李志伟(外出开会)、赖世杰副主任(分管管理处安全生产工作)。过了2~3分钟,赖世杰、陈国浩赶到现场,李宇海叫赖世杰、陈国浩赶快打电话报警、叫救护车,赖世杰立即打电话给中垌卫生院和中垌派出所。9:26左右,李志伟赶到现场,并立即向化州市水务局何永伟局长、分管副局长刘付有寿、办公室主任李宇欣分别报告事故发生情况。接着李志伟脱下外衣和鞋袜,沿竹梯下到蜗室施救,闻到异味,感到头晕,就赶快撤回。随后李志伟、李宇海等人用电线绑住陈国浩腰部,让陈国浩沿竹梯下去救人,也感到头晕,赶快将陈国浩拉上来,发现陈国浩脸色苍白,只好放弃人工下去施救方法。李宇海随后找来长约6 m带钩的水管,钩住受害人员的裤腰带或衣服,依次将邱××、刘××、李××、陈××从蜗室内拉到地面。9:22许,中垌镇卫生院接到急救电话。9:28左右,中垌镇卫生院3名医护人员赶到现场,立即对受伤人员采取了胸外心脏按压、心肺复苏等措施救治。随后化州市人民医院3台急救车赶到现场,将受伤人员紧急送往化州市人民医院抢救,于11:50~12:40分别宣告4人抢救无效死亡。事故发生后,化州市水利局、安监局等部门及市政府有关领导立即开展救援、事故调查和妥善进行了善后工作。

2. 事故分析

(1) 直接原因:

1) 吸入沼气中含有的窒息性气体及环境缺氧。2013年11月29日15:00左右,茂名市环境监测站、茂名市职业病防治院、茂石化职业病防治所技术人员携带相关检测仪器对事发电站1号机组水轮机蜗室内气体进行了检测,检测结果为:甲烷92.3 mg/m^3、二氧化碳7 393 mg/m^3、一氧化碳1.7 mg/m^3、氨气小于0.76 mg/m^3、氧气含量19.3%。水轮机蜗室内空气中甲烷、二氧化碳含量较高,含氧量较低。结合电站水源水体富营养化现象明显,在水轮机蜗室密闭空间内经过长时间发酵,可产生甲烷、二氧化碳、一氧化碳、硫化氢等有毒有害气体。2013年12月17日至2014年1月4日,化州市公安局刑事侦查大队技术中队分别对4名死者尸体进行尸表检验(死者家属都拒绝解剖检验),头部、面部、颈部、躯干、四肢均未见明显外伤痕,排除机械性暴力打击致死。

2)未按照有限空间危险作业场所先检测、后作业的要求规范操作。

3)作业人员未采取有效防护措施。

4)现场作业人员施救方法不当,加大了事故后果。

(2)间接原因:

1)管理处安全管理制度不健全,制度落实不到位,没有制定有限空间作业安全生产管理规章制度和操作规程,特别是“两票三制”制度不落实,导致长期以来电站有限空间作业检修工作流程不规范、随意性大。

2)管理处安全教育培训工作不落实。未制订本单位安全教育培训计划、方案,未开展经常性安全教育,没有任何的教育培训记录。

3)管理处检修工作组织混乱,准备工作不充分。未按照“先通风、先检测、后作业”的原则进行前期准备工作,打开后只进行了短暂吹风,通风后未能对有限空间进行检测就开始作业,准备工作不充分。

4)管理处防护用品配备不足。未配备检测、防护面具等有针对性的防护用品。

5)管理处干部职工安全意识淡薄。从2012年开始,该电站蜗室、涵管内的气体较之前就发生了一定变化,异味较浓;2013年五六月工人进入蜗室、涵管内作业时,蜗室、涵管内的异味比之前更浓,但未引起足够重视。

6)化州市水务局对监管行业企业隐患排查治理不到位。对该水库水质污染没有引起足够重视,电站管理混乱、操作不规范、制度不落实、防护用品不足等问题没有及时督促整改。

7)镇政府开展安全生产大检查不深入、不细致,对辖区企业底数不清,没有按“全覆盖、零容忍、严执法、重实效”的要求进行检查。

8)化州市人民政府对水库环境污染整治力度不大,造成水库上游及周边畜牧养殖、水上植物(水浮莲)长期存在,导致水质变化严重。

3. 事故性质

经调查认定,该电站“11·29”较大中毒窒息事故是一起生产安全责任事故。

4. 事故预防措施

进入密闭空间作业时,应首先检查有无集聚的可燃气体或一氧化碳气体,如有应排除并保持通风良好,必要时应采取通风除尘措施。

在密闭空间作业时,应保持通风,作业空间内应无易燃、易爆物及有毒气体,工作人员应配置必要的劳保措施,作业空间外应有专人监护,一旦发生意外可以及时施救并报警。

7.4 水电站隧洞检修较大淹溺事故

1. 事故过程

2009年7月11日,湖南浏阳市某水电站股东邓××组织包括自己在内的5人抢修小组,对引水隧洞距进口约350 m处的塌方进行处理。16:30～17:30,水库流域出现短时强降雨，水库水位迅速上涨并淹没了引水隧洞。5名在隧洞内的施工人员对外面突然变化的恶劣天气毫不知情，未能及时逃离施工现场，全部淹溺。

2. 事故分析

水电站安全管理人员管理松懈，未安排合理的抢修计划，不掌握雨情、汛情，没有做好应对暴雨的准备，对事故隐患没有防范意识，没有检修安全预案，也没有安排专人监护，致使5名在隧洞内的施工人员未及时撤离。

3. 事故预防措施

(1) 操作人员应严格按照规程操作，避免不良环境导致的强迫体位。

(2) 作业前应做好信息沟通工作，并设有专人监护，防止因误动作而引发溺水事故。

7.5 河流防洪综合整治工程强夯致人死亡事故

1. 事故过程

2010年5月14日15:00，河北省水利工程局承建的某河防洪综合整治工程二期2号水面Ⅶ标段施工工地，3台强夯吊车同时进行河床夯实作业，1名工人在之后1台强夯吊车行走过程中，为躲避另一台强夯吊车晃动的龙门架，出现判断错误，进入第三台正在作业的强夯机夯锤作业范围内，造成1人死亡。

2. 事故分析

强夯作业现场，夯锤作业范围内应严禁人员通过和停留，应有专人监护和指挥。3台强夯同时作业，还存在交叉作业情况，两台强夯机间距过近，不符合起重机械作业规程要求的情况下，违章进入夯锤作业范围导致事故发生。

3. 事故防范措施

交叉作业时易发生物体打击事故。交叉作业是指在施工现场的上下不同层次，于空间贯通状态下同时进行的高处作业。现场施工上部开挖、上部搭设脚手架、吊运物料、地面上的人员搬运材料、制作钢筋，或外墙装修下面打底抹灰、上面进行面层装饰等，都是施工现场的交叉作业。在交叉作业中，若高处作业不慎碰掉物料，失手掉下工具或吊运物体散落，都有可能砸到下面的作业人员，而发生物体打击伤亡事故。《水利水电工程施工通用安全技术规程》(SL 398—2007)规定，爆破、高边坡、隧洞、水上(下)、高处、多层交叉施工、大件运输、大型施工设备安装及拆除等危险作业应有专项安全技术措施，并应设专人进行安全监护。

根据《水利水电工程施工组织设计规范》(SL 303—2017)、《水利水电工程施工通用安全技术规程》(SL 398—2007)，防止物体打击事故应采取如下措施。

(1) 桥机、塔式起重机等特种设备必须定期由技术监督部门进行检测，合格方可使用。非特种设备操作人员，严禁安装、维修和动用特种设备。操作人员必须经安监部门培训合格，方可上岗。特种设备有其特定的技术特性和操作标准，技术性强、难度大、操作技能要求高，非经特种技能培训并经考试合格的人员对特种设备进行安装、维修和动用，不但会损坏其设备，还将危及操作者的人身安全，故必须遵守此规定。

（2）为防止非工作人员进入试验区域带来安全隐患，桥机试验区域应设警戒线，并布置明显警示标志，非工作人员严禁上桥机。试验时桥机下面严禁有人逗留。为防止吊钩脱落和吊物散落伤人，严禁人员在吊物下通过和停留。调运前应检查吊钩安全防护装置是否安全可靠，吊物应捆绑稳牢，检查是否有专人指挥吊运和禁止人员通行的警示标志。

起重、挖掘机、强夯等施工作业时，非作业人员严禁进入其工作范围内。

7.6　水库大坝施工搅拌机致人死亡事故

1. 事故过程

2009年3月23日下午，重庆市忠县某水库大坝扩建工程混凝土拌和场，施工单位重庆市某公司安排王×、王××等四名工人对搅拌机进行清理，王××在搅拌筒内清理洞壁混凝土。下午15:30左右，王×去提升料斗准备进行电焊修补当将启动控制箱上的空开合上后，搅拌筒意外转动，王×立即断开电源，搅拌筒内的王××已成重伤。在场的工人及时将王××从筒内救出，16:00左右，其在送往医院途中死亡。

2. 事故原因分析

当人进入搅拌槽内之前，应切断电源，开关箱应加锁，并挂上“有人操作，严禁合闸”的警示标志。这是对搅拌机、制浆泵之类设备正确使用而进行的规定，以避免因设备不正确使用而造成人身安全事故。检修前应检查是否已切断电源、开关箱是否加锁封闭，检查“有人操作，严禁合闸!”的警示标志是否醒目明显。在本事故中，没有严格按照以上要求进行操作，导致事故发生。

3. 事故预防措施

（1）制浆及输送应遵守的规定

当人进入搅拌槽内之前，应切断电源，开关箱应加锁，并挂上“有人操作，严禁合闸!”的警示标志。这是对制浆搅拌机、制浆泵的正确使用进行的规定，避免因设备不正确使用而造成人身安全事故。检修前检查是否已切断电源、开关箱是否加锁封闭，检查“有人操作，严禁合闸!”的警示标志是否醒目明显。

（2）机械伤害防范措施

1）在运转时加油、擦拭或修理作业极易发生安全事故，危及人身安全，应严格禁止。皮带机械运行中，发生人员伤亡事故等情况应紧急停机。检查、修理机械电气设备时，应停电并挂标志牌，标志牌应谁挂谁取。不准在转动的机器上装卸和校正皮带，或直接用手向皮带上撒松香等物。禁止在运行中清扫、擦拭和润滑机器的旋转和移动部分，以及把手伸入栅栏内。

2）搅拌机运行中，不应使用工具伸入滚筒内掏挖或清理。需要清理时应停机。如需人员进入搅拌鼓内工作时，鼓外要有人监护。

7.7 闸站地质勘查三脚架触电致人死亡事故

1. 事故过程

2011年8月16日下午14:00左右，以河南省某水利勘测公司内退职工杜××(59岁)为组长的7人勘探作业班组(其余6人为杜××亲戚或邻居，均为鹤壁市浚县人)，进行信阳市某闸站地质勘查工作，在勘查完成一孔钻探工作后，竖直移动勘探三脚架至下一孔位时(每两人一组抬起一脚，共6人)，不慎将三脚架顶端触及上方10 kV高压线，导致6人当场死亡，负责扯绳的1人在施救时被电击伤。

2. 事故原因分析

《水利水电工程钻探规程》(SL 291—2003)中关于钻探设备安装和拆迁有下列规定：竖立和拆卸钻架应在机长统一指挥下进行。立放钻架时，左右两边设置牵引绷绳以防翻倒，严禁钻架自由摔落。滑车应设置保护装置。轻型钻架的整体搬迁，应在平坦地区进行，高压电线下严禁整体搬迁。本事故中，严重违反了“高压电线下严禁整体搬迁”的规定，钻架触及高压线，导致触电事故的发生。当高压线电压等级很高时，即使没有触及，但当与高压线较近时，高电压会击穿空间而使人触电，因此，不但绝对不能碰触，还必须保持足够的安全距离。

3. 事故预防措施

高处作业、高压线路下作业时应保持足够的安全距离。《水利水电工程施工通用安全技术规程》(SL 398—2007)对各种作业情况下与高压线路的安全距离进行如下明确规定。

(1) 在建工程(含脚手架)的外侧边缘与外电架空线路的边线之间应保持不小于表7-1要求的安全操作距离。

表7-1　在建工程(含脚手架)的外侧边缘与外电架空线路的边线之间最小安全操作距离表

外电线路电压等级/kV	<1	1～10	35～110	154～220	330～500
最小安全操作距离/m	4	6	8	10	15

注：上、下脚手架的斜道严禁搭设在有外电线路的一侧。

(2) 在带电体附近进行高处作业时，距带电体的最小安全距离，应满足表7-2的要求。

表7-2　带电体附近高处作业时最小安全距离表

电压等级/kV	≤10	20～35	44	60～110	154	220	330
工器具、安装构件、接地线等与带电体的距离/m	2.0	3.5	3.5	4.0	5.0	5.0	6.0
工作人员的活动范围与带电体的距离/m	1.7	2.0	2.2	2.5	3.0	4.0	5.0
整体组立杆塔与带电体的距离	应大于倒杆距离(自杆塔边缘到带电体的最近侧为塔高)						

(3) 施工现场的机动车道与外电架空线路交叉时，架空线路的最低点与路面的垂直距离不应小于表 7-3 的规定。

表 7-3　　施工现场的机动车道与外电架空线路交叉时的最小垂直距离表

外电线路电压/kV	<1	1～10	35
最小垂直距离/m	6	7	7

附　录

附录A　现行水利工程安全管理法律法规和文件目录

一、法律

1.《中华人民共和国宪法》(1982年宪法,1988年、1993年、1999年、2004年四次修订)

2.《中华人民共和国民法总则》(1986年4月12日第六届全国人民代表大会第四次会议通过,2009年8月27日第十一届全国人民代表大会常务委员会第十次会议修改)

3.《中华人民共和国刑法》(1979年7月1日第五届全国人民代表大会第二次会议通过,经一个决定、九个修正案,对刑法作出修改、补充)

4.《中华人民共和国劳动法》(中华人民共和国主席令〔1994〕第28号、〔2009〕第18号修订)

5.《中华人民共和国固体废物污染环境防治法》[中华人民共和国主席令〔1995〕第58号(2004年、2013年、2015年修订)]

6.《中华人民共和国环境噪声污染防治法》(中华人民共和国主席令〔1996〕第77号)

7.《中华人民共和国建筑法》(中华人民共和国主席令〔1997〕第91号、〔2011〕第46号修订)

8.《中华人民共和国招标投标法》(中华人民共和国主席令〔1999〕第21号)

9.《中华人民共和国劳动合同法》(中华人民共和国主席令〔2007〕第65号,2012年修订)

10.《中华人民共和国突发事件应对法》(中华人民共和国主席令〔2007〕第69号)

11.《中华人民共和国消防法》(中华人民共和国主席令〔2008〕第6号)

12.《中华人民共和国防震减灾法》(中华人民共和国主席令〔2008〕第7号)

13.《中华人民共和国水污染防治法》(中华人民共和国主席令〔2008〕第87号)

14.《中华人民共和国职业病防治法》(中华人民共和国主席令〔2001〕第60号,〔2011〕第52号修订,〔2016〕第48号修订,〔2017〕第81号修订)

15.《中华人民共和国特种设备安全法》(中华人民共和国主席令〔2013〕第4号)

16.《中华人民共和国环境保护法》(中华人民共和国主席令〔2014〕第9号)

17.《中华人民共和国安全生产法》(中华人民共和国主席令〔2002〕第70号,〔2009〕第18号修改,〔2014〕第13号修改)

18.《中华人民共和国大气污染防治法》(中华人民共和国主席令〔2015〕第 31 号)

二、行政法规

1.《中华人民共和国防汛条例》(国务院令〔1991〕第 86 号,〔2005〕第 441 号修订)

2.《国务院关于特大安全事故行政责任追究的规定》(国务院令〔2001〕第 302 号)

3.《使用有毒物品作业场所劳动保护条例》(国务院令〔2002〕第 352 号)

4.《突发公共卫生事件应急条例》(国务院令〔2003〕第 37 号,〔2010〕第 588 号修订)

5.《建设工程安全生产管理条例》(国务院令〔2003〕第 393 号)

6.《安全生产许可证条例》(国务院令第〔2004〕397 号,〔2014〕第 653 修订)

7.《民用爆炸物品安全管理条例》(国务院令〔2006〕第 466 号,〔2014〕第 653 号修订)

8.《生产安全事故报告和调查处理条例》(国务院令〔2007〕第 493 号)

9.《特种设备安全监察条例》(国务院令〔2009〕第 549 号)

10.《工伤保险条例》(国务院令〔2003〕第 375 号,国务院令〔2010〕第 586 号修订)

11.《危险化学品安全管理条例》(国务院令〔2011〕第 591 号,〔2013〕第 645 号修订)

12.《国务院关于进一步加强安全生产工作的决定》(国发〔2004〕2 号)

13.《国务院关于进一步加强企业安全生产工作的通知》(国发〔2010〕第 23 号)

14.《国务院关于坚持科学发展安全发展促进安全生产形势持续稳定好转的意见》(国发〔2011〕第 40 号)

三、部门规章

1.《水利工程建设安全生产管理规定》(水利部令〔2005〕第 26 号,〔2014〕第 46 号修改,〔2017〕第 49 号修改)

2.《劳动防护用品监督管理规定》(安监总局令〔2005〕第 1 号)

3.《安全生产行政复议规定》(安监总局令〔2007〕第 14 号)

4.《安全生产违法行为行政处罚办法》(安监总局令〔2007〕第 15 号)

5.《安全生产事故隐患排查治理暂行规定》(安监总局令〔2007〕第 16 号)

6.《特种作业人员安全技术培训考核管理规定》(安监总局令〔2010〕第 30 号,〔2013〕第 63 号修改,〔2015〕第 80 号修改)

7.《生产安全事故应急预案管理办法》(安监总局令〔2009〕第 17 号,〔2016〕第 88 号修订)

8.《生产安全事故信息报告和处置办法》(安监总局令〔2009〕第 21 号)

9.《建设项目安全设施"三同时"监督管理暂行办法》(安监总局令〔2010〕第 36 号,〔2015〕第 77 号修改)

10.《安全生产培训管理办法》(安监总局令〔2012〕第 44 号)

11.《工作场所职业卫生监督管理规定》(安监总局令〔2012〕第 47 号)

12.《职业病危害项目申报办法》(安监总局令〔2012〕第 48 号)

13.《用人单位职业健康监护监督管理办法》(安监总局令〔2012〕第 49 号)

14.《危险化学品登记管理办法》(安监总局令〔2012〕第 53 号)

15.《危险化学品安全使用许可证实施办法》(安监总局令〔2012〕第 57 号)

16.《生产经营单位安全培训规定》(安监总局令〔2006〕第 3 号,〔2013〕第 63 号、〔2015〕第 80 号修改)

17.《建设项目职业病防护设施“三同时”监督管理办法》(安监总局令〔2017〕第 90 号)

18.《防暑降温措施管理办法》(安监总安健〔2012〕第 89 号)

19.《建设项目职业病危害分类管理办法》(卫生部令〔2006〕第 49 号)

20.《职业病诊断与鉴定管理办法》(卫生部令〔2013〕第 91 号)

21.《职业健康检查管理办法》(国家卫生和计划生育委员会令〔2015〕第 5 号)

22.《建筑工程施工许可管理办法》(建设部令〔1999〕第 71 号,〔2014〕第 18 号修订)

23.《实施工程建设强制性标准监督规定》(建设部令〔2001〕第 81 号,〔2015〕第 23 号修订)

24.《建筑施工企业安全生产许可证管理规定》(建设部令〔2004〕第 128 号)

25.《建筑起重机械安全监督管理规定》(建设部令〔2008〕第 166 号)

26.《特种设备作业人员监督管理办法》(质检总局令〔2011〕第 140 号)

四、规范性文件

1.《国务院办公厅转发安全监管总局等部门关于加强企业应急管理工作意见的通知》(国办发〔2007〕13 号)

2.《关于深入开展企业安全生产标准化建设的指导意见》(安委〔2011〕4 号)

3.《国务院关于加强和改进消防工作的意见》(安委〔2011〕46 号)

4.《国务院安委会关于进一步加强安全培训工作的决定》(安委〔2012〕10 号)

5.《国务院安委会办公室关于印发工贸行业企业安全生产标准化建设和安全生产事故隐患排查治理体系建设实施指南的通知》(安委办〔2012〕28 号)

6.《关于印发水利安全生产“三项行动”实施方案的通知》(水安监〔2009〕237 号)

7.《关于贯彻落实〈中共中央国务院关于加快水利改革发展的决定〉加强水利安全生产工作的实施意见》(水安监〔2011〕175 号)

8.《水利行业深入开展安全生产标准化建设实施方案》(水安监〔2011〕346 号)

9.《关于印发〈水利水电工程施工企业主要负责人、项目负责人和专职安全生产管理人员安全生产考核管理办法〉的通知》(水安监〔2011〕374 号)

10.《关于印发水利工程建设安全生产监督检查导则的通知》(水安监〔2011〕475 号)

11.《关于贯彻落实〈国务院关于坚持科学发展安全发展促进安全生产形势持续稳定好转的意见〉进一步加强水利安全生产工作的实施意见》(水安监〔2012〕57 号)

12.《水利部关于进一步加强水利安全培训工作的实施意见》(水安监〔2013〕88 号)

13.《水利安全生产标准化评审管理暂行办法》(水安监〔2013〕189 号)

14.《水利工程生产安全重大事故隐患判定标准(试行)》的通知(水安监〔2017〕344 号)

15.《关于完善水利行业生产安全事故统计快报和月报制度的通知》(办安监〔2009〕112 号)

16.《关于进一步加强水利水电工程施工企业主要负责人,项目负责人和专职安全生

产管理人员安全生严考核工作的通知》(办安监〔2010〕348 号)

17.《水利部办公厅关手印发〈水利水电建设项目安全预评价指导意见〉和〈水利水电建设项目安全验收评价指导意见〉的通知》(办安监〔2013〕139 号)

18.《水利安全生产标准化评审管理暂行办法实施细则》(办安监〔2013〕168 号)

19.《水利部办公厅关于进一步加强水利水电工程施工企业主要负责人、项目负责人和专职安全生产管理人员安全生产培训工作的通知》(办安监函〔2015〕1516 号)

20.《水利办公厅关于水利安全生产标准化评审工作有关事项的通知》(办安监函〔2017〕1088 号)

21.《关于进一步加强水利安全生产工作的紧急通知》(水明发〔2008〕21 号)

22.《关于开展水利行业严厉打击非法违法生产经背建设行为专项行动的通知》(水明发〔2011〕17 号)

23.《关于切实做好当前水利安全生产工作的通知》(水明发〔2011〕38 号)

24.《关于开展水利安全生产领域“打非治违”专项行动的通知》(水明发〔2012〕12 号)

25.《关于开展水利变全生产检查和安全生产领域“打非治违”等专项行动重点督查的通知》(水明发〔2012〕29 号)

26.《关于建立水利建设工程安全生产条件市场准入制度的通知》(水建管〔2005〕80 号)

27.《水利建设工程施工分包管理规定》(水建管〔2005〕304 号)

28.《关于印发〈水利工程建设重大质量与安全事故应急预案〉的通知》(水建管〔2006〕202 号)

29.《加强水利工程建设招标投标,建设实施和质量安全管理工作指导意见》(水建管〔2009〕618 号)

30.《水利部关于印发〈水利工程建设领域预防施工起重机械脚手架等坍塌事故专项整治工作方案〉的通知》(水建管〔2012〕187 号)

31.《关于做好水利安全生产隐患排查治理信息统计和报送工作的通知》(水安办〔2010〕73 号)

32.《关于进一步加强水利安全生产监督管理工作的意见》(水人教〔2006〕598 号)

33.《水利水电建设项目安全评价管理办法(试行)》(水规计〔2012〕112 号)

34.《关于印发〈企业安全生产费用提取和使用管理办法〉的通知》(财企〔2012〕16 号)

35.《建筑施工企业安全生产管理机构设置及专职安全生产管理人员配备办法》(建质〔2008〕91 号)

36.《职业病目录》(卫法监发〔2002〕108 号)

五、地方法律、法规

1.《山东省安全生产条例》(山东省人大常委会〔2017〕第 168 号)

2.《山东省消防条例》(山东省人大常委会〔2011〕第 70 号)

3.《山东省特种设备安全条例》(山东省人大常委会〔2016〕第 113 号)

4.《山东省生产经营单位安全生产主体责任规定》(山东省人民政府令〔2013〕第260号,303号修订)

附录B 现行主要建筑安全技术规范标准目录

1.《水利水电工程劳动安全与工业卫生设计规范》(GB 50706—2011)
2.《安全网》(GB 5725—2009)
3.《安全带》(GB 6095—2009)
4.《安全帽》(GB 2811—2007)
5.《安全色》(GB 2893—2008)
6.《安全标志及其使用导则》(GB 2894—2008)
7.《安全色光通用规则》(GB/T 14778—2008)
8.《消防安全标志设置要求》(GB 15630—1995)
9.《消防安全标志第1部分:标志》(GB 13495.1—2015)
10.《个体防护装备防护鞋》(GB 21147—2007)
11.《个体防护装备安全鞋》(GB 21148—2007)
12.《焊接与切割安全》(GB 9448—1999)
13.《危险化学品重大危险源辨识》(GB 18218—2009)
14.《化学品分类和危险性公示 通则》(GB 13690—2009)
15.《常用化学危险品储存通则》(GB 15603—1995)
16.《化学品分类和危险性公示通则》(GB 13690—2009)
17.《固定式钢梯及平台安全要求 第3部分:工业防护栏杆及钢平台》(GB 4053.3—2009)
18.《高温作业分级》(GB/T 4200—2008)
19.《生产过程危险和有害因素分类与代码》(GB 13861—2009)
20.《爆破安全规程》(GB 6722—2014)
21.《自动喷水灭火系统施工及验收规范》(GB 50261—2017)
22.《气体灭火系统施工及验收规范》(GB 50263—2007)
23.《泡沫灭火系统施工及验收规范》(GB 50281—2006)
24.《火灾自动报警系统施工及验收规范》(GB 50166—2007)
25.《建筑灭火器配置设计规范》(GB 50140—2005)
26.《施工企业安全生产管理规范》(GB 50656—2011)
27.《建设工程施工现场供用电安全规范》(GB 50194—2014)
28.《建设工程施工现场消防安全技术规范》(GB 50720—2011)
29.《水利工程设计防火规范》(GB 50987—2014)
30.《塔式起重机安全规程》(GB 5144—2006)
31.《吊笼有垂直导向的人货两用施工升降机》(GB 26557—2011)
32.《起重机械安全规程》第1部分:总则(GB 6067.1—2010)

33.《起重机械安全规程》第 5 部分:桥式和门式起重机(GB 6067.5—2014)
34.《安全防范工程技术规范》(GB 50348—2004)
35.《国家电气设备安全技术规范》(GB 19517—2009)
36.《企业职工伤亡事故分类》(GB 6441—1986)
37.《生产过程安全卫生要求总则》(GB/T 12801—2008)
38.《生产过程危险和有害因素分类与代码》(GB/T 13861—2009)
39.《继电保护和安全自动装置技术规程》(GB/T 14285—2006)
40.《场(厂)内机动车辆安全检验技术要求》(GB/T 16178—2011)
41.《工业企业厂内铁路、道路运输安全规程》(GB 4387—2008)
42.《火灾分类》(GB/T 4968—2008)
43.《安全防范报警设备安全要求和试验方法》(GB 16796—2009)
44.《冷弯薄壁型钢结构技术规范》(GB 50018—2002)
45.《水轮发电机组安装技术规范》(GB/T 8564—2003)
46.《大坝安全监测系统验收规范》(GB/T 22385—2008)
47.《高处作业分级》(GB/T 3608—2008)
48.《企业安全生产标准化基本规范》(GB/T 33000—2016)
49.《生产经营单位生产安全事故应急预案编制导则》(GB/T 29639—2013)
50.《建筑施工场界环境噪声排放标准》(GB 12523—2011)
51.《供配电系统设计规范》(GB 50052—2009)
52.《低压配电装置设计规范》(GB 50054—2011)
53.《防止静电事故通用导则》(GB 12158—2006)
54.《电气设备安全设计导则》(GB/T 25295—2010)
55.《用电安全导则》(GB 13869—2008)
56.《手持式电动工具的管理、使用、检查和维修安全技术规程》(GB/T 3787—2006)
57.《工作场所有害因素职业接触限值 第 1 部分:化学有害因素》(GBZ 2.1—2007)
58.《工作场所有害因素职业接触限值 第 2 部分:物理因素》(GBZ 2.2—2007)
59.《工作场所职业病危害警示标识》(GBZ 158—2003)
60.《呼吸防护用品的选择、使用与维护》(GB/T 18664—2002)
61.《职业性接触毒物危害程度分级》(GBZ 230—2010)
62.《工作场所防止职业中毒卫生工程防护措施规范》(GBZ/T 194—2007)
63.《生产经营单位安全生产事故应急预案编制导则》(AQ/T 9002—2006)
64.《企业安全文化建设导则》(AQ/T 9004—2008)
65.《企业安全文化建设评价准则》(AQ/T 9005—2008)
66.《生产安全事故应急演练指南》(AQ/T 9007—2011)
67.《危险化学品重大危险源安全监控通用技术规范》(AQ 3035—2010)
68. 水库工程管理设计规范(SL 106—2017)
69.《水利水电建设工程验收规程》(SL 223—2008)
70.《水库大坝安全评价导则》(SL 258—2017)

71. 水利水电工程施工组织设计规范(SL 303—2017)
72.《泵站安全鉴定规程》(SL 316—2015)
73. 水利水电建设用缆索起重机技术条件(SL 375—2017)
74.《水利水电工程锚喷支护技术规范》(SL 377—2007)
75.《水利水电工程施工通用安全技术规程》(SL 398—2007)
76.《水利水电工程土建施工安全技术规程》(SL 399—2007)
77.《水利水电工程机电设备安装安全技术规程》(SL 400—2016)
78.《水利水电工程施工作业人员安全操作规程》(SL 401—2007)
79.《水利水电起重机械安全规程》(SL 425—2017)
80.《土石坝安全监测技术规范》(SL 551—2012)
81.《水利水电工程施工安全防护设施技术规范》(SL 714—2015)
82.《水利水电工程施工安全管理导则》(SL 721—2015)
83.《城市防洪应急预案编制导则》(SL 754—2017)
84.《水利技术标准编写规定》(SL 1—2014)
85.《水利单位管理体系要求》(SL/Z 503—2016)
86.《建筑机械使用安全技术规程》(JGJ 33—2012)
87.《施工现场临时用电安全技术规范》(JGJ 46—2005)
88.《建筑施工安全检查标准》(JGJ 59—2011)
89.《施工企业安全生产评价标准》(JGJ 77—2010)
90.《建筑施工高处作业安全技术规范》(JGJ 80—2016)
91.《建筑基坑支护技术规程》(JGJ 120—2012)
92.《建筑施工扣件式钢管脚手架安全技术规范》(JGJ 130—2011)
93.《建筑拆除工程安全技术规范》(JGJ 147—2016)
94.《建筑施工模板安全技术规范》(JGJ 162—2008)
95.《建筑施工碗扣式钢管脚手架安全技术规范》(JGJ 166—2016)
96.《建筑施工土石方工程安全技术规范》(JGJ 180—2009)
97.《建筑施工作业劳动防护用品配备及使用标准》(JGJ 184—2009)
98.《施工现场临时建筑物技术规范》(JGJ/T 188—2009)
99.《建筑施工塔式起重机安装、使用、拆卸安全技术规程》(JGJ 196—2010)
100.《建筑施工升降机安装、使用、拆卸安全技术规程》(JGJ 215—2010)
101.《大坝安全监测数据自动采集装置》(DL/T 1134—2009)
102.《水电水利工程爆破施工技术规范》(DL/T 5135—2013)
103.《水电水利工程施工安全防护设施技术规范》(DL 5162—2013)
104.《水电水利工程混凝土防渗墙施工规范》(DL/T 5199—2004)
105.《水电水利工程高压喷射灌浆技术规范》(DL/T 5200—2004)
106.《混凝土坝安全监测资料整编规程》(DL/T 5209—2005)
107.《水电水利工程施工通用安全技术规程》(DL/T 5370—2007)
108.《水电水利工程土建施工安全技术规程》(DL/T 5371—2007)

109.《水电水利工程金属结构与机电设备安装安全技术规程》(DL/T 5372—2007)

110.《水电水利工程施工作业人员安全技术操作规程》(DL/T 5373—2007)

111.《水电水利施工重大危险源辨识及评价导则》(DL/T5274—2012)

附录C　常用安全标志

一、禁止标志

禁止吸烟

禁止烟火

禁止带火种

禁止用水灭火

禁止放置易燃物

禁止堆放

禁止启动

禁止合闸

禁止转动

禁止乘人

禁止靠近

禁止入内

禁止停留

禁止通行

禁止跨越

禁止攀登

禁止跳下

禁止倚靠

禁止蹬踏

禁止触摸

禁止伸入

禁止抛物

禁止戴手套

禁止穿带钉鞋

二、警告标志

注意安全

当心火灾

当心爆炸

当心腐蚀

当心中毒

当心触电

当心电缆

当心机械伤人

当心跌落

当心塌方

当心冒顶

当心坑洞

当心落物

当心吊物

当心碰头

当心挤压

当心伤手

当心夹手

当心扎脚

当心弧光

当心滑倒

当心障碍物

当心车辆

当心坠落

三、指令标志

必须戴防护眼镜

必须戴遮光护目镜

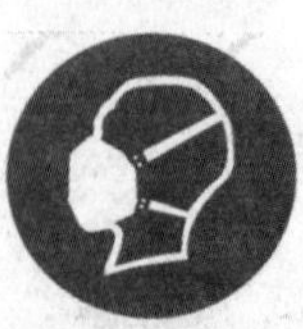
必须戴防尘口罩

必须戴防毒面具

必须戴护耳器

必须系安全带

必须戴安全帽

必须穿防护服

必须戴防护手套

必须穿防护鞋

必须加锁

必须接地

四、提示标志

紧急出口

避险处

可动火区

击碎板面

急救点

应急电话

参考文献

[1] 刘文锋.建设法规概论[M].2版.北京:高等教育出版社,2011.
[2] 刘学应,王建华.水利工程施工安全生产管理[M].北京:中国水利水电出版社,2017.
[3] 栾启亭,王东升.建筑安全生产法律法规[M].第二版.青岛:中国海洋大学出版社,2012.
[4] 苗金明.事故应急救援与处置[M].北京:清华大学出版社,2012.
[5] 钱宜伟,冯玉禄,等.水利水电施工企业安全生产标准化评审标准释义[M].北京:中国水利水电出版社,2013.
[6] 全国人大常委会法制工作委员会.中华人民共和国安全生产法释义[M].北京:法律出版社,2014.
[7] 全国人大常委会法制工作委员会.中华人民共和国特种设备安全法释义[M].北京:中国法制出版社,2013.
[8] 上海市城乡建设和交通委员会人才交流和岗位考核指导中心,上海市建设工程安全质量监督总站.安全生产知识[M].上海:华东师范大学出版社,2013.
[9] 尚春明,方东平.中国建筑职业安全健康理论与实践[M].北京:中国建筑工业出版社,2007.
[10] 水利部安全监督司,水利部建设管理与质量安全中心.水利水电工程建设安全生产管理[M].北京:中国水利水电出版社,2014.
[11] 水利部安全监督司.水利生产安全事故案例集(2009~2015版)[M].北京:中国水利水电出版社,2016.
[12] 水利部.水利水电工程施工安全管理导则(SL 721—2015)[S].北京:中国水利水电出版社,2015.
[13] 水利部.水利水电工程施工机械设备选择设计导则(SL 484—2010)[S].北京:中国水利水电出版社,2011.
[14] 水利部.水利水电建设工程验收规程(SL 223—2008)[S].北京:中国水利水电出版社,2008.
[15] 温州市水利局,浙江水利水电学院.水利水电工程安全文明施工标准化工地创建指导书[M].北京:中国水利水电出版社,2016.
[16] 翟久刚,张晋文,邱健华.水上水下施工作业通航安全管理与监督[M].北京:人民交通出版社,2000.
[17] 张英明,刘锦.特种作业安全生产知识[M].徐州:中国矿业大学出版社,2011.
[18] 浙江省水利厅.水利水电工程现场管理指南[M].北京:中国水利水电出版社,2015.

[19] 住房和城乡建设部法规司. 行政处罚与行政救济法规知识读本[M]. 北京:知识产权出版社,2012.

[20] 住房和城乡建设部工程质量安全监管司. 建设工程安全生产法律法规[M]. 第二版. 北京:中国建筑工业出版社,2008.